성공적인
은퇴를 위한 **생애설계**

재무 / 건강 / 여가 관리

성공적인
은퇴를 위한

생애설계

재무 / 건강 / 여가 관리

———

초판발행: 2017년 7월 25일

2쇄 발행: 2018년 6월 20일

저자: 한국표준협회 은퇴연구회

펴낸이: 박 용 | 펴낸곳: (주)박문각출판

표지디자인: 이옥진

디자인: 강현화·이현숙

등록: 2015년 4월 29일 제2015-000104호

주소: 06654 서울시 서초구 효령로 283 서경B/D

전화: (02)3489-9400

홈페이지: www.pmg.co.kr

정가 19,000원

ISBN 979-11-6151-144-3 / ISBN 979-11-6151-147-4(Set)

성공적인 은퇴를 위한 생애설계

성공적인
은퇴를 위한

생애설계

재무 / 건강 / 여가 관리

행복한 제2의 삶을 위한
은퇴 대비 지침서

한국표준협회 은퇴연구회

점점 빨라지는 은퇴, 준비하고 계신가요?

머리말

정상을 향하여 땀 흘리며 걷는 산행 길은 마치 세상을 살아가는 인생길과 같다는 생각이 듭니다. 물론 인생이라는 산은 아무런 준비를 갖추지 않고도 가볍게 오를 수 있는 동네 뒷산이 아닌 높고 큰 산입니다. 동네 뒷산이라면 운동화만 신고도 가볍게 오를 수 있지만 설악산이나 지리산 같은 큰 산을 오르면서 장비를 갖추지 않고 도전을 했다가는 큰 낭패를 보게 됩니다.

지혜로운 사람은 산에 오르기 전부터 미리미리 준비합니다. 산에 오를 수 있는 체력을 비축하고, 코스에 대한 정보를 파악하고, 등산에 필요한 물자와 산행의 조력자 등을 철저하게 갖추는 절차를 밟습니다. 반면 이러한 준비 없이 무작정 산에 오르는 사람들은 혹여나 있을지도 모르는 위험한 상황에서 아무런 행동을 할 수 없습니다. 실제로 산에서 사고를 당하는 경우의 대부분은 무모한 산행이 원인입니다.

이처럼 단시일의 산행에도 철저한 계획과 준비가 필요한데, 한평생을 사는 인생길에 목표와 계획, 그리고 철저한 준비가 없으면 어떻게 될까요? 상상만 해도 끔찍한 일입니다.

최근 '백세 시대', '반퇴 시대'라는 말을 많이 듣습니다. 이는 의학기술의 발달로 인간 수명이 연장되었다는 긍정적인 면과 함께 퇴직과 은퇴 이후의 삶을 미리 준비해 둬야 한다는 의미도 담고 있습니다. 따라서 지금은 은퇴 이후에 대한 체계적인 준비가 필요한 시점입니다. 이에 본서에서는 퇴직, 은퇴 후의 삶을 설계하고 준비하는 데 필요한 역량 중 재무, 건강, 여가 관리에 대해 정리하였습니다.

첫째는 재무 관리입니다.

'청년 출세', '중년 상처', '노년 무전'을 가리켜 인생의 3대 실패라고 한다고 합니다. 특히 노년 시기 돈이 없으면 여러 가지로 힘들고 불편한 경우가 많습니다. "하루 종일 바쁜 사람은 돈 벌 시간이 없다."라는 말을 가슴에 새기고, 돈을 관리하는 현명한 방법과 은퇴 후 노후 대비를 위한 재무 관리 공부를 부지런히 해야 합니다.

둘째는 건강 관리입니다.

건강을 잃으면 모든 것을 잃는다고 합니다. 그런데 많은 사람이 이를 많이 간과하고 있습니다. 건강은 건강할 때 관리해야 한다는 것을 명심하고, 올바른 식습관과 적절한 운동으로 건강을 저축해야 합니다.

셋째는 여가 관리입니다.

퇴직자, 은퇴자들이 제일 못하는 것 중에 하나가 노는 기술이 없다는 것입니다. 물론 먹고 살기 바쁘고, 직장에 얽매이다 보니 취미를 즐길 수 있는 시간이 많지 않은 것이 사실입니다. 그러나 어떻게 해서든 여유 시간을 만들어야 합니다. 행복한 노년을 위해서는 취미가 굉장히 중요하기 때문입니다.

산은 오르는 것이 끝이 아니라 내려오는 일이 남아 있습니다. 인생의 하산길 역시 산을 오를 때처럼 어렵고 힘든 일이 많습니다. 퇴직 후의 창업 실패, 금융사기, 중대 질병, 황혼이혼, 성인 미혼 자녀와의 동거 등 노후 준비는커녕 인생의 후반전에 태클을 거는 위험 요소들이 산재해 있기 때문입니다. 특히 직장인의 경우 평생직장이 보장되지 않고, 조기 퇴직과 명예퇴직이 일반화돼 있어 인생의 후반전을 준비하는 것이 쉽지 않습니다.

그럼에도 우리가 틈틈이 인생의 후반전을 준비해야 하는 것은 장수(長壽), 즉 오래 사는 것이 축복이 되어야 하기 때문입니다. 노후가 잘 준비된 사람은 장수가 축복이 되지만 노후 준비가 잘돼 있지 않은 사람에게 장수는 고통이 될 확률이 높기 때문입니다.

본서가 은퇴 이후의 삶을 준비하는 분들, 은퇴 이후의 삶을 맞고 계신 분들 모두에게 있어 행복한 인생의 후반전을 설계하는 데 많은 도움이 되었으면 합니다.

한국표준협회 은퇴연구회

이 책의 활용법

01. 학습목표/학습열기

본격적인 학습을 시작하기 전에 각 장에서 담고 있는 핵심 내용과 그 단원의 학습 목표를 압축시켜 담은 부분입니다. 명확히 제시된 학습 목표를 통해 학습 동기 부여는 물론 학습열기를 통해 학습할 내용의 핵심 내용을 파악할 수 있습니다.

02. 이론학습

생애설계 가운데 재무, 건강, 여가 관리와 관련된 심도 있는 이론들을 담았습니다. 재무 관리 부분에서는 ▷은퇴 설계 이해하기 ▷은퇴 자금 계산하기 ▷연금 관리 유형별 전략 수립하기 ▷저금리·고령화 시대 재테크 등을 다뤘습니다. 건강 관리 부분에서는 ▷성공적인 노후를 위한 건강 상식 알아두기 ▷몸과 마음이 아름다워지는 노후 건강 지키기 ▷남들이 부러워하는 건강한 내 몸 만들기 ▷건강하게 장수하는 비법 공유하기 등을 담았습니다. 여가 관리 부분에서는 ▷멋진 인생, 새로운 출발하기 ▷행복한 은퇴 준비하기 ▷행복한 여가 즐기기 ▷휴식을 넘어 행복 나누기 등에 대해 다뤘습니다.

03. 사례연구

사례연구는 학습자들이 습득한 이론과 관련된 사례 및 교육적 시사점을 제시하는 부분으로, 학습자들이 앞에서 배운 이론을 보다 쉽게 이해하는 데 도움을 주는 역할을 하는 부분입니다. 본서에서는 바람직한 은퇴 후의 삶에 대한 사례 등을 다양하게 실어 '은퇴 이후의 삶'을 준비하는 것이 왜, 그리고 얼마나 중요한지를 보다 쉽게 이해하도록 제시하였습니다.

04. Worksheet와 자가진단/체크리스트

Worksheet는 학습자들이 습득한 이론을 바탕으로 문제를 풀어 보면서 실력을 점검할 수 있도록 하는 역할을 합니다. 학습자들은 앞에서 습득한 이론과 사례를 토대로 문제를 풀면서 본서에 대한 학습 능력을 판단해 볼 수 있습니다.

또 이론의 내용을 바탕으로 한 자가진단과 체크리스트는 학습 내용을 토대로 자신의 상황을 판단하는 진단지입니다. 자신의 상황, 능력, 하고 있는 노력과 의지 등을 점검해 봄으로써 자신에 대해 정확한 평가를 내리고 이를 통해 장점은 개발하고 단점은 개선하고자 하는 의지를 키울 수 있습니다.

이 책의 차례

PART 1

재무 관리 ─────────────────

01장 은퇴 설계 이해하기

제1절 저금리 시대, 한국의 노후 준비는?   · 15

제2절 노후 생활, 재무 관리가 필수다   · 19

제3절 은퇴 전략, 인생 성공을 결정짓는다   · 23

02장 은퇴 자금 계산하기

제1절 은퇴 자금의 계산법은?   · 39

제2절 노후 자금은 어떻게 쓰이는가?   · 43

제3절 은퇴 후 소득원은 무엇으로 할까?   · 47

03장 연금 관리 유형별 전략 수립하기

제1절 국민연금   · 55

제2절 퇴직연금   · 60

제3절 주택연금   · 67

제4절 개인연금   · 73

제5절 나의 평생 연금소득표를 작성하라   · 79

04장 저금리·고령화 시대 재테크

제1절 노테크 10계명을 기억하자 · 85

제2절 현명한 선택으로 은퇴 재산을 관리하자 · 88

제3절 보험 계약과 세무 계획을 철저히 하자 · 91

제4절 절세를 통해 자금을 관리하자 · 97

제5절 은퇴 대비를 위해 부채를 관리하자 · 111

제6절 금융 사기를 예방하자 · 113

PART 2

건강 관리 ————————————————

01장 성공적인 노후를 위한 건강 상식 알아두기

제1절 노후 건강, 이것만은 알아두자 · 129

제2절 노화 현상, 나이 먹는 것을 인정하라 · 138

제3절 죽음을 부르는 생활습관병을 경계하라 · 144

제4절 음주와 흡연은 최대의 적 · 151

02장 몸과 마음이 아름다워지는 노후 건강 지키기

제1절 스트레스, 피할 수 없다면 즐겨라 · 165

제2절 마음의 건강을 유지하라 · 168

제3절 뱃살과 당당하게 협상하라 · 176

제4절 꿀잠을 자는 습관을 가져라 · 184

이 책의 차례

03장 남들이 부러워하는 건강한 내 몸 만들기

제1절 자신에게 맞는 운동을 즐겁게 하라   • 197

제2절 맛있는 영양소와 식품을 파악하라   • 203

제3절 영양 관리를 위한 식생활을 디자인하라   • 211

제4절 약(藥), 제대로 알고 복용하라   • 216

04장 건강하게 장수하는 비법 공유하기

제1절 노후 건강을 방해하는 질환에 주목하라   • 231

제2절 새로운 질병에 자신 있게 맞서라   • 241

제3절 노인 의료·복지 정책, 노후 생활에 활용하라   • 248

제4절 쉽게 따라하는 안티에이징 마사지   • 254

PART
3

여가 관리

01장 멋진 인생, 새로운 출발하기

제1절 은퇴 후 여가 생활을 이해하자   • 265

제2절 일과 여가의 트렌드를 파악하자   • 270

제3절 한국인의 여가 생활 명암을 진단하자   • 277

제4절 은퇴는 행복이다   • 282

02장 행복한 은퇴 준비하기

제1절 여가는 누구와 즐길 것인가?   • 291

제2절 여가 스타일을 점검하자   • 297

제3절 효율적으로 여가 시간을 관리하자   • 304

제4절 삶을 즐겁게, 여가를 설계하자   • 310

03장 행복한 여가 즐기기

제1절 여가 실천을 위한 기본기   • 321

제2절 유형별 여가 활동 즐기기   • 327

제3절 삶의 만족도를 높이는 여가   • 338

제4절 여가를 위한 정책 활용하기   • 343

04장 휴식을 넘어 행복 나누기

제1절 자원봉사로 새로운 삶을 열자   • 353

제2절 자원봉사 단체를 이용하자   • 358

제3절 자원봉사자의 기본기를 갖추자   • 361

제4절 사회 공헌 활동으로 행복을 나누자   • 363

점점 빨라지는 은퇴, 준비하고 계신가요?

PART 1
재무 관리

01장 은퇴 설계 이해하기

02장 은퇴 자금 계산하기

03장 연금 관리 유형별 전략 수립하기

04장 저금리·고령화 시대 재테크

01장 / 은퇴 설계 이해하기

제1절 저금리 시대, 한국의 노후 준비는?
제2절 노후 생활, 재무 관리가 필수다
제3절 은퇴 전략, 인생 성공을 결정짓는다

학|습|목|표

• 저금리 시대의 돈의 흐름을 알고 차별화된 새로운 재테크 개념을 인식할 수 있다.
• 노후 생활의 재무 관리의 필요성을 이해할 수 있다.
• 100세 시대 자신의 상황에 맞는 은퇴 전략을 세울 수 있다.

학|습|열|기

"노후 준비 충분" 10명 중 1명뿐… 은퇴 후 암담한 한국

月 236만 원 필요한데…사적연금 가입 23% 그쳐

"노후 준비 교육 경험 3%뿐" 노인 빈곤 갈수록 악화

서울 상계동에 사는 40대 김모 씨는 '노후 준비'라는 말만 들으면 답답해진다. 10년이 넘는 직장 생활을 통해 이룬 것이라고는 대출을 끼고 산 82㎡(약 25평)짜리 집 한 채가 전부다. 집 대출금 상환이 끝날 때쯤 은퇴해야 한다. 혹시라도 100세까지 살아야 한다면 집 하나로 40년을 버텨야 한다는 생각에 눈앞이 캄캄하다. 국민연금 이외에 따로 마련한 것은 매달 넣는 30만 원짜리 개인연금저축뿐이라 60세가 돼서는 용돈 수준밖에 안

될 것 같다는 생각이 든다. 아내와 함께 두 명 모두 100세까지 살게 된다면 하나밖에 없는 딸에게 큰 짐이 되지 않을까 걱정이다.

성인 10명 중 6명은 자신의 노후 준비 자금이 충분하지 않다고 생각하지만 노후를 제대로 준비하지 못하고 있다는 충격적인 조사 결과가 나왔다. 전문가들은 국민연금에만 의존하고 있는 부실한 노후 준비 현실을 극복하지 못하면 '한국 사회에서 100세 시대는 재앙으로 다가올 수 있다'고 경고한다.

– 매일경제 2016. 6. 15. 기사 中

제 ❶ 절 저금리 시대, 한국의 노후 준비는?

01 ┃ 100세 시대가 열리다!

　세상은 변한다. 인류는 세 번의 산업혁명을 거치며 마르크스가 말하는 양적, 질적 성장과 변화를 일으켰다. 섬유에 인간의 생각과 활자를 집어넣을 수 있는 혁신과 함께 이제는 기계가 인간을 이기는 시점까지 발전해 왔다. 산업과 기술의 발전은 인간의 삶을 풍요롭게 해 주었고 인류의 수명도 연장해 주었다. 혹자는 인간의 수명이 100세 이상으로 늘어날 '100세 시대'가 얼마 남지 않았다고 말한다. 세계적인 장수 민족인 일본의 경우 최근 여성의 평균 수명이 86세로 발표가 되었으며, 우리나라 역시 평균 수명이 지속적으로 높아지고 있는 것만을 보아도 100세 시대의 도래가 멀지 않았음을 알 수 있다. 특히 한국의 고령화 속도가 다른 국가에 비해 빠르게 진행되고 있는 것에 집중할 필요가 있다. 한국은 2000년 고령화 사회(65세 이상 인구가 전체의 7% 차지)에 돌입한 이래 2017년 65세 이상이 전체 인구의 14%를 차지하는 고령사회에 돌입하게 되고, 2026년에는 65세 이상이 전체 인구의 20%를 차지하는 초고령 사회에 진입하게 될 것으로 예측된다. 이는 고령화 사회에서 초고령 사회로 진행되는 데 26년이 소요되는 것으로 프랑스가 154년, 미국이 105년, 일본이 36년 소요된 것에 비해 매우 급속한 변화라 할 수 있다.

　'노인'의 개념도 많이 달라지고 있다. 노인이라 하면 지팡이를 짚거나 허리가 굽은 이미지를 생각하지만 실제 우리 주변의 있는 노인들은 어떠한가? 고령화가 되어도 영양 상태와 보건 환경의 개선으로 예전보다 덜 아프고 더 건강하게 살고 있다. 즉, 사람들이 건강하게 늘어가는 '건강한 고령화(healthy aging)' 현상이 확산되고 있는 것이다. 현재 고령자로 분류하는 65세를 기준으로 봤을 때 충분한 활동력을 갖추고 있는 고령자를 주변에서 쉽게 볼 수 있다. '건강한 고령자'는 지속적으로 늘어날 것이고 그들은 많은 은퇴 자금을 축적하여 세계를 활보하며 다양한 취미 활동과 예술 활동을 즐기는 활기찬 노후를 살 것이다. 그러기 위해서는 급속도의 평균 수명 증가와 고령화에 따른 경제적인 여건에 대한 고려가 수반되어야 한다.

평균 수명 증가와 고령화 가속, 저성장과 저금리라는 시대의 변화에 따라 평균적으로 돈을 벌 수 있는 시기가 20대~50대까지인 것에 비해 돈을 벌면서 사용해야 하는 시기는 20대~8·90대까지로 길어져, 수입을 창출하는 시간에 비해 훨씬 많은 시간 동안 소비를 하게 되었다. 따라서 100세 시대에 대응하는 효율적인 재테크가 중요하게 계획되어야 한다.

02 ㅣ 오래 지속될 저금리 시대

우리는 저성장·저물가·저금리의 이른바 '뉴노멀(new-nomal)' 시대에 살고 있다. 금리란 빌린 돈에 대한 이자를 말하며 빌린 돈의 사용료나 임대료로 이해할 수 있다. 한국은행 금융통화위원회가 2016년 6월 기준금리를 연 1.5%에서 1.25%로 0.25%p 내렸고 8월 기준금리는 1.25% 수준에서 동결하기로 결정하면서 1% 저금리 시대가 열렸다. 여기에 인구의 고령화가 경제성장률을 점차 하락시켜 기업들의 매출 증가세가 위축되고 그에 따라 기업들의 자금 수요가 줄어들어 저금리 현상을 더욱 부추기고 있다. 일본의 경우, 고령자의 비율이 20%를 넘어선 '초고령 사회'로서 은행 정기예금금리가 연 0.1% 수준까지 떨어져 있다. 또한 장기 불황의 늪에 빠진 일본은 초저금리 시대가 20년 이상 지속되고 있다.[1] 우리나라의 발전 패턴이 일본과 비슷하게 흘러가는 것을 고려했을 때 우리는 장기 초저금리 시대를 대비한 은퇴 전략을 마련하고 이를 적극적으로 실행해 나가는 것이 필요하다.

은행에 돈을 넣어 두어도 늘어나지 않는 이런 상황에서 은퇴자들은 어떻게 자금을 관리해야 할까? 저금리 시대에서는 재산 관리의 패러다임이 저축 활동에서 투자 활동으로 바뀌어 갈 수밖에 없다. 은행 예금금리가 1%선으로 떨어진 상황에서 단순한 저축만으로는 돈을 모으기 쉽지 않다. 저금리 고령화 시대에서 예금자들은 우선 예금금리가 예전보다 크게 낮아졌더라도 상대적인 고금리 금융 상품을 찾아 저축을 열심히 해야 한다. 그리고 적절한 자산 배분 전략에 따라 주식과 채권 투자를 병행하며 리스크가 높지만 수익률도 높은 투자형 금융 상품에 대해서도 관심을 갖고 자신의 투자 형태에 적합한 금융 상품을 찾아보는 것이 필요하다. 주식 투자든 부동산 투자든 핵심은 리스크를 줄이기 위해 좋은 매물을 골라 오랫동안 묵혀야 하는 '장기 투자'임을 기억하기 바란다.

저금리 시대로 인한 재테크 시장의 트렌드 변화도 주시하라. 돈의 흐름을 알고 틈새를 공략하는 발상의 전환이 답이다. 기존 방식과 차별화된 새로운 재테크 전략을 통해 은퇴 후 재무 상황을 준비하도록 하자.

03 ㅣ 한국의 노후 준비 현황

한국전쟁 이후 출산 장려 정책에 의해 태어난 베이비부머는 이제 전체 인구의 약 15%를 차지하고 있고, 1955년 출생자가 일반적인 정년 연령으로 여겨지는 55세가 됨에 따라 베이비붐 세대의 퇴직과 노년기 편입이 시작되었다. 경제 성장을 이끌어 온 베이비붐 세대가 퇴직 연령대에 본격 진입함에 따라 향후 10년간 매년 약 15만 명씩 퇴직할 것으로 전망되고 있다. 그렇다면 이러한 퇴직자들의 퇴직 이후 노후에 대한 준비 상태는 어떠할까?

〈2011년 중장년의 퇴직 이후 사전 준비〉　〈2014년 중장년의 퇴직 이후 사전 준비〉

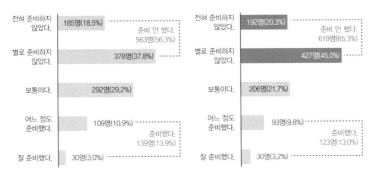

출처: 전경련중소기업협력센터, 「2014 중장년 재취업 인식조사 보고」

[2011~2014년 중장년의 퇴직 이후 인생 설계를 위한 사전 준비 정도]

전경련중소기업협력센터에서 발표한 〈2014년 중장년 재취업 인식조사 보고〉에 따르면 '한국 중장년의 퇴직 이후 사전 준비 상태'는 적신호 상태에 놓여 있다. 응답자의 65.3%가 '퇴직 준비를 하지 않았다'는 답변을 하여 퇴직 이후 인생 설계에 대한 사전 준비가 미흡함을 알 수 있다. 또한 동일 기관에서 2011년 11월 베이비부머 1,000명을 대상으로 실시한 '재취업 인식조사'와 비교해 봤을 때 퇴직 이후 준비 상태가 더욱 악화(준비 안 했다 56.3 → 65.3%)된 것으로 나타난 결과는 더욱 고민해 보아야 할 문제이다.[2]

---

1)　우재룡·송양민, 「100세 시대 은퇴 대사전」, 21세기북스, 2014, p. 33
2)　황은희, 「중장년 퇴직 이후 재취업 길라잡이」, 전경련중소기업협력센터, 2015, pp. 37~38

서울대학교 노화고령사회연구소와 메트라이프는 '재무', '건강', '심리', '사회적 관여' 등 네 가지 영역에 걸쳐 은퇴 준비 정도를 점검하였다. 2012년 발표된 이 자료의 내용을 보면, 네 가지 영역 중 은퇴 준비 정도가 가장 낮은 영역은 재무 영역으로 52.6점에 그쳐 전체 평균(62.22점)보다도 9.62점 낮았으며, 가장 높은 점수를 받은 사회적 관여(68.62점)와는 16.02점이나 차이가 벌어졌다. 이를 통해 은퇴 후 경제적인 여건에 대해 걱정을 하면서도 이에 대한 준비는 미흡함을 알 수 있다. 행복한 노후 생활을 위해서는 은퇴 후 재무 상태에 대한 점검과 체계적인 관리가 중요하다.

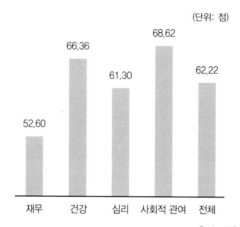

(단위: 점)

출처: 서울대학교 노화고령사회연구소

[한국 베이비부머 은퇴 준비 정도]

행복한 은퇴를 위해서는 자산, 건강, 화목한 가정, 평생직장과 직업, 자기 계발 등이 필요하다. 또한 성공적인 은퇴 설계를 위해서는 현재 자신의 은퇴 준비 상황을 파악하고 부족한 부분을 어떻게 채울 것인지 고민해야 한다. 행복한 은퇴 생활을 영위하기 위하여 영역별로 현재 자신의 은퇴 준비 상태를 점검해 보도록 하자.

제2절에서는 여러 영역 중 재무 부분에 대한 점검과 관리에 대해 차근히 살펴볼 것이다.

제 ❷ 절 노후 생활, 재무 관리가 필수다

01 ㅣ 끼인 세대, 경제도 어렵다!

베이비붐 세대를 흔히 '끼인 세대'라고 표현한다. 부모 봉양을 당연한 의무로 생각하여 부모 세대에 대한 역할을 다하면서도 자식 세대에게 부양받거나 지원받는 것을 기대하지 않는 세대, 그러면서도 장성한 자녀를 지속적으로 케어해 주는 것이 부모의 도리라 생각하며 장기적인 자녀 지원에 생애를 희생하는 세대이기 때문이다. 즉, 베이비붐 세대는 부모를 부양하고 지원하지만 자신의 노후는 자녀에게 기대할 수 없는 세대인 것이다. 그렇기 때문에 더더욱 자신의 경제에 대한 준비와 독립이 필요하지만 실상은 그렇지 못한 경우가 많다.

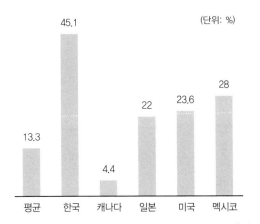

출처: 경제협력개발기구(OECD)

[65세 이상 노령 인구 OECD 주요국 소득 빈곤율]

경제협력개발기구(OECD)에서 발표한 〈65세 이상 노령 인구의 OECD 주요국 소득 빈곤율〉에 따르면 한국의 소득 빈곤율이 45.1%로 다른 주요국에 비해 월등히 높았으며 평균 소득 빈곤율에 비해 약 3.5배가 높았다.[3]

이는 한국의 65세 이상 노령 인구가 경제적으로 큰 어려움을 겪고 있음을 의미한다고 해석할 수 있다. 산업 구조의 고도화로 노동 집약적인 산업이 위축되고 자본 집약적 산업이 성장함에 따라 노동 수요 구조가 급격히 변화하였고 이는 소위 '사오정', '오륙도', '육이오', '육삼강' 등으로 대변되는 조기 실업 사태를 발생시켰다. 이러한 현상의 보편화는 아직 경제적으로 독립하지 못하고 지속적인 지원이 필요한 자녀의 생활까지도 함께 연결되어 현실적인 어려움을 가져오기도 한다. 따라서 은퇴 후의 경제 생활을 스스로 미리 준비하는 것이 현명하다.

'낀 세대'들은 국민연금에 가입할 기회도 없었고 자녀 교육에 올인하느라 노후 대비를 제대로 하지 못한 사람들이 대부분이다. 이들은 외환 위기를 맞으며 우리나라에 불어 닥친 많은 고용 환경의 변화를 그대로 몸소 경험하였다. 게다가 구조 조정이 상시화되면서 평생직장에 대한 신뢰가 무너지고, 정년에 대한 보장이 사라지면서 경제 활동 기간은 점점 짧아지고 있다. 생활 환경의 변화와 의료 기술의 발달로 평균 수명이 증대되었으나 은퇴 후 길어진 수명만큼 기본 생계 보장과 의료비 부담 등의 문제가 대두되고 있는 것이 현실이다.

2005년 통계청 조사를 보면 60세 이상 노인들의 45.6%가 경제 문제를 가장 큰 어려움으로 꼽았고 그 다음으로는 건강 문제(27.1%)를 꼽았다. 1998년까지만 해도 노인들이 가장 염려하는 문제는 건강 문제였고 그 다음이 경제 문제였는데 외환 위기 이후 순위가 뒤바뀐 것이다. 또 최근 한국개발연구원이 내놓은 〈고령화 종합보고서〉에 따르면 만 60세 이상 노인 가구 중 25%가량이 '절대빈곤' 상태로 나타났다.

02 ｜ 재무 설계의 개념 이해하기

재테크는 '재무 테크놀로지(financial technology)'의 준말로 재무 관리에 대한 고도의 지식과 기술을 뜻한다. 즉, 가계나 기업에서 여유 자금을 재산 증식 수단으로 이용하여 자산을 늘리는 것이다. 하지만 이러한 재테크의 실제 의미보다 무조건적인 자산 증식에만 초점이 맞춰지면서 금융 위기 이후 오히려 생활비까지 마이너스를 찍게 만드는 요인이 되기도 한다. 잘못된 재테크의 경험들은 곧 재무 설계를 각광받게 하는 분위기를 만들었다. 재무 설계란 가정의 재정적 목표를 정립하고 그것을 이루기 위한 계획을 세우는 과정을 일컫는다.

　요즘 청년들을 보면 사회생활을 시작하는 시기가 점점 늦어지고 있다. 그에 반해 은퇴를 해야 하는 시기는 과거에 비해 너무 빨라졌음을 느낀다. 과학과 의학의 발달로 인간은 더 오랫동안 수명을 유지하게 되었지만 빠른 은퇴로 예전보다 더 많은 시간을 일 없이 유지해 나가게 되었다. 은퇴 후의 삶은 더 이상 자녀의 몫이 아니라 스스로 계획해야 하는 자신의 몫이기 때문에 부담이 될 수밖에 없다. 따라서 경제 활동을 하는 시기가 짧아진 만큼 재무 설계를 통해 계획적으로 돈을 쓰고 계획적으로 돈을 모으지 않으면 안 될 상황에 직면하게 되었다.

　재무 설계는 돈이 필요한 구체적인 이유에 따라 '인생 재무 설계', '은퇴 재무 설계', '주택 구입 재무 설계', '교육 재무 설계' 등으로 다양하게 나뉠 수 있으나, 대부분의 경우에는 인생 전체의 재무 설계를 뜻한다. 또한 개인의 삶의 목표를 파악하고 그 목표를 달성하기 위하여 개인이 가지고 있는 재무적 및 비재무적 자원을 적절하게 관리하는 일련의 과정을 의미한다. 재무 설계는 개인의 현금 흐름을 분석하고 그에 따른 소비 지출 계획을 세운 뒤, 개인의 재무 상태를 파악하는 영역, 보험을 통한 위험 설계 영역, 자산을 분배하는 투자 설계 영역, 은퇴 설계 영역, 세금 설계 영역, 상속 설계 및 부동산 설계 영역으로 구분할 수 있다.

03 ㅣ 은퇴 재무 관리의 필요성

　은퇴 설계는 은퇴 후 특별한 소득이 없는 은퇴 이후의 생활을 위해 필요한 자금과 각종 건강보험과 같은 안전장치를 마련하기 위한 계획을 수립하는 인생 설계 또는 재무 설계로써, 은퇴 이후의 삶을 영위하기 위한 경제 활동기의 준비로 정의할 수 있다. 은퇴 후의 생활 재무 관리 측면에서 보면 경제적 안정이 가장 중요한 이슈인 만큼 은퇴 시기의 재무 관리는 매우 필수적이다. 평균적으로 55세에 은퇴하면 평균 20~30년의 긴 노후 생활을 영위해야 하기에 그 기간 중 경제적으로 안정된 생활을 할 수 있는 충분한 재원이 마련되어 있는가를 점검하고 계획하는 것이 필요하다.

　우리나라는 은퇴 이후 생활 보장을 위한 정책 중 사회 보장적 대책이 미흡하여 은퇴를 맞이한 노령 인구의 생활이 큰 문제가 되고 있다. 더욱이 대부분의 경

---

3)　한국표준협회, 「은퇴교육과정–재무관리」, 2015, p. 29

우 근로자의 임금 수준이 높지 않기 때문에 노후 대책을 위하여 스스로 저축할 여유가 없이 정년퇴직과 함께 노년기를 맞게 된다. 평균 수명은 점점 길어지고 의료비 등 노후 비용은 점점 늘어남으로 인해 노후 생활의 부담감은 더욱 가중된다. 국민건강보험공단의 〈연령별 의료비 지출현황〉에 의하면 51세~80세 사이의 의료비는 약 5,500여만 원으로 이 시기에 인생에서 가장 많은 의료비를 지출한다. 은퇴 후 소득이 없는 상태에서는 치료비를 감당하는 것조차도 힘들 것이다. 그러므로 이에 대한 준비인 은퇴 후 노후 소득 보장 대책은 개개인에게도 사회 정책적으로도 중요하다.

근로자의 경우 국민연금이 강제되거나 공용보험, 퇴직연금 등에 자동 가입되므로 어느 정도 기본적인 보장 체계가 갖춰져 있지만 자영업자나 전문직 종사자의 경우 상대적으로 강제성이 떨어지고 본인의 선택 폭이 넓다는 점이 오히려 은퇴 설계의 어려움으로 작용할 수 있다. 소득 발생 시기가 불규칙적이거나, 퇴직금이 없는 등 노후 안전장치가 없는 사람들의 경우 여러 가지 불안함으로 인해 은퇴 설계의 필요성은 절감하지만 구체적인 정보나 정신적인 여유가 없는 경우가 많다. 현재의 사업이나 고소득 구조가 계속 지속된다는 보장이 없으므로 지금의 일과 은퇴 이후를 위한 준비에 대한 균형 있는 투자가 필요하다.

제 ❸ 절 은퇴 전략, 인생 성공을 결정짓는다

01 | 은퇴 준비를 가로막는 요인들

많은 이들이 은퇴 준비에 대한 필요성을 느낀다. 하지만 노후에 대한 충분한 준비를 하고 있느냐고 묻는다면 앞서 여러 조사 내용으로 이야기했듯이 그렇지 않은 이들이 많다. 그렇다면 많은 사람들이 어떤 요인들에 가로막혀 은퇴 준비에 미흡한지 그 요인들을 살펴보자.

어떻게든 되겠지 하는 막연한 생각을 버려라.

은퇴 후 자신의 미래를 한 번쯤 생각해 보지 않은 사람은 없을 것이다. 하지만 당장의 현실로 돌아오면 생활비에 아이들 교육비, 대출 이자 등 돈 나갈 걱정에 은퇴 후에 대한 계획은 뒷전으로 밀리고 만다. 생각만 하다 끝나는 고민은 긍정적인 미래를 설계하는 데 전혀 도움이 되지 않는다. '언제까지 일을 할 수 있을까?', '그때면 애들 대학은 마칠 수 있을까?', '뭘 해서 먹고살지?', '지금 가진 돈이면 충분할까?', '더 늦기 전에 뭐라도 준비해야 할텐데…' 이러한 생각들이 스스로를 의심하게 한다.

물가 상승률을 고려하라.

지금 현금 10억 원이 있다면 은행에 맡겨 두고 평생 먹고살 걱정을 하지 않아도 될까? 그 열쇠는 물가 상승률이 쥐고 있다. 고물가가 이어진다면 돈의 가치가 떨어지므로 평생 걱정이 없을 것이라고 안심할 수 없다. 따라서 은퇴 자금을 마련하는 계획을 세울 때는 물가 상승률을 감안해야 한다. 물가 상승률보다 높은 수익률을 올려야만 자산 가치를 지킬 수 있기 때문이다.

등골 브레이커, 자녀는 노후의 적이다.

한국인의 자녀 교육과 결혼식 비용은 천문학적인 수준에 달해 이를 개선하지 않는다면 노후 준비의 최대 적이 될 수 있다. 삼성경제연구소의 조사에 따르면 공교육비와 사교육비를 포함하여 대학까지 자녀 1명에게 투자되는 교육비가 약 1억 3,000만 원에 달한다고 한다. 사교육 열풍이 극심한 지역에서는 많은 가정이 수입의 20~50%까지도 사교육비로 지출하는 현상이 나타나고 있다. 평생 벌 수 있는 소득은 제한되어 있는데 많은 부분을 자녀의 교육비로 지출하여 현실적으로 노후 자금을 모을 여유가 없는 것이다.

자녀의 결혼 비용 역시 부모의 노후 자금을 뒤흔드는 중요한 요인이다. 사실 우리나라의 과도한 결혼 비용과 허례허식은 많은 이들이 문제로 지적하고 있으나 개선되기는 쉽지 않은 분위기이다. 한국소비자원의 한 연구에 따르면 최근 결혼식을 치른 1,000명을 대상으로 한 설문 조사에서 신혼 가구당 주택을 구입한 경우 2억 7,200만 원, 전세를 구한 경우 1억 5,400만 원을 지출한 것으로 나타났다. 이러한 비용의 지출은 당연히 풍족한 노후 자금을 위협하는 요인일 수밖에 없다.[4]

02 ㅣ 은퇴 설계 시 확인해야 하는 것

퇴직 후 무엇을 하고 싶은가?

보건복지부(2012)가 조사한 '65세 이상 노인이 여생을 보내고 싶은 방법'에 대한 결과를 보면 가장 많은 응답자가 건강 유지(52.3%)를 하며 살고 싶다고 말하였다. 하지만 자기 계발을 하고 싶다는 응답은 1.1%에 불과하여 노후 생활을 구체적으로 어떻게 보낼지에 대한 진지한 생각이 부족함을 알 수 있다. 은퇴 설계를 위해서는 먼저 여가, 가족, 건강, 일, 재무, 사회 활동 등에 대한 자신의 생각을 먼저 파악하고 정리해야 한다.

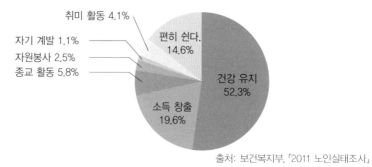

출처: 보건복지부, 「2011 노인실태조사」

[65세 이상 노인이 노후를 보내고 싶은 방법]

어디에서 살 것인가?

은퇴 후 가장 현실적인 문제는 어디에서 살 것인지이다. 우리나라의 경우 장년층들의 총자산 중 집이 차지하는 비중이 과반수를 차지하는 만큼 주거 계획에 대한 고민은 매우 중요하다. 도심의 생활을 영위할 것인가, 은퇴 후 전원생활이나 귀농·귀촌을 원하는가의 문제는 단순히 어떤 환경을 좋아하느냐 같은 선호 문제가 아니라 은퇴 후 삶의 질을 결정하는 중요한 요소이며 문화 시설, 편의 시설, 의료 시설 같은 구체적인 사항들까지도 고려해야 하는 현실적인 요소인 만큼 매우 신중히 검토하여 선정해야 한다.

누구와 관계를 맺으며 살 것인가?

많은 은퇴자들이 '외로운 은퇴 생활'에 대한 두려움을 표현하기도 한다. 은퇴를 하는 순간부터 급격히 사회관계망이 축소되고 이는 자신의 삶의 존재와 역할에 대한 고민으로 이어져 무력감이 들거나 우울해지기도 한다. 연령이 높을수록 축소된 관계망을 개선하기 위한 적극적인 활동이 필요하다. 여가, 사회봉사 활동, 자기 계발 등을 주제로 활발한 왕래를 통하여 은퇴 설계를 수립하는 것이 좋다. 외로움 극복과 활발한 공동체 생활 유지는 건강한 은퇴 설계를 가능하게 하는 중요한 요인임을 기억하기 바란다.

생활비를 어떻게 마련할 것인가?

경제적인 이유로 활동이 위축되면 삶에 대한 만족도 역시 떨어지기 마련이다. 은퇴를 했더라도 왕성한 활동을 통해 활력 있는 삶을 영위하는 것이 건강한 노후를 위해 중요하다. 국민연금 등 매월 얻는 현금 수입뿐 아니라 자신이 움직일 수 있는 여유 자금을 통해 행복한 노후를 위한 최소한의 복지를 누릴 수 있는 생활비를 계산하여 계획하여야 한다.

---

4) 우재룡, 송양민, 「100세 시대 은퇴 대사전」, 21세기북스, 2014, p. 47

〈은퇴 가구의 생활비 충당 정도〉　　〈가구주가 은퇴하지 않은 가구의 노후 준비 생활〉

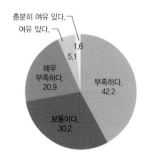

은퇴 전 가구주 대상	국내 가구주 대상
• 예상 은퇴 연령: 평균 66.2세 • 월 평균 최소 생활비: 168만 원 • 은퇴 후 적정 생활비: 246만 원	• 실제 은퇴 연령: 평균 61.3세 • 60세 이상 가구주 연 평균 소득: 130만 원

출처: 통계청·금융감독원·한국은행, 「2014년 가계금융 복지조사」

03 ㅣ 은퇴 설계 프로세스

　은퇴 전 가구주들이 생각하는 은퇴 연령과 적정 생활비 수준을 국내 가구주의 실제 은퇴 연령 및 소득과 비교해 보니, 그 기대치와 실상에 있어 차이가 크게 나타났다. 이러한 차이를 줄이기 위해서는 노후 자금에 대한 꼼꼼한 사전 계획이 필수적이다. 무작정 노후 자금을 계획하는 것은 그리 쉬운 일이 아니다. 목표 달성 역시 어렵다. 시간이 들더라도 다음에서 제시하는 은퇴 설계 프로세스를 참고하여 체계적으로 자신의 은퇴 설계를 해 보도록 하자.[5]

1단계: 은퇴 목표 설정

　은퇴 후에 필요한 은퇴 생활 자금의 규모를 추정하여 은퇴 목표를 설정한다. 은퇴 후 필요한 생활 자금은 은퇴 자산의 규모, 라이프 스타일 등에 의해 달라질 수 있으나 일반적으로 현재 소비 지출의 70% 정도가 소요될 것으로 예상하고 은퇴 목표를 수립한다. 조기 은퇴의 일반화, 인구 노령화, 기대 수명 연장 등 최근의 추세를 살피면 은퇴 설계가 얼마나 중요하고 필요한 것인지 알 수 있다.

① 재무 목표	주택 마련, 자녀의 교육 문제, 사용 자산 확보, 결혼 등 개인이 가지고 있는 재무 목표를 확인한다. 본격적으로 은퇴를 생각하는 40대 이후의 나이가 아닌 경우 우선 순위에서 밀리는 경우가 많으나 이 경우에도 조기 은퇴 설계의 필요성에 대해 깊이 생각해 볼 필요가 있다.
② 연간 지출표 작성	연간 지출표는 은퇴 직전의 생활비를 항목별로 정리한 후 은퇴 이후 사용할 것으로 예상되는 금액과 비교하여 은퇴 이후의 생활비를 결정하는 것이다. 연간 지출표는 은퇴 이후의 생활비를 측정할 수 있다는 점에서 효용성이 크지만, 절차가 복잡하여 빠른 은퇴 설계를 요할 경우에는 적합하지 않다.

2단계: 계산 및 분석

은퇴 설계 자료 요약표상의 정보를 이용하여 개인이 원하는 은퇴 후 생활양식을 위해서 추가적인 저축이 필요한지 여부를 결정하기 위해 계산 및 분석을 시작한다.

> ① 은퇴 시 자산의 미래 가치를 계산한다. 각 자산의 예상 수익률을 이용하여 각 자산이 은퇴하는 시점에서 얼마만큼의 가치를 가질 것인지 계산한다.

↓

> ② 은퇴 시점에서 자산의 순미래 가치를 계산한다. 모든 자산을 매각 또는 배분할 경우 예상되는 세금과 비용을 공제한 순자산의 미래 가치를 계산한다.

↓

> ③ 은퇴 후 필요한 연간 소득에서 국민연금을 차감한 금액을 은퇴 후 필요한 연간 소득의 부족분으로 정하고, 그 값을 구한다.

↓

> ④ ③의 값에서 물가 상승률을 감안하여 은퇴 첫해 소득의 적자 폭을 계산하고 은퇴 기간 중에 매년 부족한 은퇴연금을 은퇴 시점에서 일시금 형태로 계산한다.

↓

> ⑤ 자산의 순미래 가치에서 은퇴 시점에 필요로 하는 총은퇴일시금을 공제하면 은퇴 시 필요로 하는 추가적인 저축액이 된다.
> **자산의 순미래 가치 - 총은퇴일시금 = 추가 저축액**

↓

> ⑥ 은퇴 자산을 위해 필요한 연간 저축액을 결정한다. 저축액 결정 방법에는 증액법과 정액법이 있으며 월, 분기와 같은 일정한 기간별로 계속하여 저축하도록 한다.

---

5) 한국표준협회, 「은퇴교육과정-재무관리」, 2015, pp. 64~70

3단계: 은퇴 자산에 대한 포트폴리오 구성

개인의 은퇴 목표를 달성하기 위한 저축액 결정은 개인이 가정한 세후 투자 수익률에 의해 크게 좌우된다. 3단계에서는 개인이 필요로 하는 저축액을 결정한 후 개인이 가정한 세후 투자수익률을 달성할 수 있도록 개인의 투자 성향에 맞게 장기적인 투자 방법을 결정하고 은퇴 자산에 대한 포트폴리오를 구성해 보도록 한다.

다음은 위험에 대한 투자자의 태도를 설명하고 있다.

위험 회피형

위험 회피형은 위험을 기피하는 이성적인 인간의 행동으로, 위험을 부담하는 경우에는 반드시 이에 상응하는 보상을 바라는 형이다. 위험 회피형 투자자의 효용함수는 부(富)의 증가함수이나, 한계효용은 체감하게 되는데 그 이유는 일반적으로 수익률이 높을수록 위험이 증가하여 효용이 한계적으로 작아지기 때문이다.

위험 선호형

불확실해도 좋으니 수익을 위해 얼마든지 위험을 감수하는 유형이다. 개인의 투자 성향을 이렇게 판단할 때는 증권사가 포트폴리오에 주식의 비율을 높여준다. 또 주식 중에서도 고위험 성장주를 많이 편입시킨다.

위험 중립형

위험의 크기와는 관계없이 기대수익률에만 의거해서 의사결정을 내리는 투자자를 말한다. 따라서 위험 중립형의 효용함수는 부(富)에 따라 일직선으로 증가하고 한계효용은 불변인 선형함수이다. 이들의 투자 목적은 기대수익률의 극대화에 있다.

은퇴 설계에서 자산 배분 계획은 적어도 10년 이상 장기간에 걸쳐 이루어지는 것이 일반적이다. 여기서 자산 배분이란 위험 수준이 다양한 여러 자산 집단을 대상으로 투자 자금을 배분하여 포트폴리오를 구성하는 투자 과정을 뜻한다. '은퇴 자산을 배분한다' 또는 '은퇴 자산에 대한 포트폴리오를 구성한다'는 것은 개인의 제약 조건을 감안하여 장기적으로 자산 집단을 구분하여 포트폴리오를 작성하고 투자 위험을 합리적으로 관리한다는 것을 의미한다.

4단계: 은퇴 설계 실행

은퇴 설계의 실행 과정을 살펴보면, 먼저 자료를 조합하고 분석하여 개인을 위한 상세한 투자 제안서를 만든다. 예를 들어 보험 가입을 필요로 하는 경우 보험 가입 설계서를 제공받고, 수익증권이나 뮤추얼펀드 등에 가입하게 될 경우 투자설명서 등을 제공받아야 한다. 일단 일련의 자료를 수령하면 은퇴 설계가 실행된다. 은퇴 설계는 자산의 재분배나 투자를 수반하게 된다. 자산을 운용하는 과정에서 투자에 따른 위험 발생은 피할 수 없다. 따라서 각각의 투자에 대한 손실 가능성에 대해 주지해야 한다.

정액분할투사법은 월이나 분기와 같이 일정한 기간별로 고정된 금액을 계속적으로 투자하는 방법을 말한다. 이 방법은 주식이나 채권과 같이 단기간 내에 가격이 급등락하기 때문에 투자 시점을 잡기 어려운 위험한 자산에 대한 투자 방법 중 하나이다. 정액분할투자법은 은퇴 자금 마련을 위해 적합한 투자 방법으로 외국의 많은 재무 설계사들이 사용한다. 위험 자산을 일정한 금액 단위로 계속 투자하도록 하므로, 주식의 경우 주가가 하락하면 주식을 많이 사도록 하며 주가가 상승하면 주식을 덜 사도록 만든다. 그러므로 정액분할투자법을 사용하면 가장 저점에서 주식을 매입한 것은 아니지만 상당히 낮은 가격에 매입하게 된다는 특징이 있다.

5단계: 실행에 대한 모니터링

마지막 단계의 주요 목적은 투자 목적, 포트폴리오 전략, 수익률 등을 모니터링하고 측정하는 데 있다. 즉, 투자 성과 및 투자 목표의 달성 정도를 주기적으로 평가하여 투자 계획을 조정할 수 있도록 정보를 제공한다. 효율적인 성과 측정은 다음의 네 단계를 필요로 한다.

① **정의**: 투자 목적을 확인하고 이에 맞는 포트폴리오 전략이 세워졌는지 확인한다.
② **데이터 확인**: 신뢰할 만한 데이터를 수집하고 확인한다.
③ **측정**: 적절한 통계 기법 등을 통해 분석을 한다.
④ **제안 설명**: 진행 상황이 적절하게 설명되어야 한다. 이때 자료 분석뿐만 아니라 자산 관리의 과정에 대한 설명도 있어야 한다.

당신은 '은퇴'라는 단어를 들으면 무엇을 제일 먼저 떠올리는가?

HSBC은행(The Hongkong and Shanghai Banking Corporation)은 2011년 실시한 은퇴에 대한 인식 조사에서 흥미로운 결과를 발표하였다. 세계 17개국 30~60세 경제활동인구를 대상으로 한 이 조사에서 영국, 캐나다, 미국 등 대다수 선진국의 응답자 50% 이상이 은퇴라는 단어를 '자유', '만족', '행복'이라는 단어와 연관 지어 인식하고 있다고 응답하였다. 선진국의 많은 사람들이 은퇴 후의 삶에 낙관적인 사고를 가졌음을 보여 주는 것이다.

이에 반해 한국인은 '경제적 어려움(55%)'을 은퇴와 가장 연관성이 높은 단어로 꼽았으며 그 외에도 '두려움'과 '외로움' 같은 단어를 선택해 비관적인 인식을 가지고 있는 것으로 나타났다. 그 이유로는 '저축이 충분치 않아서(47%)'가 가장 높게 나타나 대다수가 자신의 은퇴 준비, 그중에서도 경제적인 부분에서의 은퇴 준비 사항에 대해 만족하지 못함을 확인할 수 있었다.

실제 상담 현장에서 만나는 많은 은퇴자들은 이러한 경제적인 여건에 대한 준비 부족을 문제로 미래에 대한 불안과 염려를 토로하는 경우가 많다. 은퇴 후 생활에 대한 준비가 잘 되어 있지 않다면 바로 닥치게 될 경제적 어려움에 대한 두려움을 느끼는 것은 당연한 부분일지도 모른다. 늘상 가장으로서 책임감을 강요받아 왔고 잠자는 시간 외엔 거의 일에만 매어 있었던 삶에서 갑작스레 경제원을 잃고 자신을 상징하는 일을 잃는다는 것은 은퇴자에게 공허함과 외로움을 가져올 수 있다. 그만큼 은퇴 후 삶에 대해 불안감을 느끼는 이들이 많다. 은퇴가 현 상황에서 두려울 수 있지만 다르게 생각하면 좀 더 철저한 계획과 준비로 보다 알찬 또 한 번의 도전의 기회가 될 수 있다.

100세 시대에서 성장과 변화는 당연한 평생의 과제이며 '퇴직'과 '은퇴'는 새로운 삶을 위한 긍정적인 도전의 기회가 될 수 있음을 기억하자.

교육적 시사점

- 삶과 일에 대한 인식 전환이 필요하다. 일의 상실은 가계의 경제에 구멍을 만들기도 하지만 이는 변화의 기회이기도 하다. 퇴직 후 새롭게 주어지는 삶에서 요구되는 새로운 가치를 받아들일 필요가 있다.
- 은퇴 후 닥치게 될 경제적 어려움에 대한 체계적이고 철저한 사전 점검과 준비가 필요하다.

다음 질문에 답하면서 은퇴에 대한 인식과 준비 상황을 점검해 보자.

1. '은퇴'라는 단어를 들으면 무엇이 제일 먼저 떠오르는가?

2. 퇴직 전, 퇴직 이후의 삶에 대해 어떤 준비를 해 왔는가?

3. 퇴직 이후, 제2의 삶을 위해 현재 어떤 준비를 하고 있는가?

나의 은퇴 자금 준비 자기진단

문항별로 자신의 상태를 체크하고, 각각 배정되어 있는 점수를 합산하여 자신의 은퇴 자금 준비 수준을 진단해 보자.

문항		점수
1. 은퇴 관련 투자는 언제부터 시작해야 한다고 생각하는가?		
1)	60대부터	0
2)	50대부터	1
3)	40대부터	2
4)	30대부터	3
5)	20대부터	4
2. 현재의 자녀 교육이 은퇴 준비보다 더 중요하다고 생각하는가?		
1)	매우 중요하며 빚을 내어 자녀 교육을 하고 있다.	0
2)	중요하며 내 수입의 대부분을 차지한다.	1
3)	남들 하는 만큼만 하고 있다.	2
4)	남들보다 조금 적은 편이다.	3
5)	전혀 아니다.	4
3. 현재 정기적(통상 1년)으로 은퇴 설계에 대해 상의할 수 있고 그에 대해 적극적으로 도움을 주는 재무 설계 전문가가 있는가?		
1)	전혀 상의할 의사가 없다.	0
2)	상의할 사람은 있지만 꺼려진다.	1
3)	금융 상품 가입 시 한 번 해 봤다.	2
4)	필요할 때 가끔 물어본다.	3
5)	1년에 한 번 정기적으로 금융 환경을 고려해 점검·수정한다.	4
4. 노후를 위해 국민연금 등 공적연금 외에 어느 정도를 저축·투자를 하는가?		
1)	0~4%	0
2)	5~9%	1

3)	10~14%	2
4)	15~19%	3
5)	20% 이상	4

5. 현재의 은퇴 준비는 미래의 인플레이션 위험을 대비하고 있는가?

1)	은퇴 준비를 위한 투자가 없다.	0
2)	안정성을 최우선으로 모두 시중은행의 정기적금으로 준비한다.	1
3)	시중은행을 주로 이용하되 저축은행 등 2금융권을 이용한다.	2
4)	금융권의 연금저축 또는 연금보험에 가입하였다.	3
5)	펀드 및 변액유니버설 등 일부 위험이 있는 금융 투자 상품에 가입하였다.	4

6. 현재의 은퇴 준비는 본인 사망 이후 배우자 생존기간을 고려한 준비인가?

1)	은퇴 준비를 위한 투자가 없다.	0
2)	정기적금 등 저축은 하고 있지만 고려해 본 적 없다.	1
3)	연금 상품에 투자하고 있고 10년 혹은 20년간 확정적으로 연금이 지급된다.	2
4)	연금 상품에 투자하고 있고 내가 살아있는 한 연금이 지급된다.	3
5)	배우자 사망 시까지 연금이 지급되도록 하는 금융 상품에 가입하고 있나.	4

7. 거주주택 이외에 부동산을 보유하고 있는가?

1)	전혀 없다.	0
2)	5,000만 원 미만	1
3)	5,000만~1억 원 미만	2
4)	1억~3억 원 미만	3
5)	3억 원 이상	4

8. 당장 현금화가 가능한 금융 자산을 얼마나 보유하고 있는가?

1)	전혀 없다.	0
2)	2,000만 원 미만	1
3)	2,000만~5,000만 원 미만	2

4)	5,000만~1억 원 미만	3
5)	1억 원 이상	4

9. 은퇴 후 예상 월 소득은 얼마인가? (연금 포함 현재 물가 기준)

1)	전혀 없다.	0
2)	100만 원 미만	1
3)	100만~200만 원 미만	2
4)	200만~300만 원 미만	3
5)	300만 원 이상	4

10. 퇴직금은 어느 정도로 예상하는가?

1)	전혀 없다.	0
2)	3,000만 원 미만	1
3)	3,000만~5,000만 원 미만	2
4)	5,000만~1억 원 미만	3
5)	1억 원 이상	4

11. 60세 이후에 현재의 일자리 또는 비즈니스(사업)를 유지할 가능성이 있는가?

1)	불가능하다.	0
2)	60세까지는 가능할 것 같다.	1
3)	65세까지는 가능할 것 같다.	2
4)	70세까지는 가능할 것 같다.	3
5)	평생 동안 유지·운영되는 임대부동산 등의 사업 운영 시스템을 갖추고 있다.	4

12. 배우자를 포함하여 노후까지 보장이 가능한 의료비 관련 보장성 보험을 준비하고 있는가?

1)	전혀 없다.	0
2)	나 또는 배우자만 가입되어 있다.	1
3)	나와 배우자 모두 가입되어 있지만 보장 내용은 모른다.	2

4)	나와 배우자 모두 가입되어 있고 평균 수명까지는 보장 가능하다.	3
5)	나와 배우자 모두 사망 시까지 충분히 보장되어 있다.	4

13. 은퇴 후를 위한 비과세 혹은 저율과세 금융 상품의 종류와 내용을 알고 가입하였는가?

1)	전혀 모른다.	0
2)	안정성을 최우선으로 모두 시중은행 정기적금에 가입하였다.	1
3)	세금 우대 저축 상품에 가입하고 있다.	2
4)	소득공제가 되는 연금 상품에 가입하고 있다.	3
5)	소득공제 연금 상품 및 비과세 연금보험 및 저축보험에 가입하고 있다.	4

14. 국민연금 등의 공적연금과 세제적격 연금저축의 연금 및 퇴직연금 수령 시 세금 부과 체계에 대해 알고 있는가?

1)	전혀 모른다.	0
2)	국민연금에만 가입되어 있고 세금 관계는 모른다.	1
3)	세제적격 연금저축에 가입하고 있지만 세금 관계는 모른다.	2
4)	연금 상품에 가입하였고 연금 수령 시 저율의 세금이 부과됨을 알고 있다.	3
5)	국민연금 및 연금 상품에도 연금 수령 시 세금이 부과되는 것을 알고 있고 더 나아가 다른 소득이 있을 경우 이와 합산하여 소득세가 부과됨을 알고 있다.	4

15. 상속과 증여에 대한 세금에 대해 절세 방안을 준비하고 있는가?

1)	현재 나의 노후 준비가 없어 내 노후 준비도 힘겹다.	0
2)	나의 노후 생활 때문에 남겨줄 상속재산이 전혀 없을 것이다.	1
3)	일부 상속재산이 있겠지만 자녀들에게 도움이 되지는 않을 것이다.	2
4)	상속과 증여에 대한 세금이 있다는 것은 알고 있지만 현재 준비는 없다.	3
5)	상속세 절세를 위해 사전증여 및 종신보험 가입 등 상속세 납세 재원을 확보하고 있다.	4
총점		

|진|단|결|과|

- **30점 이하** 당장 시작하지 않으면 위험하다.
- **31~35점** 크게 부족하다.
- **36~40점** 안심하긴 이르다.
- **41~45점** 약간 부족한 부분만 보완하면 된다.
- **46점 이상** 노후 준비가 훌륭하다.

▶ 자신의 은퇴 자금 준비 수준 진단 결과를 확인한 후, 준비가 시급한 항목으로 생각되는 것은 무엇인가?

출처: 한국표준협회, 「은퇴교육과정-재무관리」, 2015, pp. 5~9

Tip

저금리 시대 재테크 방법

1. 절세가 답이다.

사는 곳, 주택 규모에 따라 세금도 달라진다. 이사를 계획하고 있다면 이를 꼼꼼히 따져 봐야 한다. 또한 담보 대출이 있는 경우 뱅크아이(www.bank-i.co.kr) 등 담보 대출 상품 비교 사이트를 통해 은행의 대출 이자 금리를 비교하여 담보 대출 갈아타기를 시도해 보라. 단, 주거래 은행에서 대출한 경우는 대출을 갈아탈 경우 예·적금의 이율 혜택 등이 줄어들 수 있으니 잘 따져 보도록 한다.

2. 절세형 금융 상품을 적극 이용하라.

저금리 시대에 수익률을 최대한 올릴 수 있는 방법은 절세형 금융 상품을 충분히 활용하는 것이다. 절세형 금융 상품에는 이자소득에 대해 세금을 전액 면제하는 비과세 상품과 이자소득에 대해 9.5%(소득세 9%와 농어촌특별세 0.5%)의 세율을 적용하는 세금 우대 상품, 이자소득에 대해서 지방소득세(농어촌특별세) 1.4%만 과세를 하는 저율과세(세금 우대 저축) 등이 있다. 소득을 올리는 사람은 모두 세금을 내야 하지만 정부는 저축 장려를 위해 특정 저축에 대해서는 세금을 감면해 주는데 이를 비과세 상품이라고 한다. 비과세, 세금 우대 금융 상품을 잘 활용하면 실질금리를 더 높일 수 있다.

● **일반과세, 세금 우대, 저율과세, 비과세 비교**(저축은행 3,000만 원, 연리 4.5% 가정)

구분	세율	세금	세후 이자	세후 수령액	세후 금리
일반과세	15.4%	207,900원	1,142,100원	31,142,100원	3.81%
세금 우대	9.5%	128,250원	1,221,750원	31,221,750원	4.07%
저율과세	1.4%	18,900원	1,331,100원	31,331,100원	4.44%
비과세	0%	0원	1,350,000원	31,350,000원	4.50%

3. 단기간 자금을 운영할 시 CMA 계좌를 활용하라.

증권사 CMA 통장은 수시로 입출금이 가능하고 이자가 일할로 붙는디는 장점을 갖고 있기에 저금리 시대에 0.1%라도 더 챙기려는 스마트 재테크족에게 추천할 만한 방법이다. 또한 CMA 계좌는 인터넷 뱅킹/ATM 입출금 등 다양한 금융 서비스를 이용할 수 있고 체크카드 및 신용카드가 연계되며, 각 증권사들의 다양한 우대 서비스도 함께 이용할 수 있다.

4. 자신에게 맞는 투자 상품을 찾아라.

장기 저금리가 고착화되며 수년 간 다양한 대안 상품들이 쏟아져 나왔다. 상품의 내용, 기대 수익률, 리스크 등이 각양각색이며 지속적으로 다변화하고 있다. 이에 자신에게 맞는 좋은 상품을 찾기 위한 발품이 필요하다. 온라인상으로 투자 상품들을 비교해 볼 수도 있지만 직접 전문가를 만나 꼼꼼히 투자 상황을 점검하고 조언을 들어볼 필요도 있다. 투자할 시에는 상품의 구조를 꼼꼼히 살피고 상품이 투자하는 기초 자산을 철저히 분석하여 상품의 위험을 따져 보아야 한다.

02^장 은퇴 자금 계산하기

제1절 은퇴 자금의 계산법은?
제2절 노후 자금은 어떻게 쓰이는가?
제3절 은퇴 후 소득원은 무엇으로 할까?

학|습|목|표

- 필요한 노후 자금을 확인하고 합리적으로 계산할 수 있다.
- 노후 자금이 쓰이게 될 항목을 확인하고 준비할 수 있다.
- 은퇴 후 소득원의 종류에 대해 설명할 수 있다.
- 은퇴 후 자신의 소득원 수준을 파악할 수 있다.

학|습|열|기

장수의 덫… 수명 7세 늘면 노후 자금 1억 3000만 원 더 필요

"60대 후반이면 여기서는 막내지. 일흔, 여든 넘는 사람도 많아."

폭염(暴炎)이 한창이던 지난 7월 말 서울 동대문종합시장 앞. 구릿빛 피부에 눈가 주름이 깊은 최석기(가명·76) 할아버지는 "이 나이에 돈 벌기가 쉬워? 밥값에 용돈 벌려면 (일하러) 나와야지"라고 했다. 소싯적엔 평범한 회사에 다녔다는 최 할아버지를 비롯한 노인 30여 명이 이날 시장 앞 인도에 놓아둔 간이 의자에 앉아 시장 상인들이 내놓은 옷 배달 일감을 기다리고 있었다. 최 할아버지는 "한 달에 30만 원쯤 번다"고 했다.

중산층이 노후에 절대 빈곤층으로 추락하는 '실버(silver) 파산'의 배경엔 중병이나 황혼 이혼, 투자 실패 같은 요인이 자리 잡고 있다. 그러나 더 근본적으로는 "과거보다 수명이 늘면서 급속하게 진행되는 고령화가 노후 준비가 부족한 중산층을 절대 빈곤으로 몰아갈 가능성이 크다"고 전문가들은 말한다.

본지가 통계청 자료를 분석한 결과, 60세 남성(여성)의 예상 수명은 1990년 75.6세(80.3세)에서 2014년엔 82.4세(87.4세)로 6.8세(7.1세) 늘었다. 오는 2035년 60세가 되는 현재 41세 남성(여성)의 경우 기대 수명은 84.4세(88.5세)로 더 늘 것으로 추정됐다.

수명 연장으로 준비해야 할 노후 자금은 늘어날 수밖에 없다. NH투자증권 100세시대연구소가 분석한 결과, 2014년 현재 60세 남성은 1990년 당시 60세보다 수명이 6.8세 늘면서 필요한 노후 자금은 1억 2,900만 원(현재 가치·2인 가구 기준) 더 증가한 것으로 나타났다. 늙어서도 일자리를 전전하는 노인들도 세계 톱 수준이다. 경제협력개발기구(OECD)에 따르면 한국의 65세 이상 노인 고용률은 30.6%로 회원국 중 아이슬란드(38.7%)에 이어 2위, 75세 이상은 1위(17.9%)였다.

— 조선닷컴 2016. 9. 9. 기사 中

제 ❶ 절 은퇴 자금의 계산법은?

01 ㅣ 노후 자금, 얼마나 필요할까?

은퇴 생활을 하는 데 필요한 자금을 예상하는 것은 은퇴 설계에서 가장 먼저 이뤄져야 하는 단계이다. 일반적으로 은퇴 자금은 적게는 3억 원에서 많게는 10억 원 이상까지 다양하게 소개된다. 국민연금연구원의 조사(2012년) 결과에 의하면 특별한 질병이 없는 건강한 노년임을 가정할 때 월 평균 노후 생활비는 1인 가구 119.3만 원, 2인 가구 192.3만 원이면 적정하다고 보고하고 있다. 그러나 은퇴 이전의 생활 수준이 저마다 다르듯이 은퇴 생활도 그 수준에 따라 다양하다. 최소한의 기본적인 은퇴 생활, 중류 수준의 평균적인 은퇴 생활, 풍요로운 은퇴 생활 등 은퇴 생활을 어떻게 할 것인가에 따라 필요 자금이 달라진다. 노후 자금의 적정성은 지역 또는 개인에 따라 차이가 크므로 본인의 생활 패턴과 매달 지출하는 고정 비용 등을 종합적으로 고려하여 산출하는 것이 필요하다. 대개 은퇴 전 생활비의 60~70%를 은퇴 후 필요한 생활비로 보는 것이 일반적이다.

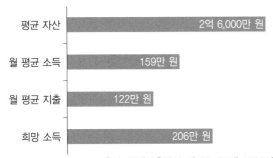

출처: 주택금융공사, 만 60~84세 1,500가구 대상 설문조사 결과

[노년층 가구의 월 평균 소득과 지출 규모]

은퇴기의 노후 자금 관리는 현재 준비된 노후 자금과 향후 필요한 노후 자금의 규모를 비교한 후 생활 자금의 규모를 조정하여 설계해야 한다.

02 ㅣ 은퇴 자금 계산 방법

은퇴 후 안정적인 생활을 위해서는 적정한 은퇴 자금을 산출하고 그에 알맞은 소비를 계획하여 노후를 위한 자금을 안전하게 관리하는 것이 중요하다. 그렇다면 은퇴 자금은 어떻게 계산해 볼 수 있을까? 은퇴 자금 계산 방법을 3단계로 설명해 보고자 한다.[6)]

1단계: 은퇴 필요 자금(은퇴 후 생활비) 계산하기

은퇴 시점에서 필요한 자금은 사람마다 씀씀이가 다르고 축적된 재산의 규모가 다르기 때문에 개인마다 다를 수밖에 없다. 대략 노부부의 은퇴기를 가정하고 은퇴 전 생활비의 70%를 은퇴 후 생활비로 추정하는 것이 적합하다. 예를 들어 은퇴 전에 매월 300만 원을 생활비로 사용했다면 은퇴 후에는 210만 원을 매월 필요한 생활비로 볼 수 있다. 통계청 발표에 따르면 2인 이상 도시가구(중간 계층에 해당하는 3분위 가구)의 월 평균 생활비가 242만 원이므로 이 금액의 70%인 170만 원을 은퇴 소요 자금의 최저 금액으로 볼 수 있다.

2단계: 노후 자금 계산하기

은퇴 필요 자금을 계산했다면 이제는 매월의 생활비 소요액에서 국민연금 등 공적연금의 수령 예상액을 차감하는데 이것이 실질적인 은퇴 필요 자금이 된다. (만약 공적연금의 수령 예상액이 없다면 이 부분은 생략해도 된다.) 그리고 여기에 은퇴 생활 시간, 즉 사망 시까지의 연수를 곱하여 은퇴 소요 자금 총액을 산출한다.

다음 정리된 내용을 작성해 보며 노후 자금의 과부족 금액을 산출해 보자.

① 은퇴 후 예상 월 생활비 _____ 원
② 은퇴 기간(= 예상 사망 연령 − 현재 연령) _____ 년
③ 필요한 노후 자금(① × ② × 12개월) _____ 원
④ 모아 놓은 노후 자금 _____ 원
⑤ 과부족 금액(④ − ③) _____ 원

3단계: 미래 가치로 환산하기

현재 시점을 기준으로 계산된 은퇴 자금을 미래 은퇴 시점의 가치로 수정해야 한다. 은퇴는 지금 당장의 문제가 아니라 훗날 발생하는 것이므로 물가 상승분을 감안해 은퇴 시점의 미래 가치로 환산하지 않으면 은퇴 시점에서는 막상 은퇴 자금이 모자라게 되기 때문이다.

미래 가치 = 원금 × (1 + 이자율)n   *n = 기간

---

6) 한국표준협회, 「은퇴교육과정–재무관리」, 2015, pp. 37~40

03 ┃ 은퇴 자금 소요액 추정 시 생활비 외에도 고려해야 할 지출 항목

　각종 성인병이나 암 등 여러 가지 질병으로 사망하는 경우에는 사망 직전 2~3년간의 의료비가 평생 동안 지출되는 의료비의 30~40%에 달한다고 한다. 따라서 은퇴 자금 추정 시 배우자가 사망하는 시점의 의료비를 고려해야 한다. 또한 남편이 사망한 이후 부인이 홀로 살아가는 기간 동안의 생활비가 포함되어야 한다. 통계에 의하면 남자와 여자의 수명 차이가 평균 6~8년이므로 이 기간 동안 부인이 혼자 생활하는 데 필요한 자금이 별도로 준비돼 있어야 한다. 그렇게 하려면 처음부터 전체 은퇴 생활 기간을 부인의 사망 지점까지로 정하고 은퇴 자금 소요액을 추산하면 되는데, 이 경우 부인의 독거 생활 기간 동안의 소요 자금은 그 이전 기간의 60% 정도면 될 것이다.

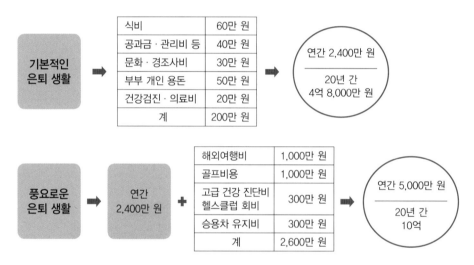

[바람직한 노후 자금의 규모(예시)]

제 ❷ 절 노후 자금은 어떻게 쓰이는가?

01 | 은퇴 후 생활비 구성

　은퇴 후 생활비의 규모를 정확히 예측하기 위해서는 은퇴 후 부부의 생활비와 배우자 사망 후 홀로 생활하게 될 비용 등을 기본으로 가정하여 설계해야 한다. 여기에 의료비와 부부의 간병비, 장례 비용 등도 포함시킨다. 실제 부부의 건강 상태에 따라 다양한 예상을 할 수 있겠지만 평균 수명을 기준으로 하여 노후 자금의 흐름을 미리 짜보는 것이 필요하다. 일반적으로 필요한 노후 생활비는 '부부 공동 생활비 + 남편 의료·간병비 + 홀로 생활비 + 아내 의료·간병비'로 구성될 수 있다.

　은퇴 후 매달 사용할 생활비를 결정할 때는 물가 상승률을 따져 고민해야 한다. 매년 물가 상승률만큼 늘어난 금액이 필요하기 때문이다. 국민연금, 공무원연금, 사학연금 등은 물가 상승률과 유사하게 지급액이 변동되고 있으나 개인연금 가운데 일부 상품은 물가 연동하여 지급액을 올리지 않는 상품도 있기 때문에 은퇴 후 자금을 계산할 때는 이를 고려해야 한다.

　1절에서 적절한 노후 자금으로 100~200만 원이 적정하다는 국민연금연구원의 통계 결과를 제시하였다. 그러나 이는 평균적인 수치이며 개인이 추구하는 삶의 질에 따라 적절한 노후 생활비를 고려하여 준비해야 한다. 《100세시대 은퇴 대사전》[7]에서는 전문가들의 의견을 정리하여 은퇴 후 월 생활비 예상액을 다음과 같이 제안하였다. 자신이 희망하는 삶의 질에 대한 평가에 맞춰 자신의 노후 생활비를 설계해 보도록 하자.

---

7)　우재룡·송양민, 『100세 시대 은퇴 대사전』, 21세기북스, 2014, p. 93

● 은퇴 후 월 생활비 예상액(2인 부부 기준)

구분	월 생활비	삶의 질에 대한 평가
기본적인 생활	150만 원 수준	• 가장 기본적인 노후의 의식주에 관련된 비용 • 의료비, 문화생활비 등을 충분하게 마련하지 못한 상태 • 농촌에서는 여유로운 생활 여유가 가능한 수준
표준적인 생활	200만 원 수준	• 대도시에서 보통 수준의 노후 생활이 가능 • 중소도시와 농촌에서는 여유로운 은퇴 생활 가능
여유로운 생활	300만 원 수준	• 대도시에서 여유 있는 노후 생활 가능 • 다양한 여가 활동이 가능하며 건강 관리 비용 부담 가능

출처: 우재룡·송양민, 『100세 시대 은퇴 대사전』

02 | 풍요로운 은퇴 생활을 위한 자금

필자는 은퇴를 앞두고 있는 베이비부머들을 상담하며 기존 고령자 계층과의 여러 차이점을 느끼게 되었다. 물론 대상의 개인적인 차이도 있겠지만 전반적으로 봤을 때 베이비부머들은 기존의 노년층보다 학력과 생활 수준이 높고 다양한 취미·여가 생활을 즐기는 것을 원한다. 이는 곧 더 행복하고 만족스러운 은퇴 후 생활을 위해서는 기존의 노년층보다 생활비가 훨씬 더 많이 필요함을 의미한다.

풍요롭고 행복한 은퇴 후 생활을 영위하기 위해 '은퇴 축하금'을 준비할 것을 권한다. 열심히 일한 이에게는 그 노고를 치하하는 만큼의 보상과 함께 칭찬이 필요하다. 대한민국 사회의 주역으로서, 가정의 큰 기둥으로서, 그리고 회사의 동반자로서 열심히 일해 온 지금까지의 삶에 대한 칭찬의 의미로 풍요로운 노후를 선물해 주기 위해 은퇴 후 삶을 위한 비상금을 준비해 두어야 한다.

은퇴 축하금은 은퇴 후 생활비 외에 자신의 삶을 더욱 행복하고 의미 있게 만들기 위한 용도로 소비된다. 예를 들면 사회, 회사, 가정을 위해 오랜 시간 노력한 자신의 몸과 마음의 재충전을 위한 여행 경비로 사용할 수 있다. 많은 은퇴자들이 여행 자금 마련을 위해 연금 상품을 일부 훼손하거나 펀드 등의 금융 상품을 깨는 경우가 있는데 이는 옳은 선택이 아니다. 은퇴 축하금은 은퇴 후 많은 휴식 시간을 알차게 보내기 위한 새로운 삶의 시작으로써 자기 계발 비용으로 활용하기도 한다. 인생 2막, 3막의 길을 도모하는 은퇴자들의 많은 수가 교육을 통해 새로운 길을 걸어가게 된다. 이러한 교육 활동은 적극적인 삶의 동력이 되며 몸과 마음의 건강을 유지하고 좋은 인적 네트워크를 형성하는 데도 유익한 방법이 된다.

최근 은퇴자들은 퇴직 후 갑자기 많아진 여유 시간에 스트레스를 받고 더욱 우울함을 느끼게 된다는 뉴스를 본 적이 있다. 지금까지 일에만 매달려 있던 베이비붐 세대에게 휴식과 여유로운 시간이란 익숙한 것이 아니기에 갑자기 많아진 시간을 어찌 보내야 할지가 큰 고민거리가 된다는 것이다. 적절한 취미·여가 활동은 좀 더 활력 있는 노후 생활을 도와준다. 부부가 함께 골프를 친다거나 크리켓 동호회에 참여함으로써 체력을 단련하고 음악회나 영화 관람을 통해 노년의 삶의 여유와 즐거움을 만끽할 수 있다. 악기나 공예, 커피 등의 젊은 시절 여유가 없어 할 수 없었던 취미 생활을 즐겨 볼 수도 있다. 이러한 풍요로운 문화생활에도 비용은 따른다. 은퇴 설계를 할 때 이러한 비용을 감안하여 미리 예상해 두는 것이 필요하다.

03 | 노년에 필요한 의료비와 간병비

나이를 먹으면 당연히 의료비가 많이 들게 된다. 은퇴 준비에 있어 의료비와 간병비는 다음 네 가지 형태로 나눠 생각해 보도록 한다.[8]

첫 번째는 통상적 진료비이다. 노년이 되면 자연스럽게 잔병치레가 잦아진다. 관절이나 척추 질환 등으로 병원도 자주 가게 된다. 혈압도 올라가고 콜레스테롤 수치도 높아지며 늘상 먹어야 하는 약들도 많아진다. 한꺼번에 많은 돈이 들어가진 않지만 자주 병원을 들락날락하다보니 병원비와 약값이 모이면 생활비에서 꽤 많은 부분을 차지한다. 통계청(2012년) 조사에 의하면 우리나라 노인 1인당 병원 진료비 지출액이 연간 293만 원이라고 하니 2인 부부의 생활비에 감안해서 본다면 의료비 지출은 노후 생활에 큰 부담이 될 수 있다.

두 번째는 중증 질환 치료비이다. 한국인의 사망 원인 1위가 암에 의한 병사라는 통계처럼 암과 같은 중증 질환이 우리의 삶을 위협하고 있으며 노년층의 경우 더욱 이러한 중증 질환의 발생 빈도가 잦기에 대비가 필요하다. 중증 질환은 비용도 많이 들고 치료가 힘든 병이기 때문에 장기간 치료비가 필요한 경우가 많다. 보통 암, 뇌질환, 심장 질환 등의 치료를 위해서는 적게는 1,000만 원에서 많게는 8,000만 원 선의 치료비가 필요하다.

---

8) 우재룡·송양민, 「100세 시대 은퇴 대사전」, 21세기북스, 2014, pp. 103~105

세 번째는 정기 건강검진 비용이다. 질병은 예방이 더욱 중요한 만큼 노년에 받는 정기 건강검진은 그 무엇보다 중요하다. 50세가 넘으면 1년에 한 번씩은 정기적으로 건강검진을 하여 건강 상태를 확인할 필요가 있다. 따라서 이러한 정기 검진 비용을 따로 측정해 두어야 한다.

마지막으로 치매 등 장기 요양 비용이다. 고령자가 노환 등으로 인해 거동이 불편해지거나 치매 등의 장기 요양이 필요한 질병에 걸리게 되면, 장기간 요양원이나 요양병원, 요양보호사 고용 등의 비용이 필요하다. 이 경우 짧게는 1~2년으로 끝나는 경우도 있으나 대부분은 10여 년 이상 장기적으로 지출되는 경우가 많기에 미리미리 준비가 필요하다. 그러나 많은 사람들이 노후 생활비를 설계할 때 이 부분을 빼먹는다. 요양원의 경우 보험 적용을 받더라도 본인 부담 비용이 월 50~70만 원이고 요양병원은 월 80~250만 원의 비용이 필요하다.

제 ❸ 절 은퇴 후 소득원은 무엇으로 할까?

01 ㅣ 정기적 소득: 3층 연금으로 노후 소득 준비하기

안락한 노후 생활을 영유하기 위해서는 그 무엇보다 적정한 소득이 유지되어야 한다. 돈이 없다면 노후 생활은 즐거움이 아닌 고통의 연속이 될 수 있다. 안정적인 노후 자금 준비를 위해서는 부동산, 주식, 목돈 등의 자산이 아닌 현금 흐름이 매월 발생할 수 있는 연금을 최대한 확보하는 방법이 가장 현실적이다. 은퇴 후에도 현역 시절처럼 꾸준히 소득원을 마련할 수 있는 수단인 3층 연금에 대해 알아보도록 하자.

3층 연금은 최소한의 생계를 유지할 수 있도록 도와주는 '국민연금'과 근로자의 퇴직금을 연금화시킨 '퇴직연금', 개인이 자발적 필요에 의해 가입한 '개인연금'을 일컫는다. 은퇴 설계에서 이러한 3층 구조의 연금으로 노후 소득 보장을 강조하는 것은 연금 하나만으로는 노후 생활을 준비하는 데 충분치 않기 때문이다. 이 연금들의 조화로운 배분은 은퇴 생활의 질을 결정짓는 중요한 바탕이 되어주는 만큼 잘 쌓아 준비해야 한다.

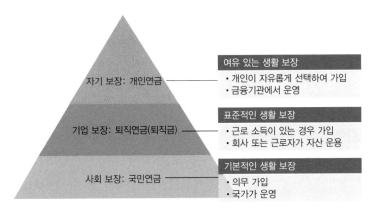

[3층 구조의 노후 소득 보장 장치]

우리나라에서는 모든 사람이 똑같이 3층 연금 제도에 가입되는 것은 아니다. 종사하는 직업이나 업종에 따라 다른 연금 구조를 가질 수 있다. 기업 근로자들은 3층 연금 제도의 대상이 되지만 자영업 종사자는 퇴직연금을 스스로 가입해야 하는데 이것이 불가능하기 때문에 1층과 3층의 연금 구조만을 가지게 된다.

● 연금 보장 체계 비교

구분	국민연금	퇴직연금	개인연금
가입 대상	전 국민	근로자	개인
목적	국민의 최저생계비 보장	근로자에 대한 생활 보장 지원	개인 선택에 의한 노후 생활 보장
책임 원칙	사회계약에 의한 연대 책임	기업의 사회적 책임	자기 책임
책임 주체	국가	기업	개인
수단	공적부조, 공적연금	기업연금	개인연금
적립액	연봉의 9% 수준	연봉의 8.3% 수준	개인 결정
금부	소득비례, 재분배	소득 및 근속 연수	개인 결정

02 ㅣ 연금의 소득대체율을 따져 보았는가?

경제협력개발기구(OECD)에서 권고하는 은퇴 후 소득대체율은 70%이나 국민연금공단의 발표에 의하면 우리나라 국민연금의 소득대체율은 40%의 수준에 머물고 있다.

$$소득대체율(\%) = \frac{국민연금 + 퇴직연금 + 개인연금}{생애 평균 소득} \times 100$$

우리나라 국민연금의 소득대체율 40%는 국민연금의 가입 기간을 40년으로 가정했을 경우를 예시한 것이며 일반적인 국민연금의 평균 가입 기간이 27년 정도임을 감안한다면 은퇴 후 국민연금의 소득대체율은 40% 이하가 될 가능성이 높다. 그렇기 때문에 퇴직연금 및 개인연금으로 보충되어야 할 연금액의 부담이 커지게 되며, 이에 개인연금의 준비 기간을 길게 하는 것이 가장 현실적인 방법이다.

03 ㅣ 비정기적인 소득: 금융소득

　은퇴 후 소득원으로 금융소득을 들 수 있다. 금융소득은 금융 자산의 저축, 투자로 인해 발생하는 소득으로 이자소득과 배당소득이 이에 해당한다. 여기서 이자소득이란 「소득세법」상 이자 명목으로 얻어지는 소득을 말하며, 예금, 적금, 부금 등의 이자 및 증권 매매 차익, 저축성 보험의 보험 차익, 채권이자, 신용부금 이익, 환매조건부채권 매매 차익 등이 이에 해당한다. 배당 소득은 주식회사의 이익 배당금이나 합자회사, 합명회사의 이익 분배금, 법인의 자본전입으로 인한 무상 주식 등을 말한다. 이러한 금융소득은 비정기적으로 소득이 생기는 만큼 금액이나 발생 시기 등을 은퇴 설계 시 고려해야 한다.

현재 40세의 김한돌 씨는 매월 생활비로 300만 원을 지출하고 있다. 그는 20년 후인 60세에 은퇴를 계획하고 있으며 안정된 은퇴 후 생활을 대비하여 미리 은퇴 자금을 준비하려고 한다. 그가 85세까지 25년을 산다고 가정하고 은퇴 자금을 계산해 보니 현재 시점을 기준으로 국민연금은 매월 70만 원, 퇴직연금은 매월 50만 원을 받을 수 있다고 한다.

[1단계 적용] 은퇴 필요 자금 계산하기

현재 생활비 300만 원의 70%인 210만 원을 은퇴 자금으로 본다.

[2단계 적용] 노후 자금 계산하기

은퇴 자금 210만 원에서 국민연금과 퇴직연금 수령예상액 120만 원을 차감하면 은퇴 자금은 매월 90만 원이 필요하다. 90만 원에 은퇴 생활 기간인 25년을 곱하면 연간 1,080만 원, 25년간 소요 자금 총액은 2억 7,000만 원이 필요하다.

[3단계 적용] 미래 가치로 환산하기

2억 7,000만 원은 현재 시점의 화폐 가치와 구매력을 기준으로 계산한 것이므로 이 금액을 가지고는 20년 뒤 매월 90만 원에 해당하는 현재의 소비 생활을 유지하기 어렵다. 매년 물가 상승률이 3%라면 현재 가치를 기준으로 한 연간 소요액 1,080만 원은 20년 후 1,950만 원과 같다. 즉, 매년 물가 상승률을 3%로 가정했을 때 25년 동안 필요한 연간 소요 자금 총액은 4억 8,750만 원(1,950만 원 × 25년)이 된다. 연간 소요 자금 총액 4억 8,750만 원을 은퇴 시점(60세)의 현재 가치로 환산하면 3억 8,330만 원이다. 이를 마련하기 위해 지금부터 준비해야 할 돈은 불입금에 대한 연간 투자 수익률을 5%라고 가정할 경우 93만 원으로 계산된다. 따라서 지금부터 매월 93만 원을 개인연금으로 적립하면 수익률이 5%일 경우 20년 후 3억 8,330만 원이 된다.

교육적 시사점

• 여유 자금을 미리 계획하여 준비하는 것이 중요하다.
• 미래 가치로 환산하여 이를 반영한 은퇴 자금을 계산하여야만 현실적인 대비가 가능함을 기억하자.

다음 질문에 답하며 은퇴에 대한 인식과 준비 상황을 점검해 보자.

1. 자신의 은퇴 후 소득원은 어떤 것이 있는지 생각나는 대로 작성해 보자.

_____

_____

_____

_____

_____

_____

_____

_____

_____

_____

_____

2. 자신의 은퇴 자금에 대한 미래 가치를 계산해 보자.
   (http://csa.nps.or.kr/finance/calValue01.do 사이트를 활용해 보자.)

_____

_____

_____

_____

_____

_____

_____

_____

_____

_____

_____

_____

은퇴 후 소득원 계산하기

정기 소득		해당 여부(✓)	은퇴 직후 소득 금액(단위: 원)	총액
국민연금	노령연금			
	장애연금			
	유족연금			
	반환일시금			
직역연금	공무원연금			
	군인연금			
퇴직연금	확정급여형			
	확정기여형			
개인연금	세제적격연금			
	세제비적격연금			
	기타연금			
주택연금	종신지급형			
	종신혼합형			
비정기 소득	**종류**	**은퇴 직후 소득 금액(단위: 원)**		**총액**
이자소득				
배당소득				
정기소득 총액 + 비정기소득 총액				

출처: 한국표준협회, 「은퇴교육과정–재무관리」

노후 생활비 줄이는 방법

은퇴 후 빈곤한 삶을 피하기 위해서는 소득을 늘리거나 지출을 줄여야 한다. 하지만 노년에 소득을 늘리기는 그리 쉽지 않은 만큼 지출을 줄이는 것이 현명한 방법이다. 노후 생활비를 아낄 수 있는 방법들을 생각해 본다.

- 집 근처 도서관을 이용해 책 구입비를 아낀다.
- 자가용을 처분하고 대중교통을 이용한다.
- 본인의 경제 상황에 맞게 경조비를 낮추고 서로 주고받지 않는 문화를 만든다.
- 자녀에 대한 지출을 줄인다.
- 규칙적인 운동과 건전한 생활습관으로 간병비와 의료비를 줄인다.
- 생활비가 적게 드는 곳으로 주거를 옮기는 방법도 있다.

출처: 이투데이, 「[우재룡의 똑똑한 은퇴] 노후 생활비 아껴주는 3가지 방법」, 2014. 10. 2. 기사

03^장 연금 관리 유형별 전략 수립하기

제1절 국민연금
제2절 퇴직연금
제3절 주택연금
제4절 개인연금
제5절 나의 평생 연금소득표를 작성하라

학|습|목|표

- 은퇴 후 필요한 소득을 확보하는 방법으로 연금소득(국민연금, 퇴직연금, 주택연금, 개인연금)을 활용하는 방법을 알 수 있다.
- 은퇴 후 자신이 받을 국민연금을 계산할 수 있다.
- 퇴직연금에 대한 정보를 통해 자신에게 유리한 퇴직연금을 선택할 수 있다.
- 자신이 받을 주택연금을 계산할 수 있다.
- 개인연금을 효과적으로 활용할 수 있다.

학|습|열|기

나중에 더 받자… '국민연금 테크' 나선 은퇴자들

수명 연장과 노후 불안에 대비해 국민연금을 조금이라도 더 탈 방법을 찾아 수령 시기를 늦추는 사람들이 늘고 있다. 특히 '100세 시대'를 앞두고 곧 은퇴하거나 이미 은퇴한 베이비부머(53~61세)들이 적극적으로 '연금 탐색전'을 벌이고 있다. 연금을 더 타기 위해 직장 퇴직 때 일시금으로 탔던 연금을 이자를 붙여서 '반납'하거나, '추납'(연금보험료를 내지 않다가 나중에 한꺼번에 안 낸 돈을 내는 경우)하는 사례도 크게 늘고 있다.

이 가운데 60세를 넘겨서도 연금보험료를 계속 내는 '임의 계속' 가입자들은 증가세가 폭발적이다. 이 제도는 최소 연금 가입기간(10년)을 채우지 못한 사람이 60세를 넘겨서도 연금에 가입할 기회를 주기 위해 도입됐다. 국민연금공단 측은 "연금을 탈 61세까지 1년간 연금 공백 기간에 보험료를 더 내면 나중에 더 받을 수 있기 때문"이라며 "통상 1년 더 '임의 계속' 제도에 가입하면 연금액이 3~7%가량 늘어나는 장점이 있다"고 말했다. 임의 계속 가입자들은 2010년 4만 9,381명이었으나, 6년 새 5배가량인 25만 명대로 늘었다. 연금공단 관계자는 "앞으로 연금 수령 연령이 65세로 늦춰짐에 따라 60세 넘어서도 연금보험료를 계속 내는 사람들이 늘어날 것"이라고 말했다.

– 조선닷컴 2016. 9. 21. 기사 中

제 ❶ 절 **국민연금**

01 | 국민연금에 대한 이해

　국민연금은 국민의 기본적인 노후 생활을 보장하기 위해 마련된 제도로서 소득이 있는 사람들은 모두 의무적으로 가입해야 하는 우리나라 핵심 사회보장제도 중 하나이다. 특별법에 의해 연금이 적용되는 공무원·군인·사립학교 교직원을 제외한 18세 이상 60세 미만의 국내 거주 국민을 대상으로 1988년 1월 1일부터 시행되었다. 국민연금은 노령·장애·사망 등으로 인하여 소득 획득 능력이 없는 당사자 및 유족의 생활 보장을 위하여 매년 정기적으로 일정액의 금전을 지급한다. 물가가 오르는 만큼 매년 지급액이 함께 오르는 것으로 만약 국민연금을 80만 원 받고 있다면 평생토록 이 정도의 화폐 가치를 가진 연금을 계속 받게 된다.[9] 물가 상승에 관계없이 한번 정해진 연금액을 일정 기간 동안 받는 민간 금융회사의 연금 상품과는 이런 부분에서 다르다고 할 수 있다.

　국민연금은 연금액 산정의 기초가 되는 기본연금과 부양가족 수에 따라 가산되는 가족 수당 성격의 가급연금(加給年金)으로 구성된다. 가입 대상은 다음 표에서 확인할 수 있다.

● **국민연금 가입 대상**

당연 적용 사업장 가입자	상시 10인 이상의 근로자를 사용하는 사업장의 근로자와 사용자를 대상으로 한다.
임의 적용 사업장 가입자	상시 10인 미만의 근로자를 사용하는 사업장으로서, 사용자가 근로자의 3분의 2 이상의 동의를 얻어 신청한다.
지역 가입자	농민·어민·자영자·주부, 10인 미만의 사업장 중 본인의 희망에 따라 가입된다.

---

9) 우재룡·송양민, 『100세 시대 은퇴 대사전』, 21세기북스, 2014, p. 128

임의 계속 가입자	원칙적으로 60세가 되면 국민연금 가입 자격을 상실하지만, 노령연금의 수급 요건을 채우기 위해 계속 가입하기를 희망하여 65세까지 연장 가입하는 경우에 해당된다.
외국인 가입자	우리나라에 거주하고 있는 외국인은 내국인과 동등하게 국민연금에 가입해야 한다. 즉, 18세 이상 60세 미만의 외국인이 국민연금에 가입된 사업장에 근무하면 사업장 가입자가 되고, 그 외의 외국인은 지역 가입자가 된다.

02 ｜ 국민연금의 종류

국민연금에서 받을 수 있는 급여에는 노령연금, 장애연금, 유족연금 및 반환일시금, 사망일시금이 있다. 국민연금은 젊고 소득이 있을 때 보험료를 납부하면 나이가 들어 소득이 없을 때 매월 연금으로 지급받는 노령연금을 기본으로 상황에 따라 장애나 사망 시에는 장애연금이나 유족연금을, 이 외에 연금을 받을 수 없는 경우 일정 요건을 충족하면 반환일시금이나 사망일시금을 받을 수 있다.[10]

다음에서 국민연금의 종류들을 좀 더 자세히 살펴보자.

노령연금

노령연금은 국민연금 가입 기간이 10년 이상인 만 60세 이상 지급 연령 도달 가입자에게 지급된다. 만약 퇴직 후 노령연금 수령 전까지 소득이 없다면 조기 노령연금을 신청하여 연금 개시를 앞당길 수도 있다. 다만, 이 경우 연금 개시를 1년 앞당길 때마다 연금 수령액이 6%씩 감소하므로 결정할 때 이 점을 고려해야 한다. 현재 국민연금(노령연금)의 수령 개시 연령은 만 61세이나, 점차 지급 연령이 높아져 2034년부터는 만 65세부터 지급받을 수 있다. 연금 개시 연도는 출생 연도에 따라 아래와 같이 차이가 있다. 노령연금은 신분증, 통장 사본을 지참하고 전국 국민연금공단 지사를 방문하여 신청할 수 있다.

● 국민연금 수령 개시 시점

출생 연도	53~56년생	57~60년생	61~64년생	65~68년생	1969년 이후
노령연금	61세	62세	63세	64세	65세
조기노령연금	56세	57세	58세	59세	60세

장애연금

장애로 인하여 생활이 어려운 중증 장애인의 생활 안정 지원과 복지 증진 및 사회 통합을 도모하기 위해 생긴 제도이다. 중증 장애인의 근로 능력 상실 또는 현저한 감소로 인하여 줄어드는 소득과 장애로 인한 추가 비용을 보전하기 위해 매월 일정액의 연금을 지급한다.

유족연금

가입자 또는 가입자였던 사람이 사망하거나, 노령연금 수급권자 또는 장애 등급 2급 이상의 장애연금 수급권자가 사망하는 경우 그 유족의 생활을 보장하기 위해 지급하는 연금이다.

반환일시금

국민연금 가입자 또는 가입자였던 사람이 노령·장애·유족연금의 수급 요건을 충족하지 못하는 경우 가입 중 납부한 연금 보험료에 일정한 이자를 가산해 본인 또는 그 유족이 지급받을 수 있는 연금이다.

사망일시금

가입자 또는 가입자였던 사람이 사망하였으나 유족이 없어 유족연금 또는 반환일시금을 받지 못할 경우 더 넓은 범위의 유족에게 지급하는 장제 보조적·보상적 성격으로 지급되는 연금이다.

03 ᅵ 국민연금, 얼마나 받을 수 있을까?

자신이 얼마만큼의 노령연금을 탈 수 있는지는 국민연금공단 콜센터(☎ 1355)나 국민연금공단 홈페이지(www.nps.or.kr) '내 연금 알아보기'에서 확인할 수 있다. 여기서 확인되는 예상 연금액은 현재 가치로 계산된 연금액이다. 국민연금 지급액은 물가 상승률과 연동되어 매년 소폭 인상 조정되니 이를 반영하여 생각하면 된다.

> 연금액 = 기본 연금액 × 연금 종별 지급률 및 제한율 + 부양가족 연금액

---

10) 금융감독원, 「생애주기별 금융생활 가이드북: 은퇴기 편」, 2015, p. 15

● **국민연금 가입 기간과 예상 수령액** (2016. 9. 기준. 단위: 원)

순번	가입 기간 중 기준 월 소득액 평균액(B값)	연금보험료 (9%)	가입 기간						
			10년	15년	20년	25년	30년	35년	40년
1	800,000	72,000	158,890	232,070	304,710	377,340	449,980	522,620	595,260
2	900,000	81,000	164,360	240,060	315,190	390,330	465,470	540,610	615,740
3	950,000	85,500	167,090	244,050	320,440	396,830	473,210	549,600	625,990
4	1,000,000	90,000	169,830	248,050	325,680	403,320	480,960	558,590	636,230
5	1,100,000	99,000	175,290	256,030	336,170	416,310	496,440	576,580	656,720
6	1,200,000	108,000	180,760	264,020	346,660	429,290	511,930	594,570	677,210
7	1,300,000	117,000	186,230	272,010	357,140	442,280	527,420	612,560	697,690
8	1,400,000	126,000	191,700	280,000	367,630	455,270	542,910	630,540	718,180
9	1,500,000	135,000	197,170	287,980	378,120	468,260	558,390	648,530	738,670
10	1,600,000	144,000	202,640	295,970	388,610	481,240	573,880	666,520	759,160
11	1,700,000	153,000	208,110	303,960	399,090	494,230	589,370	684,510	779,640
12	1,800,000	162,000	213,580	311,950	409,580	507,220	604,860	702,490	800,130
13	1,900,000	171,000	219,040	319,930	420,070	520,210	620,340	720,480	820,620
14	2,000,000	180,000	224,510	327,920	430,560	533,190	635,830	738,470	841,110
15	2,100,000	189,000	229,980	335,910	441,040	546,180	651,320	756,460	861,590
16	2,200,000	198,000	235,450	343,900	451,530	559,170	666,810	774,440	882,080
17	2,300,000	207,000	240,920	351,880	462,020	572,160	682,290	792,430	902,570
18	2,400,000	216,000	246,390	359,870	472,510	585,140	697,780	810,420	923,060
19	2,500,000	225,000	251,860	367,860	482,990	598,130	713,270	828,410	943,540
20	2,600,000	234,000	257,330	375,850	493,480	611,120	728,760	846,390	964,030
21	2,700,000	243,000	262,790	383,830	503,970	624,110	744,240	864,380	984,520
22	2,800,000	252,000	268,260	391,820	514,460	637,090	759,730	882,370	1,005,010
23	2,900,000	261,000	273,730	399,810	524,940	650,080	775,220	900,360	1,025,490
24	3,000,000	270,000	279,200	407,800	535,430	663,070	790,710	918,340	1,045,980
25	3,100,000	279,000	284,670	415,780	545,920	676,060	806,190	936,330	1,066,470
26	3,200,000	288,000	290,140	423,770	556,410	689,040	821,680	954,320	1,086,960
27	3,300,000	297,000	295,610	431,760	566,890	702,030	837,170	972,310	1,107,440
28	3,400,000	306,000	301,080	439,750	577,380	715,020	852,660	990,290	1,127,930
29	3,500,000	315,000	306,540	447,730	587,870	728,010	868,140	1,008,280	1,148,420
30	3,600,000	324,000	312,010	455,720	598,360	740,990	883,630	1,026,270	1,168,910
31	3,700,000	333,000	317,480	463,710	608,840	753,980	899,120	1,044,260	1,189,390
32	3,800,000	342,000	322,950	471,700	619,330	766,970	914,610	1,062,240	1,209,880
33	3,900,000	351,000	328,420	479,680	629,820	779,960	930,090	1,080,230	1,230,370
34	4,000,000	360,000	333,890	487,670	640,310	792,940	945,580	1,098,220	1,250,860
380	4,070,000	366,300	337,720	493,260	647,650	802,040	956,420	1,110,810	1,265,200
381	4,080,000	367,200	338,260	494,060	648,700	803,330	957,970	1,112,610	1,267,250
382	4,090,000	368,100	338,810	494,860	649,750	804,630	959,520	1,114,410	1,269,290
383	4,100,000	369,000	339,360	495,660	650,790	805,930	961,070	1,116,210	1,271,340
384	4,110,000	369,900	339,900	496,460	651,840	807,230	962,620	1,118,000	1,273,390
385	4,120,000	370,800	340,450	497,260	652,890	808,530	964,170	1,119,800	1,275,440
386	4,130,000	371,700	341,000	498,050	653,940	809,830	965,720	1,121,600	1,277,490
387	4,140,000	372,600	341,540	498,850	654,990	811,130	967,260	1,123,400	1,279,540
388	4,150,000	373,500	342,090	499,650	656,040	812,430	968,810	1,125,200	1,281,590
389	4,160,000	374,400	342,640	500,450	657,090	813,720	970,360	1,127,000	1,283,640
390	4,170,000	375,300	343,190	501,250	658,140	815,020	971,910	1,128,800	1,285,680
391	4,180,000	376,200	343,730	502,050	659,180	816,320	973,460	1,130,600	1,287,730
392	4,190,000	377,100	344,280	502,850	660,230	817,620	975,010	1,132,390	1,289,780
393	4,200,000	378,000	344,830	503,650	661,280	818,920	976,560	1,134,190	1,291,830
394	4,210,000	378,900	345,370	504,440	662,330	820,220	978,110	1,135,990	1,293,880
395	4,340,000	390,600	352,130	514,480	675,620	836,760	997,900	1,159,040	1,320,180

출처: 국민연금공단

04 ㅣ 급여의 청구

　급여 지급 청구는 원칙적으로 연금을 받을 수 있는 권리를 가진 자(수급권자) 본인이 하여야 하며 본인에게 지급한다(예외 경우에 법정대리인 및 임의대리인의 청구 가능). 또한 급여를 받을 수 있는 권리가 발생한 때로부터 5년 안에 청구하지 않으면 소멸시효가 완성되어 받을 수 없게 된다. 다만, 매월 지급되는 연금(노령·장애·유족연금)의 경우는 신청일로부터 역산하여 최근 5년 이내의 급여분은 언제든지 지급받을 수 있고, 그 이후에는 매월 해당 월의 연금액을 지급받을 수 있다. 5년이 지나면 일시금으로 지급받을 수 있는 권리는 소멸되지만 향후 연금 지급 사유가 발생할 때에는 소멸분도 연금 산정 시 가입 기간에 포함한다. 현재 급여 청구는 크게 청구서 제출 방법에 따라 내방 청구와 우편 청구로 나눠볼 수 있으며, 청구인의 편의를 위하여 반환일시금과 사망일시금은 일정 범위 내에서 전화로 청구할 수 있다.

급여 지급 청구서 처리 절차

　청구인이 노령연금, 장애연금, 유족연금, 반환일시금, 사망일시금의 해당 급여 청구서를 공단 지사에 제출하면, 공단 지사에서는 수급 요건을 충족하는지를 확인한다. 수급 요건을 충족하는 경우에는 지급 결정을 하여 급여(연금, 일시금)를 지급한다. 만약 수급 요건을 충족하지 못하는 경우에는 수급권 미해당 결정을 하게 된다. 접수된 청구서에 대한 지급 결정 또는 미해당 결정 통지는 청구한 날부터 30일 이내에 하게 되며 수급 요건 추가 확인 등으로 기한을 넘기는 경우에는 처리 지연 사항을 통보해 준다. 다만, 의학적인 심사 절차가 필요한 장애연금과 유족연금(심사가 필요한 경우에 한함)의 경우에는 3주(21일)의 기간이 더 소요된다고 하니 참고하도록 한다.

제 ❷ 절 퇴직연금

01 ｜ 퇴직연금이란?

퇴직연금 제도는 근로자의 노후 생활을 보장하기 위해 회사가 근로자에게 지급해야 할 퇴직금을 회사가 아닌 금융회사(퇴직연금 사업자)에 맡기고 기업 또는 근로자의 지시에 따라 운용하여 근로자 퇴직 시 일시금 또는 연금으로 지급하는 제도이다. 회사가 도산하는 등의 문제가 생겨도 근로자는 금융회사로부터 퇴직급여를 안정적으로 받을 수 있다는 큰 강점이 있다. 근로자가 재직 중에는 확정급여형(DB), 확정기여형(DC), 개인형퇴직연금(IRP) 중 자신에게 알맞은 유형의 퇴직연금을 선택할 수 있고, 퇴직 후에는 연금과 일시금 형태 중 선택하여 수령할 수 있다. 2015년부터 연금으로 수령하는 경우 일시금으로 받을 때에 비해 세금 부담을 30% 경감받을 수 있게 되었다. 다만, 금융회사에 따라 연금 지급 기간 및 방법, 수수료 등에 차이가 있기 때문에 신중하게 비교한 후 선택하는 것이 바람직하다.[11]

02 ｜ 퇴직연금의 종류와 특징

퇴직연금 제도는 크게 확정급여형(DB: defined benefit)과 확정기여형(DC: defined contribution) 두 가지 종류로 나눈다. 여기에 직장 이동으로 연금 가입 기간이 10년을 넘지 못한 퇴직자들을 위한 개인형 퇴직연금(IRP: individual retirement pension)도 있다.

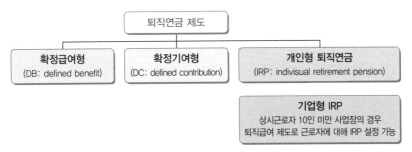

[퇴직연금의 종류]

확정급여형(DB: defined benefit)

근로자가 연금에 가입한 연수와 퇴직 당시 받았던 월급 수준에 따라 퇴직급여 액이 결정되는 방식이다. 즉, 근로자가 받을 퇴직금이 미리 확정된 것으로 지금까지 시행하던 퇴직금 제도와 같다. 다만 일시금이 아닌 연금의 형태로 준다는 점이 다르다. 회사가 퇴직급여 재원을 외부 금융회사에 적립하여 운용하고, 근로자 퇴직 시 정해진 금액(퇴직 직전 3개월 평균 급여 × 근속 연수)을 지급한다. 그렇기 때문에 근로자는 퇴직 자산의 운용에는 신경 쓸 필요가 없다. 적립금 운영 결과에 따라 회사의 부담이 달라지므로 운용에 따른 손익의 책임은 회사에 있어 근로자가 받는 퇴직급여액은 일정하다.

확정기여형(DC: defined contribution)

회사가 매년 연간 임금 총액의 일정 비율(1/12 이상)을 금융회사의 근로자 계좌에 적립하고 근로자가 이를 운용하는 형태이다. 이 경우 기여액을 미리 확정한 것으로, 즉 회사는 회사가 부담해야 할 기여액을 금융기관에 개설된 근로자의 개인퇴직계좌(근로자가 직장을 옮기더라도 퇴직금을 계속 적립, 통산하여 은퇴 후 노후 자금으로 활용할 수 있도록 하는 제도)에 넣어 주면 회사의 책임은 모두 끝나는 것이다. 근로자가 지급받을 퇴직연금 액수는 운용회사의 운용 성과에 따라 달라지기 때문에 근로자 본인이 모든 위험과 책임을 부담하게 된다. 돈을 어떤 상품에 투자하여 어떻게 운용했느냐에 따라 나중에 받는 연금액에 상당한 차이가 발생할 수 있다. 투자를 잘하면 원금보다 훨씬 많은 연금을 받아 갈 수 있지만 잘못하면 원금보다 적은 연금을 받을 수도 있다. 다시 말해 개인의 운용 실적에 따라 퇴직급여액이 달라진다.

---

11) 금융감독원, 「생애주기별 금융생활 가이드북: 은퇴기 편」, 2015, p. 16

개인형 퇴직연금(IRP: individual retirement pension)

연금 가입 기간이 10년을 넘지 못한 채 회사를 퇴직하게 되면 관련 법규에 의해 퇴직연금을 받지 못한다. 요즘 같이 평생직장의 개념이 파괴된 상황에 구조 조정이라는 무서운 바람이 여기저기서 위협을 하고 있는 시대에서는 장기간 한 직장을 다닌다는 것이 쉬운 일은 아니다. 직장 이동이 빈번한 근로자들은 회사를 옮길 때마다 소액의 퇴직금을 받아 당장 쓰임이 필요한 곳에 써 버리고 만다. 그들에게도 장기간의 퇴직 관리를 할 수 있는 자금 준비가 필요하다.

이러한 문제점을 보완하기 위해 새로이 도입된 것이 개인형 퇴직연금(IRP: individual retirement pension)이다. 개인형 퇴직연금은 근로자가 퇴직 시 수령한 퇴직급여를 운용하는 계좌로서 근로자가 퇴직 또는 직장을 옮길 때마다 받는 퇴직금을 자신의 계좌에 계속 적립하여 여러 투자 상품으로 운용한 다음 55세 이후 은퇴 시점에 일시금 또는 연금으로 받을 수 있게 만든 제도이다. 퇴직연금에 가입된 근로자가 재직 중 DB나 DC 이외에 자신의 비용 부담으로 IRP계좌에 추가 적립 시 최대 연 700만 원에 대해 세액공제(13.2%)를 받을 수 있다. 또한 퇴직금 제도에서 일시금을 수령하여 IRP에 납입한 가입자도 추가부담금 납부가 가능하다.

● **퇴직연금 유형별 특징 비교**[12]

구분		확정급여형 (DB)	확정기여형 (DC)	개인형 퇴직연금(IRP)	
				기업형 IRP	개인형 IRP
개념		근로자가 지급받을 급여의 수준이 사전에 결정	사용자가 부담하여야 할 부담금의 수준이 사전에 결정	상시 근로자 10인 미만 기업에서 근로자가 개인퇴직연금에 가입 ※ 단, 10인 이상부터 DC 제도로 전환해야 함	근로자가 이직, 전직할 때 받은 퇴직일시금과 개인 불입금을 개인적으로 적립, 운용, 관리하기 위한 개인퇴직연금
부담금 납입	사용자	연금계리 방식을 통해 산출된 부담금을 매년 1회 이상 정기적으로 납입	근로자별 연간 임금 총액의 1/12 이상 납입	근로자별 연간 임금 총액의 1/12 이상 납입	–
	근로자	추가 납입 없음	추가 납입 가능	추가 납입 가능	추가 납입 가능
퇴직급여액		확정(근속 연수 × 30일분의 평균 임금)	변동(운용 결과에 따라)		
운용의 책임		사용자	근로자	근로자	근로자

급여 종류 및 수급 요건	연금	55세 이상으로 가입 기간이 10년 이상(연금 지급 기간은 5년 이상)		55세 이상(연금 지급 기간은 5년 이상)
	일시금	연금 수급 요건 미충족 시, 일시금 수급을 원할 경우		연금 수급 요건 미충족 시, 일시금 수급을 원할 경우
중도 인출 요건 (법정사유 + 충족 시)		중도 인출 불가, 담보 대출 가능	중도 인출 가능, 담보 대출 가능	중도 인출 가능(사유: DC형 중도 인출 수준/적립금이 소액일 경우)

03 ｜ 퇴직급여 선택 시 고려해야 할 사항

　퇴직급여를 선택할 때는 투자 위험의 부담을 먼저 고려해야 한다. 확정급여형은 회사가, 확정기여형은 근로자가 투자 위험을 지게 된다. 확정급여형은 회사가 퇴직급여액을 보장해 주기 때문에 안심하고 업무에 전념할 수 있다. 그러나 확정기여형은 연금의 운용 실적이 나쁘면 퇴직급여가 줄어들 위험성이 있으므로 신중히 판단해야 한다. 또한 퇴직금 수령권의 안정성을 살펴봐야 한다. 확정급여형은 퇴직금의 60% 이상을 사외에 적립하는 것이므로 회사 파산 시 퇴직급여의 60% 정도를 보장받을 수 있지만, 확정기여형은 퇴직금의 100%가 사외에 적립되는 것이므로 100% 보장이 가능하다.

　직장의 이동 역시 퇴직급여 선택 시 꼭 고려해야 하는 사항이다. 확정급여형은 연금의 이동이 원활하지 못하지만, 확정기여형은 연금이 개인별로 관리되므로 이동이 편리하다. 임금 인상률과 물가 상승률은 퇴직급여의 유형을 판단할 때 중요한 근거가 된다. 확정급여형은 앞으로 임금 인상률이 물가 상승률보다 낮을 경우 퇴직금의 구매력이 감소할 수 있지만, 확정기여형은 물가 상승률 이상의 운용 수익을 거둘 경우 이런 문제가 해결된다.

　마지막으로 추가 적립 여부를 고려해 보아야 한다. 확정기여형은 개인의 추가 적립이 가능하다. 자신의 은퇴 자금 준비액을 늘리길 원한다면 추가 불입을 할 수 있고, 이에 대해서는 개인연금의 소득공제와 함께 연간 300만 원까지 소득공제도 받을 수 있다. 또한 예외적인 경우에 한해 중도에 인출해 쓸 수도 있다는 것도 꼭 따져보고 선택하기 바란다.

---

12) 한국표준협회, 「은퇴교육과정-재무관리」, 2015. p. 92

근로자의 입장에서 중요한 판단 기준은 '어느 것이 더 안정적으로 더 많은 퇴직금을 보장해 주는가?'이다. 미래에 받게 될 퇴직금의 액수를 결정하는 변수는 확정급여형에서는 임금 인상률, 확정기여형에서는 퇴직연금 자산의 운용 수익률이다. 연금의 운용 수익률이 임금 인상률보다 높다면 확정기여형이 더 유리하고, 반대의 경우라면 확정급여형이 더 유리하다고 볼 수 있다.

● **확정급여형과 확정기여형의 장단점**

구분	확정급여형(DB)	확장기여형(DC)
장점	• 회사가 퇴직급여를 보장하기 때문에 업무에 전념할 수 있다. • 장기 근속자의 경우 퇴직 시 급여 수준이 높기 때문에 유리하다. • 퇴직급여를 예상할 때 고려해야 할 변수가 적다. • 최소한으로 받을 수 있는 퇴직급여를 예상할 수 있기 때문에 퇴직 이후 재무설계가 비교적 용이하다.	• 퇴직금을 100% 사외에 적립하기 때문에 퇴직금을 받을 수 있는 권리가 100% 보장된다. • 연금이 개인별로 관리되므로 직장 이동 시 연금의 이동도 편리하다. • 개인 계좌에서 관리되는 내 돈이기 때문에 내게 맞게 다양한 포트폴리오를 짤 수 있다. • 근속 연수가 짧아지고 이직이 일반화된 요즘 직장인들의 트렌드를 잘 반영한다.
단점	• 직장 이동에 따른 연금의 이동성이 원활하지 못하다. • 기업이 파산할 경우 퇴직급여의 최소 40%를 못 받을 위험이 있다. • 경기 불황 시 발생할 수 있는 구조 조정(명예퇴직, 임금 삭감 등) 등으로 퇴직급여가 줄어들 수 있다.	• 연금의 운용 실적이 나빠져 퇴직급여가 줄어들 가능성이 있다. • 근로자의 책임하에 연금을 운용하기 때문에 신경을 많이 쓰게 된다. • 운용 성과가 좋지 않아 수익률이 물가 상승률보다 낮아질 경우 실질적인 퇴직 자산의 가치가 떨어질 수 있다.

04 ｜ 퇴직급여 수령 요건

퇴직급여는 연금 또는 일시금으로 수령할 수 있으며 과거 근로 기간을 포함하여 퇴직연금에 가입한 경우, 과거 근로 기간까지 합산하여 10년 이상의 요건을 충족하여야 한다. 퇴직급여 수령 요건은 다음과 같다.

● 퇴직급여 수급 요건

구분	확정급여형 (DB)	확정기여형 (DC)	개인퇴직계좌(IRA)	
			기업형 IRA	개인형 IRA
연금 수급 요건	• 연령: 55세 이상 • 가입 기간: 10년 이상 • 연금 수급: 5년 이상			• 연령: 55세 이상 • 연금 수급: 5년 이상
일시금 수급 요건	• 연금 수급 요건을 갖추지 못한 경우 • 일시금 수급을 원하는 경우			55세 이상으로 일시금 수급을 원하는 경우

예상 퇴직급여는 국민연금 노후준비서비스 홈페이지에서 계산해 볼 수 있다.

출처: 국민연금 노후준비서비스(http://csa.nps.or.kr/finance/calPension.do)

[국민연금 노후서비스 _ 퇴직금 계산]

05 ㅣ 직역연금

직역연금은 특정 자격 요건에 의해 연금수급권이 주어지는 연금으로 소속된 노동자는 모두 의무적으로 가입을 해야 한다. 공무원연금, 사립학교 교직원연금, 군인연금, 별정우체국직원연금 등이 직역연금에 해당된다. 이 중 공무원연금과 군인연금에 관해 살펴보도록 하겠다.

공무원 연금

공무원의 퇴직 또는 사망과 공무로 인한 부상·질병·폐질에 대하여 적절한 급여를 지급함으로써 공무원 및 그 유족의 생활 안정과 복리 향상에 기여함을 목적으로 하는 제도이다. 급여의 종류는 크게 단기급여와 장기급여로 나누어진다. 단기급여는 공무상요양비·공무원요양일시금·재해부조금·사망조위금 등 4종이 있고, 장기급여는 퇴직급여 4종, 장해급여 2종, 유족급여 6종 및 퇴직수당 등 13종이 있다. 공무원 연금의 적용 대상자는 「국가공무원법」 및 「지방공무원법」에 의한 공무원(정규공무원), 기타 국가 또는 지방자치단체에 근무하는 직원(정규공무원 외의 공무원)이다. 여기서 군인과 선거에 의하여 취임하는 공무원(대통령, 국회의원 등)은 대상에서 제외된다.

군인연금

군인의 퇴직, 사망, 요양 시 본인이나 그 가족의 생활 안정과 복리 향상에 기여하기 위한 제도로써 첫째, 군인이 재직 기간에 납부한 기여금을 토대로 퇴직 시 연금 및 일시금을 지급하며 둘째, 공무 중 질병 또는 불의의 사고로 부상당하거나 사망한 때에는 군인 또는 그 유족에게 적절한 급여를 지급한다. 이 연금은 원칙적으로 기여금을 납부하는 군인(부사관, 준사관, 장교)에 대해서만 수혜가 적용된다. 그러나 「군인연금법」상의 급여 중 사망보상금과 장애보상금은 기여금을 납부하지 않는 병사에 대해서도 지급한다.

제 ❸ 절 주택연금

01 ㅣ 주택연금이란?

　자신이 거주하고 있는 집을 활용하여 노후 자금을 마련할 수도 있다. 주택연금은 집을 소유하고 있지만 소득이 부족한 사람들이 평생 또는 일정 기간 동안 안정적인 수입을 얻을 수 있도록 만 60세 이상의 고령자가 소유한 주택을 한국주택금융공사에 담보로 맡기고 자기 집에 살며 매달 국가가 보증하는 연금을 받는 제도이다. 주택연금은 일단 한 번 가입하면 본인은 물론 배우자가 사망할 때까지도 연금을 받을 수 있는 제도이므로 가입 조건이 까다로운 편이다. 주요 조건은 1가구 1주택이고 소유자 및 배우자의 연령이 만 60세 이상이며 해당 주택의 가격은 9억 원 이하로 저당권이나 전세권 등이 설정돼 있지 않아야 한다. 또 반드시 본인이 거주하고 있어야 한다. 오피스텔·상가주택·상가·영업시설 등은 대상 주택에서 제외된다. 자세한 조건은 한국주택금융공사 홈페이지(http://www.hf.go.kr)에서 확인할 수 있으니 꼭 살펴보길 바란다.

　주택연금은 주택 소유자가 거주권을 보장받으면서 연금을 지급받을 수 있으며 국가에서 지급을 보증하므로 연금 지급이 중단될 위험이 없다. 주택을 처분해서 정산할 때 생존 기간이 길어져 연금 수령액이 집값을 초과하였어도 상속인에게 초과분을 청구하지 않는다. 이때 상속세 절세 효과가 생긴다. 주택연금에 가입하고 매월 받은 주택연금의 총액은 상속세 과세 대상에서 차감되기 때문이다. 반대로 집값이 남으면 상속인에게 돌려준다. 만약 주택 가격의 상승 등으로 상속인이 주택을 다시 상속받고 싶은 경우에는, 지급받은 연금 총액을 상환하고 주택의 상속권을 돌려받을 수 있다.[13]

---

13)　금융감독원, 「생애주기별 금융생활 가이드북: 은퇴기 편」, 2015, p. 18

● 한국주택금융공사 주택연금 가입 요건(2016. 9. 기준)

구분	가입 요건
연령	주택 소유자 또는 배우자가 만 60세 이상(근저당권 설정일 기준) ※ 확정 기간 방식은 주택 소유자 또는 배우자가 만 60세 이상인 자 중 연소 자가 만 55세~만 74세

주택보유 수
(부부 기준)
	• 아래 중 하나에 해당(부부 기준)
	  − 1주택을 소유한 사람
	  − 보유 주택 합산 가격이 9억 원 이하인 다주택자인 사람
	    (상기 외 2주택자는 3년 이내 1주택 처분 조건으로 가입 가능)
	• 우대 방식의 경우 부부 기준 1주택만 가입 가능
	  − 보유 주택 합산 가격이 1.5억 원 이하인 다주택자가 처분 조건으로 가입
	    은 불가함

대상 주택	• 시가 9억 원 이하의 주택 및 지방자치단체에 신고된 노인복지주택
	  (상가 등 복합용도주택은 전체 면적 중 주택이 차지하는 면적이 1/2 이상인
	  경우 가입 가능)
	  ※ 확정 기간 방식은 노인복지주택 제외
	• 우대 방식의 경우 1.5억 원 이하 주택만 가입 가능

출처: 한국주택금융공사

02 ㅣ 주택연금 지급 방식

주택연금은 고령자의 편의를 위해 다양한 방식으로 지급되므로 자신의 생활에 적합한 방식을 신중히 선택하길 바란다. 목돈 없이 월 지급금으로 평생 지급받는 종신지급 방식과 수시인출한도(연금지급한도 50% 이내) 설정 후 나머지를 월지급금으로 받는 종신혼합 방식이 있다. 연령별 지급 기간 선택 후 일정 기간 동안만 지급받는 확정기간혼합 방식도 있다. 주택연금과 관련된 보다 자세한 내용은 한국주택금융공사 홈페이지(http://www.hf.go.kr)에서 확인할 수 있다. 주택연금 이용 기간 동안 지급 방식(종신지급, 종신혼합, 확정기간 지급) 간의 변경은 가능하지만, 월 지급금 지급 유형(정액형, 증가형, 감소형, 전후후박형) 간 변경은 불가능하다.

● 주택연금 지급 방식

기준	지급 방식	내용
연금 받는 방식	종신지급 방식	매월 일정한 금액을 종신토록 지급받는 방식. 물가나 주택 가격 변화에 관계없이 매월 일정한 금액을 안정적으로 생활비로 지급받음
	종신혼합 방식	• 만약의 경우를 대비해 수시인출한도를 설정한 후, 나머지 부분을 월지급금으로 지급받는 방식 • 주택 소유자가 의료비, 교육비, 주택수선유지비, 주택담보 대출 상환, 임대차보증금 반환용도 등으로 목돈이 필요할 경우 총 사용 한도의 50% 이내에서 수시로 현금을 찾아 쓸 수 있음. 이때 나머지 자금을 연금으로 지급받기 때문에 그만큼 연금지급액이 줄어듦
	확정기간 방식	• 가입자가 선택한 일정 기간(10년, 15년, 20년, 25년, 30년) 동안만 연금을 지급받는 방식 • 연금 수령 기간은 부부 중 연소자의 연령에 따라 선택할 수 있는 기간이 제한
물가 상승 반영 정도	정액형	월 지급금을 평생 동안 일정한 금액으로 고정하여 받는 방식
	(정률)증가형	처음에 적게 받다가 12개월마다 3%씩 증가시키는 방식
	(정률)감소형	처음에 많이 받다가 12개월마다 3%씩 감소시키는 방식
	전후후박형	초기 10년간은 정액형보다 많이 받다가 11년째부터는 초기 월 시급금의 70% 수준으로 받는 방식

03 ㅣ 주택연금 이용 시 유의할 점

　주택연금을 가입하고 이용함에 있어 몇 가지 유의할 사항들을 점검해 보자. 먼저 주택연금을 가입할 때 보증료(대출 금리에 가산), 근저당설정비를 납부해야 하고 필요시 감정평가 수수료를 납부해야 하며 이는 중도 상환 시 환불이 불가하다. 또한 주택연금을 받는 도중 이사를 할 경우 담보주택 변경을 통해 계속 이용이 가능하지만 기존 주택과 신규 주택의 담보 가치 차이에 따라 월 지급금이 변동되고 주택차액을 정산해야 함을 기억해야 한다. 주택연금 가입 주택을 대상으로 보증금이 있는 전세나 월세를 주는 것은 불가능하지만 보증금 없이 순수 월세로는 임대가 가능하다. 주택연금을 그만 받고 싶으면 수령한 연금을 모두 상환하고 중단할 수 있으며 이때 수수료는 없다.

주택연금 지급이 정지되는 사항은 다음과 같다. 첫째, 본인이 사망한 경우이다. 배우자가 6개월 이내에 소유권 이전등기 및 채무인수를 마치면 지급정지가 해제된다. 두 번째는 담보주택에 대한 소유권을 상실한 경우이다. 화재로 인한 주택 손실, 재건축·재개발 등으로 인한 주택 소유권 상실 등을 포함한다. 세 번째는 1년 이상 담보주택에서 거주하지 않을 경우이다. 마지막으로 주택연금 이용자가 사망한 후 배우자가 6개월 이내에 담보주택 소유권 이전 등기 및 금융기관에 대한 주택연금 대출인수를 마치지 않은 경우에 주택연금 지급이 정지된다.

04 ㅣ 주택연금, 얼마나 받을 수 있을까?

한 번 정해진 주택연금은 평생토록 고정되기 때문에 가입 시기를 선택하는 것은 매우 중요하다. 경기 침체로 집값이 약세를 보이면 그에 맞춰 주택연금 지급액도 줄어들 것이고 집값이 지속적으로 상승하여 금액이 커졌다면 주택연금 지급액 역시 그에 상응하여 늘어나게 된다. 따라서 주택 가격 하락기에는 주택연금에 일찍 가입하면 연금액 하락을 막을 수 있고, 집값의 상승세가 예상된다면 가급적 주택연금 가입 시기를 늦추는 것이 유리하다. 누구든지 한국주택금융공사 홈페이지(http://www.hf.go.kr)에서 간단하게 자신의 연금 지급액을 조회하여 확인할 수 있다.[14]

한국주택금융공사는 2016년 초 주택연금의 주요 변수를 재산정해 2월 가입자부터 연급 지급액을 하향 조정하기로 하였다. 다음 제시된 표는 2016년 2월 1일 기준으로 변경된 주택연금 월 지급금 예시이다. 이를 참고하여 자신이 받을 수 있는 주택연금을 예상해 보자.

주택연금 지급액[15]

① 종신지급 방식(일반주택, 정액형, 2016. 2. 1. 기준, 단위: 천 원)

주택 가격 연령	1억 원	2억 원	3억 원	4억 원	5억 원	6억 원	7억 원	8억 원	9억 원
50세	151	303	455	607	759	910	1,062	1,214	1,366
55세	173	347	520	694	868	1,041	1,215	1,388	1,562
60세	227	454	681	909	1,136	1,363	1,591	1,818	2,045
65세	269	539	809	1,079	1,349	1,619	1,889	2,159	2,429
70세	324	648	972	1,296	1,620	1,944	2,268	2,592	2,868
75세	394	788	1,183	1,577	1,972	2,366	2,761	3,076	3,076
80세	489	979	1,469	1,959	2,449	2,939	3,402	3,402	3,402

※ 예시: 70세(부부 중 연소자 기준), 3억 원 주택 기준으로 매월 97만 2,000원을 수령

② 확정기간 방식(2016. 2. 1. 기준, 단위: 천 원)

주택 가격		1억 원	2억 원	3억 원	4억 원	5억 원	6억 원	7억 원	8억 원	9억 원
연령	지급 기간									
55세	25년	189	379	569	759	949	1,139	1,329	1,519	1,709
	20년	214	429	643	858	1,072	1,287	1,501	1,716	1,931
60세	20년	269	538	808	1,077	1,346	1,616	1,885	2,155	2,424
	15년	322	644	966	1,288	1,610	1,932	2,254	2,576	2,899
70세	15년	402	805	1,207	1,610	2,013	2,415	2,818	3,221	3,623
	10년	541	1,082	1,624	2,165	2,706	3,248	3,789	4,330	4,872

※ 예시: 70세(부부 중 연소자 기준), 3억 원 주택 기준으로 10년의 확정기간 방식 선택 시 매월 162만 4,000원을 수령
※ 주택연금 가입은 주택 소유자 또는 배우자를 기준으로 만 60세 이상일 때 가능하며, 월 지급금은 부부 중 나이가 적은 사람을 기준으로 산정됨

---

14) 우재룡·송양민, 『100세 시대 은퇴 대사전』, 21세기북스, 2014, p. 156
15) 한국주택금융공사 홈페이지(www.hf.go.kr)

③ 우대 방식(일반주택, 정액형, 2016. 4. 25. 기준, 단위: 만 원)

주택 가격	0.7억 원		1억 원		1.3억 원	
	종신지급 방식	우대 방식	종신지급 방식	우대 방식	종신지급 방식	우대 방식
60세	15	17	22	24	29	31
65세	18	20	26	29	35	38
70세	22	24	32	35	42	46
75세	27	30	39	43	51	57
80세	34	38	48	55	63	72
85세	44	50	63	72	81	94
90세	61	71	88	101	114	132

※ 우대 방식의 월 지급금은 1.5억 원을 기준으로 한 종신지급 방식의 월 지급금을 초과할 수 없음

제 4 절 개인연금

01 ㅣ 개인연금의 필요성

개인연금이란 공적연금인 국민연금이나 기업의 퇴직금 제도와 별개로 개인적 필요에 의해 노후의 생활을 위한 효과적인 연금자금의 마련을 위하여 시행된 제도이다. 앞서 살펴봤지만 공적연금과 퇴직금만으로는 자신이 희망하는 월수입 수준으로 은퇴 후 소득을 끌어올릴 수 없다. 이에 적합한 대안이 개인연금이다. 노후 생활을 위한 은퇴 소득원 마련 방법으로 국민연금 등 공적연금을 통한 1층 보장과 퇴직금 또는 퇴직연금 등 퇴직급여를 통한 2층 보장을 통해 일정 부분 대책을 마련한다. 그리고 추가적으로 개인연금 상품을 구입함으로써 이른바 3층 보장을 완성하게 되는 것이다. 공적연금의 경우 재정 고갈 우려 등으로 인해 향후 예상 수령액이 현재와 비교했을 때 점진적으로 줄어들 가능성이 크다. 퇴직연금 제도의 경우 상품 구성이나 세제 혜택 등에서 부족한 부분이 있을 수 있다. 그러므로 국가와 기업이 지원해 주는 은퇴 소득원과는 별도로 각 개인들이 스스로 본인의 노후를 위한 별도의 재원을 마련할 필요성이 큰 것이 현실임을 직시해야 한다.

우리나라의 경우 가계 자산에서 부동산이 차지하는 비중이 절대적이기 때문에 개인연금 등의 금융 상품의 필요성은 더욱 강조된다. 양적 팽창에 의한 부동산 가격 폭등의 시대는 지나가고, 인구 구조의 변화 등으로 자산 시장의 축이 부동산에서 금융 자산으로 이동 중이라는 전문가들의 견해에 따를 때 금융 자산 편입 비중 확대가 필요하며 노후 준비를 위해서는 장기 상품인 연금 상품의 중요성이 커질 것이다.

개인들이 별도로 준비해 두어야 하는 연금 상품은 크게 세제적격연금과 세제비적격연금, 연금과 유사한 기능을 갖춘 기타 연금형 상품으로 나누어 살펴볼 수 있다. 연금 상품들의 경우 그 기능을 잘 활용하면 은퇴 설계를 비롯하여 자산증식과 운용, 소득공제와 절세 혜택은 물론 상속 및 증여 설계에 이르기까지 많은 활용 가치가 있다.

02 | 개인연금 종류

개인연금은 납입 기간 동안 세제 혜택을 받을 수 있는지 여부에 따라 연금저축(연금저축신탁, 연금저축펀드, 연금저축보험)과 연금보험으로 구분된다. 개인연금 등을 활용하면 은퇴 후 국민연금을 수령할 때까지의 소득 공백을 최소화하면서 세제 혜택도 누릴 수 있다. 다만, 세제 혜택은 연금의 수령 시기나 유지 기간 등에 따라 달라질 수 있으므로 본인이 가입한 상품이 어디에 해당하는지 잘 살펴보아야 한다.

● 개인연금 세제 비교(2015년 1월 기준)[16]

구분	연금저축	연금보험
판매 금융 기관	은행, 증권회사, 보험회사(생명 보험회사 · 손해보험회사)	생명보험회사
연금 납입 시 세재 혜택	연간 납입액 중 400만 원까지 세액공제(13.2%) 가능	대상 아님
연금 수령 시 세제 혜택	(연령별 연금소득세에 부과) • 만 55세~69세 5.5% • 만 70세~79세 4.4% • 만 80세 이상 3.3%	(보험 차익에 부과) • 10년 이상 유지: 비과세 • 만 55세 이후 사망 시까지 연금 수령: 비과세 • 10년 미만 유지: 이자소득세(15.4%)
일시금 수령 시	기타 소득세 부과 16.5%	• 납입 후 10년 이상 유지: 비과세 • 납입 후 10년 미만: 이자소득세(15.4%)

세제 해택이 있는 연금저축

연금저축은 납입액 중 연간 최대 400만 원에 대해 연말정산 시 13.2%(지방소득세 포함, 이하 동일)의 세액공제율이 적용된다. 만 55세 이후 연금을 수령할 때에는 향후 몇 살부터 연금을 받는지에 따라 최소 3.3%에서 최대 5.5%의 연금소득세를 내야 한다. 세액공제 혜택을 받으려면 최소 5년 이상 가입해야 하고, 연금은 만 55세 이후에 10년에 걸쳐 나누어 받아야 한다. 통상적인 경우 중도에 해지하면 16.5%의 기타소득세를 납부해야 하므로 가입 시부터 신중해야 한다.

세액공제는 안 되어도 향후 비과세 혜택이 있는 연금보험

연금보험은 보험료를 납입하는 동안에는 세제 혜택이 없지만, ① 납입보험료 2억 원을 한도로(즉시연금 등 가입) 10년 이상 유지하거나, ② 월 적립식으로 5년 이상 납입하고 10년 이상 유지하거나, ③ 만 55세 이후부터 사망 시까지 연금으로 받는 종신형 연금에 가입할 경우 보험 차익이 비과세된다. ②, ③의 경우는 납입 한도가 없다.

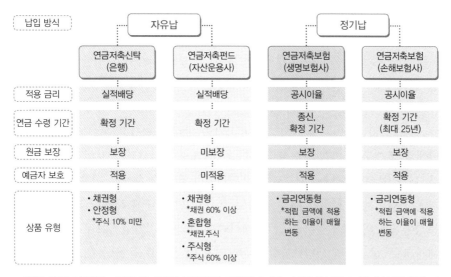

납입 방식	자유납		정기납	
	연금저축신탁 (은행)	연금저축펀드 (자산운용사)	연금저축보험 (생명보험사)	연금저축보험 (손해보험사)
적용 금리	실적배당	실적배당	공시이율	공시이율
연금 수령 기간	확정 기간	확정 기간	종신, 확정 기간	확정 기간 (최대 25년)
원금 보장	보장	미보장	보장	보장
예금자 보호	적용	미적용	적용	적용
상품 유형	• 채권형 • 안정형 *주식 10% 미만	• 채권형 *채권 60% 이상 • 혼합형 *채권,주식 • 주식형 *주식 60% 이상	• 금리연동형 *적립 금액에 적용 하는 이율이 매월 변동	• 금리연동형 *적립 금액에 적용 하는 이율이 매월 변동

* 자유납이란 납입하는 금액 및 시기를 자유롭게 결정할 수 있는 납입 방식이고, 정기납이란 일정 기간 동안 정해진 금액을 주기적으로 납입하는 방식임
* 연금저축보험은 매월 납입하는 보험료에서 사업비를 차감한 금액이 매월 적립되는데, 이 적립금에 적용하는 이율을 공시이율이라 함. 공시이율은 시장금리와 보험회사의 자산운용수익률 등을 반영하여 매월 변동하며, 공시이율이 아무리 하락하더라고 최저보증이율까지는 보장됨

출처: 금융감독원, 「생애주기별 금융생활 가이드북: 자녀성년기 및 독립기 편」

[연금저축 유형]

03 ㅣ 변액연금과 즉시연금

변액연금은 보험료의 일부분을 펀드처럼 높은 수익률을 올릴 수 있도록 주식과 채권에 운용하는 연금 상품이다. 펀드형 상품과 전통적인 연금 상품을 합쳐 놓은 상품으로 볼 수 있다. 변액연금이 증권사의 연금펀드와 다른 점은 가입 기간 동안 가입자의 사망 및 재해, 장애 위험을 보장받을 수 있는 보험 기능이 추가되어 있다는 것이다. 변액연금보험도 5년 이상 보험료를 내고, 10년 이상 가입 상태를 유지한다면 다른 장기 저축성 보험 상품처럼 이자소득세 면제 혜택이 주어진다.

변액연금은 은퇴 후 노후 생활비를 만들기 위한 '장기 투자' 연금 상품이며, 금융 시장 상황에 따라 투자한 펀드의 수익률이 높아지면 만기 후에 지급받는 연금

---

16) 금융감독원, 「생애주기별 금융생활 가이드북: 은퇴기 편」, 2015, p. 17

액이 늘어나지만, 반대로 투자 손실이 발생하면 원금을 까먹을 수 있는 위험성도 존재한다. 그런 만큼 투자 지식이 부족한 일반인들이 쉽게 결정할 수 있는 부분이 아니므로 신중히 선택해야 한다. 또한 변액연금의 판매 비용이 초기에 많이 차감되기 때문에 가입 후 최소한 10년 이상 유지하지 않으면 원금을 되찾기도 힘들 수 있으니 주의해야 한다.[17]

즉시연금은 목돈을 한꺼번에 보험회사에 납입하고 자신이 정한 일정 시점부터 매달 연금으로 지급받는 상품을 말한다. 즉시연금에는 종신형, 확정형, 상속형이 있는데, 종신형은 사망 시까지 평생 동안 연금을 지급하며, 확정형은 정해진 기간 동안 연금을 지급한다. 상속형은 매월 이자만 받다가 원금은 본인이 사망한 후 상속인에게 물려주는 방식이다. 즉시연금은 10년 이상 가입 시 보험 차익이 비과세 된다. 다만 상속형은 납입 보험료 2억 원까지만 비과세 혜택을 받을 수 있다. 또한 초기에 사업비를 차감하기 때문에 가입 후 2~3년 이내에 해약할 경우 원금 손실 가능성이 있으며, 종신형은 연금이 개시되면 해약이 불가능하므로 가입하기 전에 나에게 맞는 상품인지 생명보험협회 홈페이지 공시 자료 등을 통해 알아보고 꼼꼼히 따져보는 것이 좋다.[18]

04 | 개인연금 활용 전략

원래 개인연금 제도는 사회보장 제도의 보조적 역할을 수행하기 위해 도입되었음에도 불구하고 현재의 개인연금 상품들은 기존의 다양한 저축 및 보험 상품과 동일하게 취급되는 경향이 있다. 즉, 투자자들은 다양한 개인연금 상품의 이점을 살리기 위해 연금 상품을 소득 확보만을 위해서가 아니라 다양한 자금 운용 수단으로 활용하고 있다.

이는 개인연금에 소득공제와 이자소득의 면제라는 세제 혜택이 부여되기 때문이다. 우리나라 금융기관들은 주로 세제 혜택이 있는 상품에 대해 단기 위주의 투자를 추천하고 있기 때문에 그 결과 투자자들이 연금으로써가 아니라 수익성이 높은 단순한 상품으로 구매하는 문제점이 발생하였다. 또한 개인연금의 장점에 대한 이해가 부족한 것도 사실이다. 따라서 이는 개인연금 자체에 상품 결함이나 운용상 결함이 있다기보다는 은퇴 생활 자금의 마련을 위한 계획이 없기 때문에 일어나는 현상이라고 볼 수 있다.

장기 투자의 일환으로 개인연금을 다음과 같이 활용할 수 있다.[19]

장기 투자 상품으로써의 장점과 비과세 혜택이 있다.

개인연금은 노후 소득을 보장하는 연금 상품이므로 단기적인 재테크로 활용하는 것은 지양해야 한다. 안정된 노후 생활 보장을 위해서는 필요한 자금을 추정하여 적어도 10년 이상의 장기 투자를 해야 하는데 이러한 목적으로 가장 먼저 활용할 수 있는 대안이 개인연금이다. 10년 이상 유지 시 주어지는 비과세 혜택은 연금 수령 시 상당한 메리트로 작용하므로 가능하면 조기에 가입해 두는 것이 좋다.

개인연금 제도를 최대한 활용한다.

개인연금 제도 가입자에게는 만기 시까지 계속하여 가입할 수 있는 기득권이 인정되므로 중도에 해지하지 말고 만기 시까지 계속 유지할 필요가 있다. 또한 연금저축에 대한 추가 가입도 검토해 볼 필요가 있다. 개인연금은 개인연금저축과 개인연금보험에 모두 가입할 경우 절세 효과도 충분히 확보할 수 있다. 개인연금은 세제 혜택이 있는 한편 중도 해지 시의 패널티도 고려해야 하는 상품이다. 따라서 유지하게 되는 경우의 세제 혜택과 중도 해지하는 시점마다의 패널티를 정확히 이해하고 개인연금을 적절히 운용하면 높은 비용이 소요됨에도 불구하고 다른 금융 상품에 비해 더 높은 세후 수익률을 기대할 수도 있다.

종신형 연금은 가능한 한 가입한다.

생명보험사의 연금보험은 유일하게 종신 수령이 가능한 금융 상품이다. 향후 의료 기술이 비약적으로 발달하고 인간의 평균 수명이 지속적으로 늘어나는 추세임을 감안할 때 종신 수령 기능은 최고의 혜택이 될 수 있다. 경험생명표 개정 시마다 연금보험의 예상 수령액이 달라지므로 되도록 빨리 종신형 연금에 가입해 두는 것이 유리하다.

재무 설계에 따라 적절한 연금 개시 시점을 선택하도록 한다.

조기에 연금을 수령하고자 한다면 통상 45세부터 수령이 가능하다. 연령이 높아도 일정 소득이 있어서 연금 수령 시기를 늦춰도 무리가 없다면 수령 시기가 늦어질수록 운용 수익이 더 늘어나는 기능이 있는 상품을 선택하면 좋다. 이 밖에도 은퇴 시기와 은퇴 시점의 경제 상황, 공적연금과 퇴직연금의 공백 기간 등 다양한 변수들을 고려하여 연금 수령 시기를 결정해야 한다.

---

17) 우재룡·송양민, 「100세 시대 은퇴 대사전」, 21세기북스, 2014, p. 151
18) 금융감독원, 「생애주기별 금융생활 가이드북: 자녀성년기 및 독립기 편」, 2015, p. 56
19) 한국표준협회, 「은퇴교육과정–재무관리」, 2015, pp. 119~120

상속, 증여 설계 및 각종 재무 설계에 활용한다.

개인연금은 어떻게 운용하느냐에 따라 상속이나 기타 개인의 재정 상태와 재무 계획에서 요긴히 사용할 수 있다. 특히 생명보험사의 연금보험 상품은 연금 본연의 기능 이외에 부가적인 효과까지 얻을 수 있다. 특히 즉시연금의 경우 가입과 동시에 매월 꾸준한 연금 수령이 가능하다는 연금 본연의 기능 이외에도 계약 당사자 관계를 잘 설정하면 큰 절세 효과를 얻을 수 있다.

05 ∣ 연금저축 상품 가입 시 유의점

연금저축 상품을 가입할 때는 신중하게 따져보고 선택해야 한다. 자산운용사의 연금저축펀드는 주식 투자 비중을 선택할 수 있으며, 주식 투자 비중이 높은 주식형펀드로 가입 시 기대수익률을 높일 수 있으나, 높은 수익률 변동성으로 원금 손실 가능성이 있다. 또한 연금저축보험은 납입한 보험료에서 사업비를 차감한 금액에 공시이율을 적용하여 적립되므로 계약 초기에는 계약 해지 시 환급금이 납입금액보다 적을 수 있으니 유의해야 한다.

자신이 가입한 연금저축 상품의 수익률이 낮은 경우에는 중도 해지보다는 계좌이체 제도를 통해 다른 연금저축 상품으로 갈아타는 것이 더욱 유리한 방법이다. 또한 생명보험사의 연금저축보험은 가입자가 연금을 종신으로 수령할 수 있도록 선택할 수 있지만 손해보험사의 연금보험저축은 최대 25년까지 연금 수령이 가능함도 기억하기 바란다.[20]

연금 관련 세제 이해하기

• 연금에 대한 세제 혜택은 연금 수령을 전제로 제공되는 혜택이므로 연금 외 수령(일시금) 시에는 세제 혜택을 받을 수 없다.

• 연금은 만 55세 이후부터 수령할 수 있으며, 이 경우 10년 이상 수령해야 세제상 불이익이 없다 (단, 2013년 3월 이전에 가입한 경우는 5년).

• 연금 개시 연령을 뒤로 늦추거나 장기간 수령할수록 연금 소득세율이 낮아진다.

• 연간 연금 수령총액(국민연금 등 공적연금은 제외)이 1,200만 원을 초과하는 경우에는 소득이 발생한 다음 연도에 종합소득세(6.6%∼41.8%)를 신고해야 한다.

출처: 금융감독원, 「생애주기별 금융생활 가이드북: 은퇴기 편」

제 **5** 절 나의 평생 연금소득표를 작성하라

연금이 꼭 국민연금, 퇴직연금, 개인연금만 있는 것은 아니다. 주택연금, 변액연금, 즉시연금 등 다양한 연금들이 존재하며 여력이 된다면 얼마든지 연금을 늘려 더욱 튼튼한 노후 생활을 유지할 평생 연금소득을 가질 수 있다. 앞서 여러 연금들을 소개했는데 이제는 자신이 준비하고 있는 연금과 연금액을 파악하고 각종 연금으로 실제 받을 수 있는 평생소득이 얼마가 되는지 확인할 필요가 있다. 이는 '평생 연금소득표' 작성을 통해 계산해 보도록 한다.

● **나의 평생 연금소득표**

항목	자산평가액	월 연금액
기초연금(해당자만 작성)		
국민연금		
특수직역연금 (공무원/사학/군인연금)		
퇴직연금		
연금저축		
연금보험(변액연금, 즉시연금 등)		
주택연금		
합계		

※ 모든 연금액은 현재 가치로 파악하여 작성한다.

---

20) 금융감독원, 「생애주기별 금융생활 가이드북: 자녀성년기 및 독립기 편」, 2015, p. 56

개인연금의 평균 소득 만들기

홍길동 씨는 대학 졸업 후 큰 공백 없이 28세에 취직을 하였다. 54세까지 회사를 다니며 매월 33만 원씩 증권사 연금저축 펀드에 불입하였다. 연간으로 치면 매년 400만 원씩 25년간 꾸준히 저축하였고 원금은 1억 원가량이 된다. 여기서 그는 주식형 연금저축펀드로 돈을 불려 정년퇴직 시점에 약 2억 원의 평가액을 확보할 수 있었다. 그리고 이 돈을 60세까지 계속 투자하여 약 3억 원으로 증식할 수 있었다. 그는 이 자금을 '종신연금 부부형'으로 연금을 타고자 한다. 홍길동 씨는 개인연금을 통해 월 평균 소득을 얼마나 만들 수 있을까?

모든 계산에서 연간 투자수익률을 약 6%로 가정한다면 홍길동 씨는 월 90만 원 ~120만 원의 평균 소득을 개인연금 소득원으로 취득할 수 있다.

출처: 우재룡·송양민, 「100세 시대 은퇴 대사전」

Tip

기대 수명, 채권금리의 미래 값을 알 수 없기에 정확한 계산은 어려우나 추정치로 추론해 보면 대략 30~40만 원의 연금 수령이 가능한 것으로 파악된다. 따라서 연금액은 대략 1억 원당 30~40만 원 내외로 계산해 볼 수 있다(이는 추정치이며 정확한 값은 해당 금융회사로 문의해야 한다).

교육적 시사점

은퇴 이후에 얻은 평생소득을 자신이 희망하는 월수입 수준으로 끌어올리기 위해서는 개인적인 노력이 필요하며 자신에게 맞는 개인연금의 선택은 이러한 문제를 보완해 줄 수 있다.

1. 국민연금공단 사이트 '내 연금 알아보기'에서 정확한 자신의 급여액을 산정해 보자.

2. http://csa.nps.or.kr/finance/calPension.do 사이트를 통해 자신의 예상 퇴직급여를 계산해 보자.

3. 학습한 개인연금의 활용 전략을 바탕으로 자신의 개인연금 활용 전략을 수립해 보자.

나의 평생 연금소득표를 작성해 보자.

자신이 원하는 노후 생활비가 있다면 합계와 바로 비교해 보고 부족한 부분을 어떤 방법으로 충원할 것인지 생각해 보자.

항목	자산평가액	월 연금액
기초연금(해당자만 작성)		
국민연금		
특수직역연금 (공무원/사학/군인연금)		
퇴직연금		
연금저축		
연금보험 (변액연금, 즉시연금 등)		
주택연금		
합계		

※ 모든 연금액은 현재 가치로 파악하여 작성한다.

금융감독원의 통합연금포털 활용법

- '통합연금포털(http://100lifeplan.fss.or.kr)'을 이용해 금융회사에 가입된 자신의 개인연금 및 퇴직연금 정보 조회
- '통합연금포털'을 활용해 자신의 노후 준비 상태 진단
- '통합연금포털' 제공 서비스
  - 개인연금 납입금액 등 계약 정보 조회(국민연금의 연금 정보는 본인이 직접 입력해야 함)
  - 연금 개시 시점부터 90세까지 지급받는 예시 연금액 조회
  - 최저 및 적정 노후 생활비와 본인의 예상 연금 수령액을 비교하여 필요한 연금 납입액을 제시하는 노후 재무 설계 서비스 제공(배우자의 연금 정보를 입력하면 가족 단위로 노후 재무 설계 가능)

출처: 금융감독원, 「생애주기별 금융생활 가이드북: 은퇴기 편」

04 ^장 저금리·고령화 시대 재테크

제1절 노테크 10계명을 기억하자
제2절 현명한 선택으로 은퇴 재산을 관리하자
제3절 보험 계약과 세무 계획을 철저히 하자
제4절 절세를 통해 자금을 관리하자
제5절 은퇴 대비를 위해 부채를 관리하자
제6절 금융 사기를 예방하자

학|습|목|표

- 저금리 시대에 살아남을 수 있는 재산 관리의 원칙을 이해할 수 있다.
- 자신에게 맞는 보험과 세무 계획을 세울 수 있다.
- 은퇴 후 절세의 필요성을 인지하고 연금소득, 부동산, 예금, 상속세 등 다양한 부분에서의 절세 방법을 이해하고 실생활에 적용할 수 있다.
- 은퇴를 대비한 부채 관리 방법을 익혀 실생활에 적용할 수 있다.
- 금융 사기 예방 방법을 이해하고 실제 금융 사기를 당하지 않도록 예방할 수 있다.

학|습|열|기

돈 벌기보다 중요한 '돈 관리'… 지금 내가 해야 할 것은?

100세 시대가 도래하면서 저축하고 소비를 줄이는 것으로 노후를 대비할 수 있는 시대는 지났다.

사회적으로 은퇴 후 인생을 준비해야 한다는 공감대는 형성됐지만 실질적인 준비는 미약한 상황이다. 특히 가장 문제가 되는 기간은 직장에서 퇴직한 50대 중반부터 국민연금을 받은 65세까지의 약 10년이다. 사회생활을 시작하는 20대, 소득도 지출도 많은 30·40대, 은퇴를 목전에 둔 50대에 자산을 어떻게 관리하고 어떤 금융 상품에 투자하느냐에 따라 은퇴 후 그림이 완전히 달라진다.

짧은 직장 정년, 저금리 기조를 극복하고 안정적인 노후를 보내기 위해선 '돈 관리'에 대한 이해와 철저한 전략이 절실하다.

◇ 은퇴 임박한 50~60대, 자산 균형 맞춰야
은퇴를 목전에 둔 이 시기에는 현재 보유한 자산의 소진 시기를 최대한 늘릴 수 있는 돈 관리법이 필요하다.

55세 이후엔 목돈을 손에 쥐고 있기 보다는 연금처럼 매달 일정 금액을 받아 국민연금 수령이 시작되는 65세까지의 시기를 살아갈 수 있도록 준비하는 것이 좋다.

또한 자산 관리의 균형을 찾는 방법도 검토해야 한다.

– 브릿지 경제 2016. 8. 17. 기사 中

제 ❶ 절 노테크 10계명을 기억하자

01 ㅣ 기본부터 챙겨라.

노테크(老tech)의 가장 중요한 덕목은 안정적인 수입원을 보유하는 것이다. 국민연금과 퇴직연금, 개인연금이 어우러진 '삼각편대'를 기본으로 보는 이유도 바로 이것 때문이다. 연금과 금융 소득을 포함하여 은퇴 자금이 매월 얼마나 활용될 수 있는지 계산해 보고 부족한 자금에 대해서 소비와 소득의 조절을 통하여 보완 대책을 미리 세워 두어야 한다.

02 ㅣ 건강 관리가 곧 노테크의 시작이다.

건강을 잃어버리면 노후 자금으로 수십 억을 준비했더라도 대부분을 치료비에 써야 하며, 인간다운 노후 생활은 기대할 수 없음을 기억해야 한다. 노후 자금을 잘 챙겨도 건강을 잃으면 아무 소용이 없다. 생활비보다 의료비가 더 들어가는 나이라는 점을 감안하여 철저한 건강 관리가 필요하다. 무리하지 않는 선에서 심신 단련을 위해 꾸준히 운동을 하도록 한다. 또한 각종 건강 보험을 미리 들어 두어 과중한 치료비로 인한 이중 고통을 겪지 않도록 한다.

03 ㅣ 통제 불가능한 위험, 보험으로 대비하라.

보험은 뜻밖의 질병이나 사고를 어느 정도 커버해 줄 수 있다. 특히 보장성보험 가입은 고령자에게 필수적이다. 질병 관련 보험 상품에 가입할 때 주의해야 할 것은 치료비를 집중 보장받을 수 있느냐, 치료비로 가족의 경제적 기반이 무너졌을 때를 대비해 가족이 경제적으로 어려움을 당하지 않도록 준비했느냐이다. 치료비를 보장받는 보험 상품은 각종 건강보험과 CI(치명적 질병)보험이 핵심이다. 보험을 활용하되 보험료 지출은 소득 대비 10% 수준을 넘지 않도록 하는 것이 좋다.

04 ㅣ 노후 자금 마련, 지금 당장 하라.

노후 자금 마련을 위해서는 40대라면 10년 이상, 50대라도 5년 이상의 준비 기간이 필요하다. 퇴직 후 나머지 30년의 삶을 위해 10년, 5년을 투자하는 것은 기회비용으로도 가치 있는 일이다. 그렇기에 노후 자금 준비를 단 하루라도 빨리 시작해야 한다. 노테크의 첫걸음인 국민연금의 수익률은 연 8~12%로 개인연금 수익률 연 5%보다 높다. 국민연금은 가입 기간이 길수록, 낸 보험료가 많을수록 더 큰 혜택을 받는다. 이 때문에 소득이 없는데도 국민연금 보험료를 내는 임의가입자, 특히 전업주부가 크게 늘고 있는 것이다. 또한 적립식 펀드에 투자를 하든, 개인연금 상품에 가입을 하든 젊었을 때부터 노테크에 관심을 기울이면 투입되는 시간만큼 자산이 복리로 불어나는 효과를 누릴 수 있다.

05 ㅣ 줄줄 새는 돈부터 찾아라.

줄줄 새는 돈을 찾아내 바로잡아야 한다. 이를 위해서는 최소 월 단위로 가계부 결산을 생활화해야 한다. 가계부 작성을 통해 전월 대비 증감 현황을 비교·분석해 봄으로써 건전한 가계 재무 구조로 개편하도록 한다.

철저한 자금 활용을 위해서는 자금 계획을 짜고 그에 맞는 소비를 해야 한다. 은퇴 이후에 들어가는 자금, 은퇴를 하기까지 들어가는 자금 등으로 나눠 일목요연하게 표를 만들어 보도록 한다. 은퇴 이후 자금 계획에는 다섯 가지 리스크를 감안해야 하는데, 장수 리스크(갈수록 수명이 길어지면서 들어가는 비용도 증가), 건강 리스크(생활비보다 의료비가 더 많이 필요), 자녀 리스크(생활비를 떼어내 자녀에게 줘야하는 위험 증가), 인플레이션 리스크(인플레이션 지속에 따라 돈 가치가 떨어지는 현상), 부동산 리스크(자산 구조가 부동산에 집중된 문제)가 바로 그것이다.

06 | 세금 업무에 친숙해지자.

세금 업무에 친숙해지는 것도 중요하다. 노후에는 재산 증여 등과 관련한 세금 문제와 충돌하는 경우가 많다. 당장 연금 상품을 선택하면서 세금 혜택을 언제 받을지 결정하는 것도 중요하다. 현재 절세하는 금액이 적더라도 미래에 내는 세금을 절약해 수익이 늘어나는 상품을 선택하는 것이 유리하다.

07 | 돈은 무덤에 갈 때까지 갖고 있어라.

자녀가 경제적 도움을 요청하면 쉽게 뿌리치기 어렵지만, 본인들의 노후용 자금을 무심코 내어 주는 것은 위험하다. 편안한 노후를 염두에 둔다면 자녀에 대한 상속보다 먼저 자신의 경제적 독립을 확보해 두어야 한다.

08 | 부동산 거지가 되지 마라.

노후를 대비한다며 자신이 가진 모든 자금을 부동산에 올인해서는 안 된다. 금융 자산과 부동산 중 어느 한쪽으로 기울어져 있다면 조정을 통해 적절하게 배분할 필요가 있다.

09 | 강제 저축하라.

'선저축 후소비' 패턴을 유지하며 최대한 저축하고 남은 것만 쓰도록 노력한다. 소비성 지출 통장과 비소비성 지출 통장을 분리하여 관리헤 보도록 한다. 자유적립 방식의 저축 패턴에서 벗어나 정액저축 방식을 선택하라.

10 | 세컨드 커리어를 준비하라.

퇴직 후에도 일을 지속할 수 있도록 다양한 인간관계를 구축해야 한다. 본인이 잘할 수 있는 일이 무엇인지 깊이 고민해 보도록 하자. 세컨드 커리어 활동은 금전적인 도움뿐 아니라 건강과 몸과 마음을 유지하는 데도 큰 도움이 된다.

제 ❷ 절 현명한 선택으로 은퇴 재산을 관리하자

01 ㅣ 절세형 금융 상품을 이용하라.

저금리 시대에 수익률을 올릴 수 있는 방법은 이자소득세를 적게 내는 절세형 금융 상품을 충분히 활용하는 것이다. 절세형 상품에는 이자소득에 대해 세금을 전액 면제해 주는 비과세 상품과 이자소득에 대해 9.5%(소득세 9%와 농어촌특별세 0.5%)의 세율을 적용하는 세금 우대 상품 등이 있다. 비과세 상품은 세금 혜택이 크기 때문에 가입 조건이 까다롭고 저축할 수 있는 금액에 제한이 있다. 이에 비과세 상품 가입에 제약이 있다면 세금 우대 저축을 적극 활용해 보도록 하자. 세금 우대 저축은 별도로 상품이 있는 것이 아니라 은행창구에서 일반 금융 상품에 가입할 때 세금 우대로 해달라고 요청하면 된다. 1인당 최대 1,000만 원(60세 이상은 3,000만 원)까지 세금 우대 혜택을 받을 수 있다. 따라서 부모와 부부, 자녀 명의를 활용하면 1억 원 정도의 큰 목돈도 세금 우대 예금에 가입할 수 있다.[21]

02 ㅣ 금융 투자의 황금 비율을 찾아라.

금융회사들은 다양한 노후 재테크를 위한 여러 금융 상품을 내놓고 있기 때문에 주의 깊게 살펴보고 비교해 보아야 한다. 유용한 상품으로는 크게 적립식 주식형 펀드, 변액연금보험, 연금저축펀드 등이 있다.

노후 자금 준비를 위한 투자 상품을 선택할 때는 몇 가지 주의할 것이 있다. 우선 안전 자산과 위험 자산의 '황금 비율'을 연령대별로 조절하는 것이 중요하다. 은퇴 이후라면 안전 자산과 위험 자산의 비율을 80:20으로 운영하는 것이 좋다. 투자의 황금 비율은 시장의 흐름을 읽어 결정한다. 은행·증권사 PB, 각종 뉴스 등을 적극적으로 활용하되 자신의 연령을 고려하여 선택한다. 저금리와 인플레이션을 이겨내기 위해 투자 상품으로 무게 중심이 옮겨가고 있지만 종자돈은 저축으로부터 나온다는 걸 잊지 말아야 한다. 금융 투자 상품은 단기적으로 가격이 급격하게 등락할 수 있기 때문에 반드시 장기로 운용할 수 있는 자금으로 투자한다. 1~2년 안에 사용할 돈이라면 은행 예금과 같이 원금 손실 위험이 없는 금융 상품에 투자해야 한다. 그러나 5년 이상 장기 투자해야 하는 자금은 물가 상승과 소득세를 감안하고도 수익이 남는 투자 상품에 투자하는 것이 좋다. 주식형 상품은 적립식 장기투자가 수익률을 높이면서 위험을 피할 수 있는 방법이다. 하지만 적립식 투자라도 목표 수익률에 이르면 수익을 실현한 뒤 재투자하는 것이 좋다. 연금형 보험은 종신형, 상속형, 만기상속형 특징을 제대로 파악해 신중하게 선택하도록 한다.[22]

03 ㅣ 리스크를 줄여라.

누구나 빨리 많은 돈을 벌고자 하지만 그런 일은 쉽지도 흔하게 일어나지도 않는다. 투자는 잘하는 것보다 실수를 줄이는 것이 더 중요하다. 참여한 시장의 평균 수익률 정도를 목표 수익률로 생각하고 투자해야 한다. 주식 시장의 평균 수익률을 얻을 수 있는 방법으로는 인덱스(주가지수)펀드에 가입하거나 주식상장지수펀드(ETF)를 매입하는 방법이 있다. 채권 시장의 평균 수익률을 얻을 수 있는 방법으로는 채권펀드에 가입하거나 채권상장지수펀드(ETF)를 매입하는 방법이 있다. 투자에서 잊지 말아야 할 것은 자신의 투자 성향에 맞게 투자하되 묻지마 투자는 절대 하지 말아야 한다는 것이다. 투자 위험에 대한 이해 없이 수익률이 좋다고 무턱대고 투자하는 것은 투자 실패의 지름길이다.

04 ㅣ 부동산을 활용하여 수익을 만들어라.

임대주택 사업으로 생활비 만들기[23]

임대주택 사업은 은퇴자들에게 짭짤한 재테크 수단으로 각광받고 있다. 위치가 좋은 임대주택은 월세임대로 연 5~7% 정도의 고정 수익을 올릴 수 있다. 또한 임대주택 사업은 세금 혜택이 좋은데, 전용면적 60m²(18평) 이하의 주택을 2가구 이상 사들여 임대 사업을 할 경우 취득세와 등록세를 전액 감면받을 수 있다. 또

---

21) 우재룡·송양민, 『100세 시대 은퇴 대사전』, 21세기북스, 2014, p. 170
22) 국민일보, "老테크 이렇게" 은행 PB가 조언하는 10원칙, 2010년 10월 31일자 기사
23) 우재룡·송양민, 『100세 시대 은퇴 대사전』, 21세기북스, 2014, p. 197

임대주택 소득 가운데 보증금이나 전세금에 의해 발생하는 소득에 대해 소득세를 부과하지 않고 있다.

하지만 임대주택 사업을 그리 쉽게만 봐서는 안 된다. 임대주택 사업의 실패 가능성을 줄이기 위해 몇 가지를 고려하도록 하자. 먼저 소형 아파트를 선택하는 것이 좋다. 임대주택 사업은 단기간에 끝나는 사업이 아니라 최소 5~10년 이상 지속된다. 소형 아파트는 1인 가구 증가에 따라 다가구, 다세대 주택에 비해 관리하기도 편하다는 장점이 있다. 그리고 전철이나 지하철역 역세권, 대학가 등 전월세 임대 수요가 많은 곳이 좋다. 향후 발전 가능성이 높은 곳을 고르는 것도 잊지 말아야 한다. 지금은 교통 여건이 나쁘더라도 향후 지하철이 개통된다거나 주변에 백화점 등이 들어설 지역은 장차 집값이 올라가고 임대 수요가 늘어나기 마련이다. 임대아파트를 사고자 한다면 가급적 새 아파트를 사는 것이 좋다. 오래된 아파트는 세놓기가 어렵고 세를 올려 받기도 어려우며 수리 등 보수 비용이 추가로 지출될 가능성도 많기 때문이다.

집을 줄여 수익 내기

집의 규모를 줄여 노후에 좀 더 안정적인 삶을 계획할 수 있다. 집의 규모를 줄이면 첫째, 기회비용이 감소한다. 주택 관련 부채가 있다면 이를 상환하여 지출을 줄일 수 있다. 둘째, 집의 규모를 줄이면 투자할 수 있는 목돈이 생기고 이를 저축하거나 투자하여 은퇴 자산을 늘릴 수 있다. 셋째, 주거 비용을 절약할 수 있다. 아파트는 규모가 클수록 관리비가 많이 나오기 마련인데 이에 대한 비용을 절감할 수 있다. 집을 줄여 이사한 후 발생한 여유 자금을 굴리기에 적합한 상품을 소개해 본다.

- **부채가 있는 경우**: 부채 상환하기(이때 금리가 높은 부채부터, 오래된 부채부터 상환)
- **추가 월수입이 필요한 경우**: 월 지급식 상품, 즉시연금 등에 가입
- **노후 자금 축적**: 연금저축(신탁, 펀드, 보험) 등에 가입
- **공격적 자산 증식**: 주가지수ETF 매입, 인덱스펀드 등에 가입
- **임대 수익 기대**: 수익성 부동산(오피스텔, 상가 등) 매입

제 ❸ 절 **보험 계약과 세무 계획을 철저히 하자**

01 ㅣ 보험 가입의 목적을 생각하자.

보험은 저축 대신 돈을 불릴 수 있는 수단이며 절세, 상속 등 다양한 투자 목적으로도 활용할 수 있다. 하지만 보험에 가입하는 가장 중요한 기준은 '만약에 있을지 모를 위험에 대해 얼마나 충실한 보장을 받을 수 있느냐'가 되어야 한다. 종신보험을 가입하며 중도 해지 시 돌려받을 원금 수준부터 따진다거나 연금보험에 가입하며 사망보험금 비율이 높은 상품에 가입하려는 행위는 보험 본연의 의미를 놓친 잘못된 판단 기준이 투영된 경우이다. 보험을 가입하고 활용하고자 한다면 가장 먼저 왜 이 보험을 들려 하는지 그 목적을 명확히 해야 한다. 보험을 제대로 활용하려면 자신이 가입한 보험이 자신의 목적에 맞는 제대로 된 보험인지, 자신에게 필요한 것이며 적절한 금액이 지급되고 있는지를 꼭 확인해야 한다. 노후를 대비한 보험인만큼 자신이 가입한 보험이 장수 리스크를 대비할 수 있도록 설계된 상품인지도 점검해 볼 필요가 있다. 보험에서 보장해 주는 내용을 꼼꼼히 살펴보고 보장 기간, 비용 등을 점검하여 부족한 부분은 어떻게 보완할 것인지를 고민해 보아야 한다.

자신이 가입한 보험이 누구에게, 무엇을, 얼마나 보장해 주는지도 확인해야 한다. 사망 보장에만 너무 집중되어 있지는 않은지 확인해 보자. 종신보험은 대개 가장이 불의의 사고로 먼저 세상을 떠날 경우 남은 가족을 위한 위험 대비용 상품이다. 그러나 이러한 사망보험은 자녀가 독립을 하면 그 필요성이 많이 줄어든다. 은퇴 후 보험은 장수 리스크에 더 비중을 두어 선택해야 한다. 또한 피보험자가 누구인지 보장 금액은 충분한지를 살펴야 한다. 본인과 배우자가 각각 보상을 받을 수 있도록 피보험자가 분산되어 있도록 준비해야 한다. 보장 내용과 월 납입 금액이 적정한지 확인한 다음 소득과 물가 수준을 감안해서 보험료를 늘리거나 보장 내용을 보강할 필요가 있다.[24]

---

24) 유지송, 『은퇴달력』, 비즈니스북스, 2015, pp. 186~188

02 ㅣ 나에게 맞는 적절한 보험료는?

보험에 많이 가입한다고 좋은 것은 아니다. 보험에 많이 가입했다는 것은 그만큼 보험료 지출이 많다는 의미이므로 여유 자금으로 유통하지 않는 한 많은 보험료는 은퇴 후 생활비를 침해할 수도 있다. 보험은 은퇴 준비에 필요한 항목이지만 무작정 많이 가입하기보다는 자신에게 꼭 필요한 보험을 선택하여 효율적으로 운영하는 것이 중요하다. 일반적으로 보험 전문가들은 자기 소득의 10%를 보험료로 지출하는 것이 가장 적당한 규모라고 말한다. 하지만 이러한 비율 역시 개인의 자산 및 유지 상황에 따라 차이가 날 수 있기 때문에 자신의 노후 자금을 파악한 후 보험을 유지해 나갈 수 있는 적절한 금액을 산정하는 것이 좋다. 좋다면 가입하고 보는 묻지마식 보험 가입보다는 꼼꼼히 따져보고 자신의 저축 여력과 경제 상황에 맞게 추가 납입을 통해 조금씩 늘려가는 것이 옳은 방향이다. 지금 내고 있는 보험료를 은퇴 후 소득이 없는 상황에서도 지속적으로 낼 수 있는지도 꼭 따져 봐야 한다.

03 ㅣ 보험 가입 시 유의할 점[25]

일반 사람이 자신이 가입한 보험의 보장 내용과 보험료, 보험금이 합리적인지 판단하기란 쉽지 않다. 복잡한 설명서를 보고 있으면 머리가 아파 무엇이 보장되는지 정확히 파악하는 것을 포기하고 그저 보험설계사가 추천한 것이 좋겠지라며 자신을 위로한 적은 없는가? 보험 가입 전 자신이 가입한 보험이 보험료에 비해 보험금이 적절한지 따져 보아야 한다. 그 보험에 대한 설명만으로는 파악이 어려우니 다른 상품들과 비교해 가며 확인해야 한다. 좀 더 합리적으로 보험을 선택하기 위해서는 보험설계사에게 자신이 보장받고 싶은 위험에 대해 이야기하고 타 상품 3~4개와 비교하여 추천해 줄 것을 요청한 후 상담을 통해 자기에게 맞는 상품을 결정하는 것이 좋다.

또한 납입 기간과 보장 기간을 꼼꼼히 확인해 보도록 한다. 연령이 높아질수록 고액의 의료비가 발생하는 중대 질병 발병률이 높아지기 때문에 보장성 보험을 고를 때는 보장 기간을 가능한 한 길게 정하는 것이 중요하다. 특히 암보험은 자신이 가입한 보험이 갱신형(1, 3, 5년 등 일정 기간마다 보험료가 조정되는 방식)인지 비갱신형(가입 기간 내내 보험료가 오르지 않는 방식)인지 확인해 보고 가급적이면 비갱신 보험의 비중을 늘리는 것이 필요하다.

보험을 가입하고도 자신이 가입한 보험의 보장 내용이나 기간을 제대로 모르는 사람들이 많다. 이를 방지하기 위해 가입한 보험의 보장 내용을 표로 정리하여 효과적으로 보험 관리를 하도록 한다. 가능한 한 구체적으로 상세히 기록하여 중복되는 상품을 사전에 가입한 적이 없는지, 보상 규모는 어느 정도인지 등을 확인할 수 있도록 한다.

보험은 가입보다 끝까지 유지하는 것이 더욱 중요하다. 보험은 한번 가입하면 기본적으로 10년 이상 보험료를 내는 장기 상품이 대부분이며, 예·적금이나 다른 금융 상품과 달리 중간에 해지하면 큰 손실이 발생한다. 또 은퇴 후 위험 대비 계획에 차질을 줄 수도 있기 때문에 가입하는 것만큼이나 해지할 때도 신중히 살펴 판단해야 한다.

04 ┃ 보장성보험 소득공제를 이용한 세무 계획

보장성보험이란 피보험자에게 사망·상해·입원·생존 등과 같이 사람의 생명과 관련하여 보험 사고가 발생했을 때 약속된 보험금을 제공하는 보험 상품으로, 계약 만기 때 지급되는 보험금의 합계액이 이미 납입한 보험료를 초과하지 않는 보험을 말한다. 보장성보험은 각종 재해로 인한 사망이나, 암과 같은 질병으로 인한 사망·입원·치료·유족 보장을 주요 내용으로 하는 보험으로 재해보장보험·암보험·성인병보장보험·건강생활보험 등의 상품이 있다.

보장성보험의 소득공제는 「소득세법」에 의해 근로소득자로 한정되어 있다. 따라서 개인사업자는 보장성보험에 대한 소득공제의 대상이 될 수 없다.

● 보장성보험의 소득공제 대상 기준

납입자	피보험자	연간 소득 금액	연령	소득공제
본인	부모	100만 원 이하	60세(여자는 55세) 이상	가능
본인	배우자	100만 원 이하	나이 상관없음	가능
본인	자녀	100만 원 이하	20세 이하	가능
본인	형제자매	100만 원 이하	20세 이하 또는 60세 이상	가능

---

25) 유지송, 『은퇴달력』, 비즈니스북스, 2015, pp. 191~193

근로소득에서 공제할 수 있는 보장성보험의 기본 공제 범위는 기본 공제 대상자를 피보험자로 하는 계약으로써 연간 100만 원을 한도로 공제하여 준다. 「소득세법」상 근로소득자가 기본 공제를 받을 때에는 본인뿐만 아니라 배우자, 또는 직계존속 등 부양가족이 있을 수 있는데 이때 연령 요건과 연간 소득 금액 요건에 부합이 되어야 한다. 연령 요건은 배우자의 경우 나이는 상관없으며 직계존속인 경우 60세 이상이어야 하고 직계비속인 경우 20세 이하여야 한다. 또한 이들의 연간 소득 금액은 100만 원 이하여야 한다. 따라서 근로자 본인뿐만 아니라 배우자 또는 자녀, 부모 등을 피보험자로 하여 보장성보험을 가입하였고 이러한 피보험자들이 기본 공제대상자에 해당된다면 이들을 위하여 근로자가 납입한 종신보험료는 소득공제 대상 금액이 되는 것이다.

근로자들이 받을 수 있는 보험료공제액의 항목은 다음과 같다.

> 보험료공제액 = 건강보험료, 고용보험료
> + 일반적 보장보험의 보험료(연간 100만 원 한도)
> + 장애인 전용 보장성보험의 보험료(연간 100만 원 한도)

보장성보험과 장애인보험은 반드시 보험료 납입 영수증에 보험료 공제 대상, 장애인 전용 보험임이 표시되어 있다. 장애인 전용 보장성보험의 경우 계약자가 동일인인 경우에는 보장성보험과 중복하여 각각 100만 원씩 소득공제를 받을 수 없다. 하지만 보장성보험과 장애인보험의 피보험자가 같더라도 계약자가 상이하면 두 가지를 중복하여 받을 수 있으니 해당자는 따져 보도록 한다.

05 │ 종신보험을 활용한 절세 방법

상속 계획에 따라 수익 자산의 사전 증여가 필요하다면, 임대료 등의 수익이 발생될 수 있는 상가 등을 증여하는 방법이 있다. 만일 아버지로부터 임대용 부동산을 증여받은 자녀가 해당 부동산에서 매달 발생하는 임대 수익으로 보험료를 납입하는 경우에는 추후 지급받는 보험금(계약자·수익자를 자녀로, 피보험자를 아버지로 설계했을 경우를 가정)에 대해서는 추가 증여세가 발생하지 않는다. 하지만 자녀가 증여받은 부동산을 팔아 보험료를 납부하는 경우에는 현금을 증여받은 경우와 동일하게 추후 보험금에 대한 증여세가 재차 발생함을 유의하여야 한다.

보험 계약 시 우선 계약자와 피보험자를 아버지(피상속인), 수익자를 자녀로 계약하여 최소한의 보험료만 납입한 후 자녀가 취직 등으로 고정적인 수입(자금 출처)이 생겼을 때 계약자를 자녀로 변경하는 방법을 통해 절세를 할 수 있다. 이 방법은 「상속세 및 증여세법」에서 보험금 수령 시 상속인 외에 타인이 불입한 보험료가 있을 경우 불입한 보험료 비율로 세금을 부과한다는 점을 최대한 활용하는 것이다. 예를 들면, 월 200만 원의 보험료를 납부하는 보험에 가입한 후 아버지가 2년간 보험료(총 4,800만 원)를 내고 납입을 중단한 채 보험 계약을 유지하다가, 자녀가 취직한 시점에 계약자를 자녀로 변경하여 자녀가 계속해서 보험료를 납입하였다고 가정해 보자. 이럴 경우 추후 아버지(피상속인)가 사망할 때까지 자녀가 납입한 보험료가 1억 9,200만 원이고 추후 수령한 보험금이 10억 원이라면, 전체 10억 원의 보험금 중 아버지가 납입한 보험료 비율(20%)에 대한 보험금인 2억 원에 대해서만 상속세가 발생하게 된다. 따라서 이러한 방법을 활용할 경우 굳이 자녀가 소득이 생길 때까지 보험 계약을 미룰 필요가 없다.

06 ᅵ 연금보험을 활용한 세무 계획

연금보험은 상속세 절세 측면에 효과가 있다. 예를 들어 계약자·수익자를 아버지(피상속인)로 하고 피보험자를 어머니(상속인)로 하여 종신토록 연금을 수령할 수 있는 세제비적격 연금보험에 가입하였다고 가정해 보자. 이런 경우 생전에 아버지가 평생연금을 수령하다가 사망하게 되면, 상속인은 피보험자인 어머니의 생존 시까지 연금을 수령할 수 있다. 물론 이런 경우에도 보험금에 대한 상속세가 부과되기는 하지만, 이때 상속세 납부 대상 금액은 실제 수령하는 금액보다 적게 평가될 수 있다. 이것이 가능한 이유는 상속 재산을 평가할 때 연금보험은 금전을 정기적으로 받을 수 있는 권리로 보아 가치를 평가하기 때문이다. 이는 결국 현재 가치와 미래 가치의 차이로 인해 생기는 문제라 볼 수 있다.

현재의 1억 원과 10년 후의 1억 원의 가치는 서로 다를 것이다. 즉, 이자상당액을 고려하였을 때 당연히 현재 1억 원의 가치가 10년 후 1억 원의 가치보다 클 수밖에 없다. 이러한 이유로 연금의 경우, 종신토록 받는 금전에 대한 권리를 이자를 감안하여 현재 가치로 할인하여 평가하게 되는데 이때 피보험자가 언제 사망할지는 알 수 없으므로 세법상 75세를 기대 수명으로 보아 75세까지 받을 수 있는 총 연금액을 현재 가치로 할인하여 평가하게 된다. 따라서 연금보험 가입자가 76세 이상 살게 되면 76세 이후 수령할 연금액에 대해서는 상속세가 과세되지 않는 효과를 얻을 수 있다. 다만 여기에서 만일 확정보증 지급 기간이 76세 이후인 경우에는 종신형 연금이라 할지라도 75세까지만 평가하는 것이 아니라 확정보증 지급 기간만큼 받는 연금이 모두 상속재산 평가 금액에 포함된다는 사실에 유의하기 바란다.

제 ❹ 절 절세를 통해 자금을 관리하자

01 ㅣ 연금 관련 세금 관리

모든 국민은 세금을 내야 한다. 은퇴자 역시 그러하다. 세법에서 은퇴에 관한 세금에 대해 따로 정해진 것은 없다. 그러나 은퇴 이후에 소득이 있다면 소득의 종류에 따라 세금을 부담해야 한다. 소득이 줄어들기 마련인 은퇴 시기에 내는 세금은 부담스러울 수밖에 없다. 그러므로 은퇴 설계에 있어서 절세는 매우 중요한 부분이다.

세금은 국가에서 걷는 국세와 지방자치단체에서 걷는 지방세로 구분된다. 국세란 국가의 살림살이를 위하여 국가가 국세청과 관세청을 통하여 걷는 세금으로 소득세, 부가가치세, 관세 등이 포함된다. 지방세는 특별시, 광역시, 도, 시·군·구 등 지방자치단체가 관할 주민으로부터 걷는 세금으로 취득세, 등록세, 자동차세 등이 해당된다. 은퇴 이후에는 소득이 줄어들지만 이후에 연금을 수령한다든지 하면 연금소득에 대한 소득세를 부담하게 되고, 은퇴 이후에 사업을 하는 경우에는 사업소득세가 부과된다. 은퇴소득을 재원으로 부동산을 구입하면 구입 시 취등록세를 부담하고 유지하면서 벌어들이는 소득에 대해 부동산임대소득세를 부담한다. 또한 금융 자산으로 보유하는 경우에도 이자소득이나 배당소득에 대해서는 과세가 된다. 따라서 자신에게 청구될 세금을 미리 알고 절세법을 확인하는 일은 자산의 수익률에 직접적인 영향을 미친다.

은퇴 이후에는 특별한 소득 없이 연금소득이 대부분을 차지하는 경우가 많다. 그러므로 가능하면 향후 연금 수령 시에 세금으로 납부하는 액수를 최소화하여 실수령액을 증대시킬 수 있도록 미리부터 절세 방법을 계획하는 것이 유리하다.

연금소득 중에는 소득에 대하여 소득세를 과세하지 않는 비과세 연금소득이 있는데 이는 다음과 같다.

- 「국민연금법」에 따라 받는 유족연금 및 장애연금
- 「공무원연금법」, 「군인연금법」, 「사립학교교직원연금법」 또는 「별정우체국법」에 따라 받는 유족연금, 장해연금 또는 상이연금
- 「산업재해보상보험법」에 따라 받는 각종 연금
- 「국군포로의 송환 및 대우 등에 관한 법률」에 따라 국군포로가 받는 연금
- 「국민연금과 직역연금의 연계에 관한 법률」에 따른 연계 노령유족연금 및 연계 퇴직유족연금

연금소득의 과세 방법을 알아보면, 공적연금(국민연금, 공무원연금, 사립학교교직원연금, 군인연금)은 매월 연금을 지급할 때 지급 기관에서 간이세액표에 의해 우선 원천징수하고, 1월분 연금을 지급할 때 연말정산을 한다. 퇴직연금(기업연금) 및 개인연금의 경우는 지급 기관에서 5%의 세율로 원천징수를 한 후 연금 수령자가 다음해 5월에 종합소득세 신고를 해야 한다. 마지막으로 총연금액이 연 600만 원 이하인 경우 종합소득에 합산하지 아니하고 분리과세를 선택한다.

연금소득세를 합리적으로 줄이기 위해서는 인출 전략이 필요하다. 기본적으로는 매년 사적연금 수령액이 1,200만 원을 넘지 않도록 하는 것이다. 그래서 수령하는 연금이 1,200만 원 미만이 될 때까지 연금 수령 기간을 연장하거나 퇴직연금을 먼저 수령한 다음 연금저축을 나중에 수령하는 등 수령 기간이 겹치지 않도록 조절하는 방법을 생각할 수 있다. 연금소득세는 인출 금액과 인출 방법에 따라 달라질 수 있으므로 인출하기 전에 반드시 세무 전문가와 상담해 보는 것이 바람직하다.[26]

주택연금은 살고 있는 집을 담보로 부부가 모두 사망할 때까지 내 집에 살면서 매월 연금을 지급받는 상품으로 국가가 연금 지급을 보증하므로 지급이 중단될 위험이 없다. 무엇보다 집값 하락에 대한 리스크가 없으며 연금을 받는 중에 집값이 떨어져도 연금액이 줄지 않아 부동산 침체기에는 더욱 유리한 상품이다. 주택연금은 상속세뿐 아니라 기본적인 세제 혜택을 받고 있다.

주택연금을 통한 각종 세금 감면 및 면제 사항을 다음 표에 제시하니 살펴보기 바란다.

● 주택연금을 통한 각종 세금의 감면 및 면제

재산세 감면	주택연금 이용 고객 중 주택 가격 5억 원 이하의 경우 재산세 25% 감면(5억 원이 넘을 경우 5억 원에 해당하는 재산세 25% 감면)
소득공제	연간 200만 원 한도에서 대출이자 비용(연금 수령액에 대한 이자) 소득공제. 단, 국민연금, 사적연금 등 여타 여금소득이 있는 경우에 한함
기타 세제 감면	• 등록세 면제(설정금액의 0.2%) • 교육세 면제(등록세액의 20%) • 농어촌특별세 면제(등록세액의 20%) • 국민주택채권 매입 의무 면제(설정 금액의 1%)

출처: 한국주택금융공사

02 ㅣ 금융소득 절세 전략

은퇴 이후 삶에서는 절세를 통한 안정적인 자산 운용이 중요하다. 나가는 돈만 줄여도 은퇴 생활에 많은 도움이 되는 만큼 금융소득에서의 세금을 꼼꼼히 살펴봐야 한다.

종합소득세와 종합과세 이해하기

종합소득이란 개인이 1년 동안 여러 가지 경제 활동을 통하여 얻는 소득을 모두 합친 것이며, 종합소득세는 종합소득에 대해 과세되는 세금이다. 종합소득세의 과세 대상은 이자소득·배당소득·부동산임대소득·사업소득·근로소득·연금소득·기타소득 등이다. 금융소득 종합과세란 1년간 발생한 금융소득을 합산하여 기준 금액인 4,000만 원을 초과하는 경우 4,000만 원까지는 원천징수세율로 분리과세하고 4,000만 원을 초과하는 금융소득은 주된 소득자의 다른 종합소득과 합산하여 종합소득세율로 누진하여 과세하는 제도를 말한다.

금융소득이란 이자소득과 배당소득을 합하여 말하는 것이다. 이자소득과 배당소득은 해당 기관에서 당해 소득을 지급할 때 원천징수를 함으로써 납세의무를 종결시켰다. 그러나 이럴 경우 분리과세되는 금융소득의 경우 종합소득에 합산되는 다른 소득들에 비해 소득세 세부담이 훨씬 적어져 조세 공평성을 해치게 된다. 이러한 조세 공평성 문제를 보완하기 위해서 금융소득 합산과세 제도가 도입되었다. 금융소득이 4,000만 원을 초과하는 때에는 원천징수로 조세를 부담하였더라

---

26) 유지송, 「은퇴달력」, 비즈니스북스, 2015, p. 178

도 종합소득에 합산하여 세부담 계산을 다시 하고 이미 원천징수된 세액은 기 납부세액으로 차감하는 것이다.

　보유 자산이 많은 은퇴자들의 경우 매년 이자소득 등이 4,000만 원을 넘을 수 있다. 또한 보유 자산이 많지 않더라고 특정 연도에 펀드 등의 수익률이 높아 금융소득종합과세의 대상이 될 수도 있다. 은퇴 기간은 소득이 줄어들 가능성이 큰 데다가 장기간이므로 관련 자산 운용 시 안정적이며 절세 효과가 있도록 포트폴리오를 수립하는 것이 중요하다. 특히 장기운용 금융 상품 중에는 비과세와 분리과세의 혜택을 받는 상품들이 있는데 비과세와 분리과세가 이뤄질 경우 금융소득종합과세 대상에서도 제외된다. 이럴 경우 투자 효과와 세금 절세 효과를 동시에 기대해 볼 수 있기 때문에 비과세·분리과세 상품을 충분히 활용하는 것이 좋다.

금융소득세 절세 전략[27]

　금융소득세를 절세하기 위한 네 가지 방법을 제안한다.

　첫째, 금융 자산의 분산을 통해 절세를 할 수 있다. 금융소득 종합과세에 대비하여 배우자 및 자녀와 부모님의 명의를 적극 활용한다. 증여세 공제 범위(10년간 배우자 6억 원, 성년 자녀 3,000만 원, 미성년 자녀 1,500만 원) 내에서 배우자 명의로 예금을 분산시켜 놓는 것이 세금 부담 측면에서 좋다. 부동산임대소득과 마찬가지로 이자소득의 경우에도 부부간의 소득을 합쳐 과세하는 것이 위헌이라는 헌법재판소의 결정이 내려짐에 따라 부부간에 소득을 적절히 분산하면 세금을 절약할 수 있다. 부부의 이자소득에 대하여 별도로 세금을 계산하므로 예금이 분산되어 있으면 한 사람에게 집중되어 있는 경우보다 낮은 세율이 적용되므로 세금도 줄어든다.

　둘째, 금융소득의 수입 시기를 연도별로 고르게 분산하라. 종합소득세의 과세 기간은 1년 단위이고, 예금·적금 등의 이자는 실제로 이자를 받는 때에 소득으로 계산한다. 그러므로 이자소득과 같은 금융소득을 특정 연도에 한꺼번에 발생하게 하는 것보다 매년 균등하게 나누어서 받으면 그만큼 소득세 부담액을 줄일 수 있게 된다. 예를 들어 3년 만기 정기예금에 가입하고 이자도 만기에 받는 것이라면, 첫째 연도와 둘째 연도엔 이자소득이 없고 3년째에 한꺼번에 이자소득이 발생한 것으로 본다. 금융소득 종합과세 제도는 매년 1월 1일부터 12월 31일까지의 개인별 금융소득(이자소득·배당소득)을 모두 합한 금액이 4,000만 원을 초과할 경우 그 초과 금액을 다른 종합소득과 합산하여 소득세를 과세하도록 되어 있다. 그러므로 어느 한 연도에 금융소득이 집중되면 매년 균등하게 이자를 받는 경우보다 세금 면에서 불리하다. 따라서 만기에 지급받는 이자가 4,000만 원을 초과하고 다른 종합소득이 있는 경우에는 매년 이자를 나누어 받는 것도 절세의 한 방법이다.

셋째, 금융소득의 분리과세를 적극 활용해 보자. 저축을 하더라도 가급적 10년 이상의 장기 저축에 가입하면 절세할 수 있다. 10년 이상의 장기 저축이나 장기 채권에서 발생한 이자소득은 분리과세를 신청하면 금융소득 종합과세에서 제외되기 때문이다. 그런데 이 경우에도 만기 시에 부담하는 원천징수세율이 30%이기 때문에 종합과세와 분리과세 중 유리한 것을 선택해야 한다. 금융소득이 4,000만 원을 초과하고 다른 소득이 많을 때는 분리과세하면 세금을 절약할 수 있다. 만기가 10년 이상인 장기 채권이나 장기 저축에서 발생한 이자와 할인액에 대해서는 소득자가 이자를 받기 전까지 소득세 30%와 주민세 3%를 내는 조건으로 분리과세 신청을 하면, 33%의 세율로 원천징수를 한 다음 종합소득에 합산하지 않고 분리과세로 종결된다. 분리과세를 신청하면 일반 원천징수세율(15.4%)보다 훨씬 높은 33%의 세율이 적용되므로, 금융소득 종합과세로 인해 세부담이 크게 늘어나지 않는 소득자라면 굳이 분리과세를 선택할 필요가 없다. 금융소득 종합과세와 분리과세 중 유리한 쪽을 선택할 수 있기 때문에 다른 종합소득이 많아 적용소득세율이 30%를 넘는 경우라면 분리과세를 고려해 볼 만하다. 이 경우에도 금융소득이 일정 규모 이상(4,000만 원)인 경우에는 분리과세가 유리하지만, 그 이하인 경우에는 분리과세가 오히려 불리하다는 점을 감안하여 판단해야 한다.

넷째, 비과세 금융 상품을 적극 활용하는 것이다. 주식이나 채권의 매매 차익에 대해서는 소득세를 과세하지 않으며, 금융소득 종합과세 기준금액(개인별 금융소득이 연 4,000만 원)을 계산할 때도 포함하지 않는다. 따라서 주식이나 채권에 대해서는 소득세를 안 내도 된다. 이러한 직접투자 상품은 개인들의 정보력과 투자 기법이 기관투자자들보다 더 떨어지기 마련이다. 따라서 주식이나 채권에 직접 투자하여 기관투자자들보다 더 높은 수익을 내기는 사실상 어렵다. 이런 경우 직접투자보다는 간접투자 상품에 투자하는 것도 한 방법이다. 개인이 직접투자를 하든 간접투자 상품에 투자를 하든 주식이나 채권의 매매 차익에 대해서는 세금이 과세되지 않기 때문에 잘만 운용한다면 세금 부담 없이 높은 수익을 올릴 수 있다.

---

27) 한국표준협회, 「은퇴교육과정-재무관리」, 2015, pp. 193~195

변액보험이나 연금보험 등 장기 저축성보험의 경우 10년 이상 유지할 경우 비과세 혜택이 주어진다. 따라서 금융소득 종합과세에 해당하는 소득자라면, 금융 자산의 일부를 수익증권이나 뮤추얼펀드, 보험 상품 등에 투자하는 것도 생각해 볼 만하다. 다만, 상품별로 수익률이 천차만별이기 때문에 최악의 경우 손실에 대한 위험은 감수해야 할 것이다.

금융소득 종합과세 절세 전략

다음으로 금융소득 종합과세 절세 전략을 살펴보자. 먼저 종합소득 과세 대상에서 제외되는 비과세 상품과 세금 우대 상품 및 분리과세 상품을 적극 이용하여 금융소득 규모를 축소·분산한다. 금융소득을 부모나 자녀의 명의로 분산하고, 세금 우대 통장도 개인 단위로 발급되므로 이를 적극 활용하여 가족들 명의로 분산시킨다. 4,000만 원 이상의 금융소득이 1년에 집중되는 것을 막기 위하여 금융소득의 수령 시기를 조정하도록 한다. 또한 타익신탁을 이용하여 금융소득을 가족에게 증여한다. 이때 증여세 부과 대상 범위 이내로 조정해야 한다. 금융소득의 발생 규모에 따라 분리과세 여부를 결정할 수 있는 상품을 적절히 활용한다. 주식의 매매 차익에 대해서는 이자소득이 발생하지 않으므로 주식형 수익증권이나 뮤추얼펀드를 활용한다.

03 | 부동산 관련 세금

부동산 세제란 넓은 의미로 부동산과 관련된 모든 조세제도를 말한다. 따라서 부동산 관련 세금에는 부동산의 보유를 과세 대상으로 하는 재산세적 성격을 가진(재산세나 종합부동산세·도시계획세·공동시설세·사업소세) 세금뿐만 아니라, 부동산 자체에서 생기는 수익 또는 소득을 과세 대상으로 하는 수익세적 또는 소득세적 성격을 가진 세금(부동산임대소득세), 부동산의 취득 또는 처분으로 인한 소득을 과세 대상으로 하는 취득세 또는 양도소득세, 부동산매매업의 사업소득세, 상속세 및 증여세, 부동산임대용역에 대한 부가가치세, 부동산의 등기 또는 등록 시 부과되는 등록세 등이 모두 포함된다.

현재 쏟아져 나오고 있는 우리나라 수백만의 베이비붐 세대들의 자산 대부분은 부동산으로 구성되어 있다. 그렇기에 부동산에 따른 각종 세금을 어떻게 절세하는지도 이들의 주 관심사일 수밖에 없다. 따라서 이 문제가 앞으로 사회적인 이슈가 될 것임은 분명하기에 은퇴 설계와 관련된 세금 문제 중 부동산 세제의 향방과 절세 전략에 관심을 두어야 한다.

부동산임대소득세 절세 전략

부부간에 소득을 적절히 분산하면 적지 않은 세금을 절약할 수 있다. 부부의 자산소득을 합산하여 과세하는 것은 헌법에 위반된다는 헌법재판소의 위헌결정 때문이다. 봉급생활자가 재산 증식의 수단으로 상가나 주택 등을 구입하여 임대하는 경우 일정 규모의 임대소득이 발생하게 된다. 이때 임대소득을 얻는 재산을 근로소득자 본인의 명의로 하는 경우와 소득이 없는 배우자 명의로 하였을 경우에 부담해야 하는 소득세에 많은 차이가 있다.

임대소득자에게 별다른 소득이 없는 경우, 임대재산을 본인 명의로 하더라도 문제가 없지만, 다른 종합소득이 있으면 합산과세에 따라 세부담액이 커질 수 있다. 이때에는 배우자나 직계존속의 명의를 활용하여 자산을 분할하거나 분산하는 것도 절세의 좋은 방법이다. 배우자가 다른 소득이 없는 경우라면 배우자 명의로 부동산을 취득하여 임대하면 세부담이 적어진다. 다만, 취득 재산의 가액이 증여재산공제액을 초과하지 않도록 해야 한다.

근로소득자가 임대재산을 본인 명의로 했을 경우, 소득세는 근로소득과 임대소득을 합한 종합소득금액에 대하여 해당 세율을 적용받아 소득세를 내야 하므로 높은 세율을 적용받게 된다.

임대재산을 소득이 없는 배우자 명의로 했을 경우, 부부간의 자산소득에 대해 별도 과세가 되기 때문에 각자 소득세 과세표준이 낮아져 낮은 세율이 적용되므로 세금을 절약할 수 있게 된다. 근로소득자 본인의 경우는 근로소득에 대해서만 세금을 내면 되므로 그만큼 낮은 세율이 적용된다.

04 ㅣ 상속세와 증여세의 절세 전략

상속과 증여

상속은 본인이 사망한 이후에 발생하며, 증여는 생전에 본인의 의사에 따라 행해진다는 차이가 있다. 상속세의 과세 방법에는 유산세형 과세 방법과 유산취득세형 과세 방법이 있다. 사망자가 남긴 재산 전체 금액에 대해 상속세액을 계산한 다음 그 세액을 각 상속인이 상속받는 재산가액의 비율에 따라 나누어서 납부하는 방법을 '유산세형' 과세 방법이라 한다. 또 사망자가 남긴 유산액을 먼저 각 상속인의 몫으로 나눈 다음 그 나누어진 재산가액에 누진세율을 적용하여 각 상속인이 납부해야 할 세액을 계산하는 방법은 '유산취득세형' 과세 방법이라고 한다. 상속세는 상속재산에 상속 개시일 전 10년(상속인이 아닌 자에 증여한 재산은 5년) 이내에 증여한 재산을 합산하여 과세한다. 따라서 사망 시점으로부터 10년(5년)간의 증여재산과 상속재산의 총합에 상속세가 부과된다.

우리나라 증여세는 증여받은 자가 받은 재산가액에 대하여 증여세를 부과하는 '취득과세형'을 취하고 있다. 증여세는 타인의 증여에 부과하되 원칙적으로 증여자별, 수증자별로 과세가액을 계산하여 과세한다. 또 당해 증여일 전 10년 이내에 동일인(증여자가 직계존속인 경우에는 그 직계존속의 배우자 포함)으로부터 받은 증여재산가액의 합계액이 1,000만 원 이상인 경우에는 그 가액을 증여세 과세가액에 가산한다. 그 취지는 분산증여를 통한 누진 부담의 회피를 방지하기 위한 것이다.

상속세는 사망으로 인한 피상속인이 부의 무상이전에 대해 내야 하는 세금으로 사망하기 전 3년 이내에 상속인에게 증여한 재산과 1년 안에 상속인이 아닌 다른 사람에게 증여한 재산도 상속재산에 포함한다.

반면 증여세란 타인으로부터 무상으로 취득한 재산에 대해 내야 하는 세금으로 생존 중에 쌍방 간의 계약에 의하여 이전하는 재산에 대하여 과세된다. 따라서 사망이냐 생존이냐의 차이만 있을 뿐 재산의 무상이전을 과세 대상으로 한다는 점에서 동일하다고 볼 수 있다.

세테크 관점에서 보면 상속과 증여는 양자 모두 재산의 무상이전이라는 점에서 유사하지만 무상이전을 하는 자의 입장에서 볼 때 상속은 일생에 걸쳐 한 번만 가능한 것인 데 비해 증여는 여러 차례 할 수 있고 세율이 같으므로 증여를 잘 활용하면 상속세 부담을 줄일 수 있고 자산을 온전하게 유지할 수 있다.

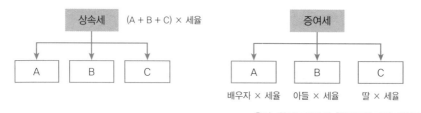

출처: 한국표준협회, 「은퇴교육과정-재무관리」

[상속세·증여세 과세 방법]

이처럼 상속세와 증여세는 세율 구조는 같지만 과세 방법이 다르다는 것에 주목할 필요가 있다. 즉, 사전 증여에 의해 절세가 가능하다. 가령 부동산을 그림과 같이 배우자와 두 자녀에게 상속이나 증여한다면 상속세는 A, B, C를 합산하여 세금을 부과하지만 증여세는 A, B, C를 별산하므로 절세 효과가 크다.

현재 우리나라의 상속 및 증여세율은 10~50%의 누진공제세율을 적용하고 있다.

과세표준	세율	누진공제금액
1억 원 이하	10%	–
1억 원 초과~5억 원 이하	20%	1,000만 원
5억 원 초과~10억 원 이하	30%	6,000만 원
10억 원 초과~30억 원 이하	40%	1억 6,000만 원
30억 원 초과	50%	4억 6,000만 원

상속세와 증여세 적용 금액은 위의 표에 나와 있는 것처럼 과세표준이다. 과세표준은 개인의 실제 상속재산(부동산, 금융 자산, 및 기타 재산)에서 상속이나 증여로 추정되거나 간주되는 재산을 더하고 법에 의해 정해진 일련의 공제 항목을 뺀 금액으로 실제 재산과 다소 차이가 있다. 하지만 최고세율이 50%에 달하기 때문에 미리 준비하는 것이 좋다.

상속 및 증여 시 절세 방법[28]

상속 및 증여 시 세금을 절약하기 위해서는 어떠한 방법을 활용하는 것이 좋을까?

① 배우자 상속공제를 충분히 활용한다.

배우자 상속공제는 최소 5억 원에서 최대 30억 원이다. 실제로 배우자 상속공제가 늘어나면 그만큼 상속세를 줄일 수 있다. 이때 배우자는 법률상 혼인 신고한 배우자에 한한다. 간혹 부부 모두 기대 수명이 얼마 남지 않았다고 판단하여 전 재산을 자식들에게만 상속하는 경우가 있다. 상속재산이 10억 원 이하인 경우 일괄공제 5억 원과 배우자 상속공제 최소액인 5억 원을 받으면 상속세가 발생하지 않기 때문에 별 문제는 없다. 그런데 만일 상속재산이 10억 원을 초과하는 경우에는 예상보다 많은 상속세가 부과될 수 있다.

---

28) 금융감독원, 「생애주기별 금융생활 가이드북: 은퇴기 편」, 2015. p. 62

② 동거주택 상속공제를 활용한다.

사망한 사람과 동거한 상속인이 그 동거한 주택을 상속받는 경우 일정 요건이 충족되면 동거주택가액의 40%(한도 5억 원)를 상속공제받을 수 있다.

③ 상속과 증여를 적절히 활용한다.

상속세는 상속받는 사람의 수에 관계없이 사망한 사람의 전체 상속재산에 대해서 세금이 부과된다. 하지만 증여세는 특정 재산을 증여받은 사람에게 부과된다. 따라서 상속세 과세표준이 30억 원을 넘는 경우 상속을 하였다면 50%의 세율이 적용되지만 사전에 10억 원씩 3명에게 증여하였다면 각각 30%의 세율이 적용되어 세금을 줄일 수 있다. 그러나 상속세는 공제금액이 증여세보다 많기 때문에 단순히 세율을 비교하기보다는 공제 항목과의 유불리를 판단해야 한다. 상속세를 절세하기 위해 증여를 하려면 사망하기 10년 전에 증여하는 것이 좋다. 사망하기 전 10년 이내에 증여한 것은 추후 상속세 계산 시 상속재산에 포함되기 때문이다. 이 경우 증여재산을 상속재산에 합산한다 하더라도 그 평가는 증여 당시를 기준으로 하므로 부동산인 경우에는 상속 당시를 기준으로 평가하는 경우보다 합산하는 금액이 줄어들게 되어 절세 효과가 있다.

또한 사전증여한 후 소득이 적거나 없는 자녀가 재산을 취득하게 될 경우 증여받은 재산에서 발생된 소득을 취득 자금의 소명 자료로 사용할 수도 있다. 증여공제액은 배우자 간 증여는 6억 원, 직계존비속 간 증여는 3,000만 원(미성년자가 증여받는 경우 1,500만 원)까지 공제가 가능하다. 따라서 이 금액까지는 증여세 걱정 없이 증여가 가능하다.

④ 부담부증여를 활용한다.

부담부증여란 부채가 있는 부동산의 채무를 증여받는 사람이 인수하는 조건으로 증여하는 것이다. 예를 들어 대출 1억 원을 포함하고 있는 시가 2억 원의 아파트를 증여하는 경우 대출금을 증여받는 사람이 이어받는 것을 조건으로 하는 부담부증여를 하면, 증여받는 사람은 1억 원에 대한 증여세를 내고 대출 1억 원에 대해서는 양도소득세를 내게 되는데 경우에 따라 양도소득세가 증여세보다 유리하게 적용될 수 있다.

⑤ 가치가 많이 오를 것으로 예상되는 재산부터 증여한다.

증여세는 증여 당시의 가치로 계산되기 때문에 시세가 오를 것으로 예상되는 재산부터 증여하거나, 일시적으로 하락하였을 때 증여하는 방법을 고려해 볼 수 있다. 증여세는 증여 시점의 가치를 기준으로 부과되므로 증여 후 해당 자산의 가치가 늘어날 경우 수증자 입장에서는 별도의 세부담 없이 가치 상승에 따른 이익을 얻을 수 있기 때문이다.

⑥ 재산을 증여받는 수증자를 늘린다.

증여세는 증여받은 사람을 기준으로 부과되므로 수증자가 늘어날 경우 증여재산공제를 수증자가 각각 받을 수 있을 뿐만 아니라 세율도 낮아지기 때문에 한 명에게 증여하는 것보다 세부담 측면에서 훨씬 유리하다.

⑦ 보험을 활용해 상속·증여세를 절약할 수 있다.

계약자와 수익자를 피상속인(아버지 등)이 아닌 사람으로 하고, 피보험자를 피상속인으로 하여 보험을 설계하면 상속세와 증여세가 발생하지 않는다. 계약자와 수익자가 피상속인이 아닌 자이고, 해당 계약자가 보험료 납입 능력이 있는 자로서 실제 본인 소득으로 보험료를 납입한다면 해당 보험금은 상속재산에서 제외한다. 다만, 유의할 것은 자녀를 계약자로 할 때 사전에 자녀의 자금 출처를 미리 마련하여 재차증여가 발생하지 않도록 해야 한다.

● 보험 계약 형태별 세금

계약자	피보험자	수익자	과세 여부
본인	본인	자녀	상속세 과세
사녀	본인	자녀	과세 없음
본인	배우자	자녀(상속인)	증여세 과세

05 ㅣ 상속 및 증여 설계를 위한 6원칙

조금만 관심을 기울이면 절세를 통하여 소중한 가족과 힘들게 이룩한 재산을 함께 지킬 수 있는 방법을 찾을 수 있다. 다음에서는 상속 및 증여 설계를 위한 원칙에 대해 알아보자.

원칙 1: 상속에 대한 큰 그림을 그려라.

상속·증여 계획을 세울 때는 가장 먼저 현재 가족의 재산 상태를 점검해 봐야한다. 예를 들어 현재 시가 10억 원짜리 상가를 자녀에게 양도하는 경우 양도세가

5,000만 원이고, 증여를 하는 경우에는 증여세가 2억 원이라고 가정해 보자. 이 경우 단순히 1억 5,000만 원이라는 금액상의 차이만으로 양도가 유리하다고 볼 수는 없다. 언뜻 보기에는 세금을 1억 5,000만 원이나 줄이는 합리적인 의사결정을 한 것처럼 보이나, 나중에 양도대금 10억 원이 결국 아들에게 상속된다는 사실을 고려하면 큰 실수일 수도 있다. 만일 이 사람이 사망한 후에 아들에게 물려줄 재산의 크기가 상속세 최고세율에 달한다면 양도대금 10억 원에 대해 상속세 최고세율 50%가 적용되어, 무려 5억 원의 세금이 발생한다. 결과적으로 1억 5,000만 원을 덜 내려다가 3억 5,000만 원의 세금을 더 내는 결과를 낳게 되는 것이다.

이처럼 상속 설계의 큰 그림을 그리지 않고 단지 눈앞의 결과만으로 득실을 판단한다면, 위와 같은 실수를 범할 수 있다. 따라서 절세 효과를 최대한 누리면서 무리 없이 재산을 물려주기 위해서는 전문가와 함께 상속 설계의 큰 그림을 그리는 작업이 선행되어야 한다.

원칙 2: 배우자나 자녀에게 미리 증여하라.

상속 개시 전 10년 이내에 상속인에게 증여된 재산은 상속재산에 포함되기 때문에 상속 계획을 세울 때는 반드시 10년 이상의 장기적인 시각에서 판단하여야 한다. 그런데 자신의 상속 개시 시점은 아무도 알 수 없는 일이므로 만약 상속세 규모가 클 것이라고 예상된다면, 가급적 빨리 증여 계획을 세워 실행하는 것이 좋다.

원칙 3: 자산 관리 능력도 물려주자.

재산은 모으기도 어렵지만 지키기가 더 어렵다는 말이 있다. 실제로 자산 관리 능력이 부족한 자녀에게 선뜻 재산을 물려주었다가 결국 자식도 망치고 재산도 탕진하는 경우가 많다. 부모야 재산을 어렵게 모았다지만 자식 입장에서는 복권이라도 당첨된 듯 공돈이 생겼다는 마음에 흥청망청 쓰게 되는 것은 어쩌면 당연한 일인지도 모른다.

따라서 상속 계획의 큰 그림에 따라 자녀들에게 재산을 증여할 때는 자산 관리 능력까지 함께 물려주어야 한다는 사실을 기억해야 한다. 부모의 일부 재산을 공동 관리할 기회를 주거나, 소액의 자산을 사전증여하여 운영해 보도록 함으로써 자산 관리의 감을 익히도록 하는 것도 좋은 방법이다. 또한 자녀에게 자산 관리와 관련된 다양한 책을 접하게 하거나, 자녀와 함께 관련 세미나에 참석해 보는 것도 바람직하다.

원칙 4: 상속세 재원 마련에 대비하라.

재산을 지키고 물려주는 데 있어서 가장 핵심이 되는 포인트는 바로 '세금'이다. 물론 사전에 세금을 줄이는 절세 전략을 세우는 것도 중요하지만, 재산을 받는 사람들 입장에서는 세금 납부를 위한 유동성을 확보하는 것도 절대 간과해서는 안 될 문제이다.

기업이 아무리 잘 돌아가도 유동성이 부족하여 당장 돌아오는 어음을 막지 못하면 결국 부도가 나고, 도산을 하게 된다. 이런 상황을 흑자도산이라고 하는데, 상속에 있어서도 이런 상황이 생길 수 있다. 즉, 상속세를 어음이라고 치면 상속세를 납부하지 못해 부도가 나는 상황이 생길 수도 있다는 것이다.

특히 상속 대상 재산이 대부분 부동산이거나 중소기업을 물려받았는데 상속받은 주식이 모두 비상장일 경우에는 비록 재산이 많더라도 유동성 확보가 어려워 결국 재산을 헐값에 처분해야 할 수도 있다. 따라서 재산의 일정 부분을 금융재산화하여 보유하거나 앞에서 본 것처럼 종신보험에 가입하여 상속세 납부 재원을 미리 확보해 놓을 필요가 있다.

원칙 5: 전문가와 상담하라.

상속 계획을 세울 때는 알아야 할 법 규정이나 제도가 상당히 많다. 관련된 전문 서적도 많이 나와 있다고 하지만, 이론과 이에 대한 실행은 다른 차원의 문제이다. 이런 이유로 좀 더 체계적인 상속 계획을 세우기 위해서는 재무 설계사, 세무사, 회계사, 변호사 등 전문가의 도움을 받는 것도 좋다.

일반인들은 자신이 보유한 재산의 규모나 가치를 정확하게 평가하거나 이를 토대로 여러 가지 제반 법규 및 경제적 환경을 점검하여 상속 계획을 세우는 것이 현실적으로 불가능하다. 특히 상속의 경우 피상속인의 전 재산이 걸린 문제인 만큼 전문가의 도움을 받아 좀 더 넓은 시각에서 다양한 전략을 수립할 필요가 있다.

원칙 6: 장기적 세무 계획을 통한 절세 전략을 수립하라.

상속세는 피상속인이 사망한 경우 상속받은 재산에 대하여 내는 세금으로 언제 사망할지 또 사망할 당시의 재산이 얼마나 될지 등을 알 수 없기 때문에 세금 계획을 세우기가 쉽지 않다. 그렇다고 아무런 대비도 하지 않고 있다가 갑자기 상속이 개시되면 안 내도 될 세금을 내야 하는 경우가 생긴다. 따라서 상속세 세금 계획은 피상속인이 세워서 대비하는 것이 바람직하다. 물론 앞서 밝힌 상속 설계의 원칙들을 새겨가면서 계획을 세워야 할 것이다. 상속세 세금 계획을 세울 때는 다음과 같은 사항을 고려해야 한다.

첫째, 상속 대상 재산을 파악해야 한다. 현재의 상황에서 상속세 과세 대상이 되는 재산이 어떤 형태로, 어느 정도의 규모로 구성되어 있는지를 파악한다. 왜냐하면 부동산·예금·주식 등의 형태에 따라 평가 방법이 다를 뿐만 아니라 다른 재산으로 바꾸어 보유하는 것이 유리한지 여부 등도 검토해야 하기 때문이다.

둘째, 어렵고 예측하기도 싫은 것이지만 피상속인이 언제 사망할 것인지를 알아야 그에 맞추어 세금 계획을 세울 수 있다.

셋째, 현행법 안에서 상속세 부담을 가장 최소화할 수 있는 방안을 모색하는 것이 중요하다. 선택 가능한 절세 방안이 한 가지뿐인 경우는 많지 않으므로 여러 가지 방안을 검토해서 가장 절세 효과가 큰 방안을 선택하도록 한다.

넷째, 당초의 세금 계획은 그 당시의 상황하에서 수립된 것으로 시간이 지남에 따라 상속재산의 변동, 세법 개정, 피상속인의 의중 변화 등으로 상황이 변할 수 있다. 따라서 상황 변화에 따라 세금 계획도 수정하여야 한다.

다섯째, 납세자금 대책을 고려해 보자. 상속세는 과세 미달자가 대부분이지만 과세되는 경우 수억, 수십억에 달하는 고액 납세자가 많이 발생한다. 따라서 납세자금 대책을 마련해 놓지 않으면 상속재산을 처분해야 하거나 공매를 당하는 상황이 발생할 수도 있다. 자녀 명의로 보장성보험을 들어 놓는다든지, 사전증여 등으로 세금을 납부할 수 있는 능력을 키워 놓는다든지 아니면 연부연납 또는 물납을 하도록 할 것인지 등 납세 자금 대책이 검토되어야 한다. 또한 상속세 세금 계획은 단시일 내에 시행할 수 있는 것만으로는 효과가 크지 않으며, 10년 이상의 장기간에 걸쳐 시행해야 효과가 크므로 하루라도 빨리 계획을 수립하여 시행하는 것이 좋다.

제 **5** 절 은퇴 대비를 위해 부채를 관리하자

01 ㅣ 은퇴 준비를 위해 부채를 줄여라.

통계청의 〈2014년 가계금융·복지 조사〉에 의하면 가구주가 50대인 가계의 평균 보유 자산은 4억 3,024만 원으로 다른 연령대 가계에 비해 가장 많으나 부채도 평균 7,911만 원으로 가장 많이 보유한 것으로 나타났다. 은퇴 이후에 계속 부채가 존재한다면 은퇴 생활비를 쪼개어 갚아야 하기 때문에 생활 수준의 하락을 면하기 힘들다. 직장이 있을 때는 쉽게 대출을 받을 수 있었지만 은퇴 이후에는 그조차 힘든 일이기 때문에 은퇴기에 접어들기 전 가급적 부채는 모두 상환한다는 목표를 수립하는 것이 필요하다. 뿐만 아니라 퇴직 후부터 국민연금을 수령하는 시기까지의 소득 단절은 부채를 증가시키고 은퇴 생활을 더욱 힘들게 하기 때문에 부재 관리와 더불어 제2의 소득원을 창출하는 것도 중요하다.

은퇴 후 소득이 없는 상태에서 느끼는 부채의 부담은 직장생활을 할 때보다 더 클 수밖에 없다. 따라서 은퇴기에는 본인의 자산과 부채의 규모, 대출 금리, 상환 기간 등을 점검하고 부채를 재조정해야 한다. 부채를 상환할 때는 대출 금리나 연체 금리가 높은 대출, 신용 등급에 영향을 주는 대출(대부업체, 카드사, 캐피탈사 및 저축은행 대출 등), 대출 잔액이 적거나 상환 기간이 짧은 대출부터 갚는 것이 효율적이다. 일반적으로 은행권 대출인 경우에는 금리가 높은 종합통장대출(마이너스 통장), 신용대출, 예금담보 대출 등의 순서로 상환하는 것이 좋다.[29]

부채를 줄이기 위해 다음의 원칙들을 기억하자. 먼저 될 수 있으면 추가적인 부채를 지지 않는다. 그리고 연체가 발생하지 않도록 주의한다. 잔액이 적게 남은 부채를 빠른 시일에 완납하여 부채 잔액을 줄인다. 이자율이 높은 부채를 먼저 갚아 이자 부담을 줄인다. 기간이 오래된 부채를 완납하여 부채 부담을 줄인다. 또한 여윳돈이 생기는 경우 이자율이 높은 부채 상환에 먼저 사용하도록 한다.

---

29) 금융감독원, 「생애주기별 금융생활 가이드북: 은퇴기 편」, 2015, p. 14

02 ｜ 부채가 버겁다면 도움을 요청하라.[30]

소득에 비해 빚이 너무 많아 도저히 채무상환이 어려울 경우에는 채무조정 제도를 이용해 보자. 채무조정제도는 프리워크아웃, 개인워크아웃과 같은 금융회사 간 협약에 따른 조정부터 개인회생·개인파산과 같은 공적조정 제도까지 다양하다. 서민금융나들목(http://www.hopenet.or.kr)의 '맞춤형 채무조정 찾기'에서 자신에게 맞는 채무조정 제도를 찾아볼 수 있다.

● 채무조정 제도 비교(2015. 1. 기준)

구분	프리워크아웃	개인워크아웃	국민행복기금 채무조정	개인회생	개인파산
대상 채권	협약 가입 금융기관 보유채권(3,600개)		국민행복기금 등의 인수채권	제한 없음(사채 포함)	
채무 범위	담보채무(10억), 무담보채무(5억)		인수채권 (1억 원 이하)	담보채무(10억), 무담보채무(5억)	제한 없음
대상 채무자	연체 3개월 미만 단기연체자	연체 3개월 이상인 자	연체 6개월 초과자	과다채무 봉급 생활자, 영업소득자	파산 원인 해당자
보증인에 대한 효력	보증인에 대한 채권추심 불가		보증인에 대한 채권추심 가능	보증인에 대한 채권추심 가능	
채무조정 수준	• 연체이자 감면, 약정이자 50% 감면 • 원금감면 없음 • 최장 20년 분할상환(무담보 10년, 담보 20년)	• 연체 및 약정이자 감면 • 협약기관 채권은 원금 30%, 상각채권은 50%까지 감면 • 최장 10년 분할상환	• 연체 및 약정이자 감면 • 원금 50%, 특수채권은 70%까지 감면 • 최장 10년 분할상환	• 변제 기간 5년 이내 • 변제액이 청산가치보다 클 것	청산 후 면책
문의처	신용회복위원회 (http://www.ccrs.or.kr ☎1600-5500)		국민행복기금 (http://www.happyfund.or.kr ☎ 1397)	대한법률구조공단 개인회생·파산 종합지원센터 (http://resu.klac.or.kr ☎ 132)	

은퇴 후 대출을 통한 목돈 확보가 꼭 필요한 상황이라면 가능한 한 퇴직 전에 대출을 받아 놓는 것이 유리하다. 흔히 부동산 담보 대출은 주택만 있으면 대출이 가능하다고 생각하겠지만, 실제로는 담보가 되는 주택 외에도 소득을 증명하는 자료와 채무자의 소득으로 대출을 잘 상환할 수 있는지를 판별하는 총부채상환비율(DTI) 등을 감안하여 대출 여부와 대출 금리를 산정한다. 따라서 소득이 있을 때 대출을 받으면 은퇴 후보다 상대적으로 낮은 대출 금리를 적용받을 수 있다.

제 **6** 절 금융 사기를 예방하자

01 ㅣ 금융 사기로부터 노후 자금 지키기

은퇴 후 금융 사기의 피해자가 되는 사례가 적지 않다. 실제 2005년부터 중장년층 및 퇴직자 커리어컨설팅을 해 온 저자가 만난 많은 장년층이 금융 사기로 금전적·심리적 피해를 봤다. 금융 사기로 인해 3,000만 원을 잃고 빚을 져 몇 년째 대리운전 아르바이트를 하며 갚고 있다는 한 분은 은퇴 후 생활비도 부담스러운 상황에서 금융 사기로 인한 피해로 삶의 궁지에 몰려 힘겨워 보였다. 경찰청에 따르면 노인을 상대로 한 사기가 2010년 1만 7,622건에서 2014년 2만 2,700건으로 28.8%나 증가했다고 한다.

은퇴자들이 근로소득은 없지만, 은퇴에 대비해 저축한 노후 자금이나 은퇴 시 받은 퇴직금 등으로 경제 활동 중인 중장년층에 비해 유동자산이 더 풍부하기 때문에 금융 사기의 표적이 된다. 은퇴기 즈음에는 신체적·정신적으로 약해지고 정보의 수집 속도가 느려져 금융 시장 변화에 적응하기 어려운 반면, 줄어드는 은퇴 자금에 대한 위기감으로 새로운 소득을 얻는 방법에 대한 고민이 많아 고수익을 내세워 유혹하는 금융 사기, 대출 사기, 불법 투자 등 각종 사기의 유혹에 빠지기 쉽다.

02 ㅣ 금융 사기 수법들[31]

최근 금융 사기 사례들을 보면 사기범들이 이름이나 주민등록번호 등 개인 정보를 미리 확보하여 언급하거나 정보 유출, 해킹 사고 등 사회적 이슈가 되는 내용을 내세우며 치밀하게 접근하여 어느 정도 금융 지식을 가지고 있는 사람도 금융

---

30) 금융감독원, 「생애주기별 금융생활 가이드북: 자녀성년기 및 독립기 편」, 2015, p. 64
31) 금융감독원, 「생애주기별 금융생활 가이드북: 은퇴기 편」, 2015, pp. 24~28

사기를 당하는 경우가 많다. 따라서 '설마 나한테…'라는 생각을 버리고 평소에 각종 사기 행위의 종류나 방법, 부적절한 투자에 따른 피해 사례 등에 관심을 기울이고 주의하는 것이 필요하다. 여기서는 네 가지 형태의 사기 유형을 제시하고자한다. 각 형태를 잘 살펴보고 스스로의 재산을 보호하기 바란다.

금융 투자 사기

금융 투자 사기의 주된 유형은 법령에 따른 인허가를 받지 않거나 등록·신고등을 하지 않고 불특정 다수인으로부터 투자 원금 또는 출자금에 대한 고수익 보장을 내세우며 자금을 조달하는 '유사수신행위'이다. 유사수신행위 업체에 투자한돈은 「예금자보호법」상 보호 대상이 아니다. 따라서 민형사상의 절차에 따라 투자금을 회수하여야 하나 불법 자금 모집 업체를 검거해도 대부분은 잔여 재산이 없거나 이를 은닉하는 경우가 많아 사실상 회수가 어려운 실정이다. 그러므로 이런업체들과의 거래로 피해를 입지 않도록 각별히 주의해야 한다.

아무런 위험을 부담하지 않고서 짧은 기간에 높은 수익을 올리는 것은 불가능하다. 하지만 고수익을 바라는 사람들의 마음을 악용하여 자신의 이익을 채우려는 사람들이 종종 나타나는데, 그중 하나가 바로 금융 피라미드 사기이다. 일반적으로 폰지 사기라고도 한다. 금융 피라미드 사기에서는 정상적인 투자로는 도저히얻을 수 없는 높은 수익을 짧은 기간에 매우 안정적으로 얻을 수 있다고 광고한다. 그리고 처음 얼마 동안은 안정적으로 높은 수익금을 지급한다. 투자자들은 자신들이 받는 수익금이 사업을 통해 벌어들인 이익의 일부라고 생각하지만, 실제로이 돈은 자신이 낸 돈이거나 새로운 투자자들의 투자금일 뿐이다. 금융 피라미드사기단은 실제로는 아무런 사업도 하지 않는 것이다.

이와 같은 금융 피라미드 사기는 언젠가는 무너질 수밖에 없는 구조를 가지고있다. 금융 피라미드 사기가 들키지 않고 유지되기 위해서는 새로운 투자금이 지속적으로 들어와야 한다. 왜냐하면, 새로운 투자자의 돈으로 기존의 투자자에게수익금을 지급하는 구조이기 때문이다. 따라서 새로운 투자자를 충분히 확보하지못하는 순간이 바로 금융 피라미드 사기가 무너지는 순간이다.

금융 피라미드 사기(다단계 사기)의 사례를 살펴보자. H사는 유명 연예인을 모델로 고용하여 운동기구 광고를 시작한 후 불특정 다수인(200명)을 상대로 운동기구를 판매하면서 100만 원 이상의 물품을 구입하면 구입 대금 이상의 고수익을창출할 수 있다고 속였다. 사기범들은 100만 원을 투자한 최초 사업자가 3명의 하위 사업자를 확보하면 90만 원을 지급하고 차하위 사업자가 또 다른 투자자를 확보하면 추가 수당을 지급한다는 식의 다단계 판매 수법으로 유혹하여 20억 원을 수신하고 잠적하여 많은 투자자들이 피해를 입었다.

대출 사기

대출 사기는 전화나 메시지 등의 통신 수단을 통해 대출 상담, 대출 알선을 가장하여 접근한 후 대출금을 편취하거나, 신용 등급 조정, 대출 수수료 등 각종 명목으로 금전을 요구하여 가로채는 수법이다. 주로 공신력 있는 제도권 금융회사 직원을 사칭하여 접근한 후 고금리 대출을 저금리로 전환해 주겠다며 대출금을 사기 계좌에 입금하게 한 후 가로채는 형태이다. 저금리 대출을 해 줄 것처럼 무작위로 SMS 문자 메시지를 보낸 후 상담 전화가 걸려오면 전화번호를 비롯한 개인 정보를 수집한다. 이들은 신용 등급 상향 조정 등을 이유로 보증보험 가입, 채무 이행 담보 등의 명목으로 비용의 선납을 요구한다. 또 대출을 위해 필요하다며 통장, 체크(현금)카드, 휴대전화 등을 요구하며 이를 수령한 후에는 대포통장이나 대포폰[32]으로 악용한다.

대출 사기의 대표적인 예로는 좋은 아르바이트 자리를 인터넷 검색으로 알게 되었는데, 사장이 월급 이체에 필요하다며 신분증과 공인인증서, 예금통장 등을 달라고 하여 넘겨주었더니 나중에 자신의 명의로 대출을 받은 후 잠적하는 것이 있다.

피싱 사기

기존의 전기통신 금융 사기는 전화를 이용한 보이스피싱 정도였으나 최근에는 악성코드를 유포하여 실제와 유사한 금융회사의 인터넷뱅킹 사이트로 유인하는 피싱사이트 등 그 수법과 종류가 교묘하고 다양하게 진화하고 있다. 피싱 (phishing) 사기란 개인 정보(private data)와 낚시(fishing)를 합성한 신조어로 금융 분야에서 속임수나 거짓말로 타인의 재산을 자기 것으로 만드는 특수 사기 범죄의 하나이다. 전화를 이용하여 접근하는 보이스피싱과 메신저로 접근하는 메신저피싱이 있다.

---

32) 대포통장과 대포폰은 통장 및 휴대전화를 개설한 사람과 실제로 사용하는 사람이 다른 비정상적인 통장 및 휴대전화를 의미하며, 각종 불법 행위에 이용된다.

보이스피싱은 주로 공공기관 및 금융회사를 사칭하며 자녀 납치 등의 거짓 내용을 실제 상황처럼 연기해 믿게 하고 개인 정보를 유출한다. 특히 발신번호창에 공공기관 및 금융회사의 전화번호가 나타나도록 조작하여 피해자를 현혹한다. 신분 노출을 피하기 위해 주로 대포통장을 사용하며 동창회, 향우회 등을 가장하여 전화로 계좌번호를 불러주며 송금을 요구하기도 한다.

보이스피싱은 사기범 혼자서 저지르는 단독 범죄가 아니라 본부와 콜센터, 인출 팀, 환전·송금 팀, 계좌 모집 팀 등의 네트워크를 이루어 움직이는 조직형·지능형 범죄이다. 초기에는 금융 지식이 부족하거나 정보력이 취약한 계층이 많은 피해를 입었으나, 사기 수법이 날로 진화하면서 연령, 직업, 계층에 상관없이 광범위하게 피해가 발생하고 있다. 최근에는 사기범이 미리 확보한 이름, 주민등록번호, 주소 등을 언급하거나, 정보 유출, 해킹 사고 등 사회적 이슈를 내세우며 치밀하게 접근하기 때문에 피싱 사기로 인한 피해 예방을 위해 각별한 주의가 필요하다.

또한 소셜네트워크(SNS)의 발달과 더불어 사기 과정이 보이스피싱과 유사하나 전화 대신 메신저를 이용해 피해자를 속이는 메신저피싱도 나타났다. 메신저피싱이란 다른 사람의 인터넷 메신저 아이디와 비밀번호를 이용하여 로그인한 후 이미 등록되어 있던 가족, 친구 등 지인에게 1:1 대화 또는 쪽지 등을 보내 치료비, 교통사고 합의금 등 긴급 자금을 요청하고, 피해자가 속아 송금하면 이를 가로채는 사기 수법을 말한다.

한편, 금융 거래 정보를 빼내기 위해 은행 등의 홈페이지와 매우 유사하게 가짜 사이트를 만드는데 이것을 피싱사이트라 한다. 사기범들은 피싱사이트를 이용하여 금융 거래 정보의 입력을 유도한다.

파밍은 사기범이 먼저 이용자의 컴퓨터를 악성코드에 감염시켜 호스트 파일이나 브라우저 메모리를 변조시킨다. 그러면 컴퓨터 이용자가 인터넷 '즐겨찾기'나 포털사이트 검색을 통해 정상적인 금융회사 홈페이지로 접속하더라도 피싱사이트로 연결되어 이용자의 금융거래 정보(계좌 비밀번호, 보안카드 번호 등)가 유출된다.

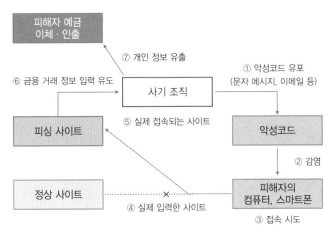

[파밍과 피싱사이트의 금융 사기 과정]

파밍의 사례를 살펴보자. E 씨는 인터넷뱅킹을 이용하기 위해 본인이 사용하는 컴퓨터에 저장해 놓은 인터넷 즐겨찾기를 통해서 B은행의 사이트에 접속하였다. 평소와 다르게 주민등록번호와 계좌번호를 직접 입력하게 하고, 보안카드 번호 전체를 입력하도록 요구하는 화면에 의아했으나, 평소 자신이 거래하던 B은행 사이트와 매우 유사했기 때문에 금융 거래 정보를 모두 입력하였다. 하지만 이 사이트는 은행사이트를 가장한 피싱사이트였고 사기범 일당은 이를 통해 얻은 E 씨의 정보를 이용하여 공인인증서를 재발급받았다. 또 B은행에서 E 씨 계좌의 이상거래를 발견하는 경우 본인 확인을 할 수 없도록 연락처 등을 수정하였다. 이들은 5일간 E 씨 명의의 인터넷뱅킹을 통해 E 씨의 은행 계좌에서 총 5회에 걸쳐 1,000만 원을 빼낸 후 잠적하였다.

스미싱 사기

스미싱은 인터넷 주소가 포함된 문자 메시지를 이용하여 악성 앱이나 악성코드를 휴대전화에 유포한 후 휴대전화 소액 결제 관련 정보를 가로채 게임사이트에서 아이템 등을 구매하여 소액 결제 피해를 입히는 수법이다. 최근에는 소액 결제 피해뿐만 아니라 신·변종 스미싱 피해 사례들이 발생하고 있다. 문자 메시지의 인터넷 주소 등을 통해 금융회사를 가장한 악성 앱이나 악성코드를 설치하도록 유도하고, 앱에 표시된 번호로 전화를 걸면 사기범의 전화로 연결되어 다양한 명목으로 송금을 요구하거나 악성코드를 통해 피싱사이트로 연결되기도 한다.

스미싱의 사례를 살펴보자. G 씨는 직장 동료로부터 '돌잔치에 초대한다.'는 내용이 담긴 문자 메시지를 받고, 링크된 인터넷 주소를 무심코 눌렀다. 그러자 본인도 모르게 전화번호부에 등록된 지인 전체에게 돌잔치 초대 문자가 복사되어 발송되었다. 다행히 G 씨는 휴대전화 소액 결제 등 금전 피해를 입지는 않았지만, 본인의 스마트폰뿐만 아니라 많은 지인들의 스마트폰에 악성 앱이 설치되어 금융 사기 위험에 노출되는 결과를 초래하였다.

03 ㅣ 금융 사기 예방 요령 [33)

다양한 금융 사기로 인한 피해를 입지 않기 위해서는 다음과 같은 피해 예방 요령을 명심해야 한다.

첫째, 공공기관 및 금융회사는 어떠한 경우에도 금전의 이체를 요구하거나, 금융 거래 정보를 수집하지 않음을 기억한다. 사기범이 공공기관이나 금융회사 직원을 사칭하는 경우든, 범죄사건 연루·개인 정보 유출 등의 이유로 접근하는 경우든 결국에는 금전을 요구하거나 계좌 비밀번호, 보안카드 번호 등 금융 거래 정보를 요구한다. 낯선 사람으로부터 이러한 요구를 받을 경우 금융 사기일 가능성이 매우 높다. 이때는 해당 기관의 공신력 있는 전화번호 등을 이용하여 반드시 사실 여부부터 확인해야 한다.

둘째, 전화 또는 문자 메시지를 이용한 대출 광고를 보고 연락하지 않는다. 전화나 문자 메시지를 통한 대출 광고는 사기업체의 광고일 확률이 높다. 대출 알선 문자나 전화, 광고물에 현혹되지 말고 대출이 필요하면 반드시 정식 금융회사를 통해 상담받아야 한다. 정식 등록된 대출업체인지 여부는 금융감독원이나 한국대부금융협회를 통해서 확인할 수 있다.

셋째, 보안카드보다 안전성이 높은 보안매체(OTP: one time password)를 적극 이용한다. 사기범에게 속아 보안카드 번호를 전부 알려준 경우 사기범이 무제한으로 이 정보를 이용해 피해를 입힐 수 있는 반면, OTP는 이러한 무제한적인 피해를 예방할 수 있다.

넷째, 출처가 불분명한 파일이나 인터넷 주소가 포함된 이메일·문자 메시지는 절대 클릭하지 말고 바로 삭제한다. 해당 파일이나 인터넷 주소를 클릭하면 악성코드나 악성 앱에 감염될 확률이 높다. 이들 악성코드(악성 앱)는 금융거래 시 파밍과 피싱사이트 피해, 메모리 해킹 등을 일으키는 주요 원인이 된다. 따라서 클릭하지 말고 바로 삭제해야 한다. 만약 클릭한 경우 컴퓨터 및 휴대전화 A/S센터를 통해 반드시 치료하는 것이 바람직하다.

다섯째, 타인에게 절대 개인 정보와 금융 거래 정보를 알려 주어서는 안 된다. 주민등록번호, 주소, 통장이나 신분증 사본, 계좌번호 및 보안카드 번호, 문자 메시지 인증번호 등 개인 정보 및 금융 거래 정보를 다른 사람에게 알려 주는 경우 전기통신 금융 사기 피해를 입을 확률이 높다. 또한 통장 사본, 휴대전화 등을 대출 권유 업체에 건네주는 경우 대포통장이나 대포폰으로 이용되어 본인도 모르게 범죄에 연루될 수 있으니 주의해야 한다.

여섯째, '전자 금융 사기 예방 서비스'에 가입하면 공인인증서를 발급(재발급도 포함)받거나 인터넷뱅킹으로 300만 원 이상(1일 누적) 이체 시 ① 미리 지정된 단말기(컴퓨터, 스마트폰 등)를 이용하게 하거나, ② 추가 본인 확인(SMS 인증, 전화 확인 등)을 하여 본인 인증을 강화할 수 있다. 거래 은행 홈페이지에서 가입할 수 있으며 사기범이 타인 명의의 공인인증서를 발급받거나 인터넷뱅킹을 통해서 부정 이체하는 것을 예방할 수 있다.

마지막으로 평소 인터넷뱅킹 등을 자주 이용하는 경우 악성코드 탐지 및 제거 등 보안 점검을 생활하는 것이 바람직하다. 본인의 컴퓨터나 스마트폰이 악성코드에 감염됐거나 의심되는 증상을 발견하면 즉시 한국인터넷진흥원(☎ 118)에 문의하거나, 컴퓨터 백신 프로그램을 이용하여 악성코드를 제거해야 한다.

---

33) 금융감독원, 『대학생을 위한 실용 금융』, 2015

04 | 금융 사기 피해 시 대처 요령

금융 사기의 피해자가 되었다면 당황하지 말고 다음과 같이 대처하도록 한다.

첫째, 계좌와 공인인증서, 비밀번호 등 금융 거래 정보가 노출된 경우 또는 사기범에게 속아서 돈을 송금·이체한 경우에는 경찰청(☎ 112), 금융감독원(☎ 1332) 또는 금융회사 콜센터로 즉시 전화해서 계좌의 지급 정지를 요청한다. 경찰에 피해를 신고한 후, 금융회사 영업점을 방문하여 피해금 환급을 신청하도록 한다.

둘째, 통장과 현금(체크)카드, 계좌 비밀번호를 분실·대여·양도한 경우, 금융회사 콜센터로 즉시 전화해서 계좌의 지급 정지를 요청한다. 대포통장 거래를 유도하는 불법 행위를 보았을 때는 경찰청(☎ 112)이나 금융감독원(☎ 1332)으로 신고한다.

셋째, 주민등록번호, 각종 신분증의 분실 등 개인 정보가 노출된 경우, 금융회사 영업점이나 금융감독원을 직접 방문하여 '개인 정보 노출자 사고 예방 시스템'에 등록한다. '개인 정보 노출자 사고 예방 시스템'에 등록하면 금융회사가 본인 확인 절차를 강화하여 개인 정보 도용 가능성이 줄어든다. 반면 현금입출금기(ATM)나 인터넷뱅킹을 이용할 수 없고 영업점 방문을 통해서만 금융 거래가 가능한 점 등 불편함도 있다. 한국정보통신진흥협회(http://www.msafer.or.kr)의 '명의도용방지 서비스'에 가입하여 휴대전화 등 통신서비스가 불법 개통되는 것을 예방할 수도 있다.

넷째, 휴대전화 소액 결제 피해 발생 시, 해당 거래 결제 대행사의 고객센터, 미래창조과학부 CS센터(☎ 1335) 또는 휴대전화 ARS 결제 중재센터(☎ 1644-2367) 등에 결제 취소·환불을 요구한다. 또 이동통신사 고객센터에 전화하여 소액 결제를 차단해야 하며 악성프로그램을 삭제하거나 휴대전화 서비스센터를 방문하여 휴대전화를 초기화한다.

다양한 금융 사기 사례

[사례 1]

A 씨는 검찰수사관을 사칭하는 자로부터 '검거한 범인이 A 씨 명의의 계좌를 대포통장으로 사용하고 있어 금융감독원 직원이 계좌 안전조치를 해 줄 것'이라는 전화를 받았다. A 씨는 계좌 및 예금 안전조치를 위해서 금융감독원에서 관리하는 국가안전계좌라고 속인 대포통장으로 돈을 입금하라는 사기범의 말을 믿고 예금액 1,300만 원을 모두 송금하자 금융감독원 직원을 사칭한 사기범은 피해금 전액을 인출하여 잠적하였다.

[사례 2]

80대 B 씨 할아버지는 계좌 정보가 유출되어 위험하니 돈을 인출해 집안(냉장고 등)에 보관하라는 전화를 받고 급하게 은행에서 예금을 인출해 왔다. 잠시 후 사기범들은 경찰 등으로 위조한 신분증을 들고 찾아와 처리 절차상 필요하니 주민센터에 가서 서류를 떼어 오라며 피해자를 내보낸 뒤 피해자가 잠시 자리를 비운 사이에 돈을 훔쳐서 달아났다.

[사례 3]

꽃 가게를 하는 C 씨는 20만 원짜리 꽃 배달 주문을 받았다. 잠시 후 200만 원이 입금되었다는 문자 메시지가 왔고, 꽃 배달을 주문한 손님이 20만 원을 입금한다는 것이 실수로 200만 원을 입금했다며 차액을 돌려달라고 하였다. 별 의심 없이 180만 원을 송금하고 보니 200만 원이 입금되었다는 문자 메시지는 사기범이 가짜로 보낸 메시지였고 사기범들이 이미 돈을 출금해 간 이후였다.

[사례 4]

D 씨는 친구로부터 '갑자기 가족이 아파서 급전이 필요하니 100만 원을 잠시 빌려주면 1주일 후 갚겠다.'는 메시지를 받았다. D 씨가 아무 의심 없이 친구에게 응답하자 친구는 자신의 계좌번호를 메신저로 보내주었고, D 씨는 돈을 송금하였다. 하지만 이는 사기범 일당이 D 씨 친구의 메신저 아이디와 비밀번호를 알아내어 접속한 후, 친구인 척 행세하며 다수의 사람에게 급전을 미끼로 돈을 송금해 줄 것을 요구한 메신저피싱이었다.

출처: 금융감독원, 「대학생을 위한 실용 금융」

교육적 시사점

다양화·고도화되어 가는 금융 사기의 실제 사례를 파악함으로써 사기의 형태를 이해하고 그에 대응하는 예방책을 생각해 본다.

Worksheet

자신과 가족이 가입한 보험의 보장 내용을 정리해 보자.

보장 내용	보험회사	보험료	납기	보험 기간	보험금

금융 사기 취약도 판별하기

은퇴기에는 수입이 없기 때문에 사기 피해를 당하면 재직 시보다 손실을 회복하기 어렵다. 따라서 평소에 금융 사기 피해를 방지할 수 있도록 스스로의 성향을 진단하고 조심하는 것이 중요하다.

금융 사기 취약도 판별		
1. 신생기업, 신기술 또는 너무 낮은 가격으로 거래되는 주식 등에 투자한 적이 있는가?	① 예	② 아니오
2. 친구, 가족, 이웃, 직장동료 등 아는 사람이 추천한 투자 종목에 대해 생각해 본 적이 있는가?	① 예	② 아니오
3. 점심을 공짜로 주는 투자 세미나에 참가한 적이 있는가?	① 예	② 아니오
4. 본인에 대해 잘 설명한 문장은 어느 것인가?	① 위험은 더 높지만 수익률이 평균 수익률보다 높은 투자를 선호한다.	② 평균 수익률을 내는 안전한 투자를 선호한다.
5. 금융 상품을 안내하는 판매원의 전화가 걸려 왔을 때 이야기를 경청하거나 우편으로 온 판촉물을 자세히 읽어 보는가?	① 예	② 아니오
6. 투자할 때 관련 정보를 확인하고, 충분히 이해한 다음에 투자하는가?	① 예	② 아니오
7. 최근 본인 또는 가족이 질병 등으로 인한 건강상 어려움이나 금전 문제를 겪은 적이 있는가?	① 예	② 아니오
8. 평소에 성격이 매우 낙관적인가?	① 예	② 아니오

출처: 한국금융 투자자보호재단 홈페이지(http://www.invedu.or.kr)

※ 위 질문들에 대한 답변으로 ①번을 선택한 횟수가 많을수록 금융 사기에 취약하다고 할 수 있으니 보다 주의를 기울여야 한다.

Tip

세제 해택이 있는 금융 상품

1. 즉시연금

- 10년 이상 계약 유지 시 2억 원까지 비과세(종신형은 금액한도 없음)
- 2013년 2월 14일 이후 가입분부터 연금 외 수령 시 과세

2. 저축보험

- 10년 이상 계약 유지 시 비과세(월 적립식은 비과세 금액에 제한이 없지만 일시납은 2억 원 한도)
- 2013년 2월 14일 이후 가입분부터 중도인출 시 과세

3. 물가연동국채

- 물가상승에 따른 원금 상승분 비과세
- 2015년 이후 발행분부터 과세

4. 생계형 저축

- 2014년 가입분까지 3,000만 원 한도 비과세(60세 이상 노인 및 장애인 등)
- 채권, ELS, 해외투자펀드 투자 땐 절세 극대화

5. 만기 10년 이상 장기채권(물가연동국채 포함)

- 이자소득 분리과세 세율(33%) 적용 가능

6. 재형저축

- 이자 및 배당소득, 연 1,200만 원(분기 300만 원) 한도 비과세(총 급여 5,000만 원 이하 근로자, 종합소득금액 3,500만 원 이하 사업자)

7. 세금 우대저축

- 9.5% 우대세율, 1,000만 원 한도(60세 이상 노인 또는 장애인 등은 3,000만 원)

8. 소득공제 장기펀드

- 납입액의 40% 소득공제(연 240만 원 한도)
- 납입 한도는 연간 600만 원
- 총 급여 5,000만 원 이하 근로자(가입 후 총 급여가 8,000만 원을 넘으면 소득공제 혜택을 받지 못함)

※ 세제 정책에 따라 위 사항은 변경 될 수 있음

출처: 우재룡·송양민, 『100세 시대 은퇴 대사전』 (자료: 기획재정부·금융위원회·금융 투자협회)

참|고|문|헌

국민일보, 「"老테크 이렇게" 은행 PB가 조언하는 10원칙」, 2010. 10. 31. 기사

금융감독원, 『대학생을 위한 실용 금융』, 2015

금융감독원, 「생애주기별 금융생활 가이드북: 은퇴기 편」, 2015

금융감독원, 「생애주기별 금융생활 가이드북: 자녀성년기 및 독립기 편」, 2015

매일경제, 「"노후 준비 충분" 10명 중 1명뿐… 은퇴 후 암담한 한국」, 2016. 6. 15. 기사

문진수, 『은퇴절벽』, 원더박스, 2015

브릿지 경제, 「돈 벌기보다 중요한 '돈 관리'… 지금 내가 해야 할 것은?」, 2016. 8. 17. 기사

우재룡·송양민, 『100세 시대 은퇴 대사전』, 21세기북스, 2014

유지송, 『은퇴달력』, 비즈니스북스, 2015

이투데이, 「[우재룡의 똑똑한 은퇴] 노후 생활비 아껴주는 3가지 방법」, 2014. 10. 2. 기사

조선닷컴, 「나중에 더 받자… '국민연금 테크' 나선 은퇴자들」, 2016. 9. 21. 기사

조선닷컴, 「장수의 덫… 수명 7세 늘면 노후 자금 1억 3000만 원 더 필요」, 2016. 9. 9. 기사

〈트렌즈〉지 특별취재팀, 「빅이슈트렌드」, 일상이상, 2015

한국표준협회, 「은퇴교육과정 – 재무관리」, 2015

황은희, 『중장년 퇴직이후 재취업 길라잡이』, 전경련중소기업협력센터, 2015

점점 빨라지는 은퇴, 준비하고 계신가요?

PART 2
건강 관리

01장 성공적인 노후를 위한 건강 상식 알아
　　두기

02장 몸과 마음이 아름다워지는 노후 건강
　　지키기

03장 남들이 부러워하는 건강한 내 몸 만
　　들기

04장 건강하게 장수하는 비법 공유하기

01장 성공적인 노후를 위한 건강 상식 알아두기

제1절 노후 건강, 이것만은 알아두자
제2절 노화 현상, 나이 먹는 것을 인정하라
제3절 죽음을 부르는 생활습관병을 경계하라
제4절 음주와 흡연은 최대의 적

학|습|목|표

• 건강한 노후 생활을 위해 건강 상식을 활용하여 자신의 건강 상태를 체크할 수 있다.
• 노화가 되면서 일어날 수 있는 몸의 변화에 대해 설명할 수 있다.
• 생활습관병에 대해 알아보고 자신의 평소 생활습관의 문제점을 파악할 수 있다.
• 건강에 해가 되는 요인을 알아보고 설명할 수 있다.

학|습|열|기

은퇴는 인생에 있어 큰 변화의 계기가 된다. 하지만 아직 은퇴를 경험하지 못한 상태에서는 은퇴가 막연한 두려움으로 다가올 수도 있고 전혀 실감 나지 않는다는 생각이 들 수도 있다. 생애 전 과정 중 중장년층을 보내고 있는 당신이 앞으로 맞이할 은퇴 후의 삶 또한 새로운 미래이며 인생의 과정 중 하나이다.

평균 수명 100세 시대에 노후 삶의 질을 결정짓는 중요한 요소 중 하나가 건강이다. 우리는 현재 정보 홍수의 시대에 살고 있고 건강에 대한 정보 역시 신문, 방송, 인터넷, 스마트폰 등 각종 매체를 통해 손쉽게 접할 수 있다. 그러나 이 모든 정보가 정확한 과학적 근거와 신뢰성이 있을지는 의문이다.

1장에서는 은퇴 후의 건강한 삶을 위해 먼저 알아두어야 할 상식과 현재 나의 건강 상태, 노화 현상에서 일어날 수 있는 신체적·정신적 변화와 현재의 건강 관리가 노후의 건강에 큰 영향을 줄 수 있음을 이해하고 건강에 악영향을 미치는 요인에 대해 알아보고자 한다.

제 ❶ 절 노후 건강, 이것만은 알아두자

01 ┃ 건강의 중요성

나건강 씨의 아버지는 80세로 현재 병원에서 투병 중인데 몇 년 전 발가락에 난 상처가 아물지 않아 병원을 찾으니 하지로 가는 동맥이 막혀서 혈액 공급이 원활하지 않은 게 원인인 것을 알게 되었다. 결국 그의 아버지는 하지를 절단하게 되었고 나머지 발도 같은 이유로 치료를 받고 있으나 호전이 되지 않아 절단할 가능성이 높다고 한다. 그의 아버지는 평소 술과 담배를 즐겼고 현재도 담배를 끊지 못하고 있다. 젊었을 때 배탈 한번 나지 않는 건강한 체질이었던 아버지였기에 가족들은 너무나 큰 충격을 받았다.

나건강 씨도 아버지에게 이런 일이 있기 전까지는 자신이 아버지를 닮아 매우 건강하다고 생각하였다. 작년에 했던 건강 검진 결과도 오히려 젊은 사원들보다 결과가 좋았고 정상 체중을 유지하고 있으며 또래들보다 젊어 보인다는 얘기를 자주 듣는다. 직장 업무상 또는 친구들과 일주일에 두세 번은 술자리가 있고 담배도 피우고 있지만 젊었을 때 아버지보다는 음주량와 흡연량이 적고 가끔은 산에도 다니기 때문에 건강상에 별 문제가 없다고 생각하였다.

나건상 씨 아버지의 건강에 이상이 생긴 원인은 무엇이었을까? 음주와 흡연이 문제였다. 수십 년간 해 왔던 생활습관이 동맥경화증을 유발했고 하지로 가는 동맥이 막혀서 혈액 순환이 안 되고 상처가 낫지 않아 결국은 다리를 절단하게 된 것이다. 과거에는 절단 장애의 원인이 대부분 교통사고나 산업재해에 의한 사고였으나 현재는 질병으로 인해 절단을 하는 경우가 훨씬 더 많다. 나건강 씨는 힘들어하시는 아버지 앞에서 그동안 자신의 생활습관에 대해 눈을 감고 되짚어 보게 되었다.

인간은 일생을 통해 복잡하고 다양하게 성장·발달하는 능력을 가지고 있으며 생명 탄생의 순간부터 죽음에 이르는 순간까지 끊임없이 양적·질적인 변화를 거듭한다. 1947년 세계보건기구(WHO: World Health Organization)에서는 국제 회의를 통해 인간의 건강에 대해 "건강이란 단지 허약하지 않고 질병이 없는 상태뿐 아니라 신체적·정신적·사회적으로 완전히 안녕(安寧)한 상태"라고 정의하였다. 즉, 건강하다는 것은 단순히 신체적으로만 건강하다는 의미가 아니라 몸이 아프지 않고 맛있게 식사할 수 있으며, 기분이 좋고 마음이 즐거우며 숙면을 취할 수 있고 원만한 사회적 활동을 할 수 있는 최적의 건강 상태를 말한다.

질병관리본부에서 2015년 만 19세 이상 성인을 대상으로 조사한 〈지역사회건강조사〉에 따른 결과를 보면 금연, 절주, 걷기의 세 가지 건강 생활을 모두 실천하고 있는 성인이 31.6%인 것으로 나타났다. 이 중 비교적 건강하고 질병의 위험성이 낮은 30대가 26.4%, 40대가 26.2%로 건강 생활 실천율(현재 금연, 절주, 걷기를 모두 실천하는 성인의 분율)이 다른 연령층보다 낮은 것으로 나타났다.

건강 인지율은 어떤 인구 집단의 건강 상태를 보여 주며, 객관적으로 질병의 수준을 측정하여 파악하고 의학적 진단을 바탕으로 평가하는 것이 일반적이다. 그러나 의학적으로 질병으로 진단되기 이전에 심리적·사회적 원인으로 인해 신체적·육체적으로 불편함을 느끼는 경우들이 많아졌다. 그래서 현대인에게는 질병 여부와 관계없이 건강하지 않은 상태에 대한 주관적인 평가가 중요해졌다. 한국인의 주관적 건강 상태는 다른 경제협력개발기구(OECD) 국가들에 비해 현저히 낮아 건강 불안감을 상대적으로 더 많이 느끼고 있는 것으로 나타났다. 2014년 만 19세 이상을 대상으로 주관적 건강 상태를 조사한 결과 매우 좋음·좋음이 32.4%, 보통이 52.2%, 매우 나쁨·나쁨이 15.4%로 집계되었다. 현재 건강이 나쁘다고 생각하는 성인은 흡연, 음주, 신체 활동 상태가 좋지 않았으며 남성에게서 뚜렷하게 나타났다. 이는 정보와 지식은 있으나 실천이 쉽지 않다는 말이 될 것이다.

'건강은 건강할 때 지켜라'라는 말이 있듯이 건강한 노후 생활을 위해서는 건강할 때부터 관리하는 습관을 들여야 한다.

02 ㅣ 건강한 생활을 영위하기 위해 지켜야 할 여러 가지 요인들

- 흡연해 본 적이 없거나, 과거 흡연하였더라도 현재 금연하고 있다.
- 비음주자이거나, 최근 1년 동안 술을 마시는 사람이라도 한 번의 술자리에서 남자는 7잔 이상, 여자는 5잔 이상을 주 2회 이상 마시지 않는다.
- 최근 1주일 동안 1일 30분 이상 걷기를 주 5일 이상 실천하고 있다.
- 스트레스 해소를 위해 적절한 나만의 방법을 가지고 있다.
- 배우자와의 관계가 원만하다.
- 미래에 대한 준비를 하고 있다.
- 정기적으로 건강검진을 한다.
- 치아 관리를 소홀히 하지 않는다.
- 균형 잡힌 식생활을 한다.

03 ㅣ 평균 수명 말고 건강 수명을 높이려면

평균 수명은 향후 생존할 것으로 기대되는 평균 생존 연수이다. 기대 수명은 어느 연령에 도달한 사람이 이후 몇 년 동안이나 생존할 수 있는가를 계산한 기간이며, 건강 수명은 전체 평균 수명에서 질병 없이 건강한 삶을 살아가는 기간을 말한다. 과거에는 질병과 부상이 죽음으로 이어지는 경우가 많았기 때문에 평균 수명과 건강 수명이 거의 동일했으나 현재는 평균 수명과 건강 수명의 격차가 점점 커지고 있다. 의학의 발달로 질병과 부상이 현저하게 극복되고 있기는 하지만 완치가 어려운 경우가 많아 건강하지 않은 상태로 살아가는 기간이 늘어나고 있는 것이다. 우리나라의 2013년 건강 수명(WHO 기준)은 73세로 기대 수명 증가에 따라 증가하고 있으나 기대 수명과는 약 10년의 격차가 있다.

● WHO 기준 우리나라 건강 수명

연도	남	여	전체
2000년	63.2세	68.8세	66.0세
2002년	64.8세	70.8세	67.8세
2007년	68세	74세	71세
2012년	70세	75세	72세
2013년	70세	75세	73세

출처: 보건복지부

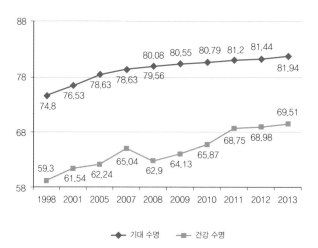

[기대 수명과 건강 수명 차이]

그렇다면 여러분은 '건강과 상관없이 오래 사는 것'과 '건강하게 오래 사는 것' 중 어느 쪽을 선택하겠는가? 일본에서는 팔팔하게 오래 살다가 한순간에 죽는다는 뜻을 지닌 '핀핀코로리'라는 말이 있다. 또 요즘 유행하는 말에 '9988234'가 있다. 99세까지 88하게 살다가 2일 앓고 3일 째 죽는 것이 행복한 인생이라는 뜻이다. 이렇게 일생을 편안하게 마감하고 싶다면 스스로 건강 관리에 관심을 가지고 꾸준히 실천해야 할 것이다.

회사원 심모 씨는 42세로 오전 6시에 일어나 조기축구를 하고 주말에는 등산을 한 지가 7년쯤 되었다. 담배는 5년 전에 끊었고 술은 가끔 먹는다. 얼마 전 우연히 체크한 그의 건강 나이는 35세였다. 나이보다 무려 7년을 젊게 살고 있다고 생각하니 기분이 너무 좋았고 앞으로 더욱더 건강에 관심을 가져야겠다는 생각이 들었다.

이처럼 실제 나이와 건강 나이는 분명 다를 수 있다. 달력 나이는 바꿀 수 없지만 건강 나이는 평소 생활습관의 개선을 통해 바꿀 수 있다. 보건복지부는 우리나라 건강 수명을 2007년 71세에서 2020년 75세로 늘이기 위해 생활습관 개선을 통한 만성질환 관리와 정신 건강 관리, 생애주기별 건강 프로그램 확충, 건강 캠페인, 건강 정보 제공 등 건강 환경을 조성하여 건강 증진 대책을 더욱 강화시킬 계획을 가지고 있다.

인간의 건강을 위협하는 요인 중 생활습관에 의한 위험 요인을 오랜 기간 동안 유지했을 경우 발생할 수 있는 질환은 다음과 같다.

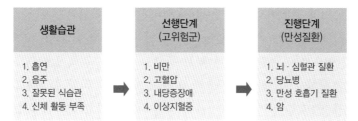

[생활습관과 질환]

출처: 보건복지부

04 ∣ 건강 증진 십계명[34]

- 금연하기
- 119(1가지 술로 1차만, 9시 이전에 끝내는 것) 실천하기
- 매일 한 시간 이상 움직이기
- 아침밥 꼭 챙겨먹고 소식(小食)하기
- 긍정적으로 생각하고 스트레스 줄이기
- 일찍 자고 7시간 정도 숙면 취하기
- 키, 나이, 성별에 맞는 체중 유지하기
- 하루 나트륨 섭취량 2000mg 이하로 줄이기
- 과일과 채소를 하루에 500g 이상 섭취하기
- 식사 후 칫솔질을 꼼꼼히 하고 치실 사용하기

05 ∣ '알면 놓치지 않는다' 건강검진 알아두기

건강검진은 모든 국민의 건강 위험 요인과 질병을 조기에 발견해서 치료를 받아 건강한 삶을 영위하는 것을 목적으로 한다. 건강검진은 크게 국가에서 해 주는 건강검진과 개인이 스스로 신청해서 받는 건강검진으로 나눌 수 있다. 국가 건강검진은 일반 검진과 암검진으로 나뉘는데 40세 이상이라면 모든 검진이 포함되지만 19~39세는 직장 가입자이거나 본인이 세대주인 경우에만 대상자에 포함된다. 검사 주기는 2년에 한 번이고 비사무직인 경우에는 1년에 한 번씩 검사를 해 준다.

또한 만 40세, 만 66세는 생애전환기 검사를 통해 기존의 검사 항목에 몇 가지를 더 추가해서 받을 수 있다. 일반 검진의 경우에는 본인 부담금이 전혀 없다. 검사 항목에는 대사증후군인 당뇨병, 고혈압, 고지혈증, 비만에 관한 검사와 간과

---

34) 한국건강증진개발원

신장 기능에 이상이 있는지에 대한 검사, 폐의 이상을 확인하는 x-ray 검사와 기타 빈혈이나 시각, 청각, 구강에 관한 검사가 있다. 당뇨병, 고혈압, 고지혈증, 비만은 생활습관병으로 식습관과 운동 부족 등으로 현재 꾸준히 늘고 있으며 심뇌혈관 질환을 포함한 각종 질병의 중요한 위험 요인이어서 미리 발견하고 치료를 해 더 심각한 질병으로 가는 것을 예방해야 한다. 생애전환기 검사에는 40세 때 B형 간염검사와 생활습관 검사, 우울증 검사가 추가되며 66세 때는 여성인 경우 골다공증검사와 노인 신체기능 검사, 인지기능 장애 검사, 우울증 검사가 추가되어 있다. 국가 건강검진을 잘 활용하는 것도 건강을 지키는 첫걸음이 될 것이다.

● 2016년도 건강검진 사업 안내

구분		성인기(만 19~만 64세) (일반 검진 및 암검진) (생애전환기(만 40세) 건강진단)		노년기(만 65세 이상) (일반 검진 및 암검진) (생애전환기(만 66세) 건강진단)	
		건강보험 가입자	의료급여 수급권자	건강보험 가입자	의료급여 수급권자
대상	일반 검진	• 직장 가입자 • 세대주인 지역 가입자 • 40세 이상 지역 가입자 및 피부양자 *40세(생애전환기 건강진단)	• 만 19~64 세 대주 • 만 41~64세 세대원	성인기 건강보험 가입자와 동일 *66세(생애전환기 건강진단)	만 66세(생애전환기 건강진단)
	암검진	암종별 대상 연령		암종별 대상 연령	
검진 주기(2016년 짝수 연도 출생자)		2년 1회(비사무직 1년 1회)	2년 1회	2년 1회(비사무직 1년 1회)	—
비용 부담		• 일반 검진: 본인 부담 없음 *건강보험 재정 • 암검진: – 보험료 상위 50% 본인 부담 10%(자궁경부암은 없음) *건강보험 재정 90% – 보험료 하위 50%: 본인 부담 없음 *건강보험 재정 90%, 국고 및 지방비 10%	본인 부담 없음 *국고 및 지방비	• 일반 검진: 본인 부담 없음 *건강보험 재정 • 암검진: – 보험료 상위 50% 본인 부담10%(자궁경부암은 없음) *건강보험 재정 90% – 보험료 하위 50%: 본인 부담 없음 *건강보험 재정 90%, 국고 및 지방비 10%	본인 부담 없음 *국고 및 지방비

출처: 보건복지부

공포의 암도 정기검진을 통해 놓치지 말자.

우리나라 국민의 3대 사망 원인이 암, 심장 질환, 뇌혈관 질환인 것으로 조사되었다. 통계청이 발표한 2014년도 사망 원인 통계에 따르면 10대 사인은 악성 신생물(암), 심장 질환, 뇌혈관 질환, 고의적 자해(자살), 폐렴, 당뇨병, 만성 하기도 질환, 간 질환, 운수 사고, 고혈압성 질환으로 전체 사망 원인의 70.5%를 차지하였다.

3대 사망 원인(암, 심장 질환, 뇌혈관 질환)은 남자가 전체의 47.7%, 여자가 39.9%를 차지하였으며 이는 10년 전에 비해 남녀 모두 0.7% 증가한 것이다. 성별로 분석해 보면 남녀 모두 암의 순위가 가장 높았으며 남자의 암 사망률이 여자보다 1.67배 높았다.

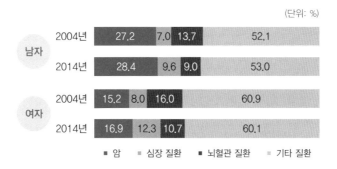

(단위: %)

출처: 통계청

[3대 사망 원인에 의한 사망 확률 추이]

국립암센터는 국가 암검진 재개정 위원회의 연구를 통해 7대 암검진 권고안을 개발하였다. 여기에는 종전 5대 암검진 권고안(위암, 간암, 대장암, 유방암, 자궁경부암)에 사망률이 가장 높은 폐암과 발생률이 가장 높은 갑상선암이 추가되었다. 암의 검진 주기와 대상, 방법은 암의 종류에 따라 다르며 암의 조기 발견을 위해 검진 주기를 놓치지 않고 반드시 검진을 받아야 한다.

대상자에게는 연초에 국민건강보험공단에서 검진확인서가 발송되며 연초에 검진을 받지 못하였더라도 거주지의 보건소나 국민건강보험공단의 홈페이지(http://www.nhic.or.kr)와 콜센터(☎ 1577-1000)를 통해 확인 후 검진확인서를 다시 받을 수 있다.

암종	검진 대상과 연령	검진 주기	일차적으로 권고하는 검진 방법	선택적으로 고려할 수 있는 검진 방법
위암	40~74세	2년	위내시경	위장조영촬영
간암	40세 이상 B형·C형 간염 바이러스 보유자	6개월	간초음파 + 혈청 알파태아단백검사	–
	연령과 상관없이 간경화증으로 진단받은 자			
대장암	45~80세	1~2년	분변잠혈검사	대장내시경
유방암	40~69세 여성	2년	유방촬영술	–
자궁경부암	만 20세 이상의 여성*	3년	자궁경부세포검사(자궁경부세포도말검사 또는 액상세포도말검사)	자궁경부세포검사 + 인유두종 바이러스검사
폐암	30년간 흡연력이 있는 (금연 후 15년이 경과한 과거 흡연자는 제외) 55~74세 고위험군	1년	저선량 흉부 CT	–
갑상선암	초음파를 이용한 갑상선암 검진은 근거가 불충분하여 일상적인 선별검사로는 권고하지 않음			

* 최근 10년 이내에 자궁경부암 검진에서 연속 3번 이상 음성으로 확인된 경우 75세 이상에서 자궁경부암 선별검사를 권고하지 않음

출처: 국가암정보센터(www.cancer.go.kr)

건강검진 100배 활용하기

보건소와 의원급 검진센터, 대학병원, 한방병원 등 검진기관별로 건강검진을 활용하는 방법에 대해 알아보자.

보건소는 일반 건강검진만을 하는 곳도 있지만 보건소 자체에서 영양사와 의사, 운동 상담사가 맞춤형 건강 관리 검진 프로그램을 갖추어 운영하는 곳도 있다. 이런 곳에서는 일반 기초 검사는 물론 식습관이나 생활습관, 체지방 검사와 체질량지수(BMI) 등을 통해 개인별 맞춤식 운동을 처방해 준다. 물론 보건소에서 시행하기 어려운 검사도 있지만 건강검진 비용이 저렴하거나 무료라는 장점이 있다. 또한 국민체육공단에서 운영하는 '국민체력100' 사이트에서는 체력 상태를 과학적인 방법에 의해 측정하고 평가하여 운동 상담 및 처방을 받고 맞춤형 프로그램을 제공하는데 이를 적극적으로 활용해 보는 것도 좋겠다.

보건소보다 검사 비용은 다소 비싸지만 맞춤형 선택이 가능한 곳이 의원급 검진센터이다. 병원마다 여성 정밀검진이나 소화기 정밀검진처럼 좀 더 세분화된 건강검진 프로그램을 가지고 있어 본인의 건강 상태에 맞게 꼭 필요한 검진을 선택하여 받아볼 수 있다.

대학병원의 건강검진은 다른 곳보다 비싸지만 고가의 장비와 정확한 검진 결과로 신뢰성이 높다. 또한 진단 과정에서 질병 발생이 예상되면 빠른 협진 시스템을 통해 정확하게 진단을 받고 치료를 진행할 수 있다는 장점이 있다.

마지막으로 한방병원의 건강검진이 있다. 한방병원은 한방과 양방의 장점을 이용해 개개인의 특성에 맞는 세밀한 맞춤 검사를 할 수 있다. 가령 질병의 증상이 분명히 있는데 양방 검사에서 이상이 발견되지 않는 경우 한방 진단을 통해 개인의 체질에 따른 미세한 차이를 통합적으로 고려해 신체 이상의 근원적인 문제를 찾아볼 수 있다. 기본 검진은 양방 검진이나 한방 검진이 동일하나 한방에서는 경락 기능 검사나 뇌혈류 검사, 적외선 체열진단 검사, 스트레스 검사 등을 통해 개인의 체질에 따른 맞춤 치료 방법을 제시한다. 검진 비용은 병원마다 차이가 있으나 고가의 장비를 이용한 검진 비용보다 저렴한 경우가 많다.

건강검진의 목적은 질병을 조기에 발견하고 현재 건강 상태를 확인하는 것이므로 본인의 건강 상태에 맞는 검진기관을 선택하여 이용하는 것이 가장 현명한 방법일 것이다.

제 ❷ 절 노화 현상, 나이 먹는 것을 인정하라

01 │ 노화(老化)란?

모든 생물은 시간이 흐르면서 변화가 일어난다. 인간의 몸을 구성하고 있는 세포, 조직, 기관 등도 시간이 흐르면서 쇠퇴되고 퇴화하는데 이처럼 인간이 늙어가는 현상을 일반적으로 노화 또는 노화 현상이라고 한다. 인간의 노화는 출생기부터 성장기를 통해 서서히 진행된다. 단지 노화되고 있음을 표면적으로 느끼게되는 시기가 중년기 이후 정도인 것이다. 노화는 질병이 아니며 일반적으로는 육안으로 보이는 생물학적인 노화로 이해되고 있고 개인차가 있으며 시간이 경과하면서 일어나는 비가역적인 퇴행의 단계라고 할 수 있다.

2015년 통계청 조사에 따르면 우리나라는 65세 이상의 노인 인구가 전체 인구의 13.1%인 고령화 사회이며 이 고령화 속도는 경제협력개발기구(OECD)는 물론 세계에서도 상당히 빠른 수준이다. Lowe & Kahn은 성공적인 노화의 세 가지 구성요소를 '첫째는 질병과 장애 피해 가기, 둘째는 적극적으로 인생에 참여하기, 셋째는 높은 수준의 신체적 기능과 인지적 기능을 유지하기'라고 정의하였다. 결국 노후에 높은 수준의 신체적 기능과 인지적 기능을 유지하여 적극적인 인생을 누리기 위한 가장 중요한 요소가 질병이 없는 건강한 상태를 유지하는 것임을 알 수 있다.

건강하게 잘 늙어 가기 위해서는 무엇보다 예방이 중요하다. 질병이나 장애를 예방하기 위해서는 고혈압, 당뇨, 심장 질환, 치매, 암 등의 노인 주요 질병을 예방하는 것이 우선이다. 이를 위해 평소 생활습관 개선은 물론이고 면역력이 약한 노년기에는 점점 더 강력해져 가는 바이러스에 대비하기 위한 예방 접종도 중요하다. 인지적·신체적 기능을 유지하기 위해 수영, 조깅, 산책, 등산, 근력 키우기 운동 등을 꾸준히 하는 것이 도움이 된다. 건강한 식습관을 통해 체력을 유지하며 불안과 스트레스를 해소하여 정서적 안정감과 행복감을 느끼는 정신적인 건강을 유지하는 것도 중요하다. 마지막으로 긍정적이고 활기찬 사회적 관계를 통해 자기 계발이나 학습을 하거나 사회 활동에 참여하여 적극적인 노후 생활을 누리는 것이 성공적인 노화를 가져오는 생활 유형이라고 할 수 있다.

노화가 시작되면 피부를 비롯한 우리 몸의 각 기관이나 뼈, 혈액 순환에 많은 문제가 발생한다. 이는 나이가 들면서 신체 기능이 떨어지는 자연적인 노화는 물론이고 각종 환경오염과 자외선, 스트레스와 화학 물질에 노출되면서 발생하는 활성산소에 의한 영향도 있다. 노화 과정에 영향을 주는 요인은 크게 생물학적 요인, 심리적 요인, 사회적 요인으로 나눌 수 있다. 첫 번째, 생물학적 노화는 신체적인 변화, 즉 우리 몸속 장기와 각 기관의 구조와 기능의 노화를 말한다. 두 번째, 심리적 노화는 오감으로 일컬어지는 5개의 감각기관과 그 감각기관이 수집한 정보를 의식·처리·평가하는 지각 기능, 지능과 학습 능력·문제 해결 능력과 정서 등을 담당하는 인지 기능 등의 노화를 말한다. 세 번째는 사회적 노화이다. 인간은 가족, 친구, 이웃, 지역 사회, 국가 안에 속해 있으면서 상호 작용 속에서 각각의 역할을 수행한다. 나이가 들면서 사회적 역할의 관계도 변화한다. 생물학적 노화, 심리적 노화, 사회적 노화는 상호 연관성이 있으며 서로 의미 있는 영향을 미칠 수 있다. 예를 들면 은퇴로 인해 사회적 역할이 축소되거나 배우자 사별, 경제적 빈곤 등으로 우울증이나 스트레스가 유발되어 심리적 노화에 영향을 미칠 수 있고, 건강이 나빠지고 만성질환이 생기게 되어 생물학적 노화에도 영향을 미칠 수 있다. 노화는 여러 가지 요인에 의해 발생하며 개인차가 있고 각각의 조직에서 각각 다른 속도로 진행된다.

다음에서는 대표적인 신체적 노화 현상에 대해 알아보자.

02 ㅣ 피부의 변화

어린아이들의 피부를 보면 물을 잔뜩 머금은 것처럼 촉촉하고 부드러우며 탄력이 있다. 물광 피부, 도자기 피부, 꿀광 피부라는 표현을 들어봤을 것이다. 신체적인 노화 중 가장 민감한 부분이 눈으로 보이는 피부의 변화일 것이다. 어떤 사람은 같은 나이인데도 피부에 주름도 없고 탄력이 있으며 젊어 보이는데 어떤 사람은 또래에 비해 늙어 보인다. 이는 유전적 원인, 자외선, 흡연, 음주, 약물, 수면 부족, 화장품, 스트레스, 호르몬 등의 여러 가지 원인이 있다. 노화가 진행되면서 피부는 수분이 부족해진다. 노화가 되면 안드로겐(androgen) 호르몬의 분비가 감소되어, 피부의 부속기관 중 하나인 피지선에서 분비되는 피지의 양이 줄어들게 되며, 피부 표면 각질층의 수분이 증발하게 되는 탈수 현상이 진행되면서 건조하고 거친 피부로 변해간다. 또한 피부 진피층의 피부 결합을 담당하고 있는, 흔히 콜라겐이라는 하는 교원섬유(collagenous fiber)와 피부 탄력을 담당하고 있는 탄력섬유(elastic fiber)의 배열이 깨지면서 주름이 형성되고 노화가 진행된다. 얼굴의 주름은 안면 근육의 반복적인 움직임에 의해 형성된다. '나이가 들수록 얼굴에 그 사람의 인생이 보인다.'라는 말이 있다. '얼굴은 마음의 거울'이라는 말도 있다. 어떤 사람은 많이 웃어서 눈가에 주름이 가득하고 어떤 사람은 매사에 짜증을 잘 내고 얼굴을 찡그려서 미간에 세로로 깊은 주름이 있다. 이미 만들어진 주름은 돌이키기가 어렵다. 이를 완화시키기 위해 보톡스를 맞기도 하는데, 보톡스는 체내에서 분비되는 아세틸콜린이라는 신경전달 물질의 분비를 일시적으로 차단하여 근육을 마비시켜 주름을 완화시켜주는 역할을 한다.

사람이 웃게 되면 뇌에서 행복 호르몬인 세로토닌이 분비되면서 행복감을 느끼게 된다. 억지로 웃는 경우에도 뇌에서는 행복하다고 감지하기 때문에 세로토닌이 분비된다. 웃음은 얼굴의 표정을 밝고 긍정적으로 만들어 주는 효과가 있으며 나아가서는 호감이 가는 인상을 만드는 데에도 효과적일 뿐 아니라 행복 호르몬을 분비시켜 건강에도 긍정적인 영향을 미친다. 평소 웃는 연습을 자주 하여 호감형의 이미지를 만들어 보자.

피부가 건조해지는 것을 예방하기 위해 물을 자주 마시고 보습제나 시트팩 등을 자주 사용하며 건조하지 않게 실내 습도를 유지하는 생활습관만으로도 피부 노화를 지연시킬 수 있다. 흔히 검버섯이라고 부르는 피부의 색소 침착도 나이가 들면서 늘어간다. 주름과 색소 침착은 일반적인 노화에 의해서도 생기지만 자외선에 의해서도 생긴다. 햇빛에 의한 노화는 일반적인 노화보다 훨씬 더 많은 주름과 잡티를 만든다. 자외선에 피부가 노출되면 진피층의 콜라겐과 엘라스틴이 감소해 피부 탄력이 떨어지는 것은 물론 피부의 색소 세포 자극으로 멜라닌 색소가 생성되어 피부가 검게 변하거나 기미, 주근깨 등의 잡티가 생긴다. 햇빛은 비타민 D를 합성하고 기분을 상승시키는 효과가 있지만 지나친 노출은 피부암까지도 발생시킬 수 있다. 등산이나 골프 등 야외 활동이 늘어나면 자외선에 의한 노출의 기회가 많아지는데 평소에 자외선 차단제 바르기를 생활화하고 과한 노출을 삼가는 것이 필요하다. 또 자외선 차단제를 선택할 때 중노년층은 피부가 건조한 경우가 많으므로 유분이 적당히 있는 로션이나 크림 타입을 골라 바르는 것이 좋다.

노화의 원인 중 다른 하나로 활성산소(free radical)가 있다. 호흡을 통해 들어온 산소는 우리 몸속 세포의 에너지를 만드는 데 사용되고 대부분은 물로 전환되지만 일부분이 나쁜 산소로 바뀌어 세포를 만드는 물질을 산화시킨다. 자동차가 산소와 연료를 통해 에너지를 얻고 남은 매연가스가 우리 몸에서는 활성산소인 것이다. 활성산소는 우리 몸속 세균이나 이물질을 제거해 주는 좋은 역할도 하지만 많은 양이 체내에 축적될 경우 정상 세포를 공격하여 각종 질병과 노화의 원인이 되기도 한다. 무리하지 않는 적당한 신체적 운동을 하게 되면 신체의 항산화 작용에 의해 우리 몸에 해로운 활성산소가 제거된다.

한편, 연령이 많아짐에 따라 모발의 색깔은 하얗게 변한다. 이는 머리카락을 생성하는 tyrocynaise-positive-melanocyte라는 색소가 감소되기 때문이며 모발의 분포와 양은 유전적, 건강 상태, 스트레스 등에 의해 달라진다.

03 ㅣ 근골격계의 변화

나이가 들수록 뼈와 근육량의 감소로 추간판(척추뼈 사이에 있는 원반 모양의 구조물)이 얇아지고 척추가 단축되어 키가 작아지고 허리가 굽는 현상이 나타난다. 또한 뼈의 광물질과 질량이 소실되면서 골다공증의 발생 빈도가 높아진다. 젊었을 때와 다르게 평형감각이 둔화되면서 골절의 가능성이 높아지는데 특히 고관절(골반과 대퇴골을 이어주는 관절) 골절은 노인의 주요 사망 원인 중의 하나이다. 관절의 퇴행이나 염증으로 관절염이 생기면 이는 만성적이고 심한 통증과 근육이 지속적으로 수축하고 경화되는 강직 증상을 일으켜 일상생활에 상당한 불편감을 준다. 관절염은 남성보다 여성에게 흔하고 노인 의료비 지출의 많은 부분을 차지한다.

04 ㅣ 심혈관계 질환의 변화

심장과 혈관은 우리 몸의 조직이 정상 기능을 하기 위해 필요한 산소와 영양분을 공급하는 매우 중요한 역할을 한다. 우리 몸속 혈관의 어느 한 부분이 막히게 되면 막힌 혈관 주위의 세포들은 산소와 영양분을 공급받지 못하고 그 상태가 오래 지속되는 경우 괴사가 오게 된다. 특히 우리 몸의 각 부분을 통솔하는 뇌의 혈관 중 하나가 막히거나 터질 경우 마비, 사망 등 치명적이며 인생이 송두리째 바뀌어 버리는 불행이 찾아올 수도 있다. 심혈관계 질환은 우리나라 사람들에게 암 다음으로 흔한 사망 원인이다. 나이가 들면 심장은 두꺼워지고 딱딱해지는 증상이 진행되고 잡음이 청진되기도 한다. 또한 혈관의 탄력성이 줄어들고 혈관 내의 노폐물 등이 늘어나 혈압이 올라가게 된다. 심혈관계 질환의 종류에는 협심증, 심근경색, 뇌졸중, 선천성 심장 질환, 빈혈, 말초혈관계 질환 등이 있으며 흡연, 지방이 많은 음식과 짠 음식, 비만, 좌식 생활, 스트레스, 심리적 요인 등이 주요 원인이다. 심혈관계가 건강하기 위해서는 건강한 생활습관의 유지가 매우 중요하다.

05 ㅣ 감각기와 소화기관의 변화

40대 이후부터 노안이 진행되며 눈에 수분을 공급해 주는 누선(눈물샘)의 기능 저하로 안구건조증이 생기고 청각을 담당하는 신경의 퇴화로 청각 장애가 오게 된다. 침의 분비량도 줄어들어 젊었을 때보다 맛을 느끼는 감각이 떨어진다. 특히 단맛이나 짠맛을 느끼는 감각이 둔해지는데 어르신들이 단 것을 좋아하는 것도 이 때문이다.

침의 분비량이 떨어지면 위산 분비도 줄어들어 소화가 잘 안 되고 음식의 통과 시간이 길어져 변비, 장의 감염, 설사 등의 증상이 나타날 수 있다.

06 ㅣ 호흡기계의 변화

인체의 폐는 매일 7~8,000리터의 공기를 여과해야 하므로 면역 능력이 떨어지면 우리 몸의 1차 방어기관인 폐에 큰 영향을 미친다. 건강한 사람이 폐렴에 걸리면 쉽게 치료가 가능하지만 합병증이 있거나 면역력이 떨어져 있는 경우 사망에까지 이를 수 있다. 노화가 되면 해로운 물질을 걸러내는 기도 안에 있는 섬모의 유연성이 떨어지고 폐포(폐에서 혈액 속의 산소와 이산화탄소의 가스 교환이 일어나는 곳) 안의 이물질을 잡아먹는 대식세포의 기능이 떨어지면서 면역력과 폐활량 등이 감소되고 호흡기계의 감염이 촉진된다. 다행히도 노년기 사망률을 높이는 폐렴은 예방접종이 가능하다.

07 ㅣ 호르몬의 변화(갱년기 장애)

흔히 갱년기라고 하면 여성의 갱년기를 생각한다. 그러나 남성에게도 갱년기는 온다. 여성처럼 전부에게 오지 않는다는 차이일 뿐이다. 갱년기는 호르몬의 감소로 나타나는 증상이다. 여성 호르몬으로는 에스트로겐(estrogen)과 프로게스테론(progesterone) 등이 있고 남성 호르몬으로는 테스토스테론(testosterone)이 있다.

여성 호르몬을 대표하는 에스트로겐(estrogen)은 생식 기능을 담당하는 자궁의 난소에서 분비되며 사춘기 이후에 많은 양이 분비된다. 대표적인 기능으로는 여성을 여성스럽게 하는, 즉 여성의 이차적 성징인 유방을 발달시키고 여성스러운 몸매를 만들어 주며 생식기를 발달시킨다. 노화가 되면서 여성은 여성 호르몬의 분비 감소로 폐경을 맞게 되며 갱년기 증후군 증상이 나타난다. 그 증상으로는 얼굴이 붉어지고 추위와 더위를 느끼는 것을 반복하며 우울함을 느끼고 건망증이 심해지며 피부가 건조해지기도 한다. 또 성교통과 요실금, 요로계 감염 등도 나타난다.

남성도 테스토스테론(testosterone)의 분비가 저하되면 골다공증, 복부 비만, 피로, 성욕 감퇴, 우울과 짜증 등의 증상이 나타난다. 또한 일반적으로 '남자답다'라고 말하는 남성의 특성을 나타내는 데도 영향을 미친다.

● **노화도 판정**

문항	예	아니오
1. 수면 중에 3번 이상 화장실에 간다.		
2. 책을 보면 눈앞이 뿌옇고 어른거려 오래 보기가 힘들다.		
3. 예전에 비해 피곤하고 몸이 붓는다.		
4. 과거 생각이 자주 나고 그때로 돌아가고 싶다는 생각이 든다.		
5. 몸이 쑤시고 아픈데 원인을 잘 모르겠다.		
6. 예전에 비해 기억력이 저하되었다.		
7. 얼굴은 기억나는데 이름이 자주 떠오르지 않는다.		
8. 계단을 오르내리기가 예전에 비해 힘들다.		
9. 지난 일들이 자주 떠오른다.		
10. 예술 감상을 해도 별 감동이 없다.		
11. 사소한 일인데도 화가 자주 난다.		
12. 언어 표현이 잘 생각나지 않고 느려졌다.		
13. 외출 시 다리가 잘 붓는다.		
14. 오랫동안 한 가지 일에 몰두하기가 힘들다.		

※ '아니오'라는 답이 나온 문항에 1점씩 가산하여 합산한다.

아주 건강	건강	보통	불건강	극히 불건강
13~14	11~12	8~10	5~7	0~4

제 **3** 절 죽음을 부르는 생활습관병을 경계하라

'작년에는 건강검진에서 아무 이상이 없다고 나왔는데 올해 혈압이 높게 나와서 걱정이에요', '당수치가 조금 높은데 약을 먹어야 하나요?', '예전에는 고지혈증만 약간 있었는데 올해 결과는 고혈압, 당뇨까지 높은 걸로 나왔어요. 혹시 오진 아닐까요?' 검진센터에서 상담 업무를 하고 있는 D 씨는 오늘도 쏟아지는 전화 문의에 정신이 없다.

전 세계적으로 고혈압, 당뇨병 등 만성질환의 증가로 효과적인 만성질환 관리의 필요성이 커지고 있다. 우리나라 60대 이상 인구 중 64.6%가 고혈압을 가지고 있으며 70대 이상 인구에서는 5명 중 1명이 당뇨병을 앓고 있다. 고령사회를 지나, 초고령 사회로 진입하고 있는 현 시점에서 생활습관병의 발생을 막고 발생한 생활습관병을 적절히 관리하는 것이 필요하다. 생활습관병은 대부분 완치가 되지 않고 평생 동안 관리해야 한다. 효과적으로 질환이 관리되지 않으면 심장 질환, 신부전 등 중증의 합병증이 나타나고 실명과 같은 장애를 초래하기도 한다. 생활습관병을 과거에는 성인병이라고 불렀는데, 이는 심장병, 당뇨병, 고혈압, 뇌졸중 등의 발병률이 40대부터 급격히 높아졌기 때문이다. 생활습관병은 식습관, 운동습관, 음주, 흡연 등과 같이 생활습관과 관련된 질병이며 주로 고혈압, 당뇨병, 비만, 고 콜레스테롤, 동맥경화증, 심장병, 뇌졸중, 알코올성 간 질환, 폐암과 호르몬성 암(대장암, 유방암, 전립선암 등)을 통칭하고 있다.

많은 사람들이 생활습관병이나 성인병을 나오는 별개의 문제로 생각하고 무심히 넘겨 버린다. 그러나 생활습관병은 올바른 생활습관이 전제된다면 어느 정도는 예방과 치료가 가능하기 때문에 지속적인 관심이 필요하다. 생활습관병은 개별적이고 독립적인 질환이라기보다는 여러 가지 질환이 한 사람에게 중복되어 발생하는 경우가 많다. 예를 들면 고혈압이 있는 경우 당뇨, 지방간, 고지혈증 등 기타 질환이 동반될 가능성이 높아지며 많은 경우 복부 비만도 함께 가지고 있다.

다음에서 대표적인 생활습관병의 종류와 특징에 대해 알아보자.

01 ㅣ **고혈압**

심장은 혈관을 통해서 풍부한 산소와 영양분을 전신으로 보낸다. 이러기 위해서는 혈관 내에 압력이 필요한데 이를 혈압이라고 한다. 사람의 혈관 내 압력은 수시로 변하며 운동을 하면 올라가고 안정을 취하면 내려가는데, 안정 시에 측정한 혈압이 140/90mmHg 이상이 되면 고혈압이라고 한다. 정상 혈압은 120/80mmHg 이하이고, 120/80mmHg~140/90mmHg 사이를 전 단계 고혈압이라고 한다.

대부분의 고혈압 환자는 증상이 없어 고혈압을 침묵의 살인자라고도 부른다. 혈압이 높은 상태가 장기적으로 지속되면 다양한 합병증이 발생할 수 있으며 심장 발작이나 뇌졸중처럼 치명적인 상태로까지 이어질 수 있다. 혈압이 매우 높거나 이 상태가 지속되어 합병증이 생긴 환자는 머리가 아프고 눈이 침침해지거나 숨이 가쁘고 어지럽거나 코피가 나며 몸이 붓는 증상이 나타날 수 있다. 그러나 증상이 없더라도 치료하지 않으면 여러 가지 합병증이 생길 수 있다. 우리나라 고혈압 유병률은 2008년 26.9%, 2014년 25.5%에 달한다.

고혈압은 발생 원인에 따라 일차성 고혈압과 이차성 고혈압으로 나뉘며 원인은 복합적이다. 일차성 고혈압은 본태성 고혈압이라고도 하며 명확한 의학적 원인은 없으나 유전적인 영향을 받는 것으로 알려져 있고 전체 고혈압 환자의 약 90~95%를 차지한다. 나머지 5~10%의 경우가 이차성 고혈압이며 원인은 만성 신장 질환, 약물, 심장 질환 등 특정 질환에 의해 발생한다.

통계적으로 보면 노화(45세 이상), 가족력, 성별, 잘못된 식습관, 과다한 염분 섭취, 운동 부족, 비만, 흡연, 과음, 스트레스, 약물 복용 등이 고혈압의 발생 요인으로 꼽힌다. 이 중 나이와 성별, 가족력은 조절할 수 없는 위험 인자이지만 나머지는 본인의 의지와 노력에 의해 충분히 조절할 수 있다.

● 고혈압을 낮추는 생활습관

- **금연한다** : 흡연은 혈압을 상승시키고 심박동 수를 늘리며 혈관이 좁아지고 딱딱해지는 동맥경화증의 발생을 증가시킨다. 특히 비만, 고혈압이 있는 경우 흡연을 하면 협심증과 심근경색증에 걸릴 확률이 더욱 높아진다.
- **7시간 이상 숙면을 취한다** : 규칙적인 수면 습관은 면역력 향상에 도움을 준다.
- **스트레스는 그때그때 푼다** : 자신에게 맞는 방법을 찾아 제때에 풀어주는 것이 중요하며 긍정적인 생각을 하고 자주 웃는 것도 면역력 향상에 도움이 된다.
- **가벼운 산책이나 운동을 즐긴다** : 피곤할 정도의 운동은 오히려 혈압을 높일 수 있다. 가벼운 산책이나 조깅, 수영, 자전거 타기 등의 유산소 운동이 효과적이다.

24시간 활동 혈압을 아시나요?

혈압은 감정 변화가 있거나 신체적인 활동이 많을 경우 내지는 낮과 밤에 따라서 변동이 있을 수 있다. 밤에 잠을 잘 때는 신체 활동이 거의 없어 혈압이 떨어지고 아침에 활동량이 많아지면 혈압이 오르는 등 혈압은 일상생활에서 수시로 변한다. 평소 정상 혈압이거나 고혈압이지만 집에서 측정한 경우와 다르게 유독 병원에 가서 의사나 간호사를 보면 긴장하여 혈압이 더 오르는 사람이 있다. 이런 경우를 '백의(白衣) 고혈압'이라고 하는데 고혈압으로 진단받은 사람의 약 20% 정도를 차지한다. 이렇게 혈압이 들쭉날쭉 정확하지 않은 사람들의 고혈압을 진단하는 데 효과적인 것이 '24시간 활동 혈압 측정'이다. 측정 방법은 활동 혈압 측정기를 부착하고 일상생활을 하면서 하루 동안의 혈압을 측정하는 것이다. 이는 아침에 일어나서 급격하게 혈압이 올라가는지, 반대로 야간에 얼마나 혈압이 내려가는지 등을 정확하게 분석하여 심혈관 질환의 위험성을 파악하고 치료 여부를 결정하는 데 활용할 수 있다.

02 ㅣ 당뇨병

포도당은 우리 몸이 사용하는 가장 기본적인 에너지원이며 혈액 속의 포도당 농도를 혈당이라고 한다. 혈당은 췌장에서 생산되는 인슐린이라는 호르몬에 의해 일정한 수준으로 유지된다. 당뇨병은 인슐린의 분비량이 부족하거나 정상적인 기능이 이루어지지 않는 대사 질환의 일종으로, 혈중 포도당의 농도가 높아지고 소변으로 당이 배출되는 특징이 있으며, 고혈당으로 인하여 여러 증상 및 징후를 일으킨다.

당뇨병은 제1형과 제2형, 임신성, 기타 당뇨병으로 구분된다. 제1형 당뇨병은 '소아 당뇨병'이라고도 하며 선천적으로 인슐린 분비에 문제가 생기는 질환이다. 인슐린이 상대적으로 부족한 제2형 당뇨병은 인슐린 저항성을 특징으로 하는데, 인슐린 저항성이란 혈당을 낮추는 인슐린 기능이 떨어져 세포가 포도당을 효과적으로 연소하지 못하는 것을 말한다. 인슐린 저항성이 높을 경우, 췌장은 더욱 많은 인슐린을 만들어 내고 이로 인해 고혈압, 고지혈증, 심장병, 당뇨병 등의 질병을 초래할 수 있다. 제2형 당뇨병은 유전적인 요인과 식생활의 서구화에 따른 고열량·고지방·고단백의 식단, 비만, 운동 부족, 스트레스 등 환경적인 요인에 의해서도 발생한다. 기타 요인은 특정 유전자의 결함, 췌장이나 위 절제 수술, 감염, 약물 복용 등이 있다.

당뇨병은 삼다(三多) 증상, 즉 다음(多飮), 다식(多食), 다뇨(多尿)의 특징을 가지고 있다. 당뇨병에 걸리면 포도당이 수분을 끌고 소변으로 빠져 나가는데, 이 때문에 소변량이 늘어나고 몸 안에 수분이 부족하여 심한 갈증을 느끼게 된다. 또한 영양분이 빠져 나가기 때문에 피로감을 느끼고 잘 먹는데도 불구하고 체중이 감소한다. 또한 당뇨병은 특별한 증상이 없을 수도 있어서 당뇨병에 걸린지 모르고 지내다가 나중에 발견하는 경우도 종종 있다.

당뇨병의 진단은 소변 검사와 혈당 검사를 활용하며 소변 검사는 식사 후 1~2시간 후에 하는 것이 좋다. 혈당 검사에는 공복 시 혈당과 식사 2시간 후 혈당 검사가 있다.

● **당뇨병의 진단 기준**

구분	혈당(mg/dl)			
	공복	당부하검사 2시간	무작위	당화혈색소 Alc(%)
정상	100 미만	140 미만		5.7 미만
당뇨병 전 단계	100~125	140~199		5.7~6.4
당뇨병	126 이상	200 이상	200 이상	6.5 이상

미국 조지워싱턴대가 2013년 발표한 '당뇨병 치료' 연구에 의하면 저녁 식사 후 15분간 걷는 것이 오전·오후에 걷는 것과 트레드밀을 지속적으로 뛰는 것보다 혈당 감소 효과가 큰 것으로 나타났다. 당뇨병의 합병증이 심하거나 간장이 나쁜 경우 또는 동맥경화증이 심한 때는 식후에 심한 운동을 할 경우 심장과 혈관에 무리가 될 수 있으므로 주의한다. 운동시간은 가능한 매일 같은 시각에, 식후 30분에 시작하여 30분 내지 1시간씩 하는 것이 효과적이다. 무리한 운동으로 너무 많이

땀을 흘리는 것보다는 산책, 조깅, 맨손체조, 자전거 타기 등의 가벼운 전신 운동이 좋다.

당뇨병을 치료하는 데 있어서 가장 중요한 부분은 식이 요법이다. 자신에게 알맞은 열량을 3대 영양소의 배분에 맞춰 균형 있게 섭취하고 비타민과 무기질을 적절히 섭취하며 교육을 통해 규칙적인 식습관에 대해 충분히 이해한 후 실천해야 한다. 더불어 적절한 운동요법과 필요에 따라서는 경구혈당강하제나 인슐린 주사 등 다른 치료 방법과의 조화가 필요하다.

적절한 열량 섭취 및 규칙적인 식사는 혈당 조절에 도움이 된다. 설탕이나 꿀 등 단순당은 소화와 흡수가 빨라 혈당 상승을 촉진시키며 식이섬유소는 혈당과 혈중지방의 농도를 낮추는 데 효과가 있어 혈당 조절과 심장순환계 질환의 예방에 도움이 된다. 또한 동물성 지방은 심혈관계 질환의 위험을 증가시킬 수 있으므로 동물성 기름을 가급적 줄이고 식물성 기름으로 적정량을 섭취한다. 소금을 많이 섭취할 경우 혈압이 높아지므로 싱겁게 먹어야 하며 술은 영양소가 없고 열량이 많으므로 피하는 것이 좋다.

한편, 대한당뇨병학회는 홈페이지에 당뇨병 환자의 일일 필요열량을 계산해 주는 프로그램을 제공하고 있다. 성별, 키, 체중 등의 간단한 자료를 입력하면 쉽게 확인할 수 있다.

03 ㅣ 고지혈증

고지혈증이란 혈액 속의 지방 성분이 높은 것을 말한다. 우리가 먹는 지방은 장에서 흡수되어 간에 저장되는데 간은 지방을 콜레스테롤로 바꾸어 혈액으로 내보낸다. 콜레스테롤은 지방의 흡수를 돕는 담즙산을 만드는 원료가 되며 세포막을 만들고 유지하거나 호르몬을 합성하는 데에도 이용하지만 건강을 유지하기 위해서는 적절한 양을 섭취하는 것이 좋다. 콜레스테롤은 좋은 콜레스테롤인 HDL(고밀도 지단백 콜레스테롤)과 나쁜 콜레스테롤인 LDL(저밀도 지단백 콜레스테롤)이 있으며 LDL 콜레스테롤이 많아지면 혈관 안에 침착되어 혈관이 좁아지고 딱딱해지는 동맥경화나 당뇨병, 고혈압, 심혈관계 질환이나 간 질환, 피부나 눈꺼풀에 콜레스테롤이 침착되어 생기는 황색종 등을 유발한다.

동맥경화를 예방하기 위해서 고지혈증 관리가 매우 중요하다. 고지혈증은 지방 섭취를 제한하는 식사 조절과 규칙적인 운동 습관을 통해 적절한 체중을 유지하는 것만으로도 많은 개선이 된다. 운동을 지속하게 되면 좋은 콜레스테롤인 HDL은 증가하고 중성지방은 감소한다. 그래도 개선이 어려운 경우 약물치료를 병행한다.

구분	조절 목표
총콜레스테롤	180mg/dL 미만
중성지방	150mg/dL 미만
나쁜(LDL) 콜레스테롤	100mg/dL 미만
좋은 (HDL) 콜레스테롤	• 남: 40mg/dL 이상 • 여: 50mg/dL 이상

04 ㅣ 뇌졸중

뇌로 가는 혈류에 문제가 생겨 막히게 되면 매우 위급한 상황이 된다. 빠른 시간 내에 조치를 취하지 않으면 뇌세포가 죽어 다시 돌이킬 수 없는 상황이 되기 때문이다. 뇌졸중은 크게 뇌에 혈액을 공급하는 혈관이 막혀서 발생하는 '허혈성 뇌졸중'과 뇌로 가는 혈관이 터지면서 출혈이 생기는 '출혈성 뇌졸중'으로 나눌 수 있다. 이 외에도 잠깐 동안 혈류 공급이 중단되어 생기는, 작은 뇌졸중이라 불리는 '일과성 허혈 발작'이 있다.

전체 뇌졸중의 80% 정도를 차지하는 허혈성 뇌졸중은 뇌로 가는 혈관에 혈액의 공급이 중단되어 뇌 조직이 죽는 것으로, 혈전이라고 하는 굳은 혈액 덩어리가 뇌혈관을 막아서 발생한다. 심장에서 만들어진 혈전이 혈관을 따라 돌아다니다가 뇌동맥을 막을 경우는 뇌색전증, 뇌혈관 벽에서 생긴 혈전에 의해 점점 좁아진 혈관이 막히는 경우는 뇌혈전증이라고 한다.

전체 뇌졸중의 20%를 차지하는 출혈성 뇌졸중은 뇌에 혈액을 공급하는 뇌혈관이 출혈을 일으키면서 발생하며 뇌 신경이 손상되고 출혈로 인해 뇌 조직이 눌리거나 수축되면서 또 다른 뇌 손상이 올 수 있다. 뇌출혈은 여러 가지 원인에 의해 발생하는데 발생 부위에 따라 뇌실질 내 출혈과 지주막하 출혈로 구분한다.

뇌졸중의 증상은 가벼운 두통에서부터 우리가 잘 알고 있는 반신마비, 감각 장애, 실어증이나 발음이 부정확한 언어 장애, 손과 발이 마음대로 조절되지 않는 운동 실조, 대뇌의 가장 뒷부분에 뇌졸중이 생겼을 때 나타나는 시력 장애, 음식물을 삼키기가 어렵고 침을 흘리는 연하 장애, 지적 능력과 감정 조절이 안 되는 치매, 혼수상태와 같은 의식 장애, 식물인간 상태 등이 있다.

평소 과도한 음주나 심한 스트레스, 지나치게 격렬한 운동이나 과로는 뇌졸중의 발생률을 높인다. 또한 혈압이 매우 높거나 변비가 심해서 배변을 할 때 힘이 많이 들어가는 경우, 고령의 나이에 사우나 등 뜨거운 곳에 오래 있는 것도 뇌졸중 위험을 높이므로 주의하는 것이 좋다.

제 ❹ 절 음주와 흡연은 최대의 적

01 | 예방의학이 중요하다.

국민들의 건강 유지를 위해 가장 중요한 것은 개인 스스로 건강 관리를 하는 것이다. 그러나 대부분의 사람들은 질병이 생기고 난 후부터 건강 관리에 소홀했던 것을 후회하고 건강에 대해 새로운 인식을 하게 된다. 우리는 질병을 이겨 낸 사례들을 여러 매체를 통해 흔히 접하고 있다. 그 사례의 많은 주인공들은 질병이 생기기 전 건강 관리에 소홀했던 것을 후회한다.

나건강 씨도 아버지가 편찮으신 이후로 달라져야겠다는 생각을 하였다. 제일 먼저 해야 할 일이 술과 담배를 끊는 것이었다. 그러나 하루의 스트레스를 술 한잔 하면서 풀었던 나건강 씨에게 이것은 결코 쉽지 않은 일이다. 또 금연 운동이 더욱 강화되고 흡연 구역도 줄어서 흡연량이 예전에 비해 준 것은 사실이지만 완전히 끊기란 여간 힘든 게 아니다. 그래서 나건강 씨는 정부에서 지원하고 있는 금연 프로그램을 이용해 보기로 마음먹었다. 먼저 전화로 상담을 해 보니 치료약과 보조제 등을 제공해 주고 그래도 성공하지 못하면 캠프 프로그램에 참여하는 방법도 있다고 한다. 일단은 치료약과 보조제를 받아 왔다. 작심삼일이 되지 않기를 바라고 또 바라면서 말이다.

세계보건기구(WHO)에 따르면 한국인의 평균 수명은 80세, 건강 수명은 71세이다. 그렇다면 질병을 가진 상태로 10여 년을 병치레하면서 살아야 한다는 결론이 나온다. 여기에는 육체적, 정신적 고통 이외에도 재정적인 고통이 따른다. 건강에 영향을 주는 요인들은 식습관, 흡연, 음주, 신체 활동, 수면 습관, 정서적 안정, 그리고 우리가 생활하는 환경적인 요인 등 매우 다양하며 서로 연관성이 있다. 국제질병부담(GBD) 연구에서는 사망의 40%가 이러한 건강 위험 요인에 기인한다고 하였다. 또한 흡연과 음주에 의한 사망률이 선진국은 감소하고 있는 반면, 우리나라는 2000년에 비해 오히려 증가하는 추세를 보이고 있다.

다음에서는 우리가 그 해로움을 너무나 잘 알고 있으면서도 쉽게 끊지 못하는 흡연과 음주에 대해 알아보자.

02 ㅣ 흡연

흡연은 폐암 등의 암뿐만 아니라 심혈관계 질환과 호흡기계 질환 등 많은 질환의 강력한 위험 요인으로 밝혀져 있다. 담배에는 4,000여 가지의 화학 물질과 최소 250종 이상의 유해 물질이 들어 있으며 그중 60여 종이 발암 물질이다.

담배는 불에 탈 때 중심 온도가 섭씨 900도에 이르고 담배 속의 물질이 열분해, 열합성, 증류, 승화, 수소화, 산화, 탈수화 등의 과정을 거쳐 여러 가지 화학물질이 생겨난다. 특히 청소년기에 시작된 흡연은 신체적·정신적 발달에 직접적으로 악영향을 미칠 뿐 아니라 비행과의 관련성 등 많은 문제를 내포하고 있다. 또한 간접흡연에 노출된 어린이와 비흡연자는 조기 사망이나 질병 발생의 위험성이 높아진다. 전 세계적으로 매년 600만 명이 흡연으로 인해 사망하고 있으며, 비흡연자가 간접흡연에 노출된 경우에도 60만 명 이상이 사망하는 것으로 보고되고 있다. 현재 흡연자의 절반은 흡연과 관련된 질병으로 사망하였으며, 이러한 추세로 2030년이 되면 연간 800만 명 이상이 흡연에 의한 질병으로 사망할 것으로 예상된다.

과거 우리나라의 남성 흡연율은 매우 높았으나 여성 흡연율은 낮았다. 현재는 정부에서 시행하고 있는 다양한 금연 운동으로 남성의 흡연율이 2008년 47.7%에서 2013년 42.1%로 감소하였으나 여성의 흡연율은 큰 차이가 없었다. 청소년은 2015년 담뱃값 인상, 금연 교육 강화 등 정책 강화와 사회적 인식변화 등으로 흡연율이 전년 대비 15% 감소되었다.

국민건강보험공단은 2014년 4월 서울중앙지방법원에 3곳의 담배회사를 상대로 소송을 제기해 치열한 싸움을 벌이고 있다. 흡연과 폐암의 법적 인과관계를 놓고 외국계 담배회사의 공동 책임을 요구하고 있는데 그 내용은 건강보험공단이 하루 1갑씩 20년간, 30년 이상 흡연한 폐암 환자 3,484명에 대해 지급한 진료비를 공동 부담하라는 것이다. 폐암이 단지 흡연만으로 생기는 것이 아니라 생물학적이나 환경적인 다양한 요인으로 발생할 수 있지만 흡연으로 인해 국민의 사망률이 높아진 지금 담배회사들이 단지 이윤 추구만을 위해 지금까지 해 왔던 일들을 스스로 돌아봐야 한다는 것이 건강보험공단의 입장이다.

담배의 역사

담배는 마야문명을 일으킨 마야족이 처음 피우기 시작해 아메리카 인디언들에 의해 유럽으로 전파되면서 전 세계로 보급되었다. 그 후 우리나라에 담배가 들어오게 된 것은 여러 가지 설이 있으나 임진왜란을 전후로 하여 서양에서 담배가 들어왔던 일본을 통해 전파되었다는 것이 가장 유력하다. 의학적으로는 말도 안 되지만 처음에는 담배가 통증을 완화시켜주는 진통제의 역할을 하였다. 복통이 심할 때에도 담배를 피웠고, 치통이 있을 때에는 담배 연기를 입 안에 품었으며, 곤충에 물렸을 때 담배를 피운 후 침을 바르면 낫는다고 생각하였다.

담배의 성분

담배의 대표적인 독성 물질은 타르와 니코틴, 일산화탄소 등이다. 맹독성을 가진 타르는 하나의 화합물이 아니라 담배 성분에서 니코틴과 일산화탄소 및 기체 성분을 제외한 나머지를 말한다. 대부분의 해로운 성분이 일반적으로 담뱃진이라고 하는 타르 속에 들어 있다. 이 맹독 성분 때문에 담배는 산에서 뱀을 퇴치하는 수단으로 사용하였으며 담배꽁초를 모아 화장실에 두어 구더기가 생기는 것을 막는 데 사용하기도 하였다. 담배의 독특한 맛은 이 타르 때문이며 담배를 피우면 타르가 폐로 운반되고 혈액으로 스며들어 우리 몸의 모든 장기에 피해를 주게 되며 국소적으로 만성염증을 일으킨다.

니코틴은 마약처럼 습관성 중독을 일으키는 주범이다. 담배를 쉽게 끊지 못하는 것도 이 니코틴의 역할이다. 담배 한 개비에는 1~2mg의 니코틴이 함유되어 있고 성인의 니코틴 치사량은 체중 1kg당 1mg이다. 니코틴은 몸에 들어오면 말초 혈관을 수축시키고 산소 공급을 저하시켜 혈액 내 나쁜 콜레스테롤이 증가해 동맥경화증을 유발한다. 또한 혈액 순환 장애로 발이나 손의 말초 조직이 썩어 들어가는 버거씨병 등이 생길 수 있고, 과량 섭취 시 호흡곤란이 일어나고 사망에까지 이를 수 있다. 관상동맥 질환으로 인한 사망은 65세 이상의 남성 25%, 65세 이하의 남성 45%가 흡연에 의한 것이고 여성도 하루 25개비 이상의 흡연을 할 경우 치명적인 관상동맥 질환의 위험도가 5.5배, 비치명적인 관상동맥 질환의 위험도가 5.8배, 협심증의 위험도가 2.8배 높아진다. 또 하루 1~4개비 정도의 적은 양의 흡연도 관상동맥 질환의 위험도를 2배 이상 증가시킨다. 이 외에도 불임과 건선, 백내장, 충치, 골다공증, 손가락 변색, 정자 변형 등의 질병을 유발한다. 적은 양의 니코틴은 신경계에 작용하여 교감 및 부교감 신경을 흥분시켜 일시적으로 쾌감을 얻게 하지만 많은 양의 니코틴은 신경을 마비시켜 환각 상태에 빠지게 하고 사망에까지 이를 수 있다.

이 외에도 담배에는 기체 성분 물질인 일산화탄소가 있는데 일산화탄소는 자동차 배기가스의 주요 성분이며 연탄을 피워 실내를 따뜻하게 하던 옛 시절에 흔히 있었던 연탄가스 중독의 주범이다. 일산화탄소는 혈액 내 산소 운반 능력을 떨어뜨려 저산소증을 일으키고 노화를 촉진시킨다.

한편, 미국은 흡연을 만성질환으로 규정하고 있다. 개인의 의지로 끊기가 어려운 경우 약물치료를 병행하는 것이 좋다. 현대인들은 대기오염과 미세먼지 등 매우 나쁜 환경 속에서 살고 있다. 여기에 흡연까지 한다는 것은 불난 집에 부채질하는 격이나 다름없다.

03 ㅣ 금연 정책

현재 전국 18개 지역에서 금연 운영센터가 운영되고 있으며 금연 상담 전화(☎1544-9030)와 금연 상담 프로그램을 통해 30일간 금연 프로그램을 진행하고 이후 1년까지 지속적인 금연을 위해 관리를 받을 수 있다. 전국 보건소의 금연 클리닉에서는 금연 상담, 금연 보조제 및 치료 서비스를 무료로 제공하고 있다. 또한 국민건강보험공단은 금연 치료에 참여하고 있는 의료기관과 약국을 통해 1년에 2번(차수)까지 치료를 희망하는 모든 국민에게 8주 프로그램을 통하여 상담과 금연 치료 의약품 또는 금연 보조제(니코틴 패치, 껌, 정제) 투약(구입) 비용의 일부를 제공하고 있다. 등록자에게는 금연 성공 가이드북을 제공하여 금연 치료 과정에서 나타나는 금단 증상과 대처 방법 등을 손쉽게 알 수 있도록 안내하고 있다. 이 외에도 금연 의지가 있으나 혼자서 금연하기 어려운 흡연자를 돕기 위해 집중치료형과 일반지원형으로 나누어 단기 금연 캠프 프로그램이 운영되고 있다. 기존 금연 지원 서비스를 이용하기 어려운 학교 밖 청소년, 대학생, 여성을 위해 금연 전문가가 직접 찾아가서 금연 상담, 금연 보조제 제공 및 금연 교육 등을 제공한다. 5인~20인 이상의 단체가 신청할 수 있으며, 6개월간 금연 서비스를 이용할 수 있다.

04 ㅣ 음주

《동의보감》에는 술의 성질에 대해 맛은 쓰면서 달고 매우며, 뜨겁고 독이 있다고 표현되어 있다. 술은 적절히 마시면 약이 되고 지나치면 독이 된다는 말이 있는

데 이는 음주의 양면성을 표현한 것으로, 적절한 술은 개인과 사회에 긍정적으로 작용할 수도 있지만 지나칠 경우 해가 될 수 있다는 말이다. 적당한 음주가 심장 질환을 없애고 인간의 수명을 연장시킬 수도 있다는 연구 결과가 계속 나오고 있지만 문제는 과음이다. 한국인은 다른 나라 사람들에 비해 직장이나 모임에서 술을 마실 기회가 많고 술자리가 업무의 연속이 되는 경우도 자주 있다. 술잔을 돌리는 문화나 단시간에 빨리 마시기, 폭탄주 마시기, 원샷하기, 심지어는 술 마시기 게임까지 하는 경우도 있다. 물론 예전에 비해 술에 대한 과학적 지식이 보편화되고 건전한 음주 관리 문화가 생겨난 것은 맞지만 경제난과 스트레스 등으로 마음이 답답할 때 위로가 되는 친구라는 이유로 술과 가까이 하는 경우가 많다.

술을 마시고 폭력을 일삼는 가정 폭력에 이어 최근에는 데이트 폭력이라는 용어가 생겼다. 특히 음주 상태에서 벌어지는 데이트 폭력의 경우 더욱 심각한 강력 범죄로 이어질 가능성이 높다. 적당한 술은 기분을 좋게 하고 심장의 기능을 좋아지게 할 수 있지만 과음을 하면 뇌의 중추신경계를 마비시켜 신체 조직을 해칠 뿐 아니라 우리의 정상적인 정신 기능에도 영향을 미쳐 기억력, 사고력, 판단력, 언어 표현력, 운동 능력을 떨어뜨린다. 평상시 아무리 맑은 정신으로 올바른 행동을 하는 사람이라도 과음 상태에서는 부적절한 행동을 하게 될 수 있다. 이러한 행동은 습관화되어 신체적·언어적 폭력을 유발하고 대인 관계에 심각한 문제를 초래한다. 따라서 술에 대한 과학적인 지식이 연구·전파되어야 하며 건전한 음주 관리법이 교육되어야 한다.

05 ｜ 알코올 대사의 일반 과정

술이란 알코올 도수 1도 이상이 함유된 음료를 말한다. 우리 몸에 들어온 음식은 위를 거쳐 소장에서 영양분이 흡수되는데 술은 위와 소장에서 흡수된다. 흡수 속도는 술의 알코올 함량과 첨가 물질, 같이 먹게 되는 음식에 따라 다르며 술을 마신 후 20분~120분 사이에 최고 혈중농도가 된다. 공복에 술을 마시면 위가 비어 있어 알코올을 위에서 더 빨리 흡수시키기 때문에 취기가 빨리 올라온다. 흡수된 알코올의 일부는 폐와 소변 및 땀으로 배설되며 나머지는 주로 간에서 대사 과정을 거쳐 처리하게 된다. 술을 마신 사람에게서 술 냄새가 나는 것도 이 때문이다.

간은 알코올 분해 효소로 술을 아세트알데히드라는 물질로 변환시킨다. 이 아세트알데히드는 독성 물질이자 발암물질로 알려져 있으며, 술을 마시고 난 후 머리가 아프고 구토 증상 등이 나타나는 이유도 이 물질의 작용 때문이다. 1g의 알코올은 7kcal의 열량을 내지만 열량 이외의 영양소는 거의 없다. 이는 지방이 1g당 9kcal의 열량을 내는 것과 비교하면 매우 높은 열량임을 알 수 있다. 열량은 높지만 필수영양소, 비타민 B1, 나이아신, 콜린 등의 결핍을 일으키고 소변의 양을 증가시켜 무기질 등의 영양소를 배출시키기 때문에 체액의 균형을 깨트린다. 알코올 분해 능력은 개인차가 있으며 아세트알데히드는 다시 대사 과정을 거쳐 이산화탄소와 물로 최종 분해된다. 과음을 하게 되면 흔히 오바이트(over eat)라고 하는 구토 증상이 나타난다. 이는 알코올의 흡수를 줄이기 위해 나타나는 신체의 방어 작용으로 식도와 위장을 이어주는 분문이 열리게 되어 오심을 느끼고 구토를 하게 된다. 반복적인 구토는 위산의 역류로 식도 점막이 손상되고 치아까지 손상되는 결과를 낳는다.

간은 화학 공장이라고도 불리는데 이는 우리 몸의 장기 중 가장 크고 많은 일을 해내는 복잡한 장기이기 때문이다. 간은 영양소를 가공·저장하고, 단백질을 합성시키며, 혈당을 조절하고, 호르몬의 균형을 유지시키며, 면역에도 관여하고, 몸 안에 들어온 독소를 해독하는 일도 한다. 알코올도 우리 몸에서는 독소로 인식되어 간에서 처리하게 된다. 술을 많이 마시게 되면 간에서는 알코올을 지방으로 저장하고 단백질도 축적이 되어 많은 양의 수분을 저장하게 되는데 만성 음주자에게서 지방간과 간이 비대해지는 현상이 나타나는 것은 이 때문이다. 간이 비대해지면 간 내의 영양소와 산소 분포가 원활하지 못해 간세포가 괴사된다.

알코올이 우리 몸에 미치는 영향은 이 외에도 너무나 많다. 췌장은 음식물 소화에 필요한 효소를 생산하는 곳으로 단백질을 분해하고 인슐린을 분비시켜 혈당을 조절하는 중요한 역할을 한다. 장기간 과음을 하면 알코올이 췌장 내에 있는 불필요한 효소들을 활성화시켜 췌장이 만들어 낸 효소에 의해 파괴되고 급성 췌장염을 동반한다. 이 상태가 계속되면 만성췌장염으로 악화될 가능성이 높아진다. 또한 미량의 술을 마시면 혈액 속의 좋은 콜레스테롤인 HDL(High Density Lipopotein, 고밀도 지단백)을 증가시켜 관상동맥 질환의 발생률을 낮춰주지만 과도하게 마실 경우 에피네프린, 레닌, 알도스테론 등의 각종 호르몬이 분비되어 혈압을 상승시키고 관상동맥 질환의 발생률을 높인다.

하루 5잔 이상의 음주는 우리나라 주요 사망 원인 중의 하나인 뇌졸중의 위험률을 4배 이상 증가시키며 알코올성 치매 질환에 걸릴 가능성도 높아진다. 이 외에도 과도한 음주는 암의 발생률을 증가시키고 남성의 경우 성욕 감퇴, 피부 노화를, 임산부의 경우 선천성 기형아를 낳을 가능성을 높인다.

06 ㅣ 건강을 위한 음주법

- 공복 시 음주를 피한다.
- 과음을 피한다.
- 술과 다른 약물을 동시에 먹지 않는다.
- 술을 무리하게 권하지 않는다.
- 즐겁게 대화하며 마신다.
- 매일 계속해서 술을 마시지 않는다.
- 급하지 않게 천천히 마신다.
- 취하는 속도가 빨라졌을 경우 즉시 검사를 받는다.

[사례 1]

직장인 최(남·50세) 씨는 지난달 받은 건강검진에서 공복혈당 112mg/dl로 내당능장애 판정을 받았다. 내당능장애란 당뇨병의 전 단계로 공복혈당 기준 100~125mg/dl 당화혈색소 5.7~6.4%에 해당한다. 당뇨는 식습관과 유전, 노화, 스트레스, 운동 부족 등 여러 가지 원인에 의해서 발생하며 췌장에서 분비되는 체내의 혈당을 조절하는 인슐린의 분비가 정상적이지 않아 혈액 속의 혈당이 높은 상태를 말한다. 눈과 신장, 심장과 발 등에 심각한 합병증을 일으켜 사망까지 할 수 있는 무서운 병이기에 지속적인 관리와 치료가 필요하다. 내당능장애의 25% 정도가 5년 이내에, 60%가 10년 이내에 당뇨병으로 진행되는데, 평소 뚜렷한 증상이 없어 건강검진을 받지 않으면 잘 모르고 지나가는 경우가 많다. 최 씨는 평소 기름지고 단 음식을 좋아하고 술자리도 자주 있는 편이나 운동은 거의 하지 않는다. 당뇨병은 세균에 감염되듯 하루아침에 발병하는 게 아니라 오랜 시간 잘못된 식습관과 생활습관에 의해 천천히 진행되는 질병이다. 따라서 건강검진을 통해 질병을 조기에 발견하는 것뿐만 아니라 미리 예방하는 것이 반드시 필요하다. 최 씨는 평소 생활습관을 바꾸어 당뇨병으로 진행되지 않도록 꾸준히 노력할 것이라고 다짐하였다.

[사례 2]

외국계 회사에 다니고 있는 유모 씨는 얼마 전부터 복숭아뼈 쪽이 붓고 열이 나며 극심한 통증을 느꼈다. 처음에는 별거 아니겠지 했는데 증상은 더욱 심각해져서 걷는 것조차 힘들어져 병원을 찾으니 통풍(通風) 진단을 받았다. 그는 회사의 특성상 술자리가 잦은 편이고 작년부터는 체중이 많이 불어 있었다. 통풍은 '바람만 불어도 아프다'라는 뜻에서 붙여진 병명이다. 주로 육식이나 술을 즐기는 뚱뚱한 중년 이후의 남자가 걸릴 확률이 높고 서양에서는 왕이나 귀족들에게서 잘 생기는 병이라 하여 '황제병', '귀족병'이라 불렸다.

우리가 먹는 식품 중에는 '퓨린'이란 물질이 있는데 이 퓨린이 몸 안에서 '요산'이란 물질로 바뀐 후, 소변을 통해 배설되지 못하면 그대로 몸 안에 쌓여 관절에 통증을 일으키는데 이를 통풍이라고 한다. 통풍은 손가락, 무릎, 복사뼈 등 모든 관절 부위에 발생할 수 있으며 가장 많이 발생하는 곳은 엄지발가락의 안쪽 부위이다. 또한 요산이 신장에서 돌처럼 굳으면 '요산 결석'이 된다. 통풍 역시 고혈압, 당뇨, 이상지질혈증 등이 대표적인 위험 인자이다. 통풍이 심한 경우 요산저하제를 복용해야 하며 체중을 줄여야 한다. 그러나 지나치게 식사량을 줄이는 경우 오히려 요산 배출이 잘 되지 않아 통풍이 더 심해질 수 있으므로 영양소를 골고루 섭취하면서 양을 줄이는 방법으로 체중을 조절해야 한다. 또 술에는 퓨린이 많이 함유되어 있고 알코올 자체가 요산이 배출되는 것을 방해하므로 금해야 한다. 이 외에도 물을 많이 마셔서 신장을 통해 요산이 잘 빠져나가도록 해야 하며 기름기가 많은 음식을 줄여야 한다. 기름진 음식도 요산의 배출을 억제하므로 동물성 지방뿐 아니라 식물성 지방의 과다한 섭취를 줄이는 것이 통풍의 예방과 치료에 효과적이다.

교육적 시사점

우리가 무심코 반복하는 생활습관이 처음에는 몸에 큰 영향을 주지 않지만 점차 진행되어 여러 가지 합병증을 일으킨다. 생활습관병은 치료보다는 조절과 관리를 목적으로 하며 무엇보다 예방이 중요하다는 것을 반드시 명심하자.

1. 자신의 주관적 건강 상태를 체크해 보고 그 이유에 대해 말해 보자.

2. 현재 예전과 다르게 노화가 진행되고 있는 부분이 있다면 말해 보자.

3. 자신의 평소 생활습관에 대해 얘기해 보고 현재 생활습관병이 있는지 말해 보자.

4. 흡연과 음주가 건강에 미치는 영향에 대해 설명해 보자.

생체 리듬 건강도 체크리스트

문항	예	아니오
1. 아침에 일어나면 상쾌하고 기분이 좋다.		
2. 몸이 가벼워서 걸을 때 부담이 되지 않는다.		
3. 숨 쉬기가 힘들다는 생각이 들지 않는다.		
4. 일에 집중이 잘되는 편이며 머리가 맑다.		
5. 몸이 아프거나 쑤시지 않는다.		
6. 체중의 변화가 많지 않고 식욕이 좋은 편이다.		
7. 급하게 계단을 올라가도 별로 숨이 차지 않는다.		
8. 평소 어지럽거나 빈혈 증세가 없다.		
9. 일을 할 때는 주위 환경의 영향을 크게 받지 않는다.		
10. 무리해서 일을 하여도 심한 피로감을 느끼지 않는다.		
11. 문제 해결이 쉽고 빠른 편이다.		
12. 스트레스를 많이 받지 않는 편이다.		
13. 쉽게 잠들고 숙면을 취한다.		
14. 활동량이 많은 일도 잘 해내는 편이다.		
15. 손과 발끝이 저리거나 마비되는 일이 거의 없다.		

※ '예'라는 답이 나온 문항에 1점씩 가산하여 합산한다.

아주 건강	건강	보통	불건강	극히 불건강
14~15	12~13	8~11	4~7	0~3

고혈압을 낮추는 식습관

- 음식을 싱겁게 먹는다.
- 지방 섭취를 제한한다.
- 탄수화물을 적당히 섭취한다. 탄수화물을 과하게 먹을 경우 중성지방의 수치가 증가한다.
- 신선한 과일과 채소는 매일 충분히 섭취한다. 과일과 채소, 나물에 함유된 비타민 A·B·C·E 등은 항산화 작용이 있어 동맥경화와 심장 질환을 예방한다.
- 육류보다 두부나 콩 등의 섭취를 늘린다. 육류의 포화지방은 콜레스테롤 수치를 높인다. 따라서 쇠고기나 돼지고기 대신 콩이나 두부를 이용한 다양한 요리를 섭취한다.

02 _장 몸과 마음이 아름다워지는 노후 건강 지키기

제1절 스트레스, 피할 수 없다면 즐겨라
제2절 마음의 건강을 유지하라
제3절 뱃살과 당당하게 협상하라
제4절 꿀잠을 자는 습관을 가져라

학|습|목|표

• 스트레스를 이해하고 이를 완화하기 위한 방법에 대해 설명할 수 있다.
• 정신 건강의 중요성에 대해 설명할 수 있다.
• 비만의 원인과 진단을 통해 적절한 체중 관리 요령을 파악할 수 있다.
• 수면의 중요성을 알고 적정 수면을 취하는 방법에 대해 설명할 수 있다.

학|습|열|기

현대인은 수많은 스트레스 속에 살고 있다. 특히 은퇴를 앞두고 있는 중장년층인 베이비붐 세대에게는 직장에서 받는 스트레스뿐 아니라 자신의 노후 문제와 자녀 결혼, 부모님 부양 문제와 건강상의 문제 등 여러 가지가 원인이 된다. 이 때문에 우리나라 불면증 환자의 수는 점차 늘어가고 있는 추세이다. 수면의 부족은 몸과 마음을 혼란스럽게 하고 우울증과 비만 등의 질병으로 연결되기도 한다. 2장에서는 몸과 마음이 건강해지는 노후 건강을 위해 1절에서 스트레스의 이해와 완화 방법, 2절에서 마음이 건강하지 않을 경우 올 수 있는 질병들과 3절에서 비만의 원인과 진단을 통해 체중 관리의 필요성을 이해하고 4절에서 수면의 중요성과 적정 수면을 취하기 위한 방법에 대해 알아보겠다.

제 ❶ 절 스트레스, 피할 수 없다면 즐겨라

01 ㅣ 만병의 근원 스트레스

직장인 강 씨(남·49세)는 최근 피로가 심하고 눈이 침침하며 뒷목이 뻣뻣하고 두통이 자주 왔다. 최근 승진 문제와 직장 상사와의 갈등, 고 3인 아들의 대학 진학 문제로 몇 달간 고민이 많은 상태였다. 처음에는 증상이 가볍고 발생 빈도도 낮았는데 점점 증상이 심해지고 횟수도 잦아졌다. 숙면을 취할 수도 없었고 자고 일어나도 두통과 근육의 통증이 사라지지 않았다. 결국 강 씨는 병원을 찾았고 여러 가지 검진을 받은 결과 스트레스에 의한 증상이었다는 것을 알게 되었다. 스트레스는 만병의 근원이라는 말이 있듯이 마음의 불편함이 결국 강 씨의 몸에 영향을 주게 되었고 이 상황이 계속 악화되어 질병을 일으키게 된 것이다.

오늘날 사용하는 '스트레스'라는 용어는 19세기에 근원을 두며, 20세기에 들어서면서 의학계에 소개되었다. 스트레스란 어떤 개체에 가해지는 압력이나 물리적인 힘을 나타내는 용어로 이해되다가 인체에 적용되면서 정신과 신체 간에 예측할 수 있는 자극 상태를 의미하게 되었다. 스트레스를 받게 되면 인체는 여러 가지 반응이 나타나는데 이는 생리적 반응과 심리적인 반응으로 나뉜다.

우리 몸의 자율신경계는 대뇌의 지배를 받지 않고 무의식적으로 우리 몸의 기능을 자율적으로 움직이게 하는 역할을 한다. 우리가 숨을 쉬고 음식물을 먹었을 때 소화가 되는 것, 심장의 박동으로 혈액이 운반되는 것, 호르몬이 분비되는 것 등이 자율신경계의 역할이다. 자율신경계는 교감신경과 부교감신경의 적절한 길항 작용으로 우리 몸의 기능을 일정하게 유지시켜 준다.

스트레스를 받게 되면 교감신경이 활성화되어 심박동 수가 증가하고 혈압이 높아지며 호흡이 가빠진다. 이는 우리 몸의 조직에 빨리 혈액을 공급해서 산소와 영양분을 세포에 운반해 주고 노폐물을 더 빨리 없애기 위한 준비 작용으로 인한 것이다. 또 소화기관으로 가는 혈류는 감소되고 뇌와 주요 근육으로 가는 혈류가 증가되어 소화가 안 되는 증상이 생기며 신진대사가 활발해져 열을 발생시키기 때문에 체온 조절을 위해 땀을 흘리게 된다.

또한 우리 몸을 위협 상태로부터 보호하기 위해 코르티솔(cortisol)이라는 스트레스 호르몬이 분비되면서 위급 상황에서 즉시 몸 전체에 에너지를 공급할 수 있는 상태를 만든다. 지방세포는 지방산을, 근육세포는 단백질을 분해하여 에너지로 사용하고, 간은 저장한 글리코겐을 합성하여 세포에 에너지를 공급할 수 있도록 준비하는 것이다.

이 과정에서 코르티솔 호르몬은 혈액 속의 지방 및 포도당 수치를 높인다. 결국 만성적인 스트레스는 당뇨와 비만을 일으킬 수 있으며, 혈류량이 높아지고 혈압이 높아져 고혈압으로 인한 각종 합병증을 유발할 수 있다. 또한 코르티솔 호르몬은 식욕을 조절하는 호르몬의 정상적인 기능을 방해하고, 에너지로 사용하기 위한 지방조직을 축적시켜 비만의 위험을 높인다. 스트레스는 면역력을 떨어뜨려 감염에 대한 저항력을 악화시키기 때문에 질병에 걸릴 확률이 높아지고 몸의 긴장 상태가 지속되어 피로하고 무기력하거나 불안, 우울증, 두통, 과민성 대장 증후군, 불면증, 공포증 등을 발생시킬 수 있다.

삶은 스트레스의 연속이다. 괴로움, 긴장, 갈등만 스트레스가 아니라 결혼이나 새로운 환경에 적응하는 것 등의 즐거운 일들도 스트레스가 될 수 있다. 삶 속에서 스트레스로 인해 괴로운 상황은 헤아릴 수 없이 많다. 직장인들은 구조 조정과 업무에 대한 압박감이, 주부에게는 임신과 육아 그리고 시댁과의 갈등이, 학생에게는 공부나 교우 관계가 스트레스이며 직장이나 사업체에서의 대인관계, 승진, 실직, 결혼과 이혼, 투병, 늙어가는 것, 가까운 사람의 질병과 죽음 등 어느 하나 스트레스가 아닌 것이 없다. 이른바 살아가는 것 자체가 괴로움이요, 인생은 고통의 바다라는 말이 그대로 공감된다.

어머니들이 자식 때문에 속상할 때 흔히 하는 '내가 너 때문에 늙는다 늙어'라는 말은 사실일까? 미국 샌프란시스코 캘리포니아대 정신의학과 엘리사 에펠 박사팀은 지속적인 스트레스를 받은 사람일수록 세포 안에서 세포가 분열할 때마다 그 길이가 짧아져서 그 세포의 생물학적 나이를 알려주는 텔로미어(telomere)의 길이가 더 짧다는 점을 밝혀냈다. 결국 스트레스를 많이 받은 사람이 세포 차원에서 더 늙는다는 의미이다. 에펠 박사는 스트레스를 심하게 받은 사람의 세포가 평균 9~17년 더 늙는다고 추정하였다.

그러나 스트레스가 모두 부정적이지만은 않다. 앨라배마 버밍햄 대학의 리처드 셸톤 박사는 적절한 스트레스는 두뇌 기능을 향상시키고 면역력을 증대시키며 스트레스에 대한 내성을 강화시키고 성공에 대한 동기 부여에 도움이 된다고 하였다.

02 ㅣ 스트레스를 잘 관리하려면

스트레스가 감당하기 어려울 정도이고 지속적인 경우 문제가 되기 때문에 결국 병에 걸리지 않으려면 스트레스를 적절하게 관리해야 한다.

스트레스 관리의 출발은 평소 규칙적인 습관을 가지는 것이다. 먼저 건강한 식사 습관을 유지하고 충분한 수면을 취한다. 수면은 6~8시간 정도가 적당하다. 규칙적인 운동도 도움이 된다. 일반적으로 걷기가 좋은데 1주일에 최소 세 번 이상 하루에 30~60분 정도 하는 것이 좋다.

스트레스를 적절히 이용하는 것도 도움이 된다. '왜 하필 나한테 이런 재수 없는 일'이라는 식의 생각보다는 피할 수 없는 경우라면 적절하게 수용하는 것이 바람직하다. 또한 해결할 수 있는 일이라면 적극적으로 대처하는 것도 스트레스를 가급적 적게 받는 방법 중 하나이다.

이완 요법과 명상도 스트레스를 관리하는 방법 중 하나이다. 편안한 자세를 취하고 깊고 천천히 숨을 마시고 내쉬는 복식호흡은 우리 몸속에 충분한 산소가 들어오고 노폐물을 배출시켜 대사가 잘 되도록 하며 마음과 몸이 이완되고 안정을 찾는 데 도움이 된다. 명상에는 추월명상과 선, 요가, 마인드컨트롤, 단전호흡 등이 있다.

제 ❷ 절 **마음의 건강을 유지하라**

01 ㅣ **마음을 다스리면 몸이 행복해진다.**

정신 건강이란 질병에 걸려 있지 않으며 만족스러운 인간관계를 맺고 이것을 유지해 나갈 수 있는 능력을 말한다. 즉, 정신 건강은 정신을 건강하게 유지하고 증진시키는 것으로, 일상생활을 독립적으로 처리해 나갈 수 있고, 스트레스에 적절히 대처하여 원만한 개인생활과 사회생활을 할 수 있는 상태이다. 우리가 흔히 행복해하고 만족해 하며 원하는 것을 성취하는 것 등의 정신적인 안녕 상태로 이해할 수 있다.

인간은 일생을 통해 끊임없이 발달과 변화가 일어나므로 생애 전체의 발달 주기에 따른 정신 건강을 이해하는 것이 매우 중요하다. 인간은 성장기를 거쳐 성인이 된다. 각각의 성장 과정마다 정신 건강을 유지하기 위한 노력이 필요하다. 성인기를 거쳐 중·장년기에 이르면 직업상의 스트레스, 부부간이나 고부간의 갈등, 가정에서의 갈등을 비롯해 지인들의 사망과 경제적인 갈등 등이 심신에 영향을 준다. 이로 인해 중·장년기는 신체적·정신적 질병을 얻는 경우가 많아지는 시기이다.

마음이 건강해야 신체도 건강해진다는 말이 있다. 그렇다면 정신 건강을 위해 우리가 노력할 수 있는 부분에 대해 생각해 보자. 스트레스를 이기는 가장 좋은 방법은 긍정 마인드를 갖는 것이다. 마음이 편해야 기분이 좋아지고 소화도 잘되며 표정도 밝아지고 혈액 순환도 잘된다. 그러나 나이가 들수록 웃을 일이 적어진다. 웃음 치료 프로그램에 참여해 보는 것도 좋은 계기가 될 수 있다. 억지로라도 웃는 표정을 지으면 뇌에서는 행복하다고 감지한다. 윌리엄 제임스는 "우리는 행복하기 때문에 웃는 것이 아니고 웃기 때문에 행복하다."라고 하였다.

많이 웃는 것이 면역력을 높이는 데 효과가 있는 것으로 알려져 있다. 웃음만으로도 각종 질병에 대처할 수 있는 면역력을 높일 수 있으므로 좋아하는 사람들과 즐거운 시간을 갖거나 유쾌한 TV 프로그램이나 영화를 보면서 웃을 수 있는 기회를 자주 만드는 것이 정신 건강에 매우 도움이 된다. 평소에 좋아하는 취미를 즐기거나 운동, 명상 등도 효과가 있다. 자연과 교감하는 것도 좋다. 등산이나 캠핑 내지는 가벼운 산책 등도 마음을 평화롭게 하고 자연의 아름다움을 느끼며 새로운 평온한 세상을 발견하는 좋은 기회가 될 것이다. 스트레스를 방치하면 신경 불안 장애나 우울증 같은 심각한 질환에 걸릴 수 있다. 모든 병은 예방과 초기 치료가 중요하므로 본인에게 맞는 적절한 방법으로 마음의 평화를 유지해 보자.

● 정신 건강을 유지하기 위한 방법

- 눈을 감고 잠시 명상하기.
- 과거의 행복했던 일을 떠올려 보기.
- 서로 잘 맞는 사람과 대화하기.
- 가볍게 산책하거나 운동하기.
- 자연과 소통하기.
- 스트레스를 해소할 수 있는 나만의 취미를 갖기.
- 웃는 연습을 해 보기.

하버드 대학교에서는 75년간 남성 724명을 대상으로 어떤 사람들이 더 행복하게 살게 되는지에 대해 연구를 진행하고 있다. 그동안 다양한 환경을 가진 그들의 인생을 추적해 왔으며 현재 생존하고 있는 남성들과 그 자녀에 대해 연구를 진행 중에 있다. 이 연구의 네 번째 총책임자인 로버트 월딩어에 의하면 "좋은 관계가 우리를 즐겁고 건강하게 만들어 준다."고 한다. 가족, 친구, 공동체와의 사회적 연결이 긴밀할수록 더 행복감을 느끼고 신체적으로 건강하며 수명이 길다는 것인데, 친구의 수나 공인된 관계와 상관없이 바람직하고 따뜻한 관계가 건강을 지켜 준다고 한다. 또한 좋은 관계는 우리의 몸뿐만 아니라 뇌도 보호해 주어 자신이 힘들 때 의지가 되어 줄 것이라는 애착으로 연결된 관계를 가진 사람들은 그렇지 않은 사람들보다 기억력이 더 선명하고 오래 간다고 한다. 결국 모든 관계에서 적극적으로 노력했던 사람들이 은퇴 후에도 행복한 삶을 살아간다는 것이다.

심리적인 건강을 위해 반드시 필요한 조건 중 하나는 가족 간의 좋은 관계, 특히 부부간의 만족스러운 관계이다. 은퇴 이후 삶이 길어졌다는 것은 부부가 함께 해야 할 시간이 그만큼 길어졌다는 뜻이며 이로 인해 원만한 부부관계가 행복한 노후를 결정짓는 데 중요한 역할을 한다. 부부관계가 원만한 사람들이 대부분 삶에 대한 만족도도 높다. 반면 부부간의 의사소통 결핍으로 결혼 생활이 불행해지고, 해결점을 찾지 못하여 갈등의 골이 깊어지면 심지어 황혼 이혼이라는 극단적인 선택을 하는 경우도 있다. 우리나라의 황혼 이혼은 매년 꾸준히 증가하고 있다. 은퇴 시기의 남편들은 신체 기능이 예전 같지 않고, 남성 호르몬이 감소하면서 점점 감성적으로 변하는 아담 증후군(adam syndrome)이나 삶의 전부를 잃은 것 같은 상실감을 느끼는 퇴직 증후군(layoff syndrome)을 경험하기도 한다. 반면 아내는 젊은 시절 남편이 바쁜 관계로 대부분의 시간을 혼자 지내야 했기에 본인만의 취미나 생활 패턴을 만들어 논 상태에서 남편의 은퇴가 부담이 될 수 있다. 아내도 이 시기에는 갱년기가 시작되면서 여러 가지 어려움이 따르는 시기이다. 이렇게 은퇴와 더불어 중년기 부부는 많은 변화를 겪게 되는데 이때 집안일의 분담 등 가정에서의 역할에 대해 각자의 노력이 필요하다. 은퇴 후 서로를 재발견하고 늘어난 둘만의 시간을 즐기며 그 시간이 그동안 열심히 살았던 세월에 대한 값진 선물이고 보상이라고 생각한다면 결혼 생활을 더 아름답게 꽃피울 수 있는 계기가 될 것이다. 매일 조금이라도 시간을 내서 각자 느끼는 변화와 생각을 얘기하고 서로 도울 수 있는 방법을 의논해 보는 노력을 기울여 보자. 이러한 노력이 부부간에 좋은 관계를 유지시켜 즐겁고 건강한 삶을 살 수 있는 지름길이 될 것이다.

02 ㅣ 중독의 유혹

은퇴 후 C 씨는 무엇보다 여유로운 시간을 즐기는 것이 좋았다. 직장에 다닐 때는 야근에 회식에 정신없이 살다가 은퇴를 하니 운동도 하고 텃밭에 채소도 심고 산책도 즐기며 그야말로 꿈같은 시간을 보냈다. 그러나 이런 시간도 몇 달이 지나니 지루하고 따분하게 느껴졌다. 그러던 중 오랜만에 전에 다니던 직장 동료를 만나 한잔하면서 즐거운 시간을 보내다 경마장에 관한 얘기를 들었다. 얼마 전 우연히 경마장에 갔는데 999배당에 맞았다는 것이다. 999배당이란 속칭 '대박 배당'이라고도 하는데 경마에서 100배 이상의 배당을 가리키는 말이다. 그날의 주제는 온통 경마 이야기였다. 며칠 후 C 씨는 화상 경마장을 찾았고 현재 도박 빚으로 인해 부인과도 이혼하고 고통의 나날을 보내고 있다.

"단 한 번의 기회가 왔다. 이번이 마지막이다." 영화 〈타짜〉의 대사 중 한 구절이다. 불확실한 미래에 대한 보상 심리로 인생 역전의 기회가 나에게도 올 수 있다는 기대 심리가 만들어낸 이런 현상은 생각보다 주위에 즐비하다. 잘나가던 연예인들 중에도 도박으로 물의를 일으키는 경우가 비일비재하다. 과거에는 주로 성인 남성이 도박에 빠졌지만 최근에는 여성과 청소년들도 도박의 유혹에 무방비로 노출되어 있다. 그렇다면 사람들은 도박이 위험하다는 것을 알면서도 왜 빠지는 걸까? 여기에는 여러 가지 복합적인 요인이 작용하는데, 우선 도박은 짜릿하고 스릴이 넘치며 재미가 있다. 그래서 쾌감을 느끼게 된다. 이 쾌감은 뇌에서 분비되는 쾌락 물질인 도파민이라는 신경전달 물질을 만들어 준다. 술을 마시면 기분이 좋아지는 이유도 이 도파민 때문이다. 하지만 모든 사람들이 술을 마신다고 해서 술꾼이 되지 않듯이 도박도 마찬가지이다. 어떤 사람은 도박을 그냥 재미로 즐기고 어떤 사람은 깊이 빠진다. 이런 현상은 성격이나 심리적인 요인 내지는 환경적·유전적인 요인이 영향을 미치고 복잡하게 얽혀 있어서 정확한 답을 내리기는 어렵다. 최근에 발표된 연구 결과를 보면 중독은 단순한 습관만의 문제가 아니라 뇌의 질병이라고 한다. 특히 어릴 때부터 내기를 좋아하고 구슬치기나 딱지치기를 해도 이겨야 직성이 풀리는 유형들이 나중에 도박 중독에 걸릴 위험성이 높다. 이들은 한 종류의 도박에서 그치지 않고 위험을 무릅쓰고 카지노, 경마 등 경쟁적이고 끊임없이 새로운 자극을 찾아 나선다. 도박도 술처럼 점점 액수를 늘려야 더 강한 쾌감을 느끼게 된다. 배팅 액수가 증가할수록 긴장감도 높아지지만 더욱 강한 흥분을 느낄 수 있기 때문이다.

현대 사회를 살아가는 사람들 중 대다수가 무언가에 중독되어 있다. 중독의 대상은 우리가 잘 알고 있는 알코올, 약물, 니코틴을 비롯해 쇼핑, 성형, 운동, 도박, 성, 카페인, 종교, 스마트폰 등 너무나 다양하다. 사람들은 때때로 찾아오는 공허함과 외로움을 대리 만족하거나 해소할 수 있는 무언가를 갈망한다. 이렇게 무언가에 중독된 사람들은 자신이 중독된 물질이나 행위를 끊임없이 반복하며 위안을 삼는다. 중독 현상은 우울증과도 매우 밀접한 관계를 가지고 있다. 우울증이 있으면 중독에 빠질 수 있고 반대로 중독 승상이 있으면 우울증이 찾아올 수 있기 때문이다. 도박 중독자들 중에는 '현실 도피형'이 많은데 이는 도박을 하는 중에는 걱정 근심을 잊을 수 있기 때문이다. 결국 우울하고 불안한 기분을 잊기 위해 도박에 몰두하게 되는 것이다. 도박 중독은 정신의학에서는 충동조절 장애의 일종으로 분류된다. 그러나 대부분의 중독자들은 본인이 중독자임을 인정하지 않는다. 도박 치료는 약물이나 인지행동 치료 등을 시행하지만 완치하기란 결코 쉽지 않다. 따라서 도박을 의도적으로 피하고 아예 상종하지 않는 것이 도박 중독을 예방하는 가장 현명한 방법일 것이다.

03 ㅣ 우울증, 화병 타파하기

삼겹살 전문점을 하고 있는 박(남·57세) 씨는 최근 경기 불황으로 매출이 자꾸 줄어 매달 고정 운영비를 제외하면 적자를 면치 못하고 있다. 30년 동안 직장생활을 하다 명예퇴직을 하고 받은 퇴직금으로 시작한 가게였다. 아이들은 어느 정도 키웠지만 장차 결혼 자금과 본인의 노후 생활 자금 등 여러 가지를 생각하면 앞으로의 미래가 막막해서 한숨만 나온다. 그동안 열심히 앞만 보며 살아왔는데도 남은 것이 없는 답답한 현실에 가슴이 먹먹하다.

우울증은 현재 치열한 경쟁 사회에서 학생들을 비롯하여 젊은 층에게도 흔하게 나타나는 증상이다. 그러나 대부분은 우울한 느낌의 정도가 심하지 않고, 저절로 없어지거나 기분 전환할 수 있는 계기가 생기면 바로 없어져 버린다. 우울증의 정도가 심해지면 대부분 신체적인 증상을 동반하는데 잠이 오지 않거나 잠이 들더라도 자주 깨고 식욕이 떨어지며 소화가 안 되고 두통, 피로감 등이 올 수 있다. 또한 슬픔이 깊어지고 심리적 감정의 기복도 커지며 심한 경우 자살로도 이어진다. 거식증과 폭식증 같은 섭식 장애와 약물 중독, 알코올 중독 등도 우울증과 연관되어 있는 경우가 많다. 우울증은 유전적인 요인과 뇌신경 전달 물질의 이상, 생활 속의 스트레스에 의해서도 생길 수 있으며 노인에게서 발생하는 우울증은 건망증이 심해져 치매와 혼동하는 경우가 많다. 우울증에 시달리는 사람들이 쉽게 의존하게 되는 것이 술인데 폭음을 하면 각종 질병에 걸릴 확률이 높아지므로 정신과 전문의에게 적절한 치료를 받는 것이 좋다. 요즘은 정신 건강을 위한 클리닉을 통해 마음의 건강을 회복하는 사람들이 많으며 정신과는 정신병자만 가는 곳이라는 편견이 사라지고 있다.

2015년 건강보험심사평가원에 따르면 최근 감정 기복이 심한 기분 장애 조울증의 40%가 40~50대 중년층으로 진료 인원이 9만여 명에 달하며, 5년간 70세 이상 노인층의 조울증 발병이 4.7% 증가하였다고 한다. 조울증은 우울한 기분이 지속되는 우울증과 달리 들뜬 상태(조증)와 우울한 상태(우울증)가 번갈아 나타나는 기분 장애로 서로 다른 두 가지 기분 상태가 나타난다는 의미에서 양극성 장애라고도 부른다. 대부분은 우울증으로 시작되는 경우가 많으며 젊은 나이에 발병하고 예후가 좋지 않아 주의가 필요하다. 정확한 진단과 치료가 필요하고 더불어 규칙적인 수면, 식사, 운동 등이 증상 조절에 도움을 줄 수 있다.

우울증, 정신 불안과 비슷한 것으로 우리나라 고유의 문화로 인한 정신 질환 증세인 화병이 있다. 미국정신의학회에는 우리말 그대로 'Hwa-byung(화병)'이라고 표기되어 있다. 화병은 속상한 감정을 꾹꾹 눌러 담았다가 폭발하여 생기는 질환이다. 직장인과 학생, 퇴직자와 주부들한테서 많이 발생하며 특히 남성보다는 중년 여성에게서 더 많이 나타난다. 남편과 시댁과의 갈등이나 만족스럽지 못한 결혼 생활, 가난, 사회적 좌절 등으로 인한 스트레스가 원인으로 작용하며 화병에 걸린 사람들은 그 증상을 목에 덩어리가 있는 듯 꽉 막히고 사는 재미도 없고, 울고만 싶어지고 가슴에 뜨거운 불덩이 같은 열이 뻗치면서 올라온다고 표현한다. 이런 경우 스트레스로 인해 행복한 감정을 느낄 수 있게 해 주는 세로토닌 등의 신경전달 물질의 분비가 저하되어 만성피로와 탈모, 호흡곤란, 공황장애 등의 증상도 같이 나타날 수 있다.

인도네시아에는 화병과 비슷한 '아묵(Amuk)'이 있다. 인도네시아 역시 한국 이상으로 감정이 억압된 생활을 하는 문화가 있다. 겉으로는 온화한 태도를 유지하지만 내부에 화를 꾹꾹 눌러 참고 살다가 한계점에서 억눌린 것이 터져서 이유 없는 묻지마식 폭력을 행사하거나 묻지마식 살인 행위를 저지르는 경우가 있다. 이를 두고 식민지 시절 서양인들이 인도네시아인들에게 자행한 광란의 행위를 뜻하는 인도네시아어 단어인 '아묵'과 유사하다고 해 그대로 명사화하였다.

화병 역시 마음이 원인이 되어 나타나는 것이기 때문에 스스로 안정을 찾아 건강한 정서를 되찾는 것이 중요하다. 그러기 위해서 전문가들은 스스로 기분이 좋아지는 일을 만들고 가벼운 운동을 하거나 취미 생활을 갖는 것이 좋으며 음악을 자주 접하고 좋은 사람과 자주 만나 식사를 하거나 차를 즐기며 대화를 나누라고 조언한다. 또한 자신의 감정을 너무 감추려 하지 말고 표현하는 것도 한 방법이 될 수 있다. 술이나 담배, 카페인에 의지해서는 안 되고 심해지면 화병의 원인인 우울증을 치료해야 하며 2주 이상 비관적인 마음이 들거나 식욕이 없고, 의욕 상실 상태가 지속된다면 전문의를 찾아 상담과 치료를 받는 것이 좋다.

04 ㅣ 점점 늘어 가고 있는 치매 발병률

이 씨의 아버지는 수년 전부터 고혈압과 당뇨가 있었고 얼마 전 병원에서 경도 인지 장애 진단을 받았다. 이 씨는 고혈압과 당뇨가 있으면서 경도 인지 장애가 있을 경우 치매 위험이 매우 높아진다는 것을 알고 아버지와 함께 보건소 치매 상담센터에 가서 상담을 받았다. 치매 상담센터에서는 치매 예방에 도움이 되는 생활습관과 운동법, 아버지가 이용할 수 있는 인지활동 프로그램을 알려주었고, 6개월마다 주기적으로 치매 선별 검사를 해 주고 있다.

치매는 단순히 기억력이 떨어진 것이 아니라 다발성 인지 기능의 장애이다. 기억력이 떨어지는 것이 가장 중요한 증상이지만 말을 하거나 이해하는 능력이 떨어지고, 시간과 공간에 대한 감각 장애를 유발하며, 성격 변화가 생기고, 계산 능력이 떨어져 일상생활이나 사회생활을 하는 데 지장이 생긴다. 치매 현상으로 인해 발생하는 기억력 상실은 건망증과는 확실히 다르다. 이것은 가끔 발생하는 증상이 아니며 지속적이고 점차 정도가 심해진다. 방향 감각을 상실하여 길을 잃거나 심한 경우는 집안에서도 화장실을 찾지 못하여 헤매기도 한다. 결국에는 옷을 입는 것, 세수하거나 목욕하는 것도 잊어버리고 가족의 얼굴을 알아보지 못할 수도 있다.

발생 원인별 치매의 종류

치매를 발생 원인별로 구분하면 첫째, 뇌의 퇴행성 질환으로 뇌세포가 죽어서 뇌가 위축되고 뇌실은 커지는 알츠하이머 치매가 있다. 알츠하이머 치매는 가장 많은 비율을 차지하며 독일의 정신과 의사 알로이스 알츠하이머에 의해서 맨 처음 보고되었다고 해서 붙여진 이름이다. 미국의 레이건 전 대통령이 앓았던 병으로도 유명하다. 둘째는 뇌혈관에 문제가 생겨 발생하는 혈관성 치매이다. 혈관성 치매는 중풍이 온 뒤에 생기는 치매를 말하는데 중풍이 왔다고 모두 혈관성 치매가 오는 것은 아니지만 본인이 느끼지 못할 정도의 아주 작은 뇌경색이 여러 군데에 발병하는 경우에도 혈관성 치매가 올 수 있다. 셋째는 루이체 치매로 알츠하이머 치매처럼 뇌가 위축되고 뇌실이 커지는 뇌세포의 퇴행성 변화가 나타나면서 동시에 루이체가 나타난다. 루이체(루이소체)란 망가져 가는 신경세포 안에서 발견되는 단백질 덩어리로, 주로 파킨슨병 환자의 주요 병변 부위인 대뇌의 흑질에서 잘 관찰된다. 이 외에도 파킨슨병과 헌팅톤병, 크루즈펠트−제이야콥병, 픽병 등도 치매를 유발할 수 있으며 노인 연령층에서 우울증에 걸리게 되면 치매와 비슷한 증상을 보일 수 있다.

치매 관리 대책

2015년 65세 이상 치매 유병률은 9.8%인 64.8만 명으로 추산되었으며 급속한 고령화로 치매 유병률은 계속 상승할 것으로 전망하고 있다. 또한 2010년부터 치매의 예방과 조기 발견의 중요성에 대한 인식이 높아지면서 치매로 가기 전 단계라 할 수 있는 경도인지 장애 진료 환자 수가 최근 5년 동안 4.3배 증가하였다. 정부는 2008년 '치매와의 전쟁'을 선포하고 치매 종합 관리 대책을 발표하였다. 이 대책에 따라 치매를 조기 발견하고 꾸준한 관리를 통해 중증화로 진행되는 것을 지연하기 위해 전국 보건소에 치매 상담센터를 설치하고 치매 검진 사업과 치매 진료 약제비 지원 사업 등을 시작하였다. 또한 '치매 극복의 날(9월 21일)'을 지정하고, 치매 극복 걷기 대회 등을 개최해 치매에 대한 부정적 인식과 막연한 두려움을 개선시키기 위해 노력하고 있다. 또한 치매 환자 간병에 지친 가족이 단기간 휴식을 취할 수 있도록 주야간 보호시설을 이용한 '치매 가족 휴가제'를 도입하고 경증 치매 환자도 인지 활동형 프로그램, 방문 간호 등의 서비스를 이용할 수 있도록 장기 요양 5등급을 신설하였다. 생활 속에서 건강한 습관을 실천해 치매 발병 위험 요인을 사전에 관리할 수 있도록 '치매 예방 수칙 3-3-3'과 '치매 예방 운동법' 보급을 확산하고 요양병원과 요양시설 등의 시설 기준 강화 등을 통해 안전한 치매 환자 돌봄 체계를 구축하고 있다.

보건복지부는 치매 예방을 위해 3권, 3금, 3행을 권유한다. 먼저 3권(勸)은 일주일에 3번 이상 걷고 생선과 채소 골고루 먹으며 부지런히 읽고 쓰는 것을 말한다. 둘째, 3금(禁)은 술을 적게 마시고 담배는 피우지 않으며 머리를 다치지 않는 것을 뜻한다. 셋째, 3행(行)은 정기적으로 검진을 받고 가족, 친구들과 자주 소통하며 매년 치매 조기 검진을 받는 것이다. 이 밖에도 고혈압, 당뇨병이나 우울증에 걸리지 않도록 주의하고 규칙적으로 운동을 하며 교육 수준을 높이고 음식을 잘 골라 먹으면 치매 발생 위험을 크게 낮출 수 있다.

● **흔히 나타나는 치매의 증상**

- 건망증이 심해진다.
- 새로운 정보를 배우거나 지시사항을 따르지 못한다.
- 같은 이야기를 계속해서 반복하거나 같은 질문을 여러 번 되풀이한다.
- 적절한 단어를 찾지 못하고 말이나 글을 끝내지 못한다.
- 이치에 맞지 않는 말을 한다(횡설수설한다).
- 물건을 잃어버리거나 감추고, 다른 사람이 물건을 훔쳤다고 비난한다.
- 시간 개념이 흐려진다.
- 다른 사람을 알아보지 못한다.
- 공포, 초조, 슬픔, 분노 그리고 불안을 보인다(감정의 변화가 심하다).
- 음식 만들기, 식사하기 운전 또는 목욕하기 등 일상적인 일들을 하지 못한다.

제 ❸ 절 뱃살과 당당하게 협상하라

'남자의 뱃살은 인격이요, 부의 상징'이라는 말이 유행했던 적이 있다. 아직도 뱃살을 인격으로 생각하는 사람은 아마 없을 것이다. 하지만 '나이 살은 어쩔 수 없지', '나는 살은 쪘지만 건강해'라고 생각하는 사람은 있을 것이다. 비만이 세계 적인 관심사가 되면서 WTO는 2004년 '비만과의 전쟁'을 선포하였다. 비만은 단 순히 비호감인 외모뿐 아니라 건강을 위해 반드시 치료되어야 한다. OECD의 자료에 따르면 비만한 사람은 비만하지 않은 사람에 비해 수명이 10% 단축되고, 소득은 18% 감소하며, 건강 관리 비용은 25% 증가한다고 한다. 다음에서는 건강 한 삶에 방해가 되는 요소 중 하나인 비만에 대해 알아보도록 하자.

01 ㅣ 비만은 질병이다

직장인 S 씨(남·41세)는 요즘 고민이 많다. 35세 이후로 튀어 나오기 시작한 배로 인해 올챙이 배라는 별명이 붙은 지 오래인데 체중은 항상 정상이어서 별 걱 정을 하지 않았다. 그러다 얼마 전 체지방량을 측정한 결과 무려 35%로 마른 비 만 판정을 받았다. 하루 종일 의자에 앉아 있고 야근과 회식이 잦으며 휴일에는 부족한 잠을 몰아서 자는 평소 생활습관이 현재의 그를 만들게 된 것이다.

우리는 종종 '나는 물만 먹어도 살이 찌는 체질이야'라는 얘기를 한다. 어떤 사 람은 많이 먹는데도 좀처럼 살이 안 찐다. 질병관리본부 자료에 따르면 국내 비만 환자는 10명 중 3명이며, 전문가들은 앞으로 비만 환자가 계속 늘어날 것으로 보 고 있다. '건강한 비만'이 있을까? 건강한 비만이란 없다. 비만은 당뇨병, 고혈압, 뇌경색, 천식 등의 질병 위험을 높이고, 사망률마저 20% 높다. 이것이 문제가 심각해지기 전부터 체중을 관리해야 하는 이유이다.

비만은 우리 몸 안에 지방조직이 필요 이상으로 쌓인 상태를 말한다. 살이 찌는 것은 몸에서 필요로 하는 것보다 더 많은 양의 영양분이 공급되기 때문이다. 즉, 에너지의 섭취와 소비 간의 불균형에 의해 비만이 초래된다.

비만의 원인

비만의 원인에는 여러 가지가 있다. 부모가 비만이면 자식도 비만이 될 가능성이 높아진다. 또한 심리적으로 불안하거나 스트레스가 많을 때 이를 먹는 것으로 풀어 비만이 되는 경우도 있고 운동 부족이나 잘못된 식습관에 의해서도 비만이 될 가능성이 높아진다.

흔하지는 않지만 내분비계의 이상에 의해 비만이 될 수도 있다. 첫 번째로 스트레스 호르몬인 코르티솔 호르몬이 과도하게 분비되면 몸의 중심부에 있는 지방세포들이 주로 증식하게 되어 쿠싱 증후군이라는 질병이 생길 수 있다. 두 번째로 몸의 식욕을 조절해 주는 중추가 있는 뇌의 시상하부에 종양이 생기는 경우에도 비만이 발생할 수 있다. 세 번째로 갑상샘에서 분비되는 티록신이라는 호르몬이 적게 분비되는 경우에도 신진대사를 저하시켜 살이 찌는 체질이 된다. 마지막으로 폐경으로 인해 여성 호르몬인 에스트로겐의 분비가 줄어들게 되면 피하지방의 합성이 촉진되어 살이 찐다.

지방세포의 분포 위치에 따른 비만 구분

성장기에 살이 찌면 정상인보다 세포의 수가 더 늘어나게 된다. 어렸을 때 뚱뚱한 사람이 성인이 되어서 살을 빼기가 어려운 이유가 바로 이것이다. 반대로 성인이 되어 살이 찌면 세포의 수가 늘어나는 게 아니라 세포의 크기가 커진다.

이렇게 지방세포의 수와 크기에 의한 비만도 있지만 지방세포가 어디에 분포되어 있느냐에 따라서도 비만을 구분할 수 있다. 주로 복부에 지방이 축적되어 있는 체지방은 피부 바로 아래 피하지방층에 존재하는 지방과 몸속에 존재하는 내부지방으로 나눌 수 있다. 남성에게 흔한 복부 안 내장지방은 당뇨병, 심장병, 뇌졸중, 고혈압, 이상 지질혈증 등의 각종 성인병을 유발할 위험성이 높다. 반면 여성은 여성 호르몬의 영향으로 지방이 주로 피하지방층에 쌓이게 되어 일명 똥배라고 불리는 아랫배 쪽이나 엉덩이 쪽에 주로 지방이 축적되다가 폐경기를 거쳐 여성 호르몬의 분비가 줄어들게 되면 남성처럼 내장비만이 될 가능성이 높아진다. 남성들은 배만 나온 마른 비만형이 의외로 많은데 내장에 지방이 많이 쌓이게 되면 유리지방산이 나오게 되고 이 유리지방산이 간으로 들어가 지방 합성을 촉진시킨다. 그렇게 되면 혈당을 조절해 주는 인슐린의 작용을 방해하여 대사증후군으로 알려진 고혈압, 고혈당, 고지혈증, 비만증을 일으키게 된다.

비만을 유발시키는 음식

인체가 숨을 쉬고 소화를 하고 체온을 유지하는 등 생명 유지를 위해 필요한 최소한의 열량을 기초 대사량이라고 한다. 젊을 때는 성장 호르몬이 잘 분비되어 몸의 모든 기관이 활발하게 움직이고, 이것이 기초 대사량을 높게 유지시킨다. 하지만 나이가 들면서 기초 대사량이 줄어들어 조금만 먹어도 살이 찌게 된다.

우리 몸은 생명 유지와 운동이나 일하는 것 등을 위해 에너지가 필요한데 대부분은 음식물을 통해 에너지를 얻는다. 에너지는 탄수화물이 최종적으로 분해된 상태인 포도당의 형태로 공급되고 포도당이 부족해지면 저장하고 있던 지방을 꺼내어 쓰게 된다. 우리가 탄수화물을 많이 먹게 되면 살이 찌는 이유가 바로 여기에 있다. 우리 몸에 지방으로 저장이 되는 영양소는 지방과 탄수화물이다. 현재 우리나라는 지방 섭취의 증가로 인한 비만이 늘어나고 있다. 또 우리나라의 식생활은 탄수화물 위주인데 탄수화물은 밥, 밀가루 종류뿐 아니라 설탕, 초콜릿, 젤리, 과일 등의 단 음식에도 들어 있어 단 것을 많이 먹으면 살이 찌게 된다.

02 ㅣ 비만의 판정 기준

웰빙 열풍으로 근력을 키우는 사람들이 점차 늘어나고 있다. 같은 체중이더라도 근육의 양과 지방량에 따라 비만의 판단 기준이 달라진다. 근육량이 많은 보디빌더는 몸의 크기로 봤을 때 체중이 많이 나가 보이지만 실제로는 체지방량이 적고 근육량이 많다. 근육은 많은 에너지를 필요로 하기 때문에 근육량이 많은 사람은 기초 대사량이 높아진다.

> • 체질량지수(BMI) = 체중(kg) ÷ (신장(m) × 신장(m))
> • 이상체중(kg) = 신장(m) × 신장(m) × 22

체중의 판정 기준을 보면 세계보건기구(WHO)에서는 BMI 25 이상을 과체중으로, BMI 30 이상을 비만으로 정의하고 있다. 아시아·태평양 지역과 대한비만학회에서는 BMI 25 이하에서도 당뇨병이나 심혈관계 질환의 위험이 증가하고 같은 체질량 지수에서 서양인에 비해 복부 지방과 체지방률이 높아 BMI 23 이상을 과체중으로, BMI 25 이상을 비만으로 분류하고 있다.

03 ㅣ 우리 몸은 체중을 조절한다.

우리 몸은 자신만의 체중 조절점이 있어서 굳이 칼로리를 계산해 가면서 먹지 않아도 항상 일정 체중을 유지하도록 뇌에서 조절하고 있다는 연구 결과가 있다. 이것을 세트포인트설이라고 하는데 우리 몸은 타고난 체질(유전)과 환경에 의해 체중이 각각 다르고 정해진 체중을 몸이 알아서 유지해 준다는 것이다.

결국 뚱뚱한 사람은 체중이 높게, 마른 사람은 낮게 세팅되어 있고 이를 유지하기 위해 뇌에서 스스로 지방량을 모니터하고 있다가 식욕을 조절하는 랩틴과 그렐린 호르몬을 적절히 분비하여 체중을 유지한다. 이것은 우리 몸에 체온 조절 장치가 있어서 몸의 온도를 일정하게 유지해 주는 것과 같은 메커니즘이다. 한번 정해진 세트포인트는 쉽게 바뀌지 않는다. 그래서 식사나 운동에 의해 일시적으로 체중을 변화시켰다고 해도 다시 돌아오는 요요 현상이 생기는 것이다. 특히 높아진 세트포인트는 낮추기가 무척 힘들다. 그러나 비만한 사람이 다이어트에 성공하려면 세트포인트를 낮춰야 한다.

세트포인트를 낮추는 방법에는 무엇이 있을까? 첫째, 기초 대사량을 늘리는 것이다. 기초 대사량을 늘리려면 탄수화물을 줄이고 단백질의 양을 늘려 근육이 잘 발달되도록 하고 운동을 통해 근육량을 늘려야 한다. 근육은 많은 에너지를 필요로 하기 때문에 근육량이 많은 사람은 같은 체중이어도 체지방량이 많은 사람에 비해 기초 대사량이 높아진다. 둘째는 충분한 수면을 취하는 것이다. 수면이 부족하면 식욕을 증가시키는 그레릴이란 호르몬이 잔뜩 나와서 더 많이 먹게 된다. 반면 포만감을 느끼게 하는 랩틴 호르몬은 줄어들어 식욕이 더욱 강해진다. 잠을 충분히 자면 식욕을 조절하는 호르몬이 알맞게 분비되어 세트포인트가 낮아진다.

적절한 수면을 위해서는 규칙적으로 생활하고, 수면 호르몬인 멜라토닌이 많이 들어있는 우유, 바나나, 견과류나 버섯, 채소 등을 섭취하면 좋다. 스트레스 수치가 높아지면 이를 완화시키기 위해 빵이나 과자, 초콜릿, 케이크, 청량음료 같은 정제된 탄수화물 음식을 찾게 되고 살이 찌게 되어 점점 세트포인트가 올라가게 된다.

04 ㅣ 비만이 일으키는 병

비만과 생활습관병

운동 부족과 불규칙한 생활습관에 의해 내장지방이 축적되면 당뇨병, 고지혈증, 고혈압, 관상동맥 질환과 뇌혈관 질환이 생길 가능성이 매우 높아진다. 우리 몸에는 다이어트약이라 불리는 아디포넥틴이라는 호르몬이 있다. 아디포넥틴은 지방에서 분비되는 좋은 호르몬으로 혈관을 깨끗하게 해 주고 비만을 억제해 주는 역할을 하는데 비만한 사람에게는 정상인에 비해 아디포넥틴이 적게 분비된다. 운동을 하고 적정 체중을 유지하면 혈관의 청소부인 아디포넥틴이 많이 분비되고 생활습관병의 발생 위험이 줄어든다는 수년간의 연구 보고가 있다.

또한 비만인은 정상인에 비해 피로 물질이 많이 분비된다. 아디포넥틴은 지방에서 분비되는 좋은 호르몬이지만 TNF-$\propto$ 같은 나쁜 호르몬은 피로를 느끼게 하고 고지혈증 발생의 원인이 될 수 있다.

비만과 노화

스트레스를 많이 받는 경우에도 노화를 빨리 진행시키는 텔로미어가 짧아진다. 텔로미어는 인간의 유전자인 DNA의 염색체 끝에 있으며 살이 찐 경우에도 노화가 빨리 진행된다는 연구 결과가 있다. 살이 찐 사람이 마른 사람에 비해 나이가 들어 보이는 게 맞다는 것이다.

텔로미어(telomere)

2009년 노벨의학생리학상을 수상한 미국 캘리포니아 대학의 교수진들의 연구 내용에 따르면 텔로미어는 세포 분열 시에 염색체의 유전 정보가 손상되지 않도록 보호해 주며 염색체의 끝부분에 붙어 있다. 텔로미어는 세포 분열이 될수록 길이가 점점 짧아지기 때문에 노화 시계 또는 세포 타이머라는 별칭으로 불린다. 그런데 암세포는 무한 분열을 하면서도 텔로미어의 길이가 짧아지지 않아 자연의 노화 시계가 고장난 세포라고 할 수 있다. 이 연구 결과를 토대로 현재 세포의 증식 억제에 따른 노화의 지연과 암세포의 증식을 억제시키는 연구개발이 활발히 진행되고 있다.

비만과 수면 무호흡증

사람이 잘 때는 숨을 쉬는 기도를 둘러싸고 있는 근육들이 이완되면서 혀, 목젖, 편도 등이 뒤로 쳐지고 기도가 약간 좁아진다. 이런 경우 정상인에게는 별 문제가 없지만 비만한 사람의 경우 목 주변과 인후가 지방으로 두꺼워져 코골이나 기도가 막히는 증상이 올 수 있다. 그렇게 되면 숨을 쉬기가 어렵고 자주 멎어서 코를 고는 중간에 조용해지는 수면 무호흡증이 나타난다. 이는 산소의 공급이 원활하지 않아 뇌졸중이나 심근경색증, 부정맥 등이 발생할 수 있는 위험한 상황을 발생시킨다. 또한 수면 중에 자주 깨고 숙면을 취하기가 어려워 낮에는 몸이 무겁고 졸리며 전신으로의 산소 공급이 부족해지면 성장 호르몬의 분비가 적어진다. 성인의 성장 호르몬은 하루에 지방 40g 정도를 분해하는데 비만으로 인해 지방 분해 능력도 떨어져 비만이 더욱 악화되는 결과가 생긴다.

비만과 무릎 관절 이상

비만으로 체중이 증가하면 무릎 관절에 무리가 오고 염증이 생기거나 변형이 온다. 결국 통증으로 걷는 것을 싫어하게 되고 움직임이 적어져 더욱더 살이 찌는 악순환이 생기게 된다.

비만과 치주 질환

비만인은 지방세포에서 분비되는 TNF-∝라는 물질이 염증을 활발하게 하여 치주 질환에 걸릴 확률이 높아진다. 특히 허리둘레가 남자 40인치 이상, 여자 35인치 이상의 복부 비만인 경우 잇몸 질환이 발생할 확률이 2배 이상 높다.

05 ㅣ 비만의 치료

일반적으로 체중 감량을 하기 위한 가장 효과적인 방법은 식사를 조절하는 식이 요법과 활동량을 증가시키는 운동 요법, 그리고 살찌는 습관을 고치기 위한 행동요법을 병행하는 것이다. 이러한 방법을 시도하여도 감량이 되지 않을 경우 약물치료를 병행하며 약물치료도 효과가 없는 초고도 비만의 경우에는 수술 요법을 시행하기도 한다.

살을 단기간에 간편하게 뺄 수 있는 방법은 없으므로 운동을 하고 식이를 조절하며 생활습관을 바꾸는 것을 생활화하는 것이 바람직하다.

식이 요법

여러 연구와 조사 결과를 통해 체중 감량 속도를 일주일에 0.5kg 정도로 했을 때 건강상의 문제가 일어나지 않는다는 것이 밝혀졌다. 무리한 체중 감량은 결과적으로 실패할 가능성이 높고 요요 현상으로 인한 건강 장애나 거식증 등의 가능성을 높인다. 또한 건강상의 다른 문제를 일으킬 수 있으므로 한 달에 2kg 감량을 목표로 진행하는 것이 좋다. 이를 위해서는 매일 500kcal 이상 먹는 양을 줄여야 하는데 이런 식단을 일일이 짠다는 것은 쉽지 않은 일이므로 식사 시에 열량이 많이 나가는 지방질 음식과 탄수화물의 양을 줄인다. 예를 들면 햄버거, 튀김, 감자칩, 사탕, 청량음료 대신 저지방 우유나 콩, 채소, 과일, 생선, 기름기가 적은 수육 등으로 대체하고 섬유소가 풍부하고 포만감을 느낄 수 있는 음식을 섭취한다. 또한 술은 영양소는 없으면서 열량이 높고 안주와 같이 먹을 경우 비만으로 가는 지름길이 될 수 있으므로 피해야 한다. 음식 조절에 실패했다고 해서 단기간에 포기하지 말고 꾸준하게 실천해 보자.

운동 요법

비만인에게 가장 효과적인 운동은 유산소 운동이다. 유산소 운동 중에서도 걷기가 좋고 자전거 타기, 수영, 조깅, 등산을 개인의 연령이나 체력을 고려하여 알맞게 하는 것이 바람직하다. 고령자는 근력 트레이닝을 병행하는 것이 좋다. 단순히 운동 강도만을 높여 과도하게 운동하는 경우 오히려 혈당치를 높이고 혈중 과산화지질을 늘리므로 가벼운 운동과 함께 식이 요법을 병행하는 것이 가장 이상적인 비만 치료 방법이다.

운동을 하게 되면 맥박 수가 올라가고 혈액 순환이 잘되어서 체온도 올라가게 된다. 또한 운동으로 근육이 많아지면 에너지 소모량이 늘어나고 기초대사가 활발해져서 같은 움직임에도 칼로리가 더 많이 소비되어 살이 찌지 않는 체질이 된다. 운동을 하면 근육의 긴장이 풀어지면서 몸이 따뜻해지고 스트레스를 완화시켜 준다. 운동뿐 아니라 욕조에 몸을 담그는 반신욕 등도 근육이나 뇌파의 긴장을 풀어주고 몸을 따뜻하게 해 주는 효과가 있다.

인슐린 감수성 개선은 운동으로도 가능하다.

미시간 대학 운동학과 제프리 호로비츠(Jeffrey Horowitz) 교수는 '유산소 운동을 한 번이라도 하게 되면 근육에 저장되는 지방량이 증가하고 인슐린 감수성이 개선된다'고 하였다. 운동은 특히 지방 중에서도 내장지방의 감소와 당을 간보다 더 많이 저장할 수 있는 근육의 양이나 지질 대사 능력이 높아지는 등의 효과가 있다. 한 번의 운동만으로도 인슐린 감수성의 항진은 좋아지지만 일주일 정도면 효과가 소실되기 때문에 주 3회 이상의 운동을 하면 효과적이다. 특히 유산소 운동을 한 후에는 탄수화물이 적은 식사를 하는 것이 인슐린 감수성을 높이는 데 도움이 된다.

행동 요법

체중 감량에 성공하였다고 하더라도 요요 현상이 나타날 수 있으므로 체중 감량에 성공한 상태를 오랜 시간 유지하려면 행동 요법을 반드시 병행하는 것이 좋다. 비만증을 치료할 때 행동 요법을 초기부터 적용하면 더욱 좋은 결과를 기대할 수 있다. 우선 지금까지 해 왔던 자신의 행동을 생각해 보는 것이 효과적이다. 비만인들은 대부분 살이 찔 수밖에 없는 생활습관을 가지고 있다. 예를 들면 잦은 과식과 간식 섭취, 열량이 높은 외식 자주하기, 불규칙한 식습관과 밤늦게 먹는 습관, 과도한 스트레스나 운동 부족, 남은 음식을 다 먹는 습관 또는 주변에 먹을 것이 없으면 불안하고 눈앞에 음식이 있으면 무의식적으로 먹는 습관 등의 생활이 익숙해져 있는 경우가 많다. 이런 경우 대부분의 사람들은 자기가 그런 습관을 가지고 있다는 것을 인식하지 못하는 경우가 많다. 따라서 가족과 주변 사람들의 적극적인 도움과 함께 본인이 강한 개선 의지를 가진다면 행동 요법은 성공할 수 있다. 체중 변화 그래프를 그려 보는 것도 좋은 방법 중 하나이다. 자신의 체중을 하루 2~4번 측정하여 그래프를 그려 보면 체중의 증감을 한눈에 파악할 수 있고 체중 감량을 방해하는 요인이 무엇인지를 파악할 수 있어서 자기 관리가 가능해진다. 한 예로 대전을 중심으로 진행되고 있는 다이어트 내비 캠페인은 체중 변화 그래프를 이용한 행동 요법으로 체중 감량에 많은 효과를 보고 있다.

제 ❹ 절 꿀잠을 자는 습관을 가져라

인터넷 마케팅 업체에 다니고 있는 A(여·47세) 씨는 아침 출근길에 직장 동료인 D 씨를 만났다. D 씨는 A 씨를 보자마자 "과장님 요즘 얼굴이 안 좋으신데 무슨 일 있으세요?"라고 물었다. A 씨는 "별일 없는데 내가 많이 안 좋아 보여?"라고 말했지만 사실 요즘 한 달째 불면증에 시달리고 있다. 회사 사정이 안 좋다 보니 영업에 업무를 치중해야 했고 영업에 익숙하지 않았던 터라 매번 만나는 고객들에게 받는 스트레스가 불면의 원인이 되었다. 그러다 보니 피로가 누적되어 고객들을 만날 때 실수하는 일이 잦아지고 그로 인한 스트레스가 불면증을 더하게 만들었다.

우리는 인생의 3분의 1을 잠을 자면서 보낸다. 만약 당신이 90세까지 산다면 30년을 누워서 지낸다는 것이다. '잠이 보약'이라는 옛말이 있듯이 잘 자는 습관은 건강을 유지하는 중요한 요소 중 하나이다. 학창 시절 유행하던 말 중에 4시간 자면 합격하고 5시간 자면 대학에 떨어진다는 뜻의 사당오락(四當五落)이라는 말이 있다. 이는 아마도 치열한 입시 전쟁을 치르는 우리나라에서만 볼 수 있는 특별한 현상이었을 것인데 얼마나 우리 생활에서 잠이 등한시되었나를 알 수 있다. 일상이 너무 바쁘고 야근이 일상적인 현대인들은 잠을 줄일 수밖에 없는 상황이다. 그러나 건강하고 활기찬 삶을 오래도록 누리기 위해서는 '건강한 수면'이 필요하다. 여러 국가에서 적정한 수면을 취하는 사람이 그렇지 않은 사람보다 수명이 길다는 연구 결과를 발표하고 있다. 그러나 아직까지 우리는 수면 습관을 개선시키는 데 많은 노력을 기울이려 하지 않는다.

잠은 우리가 활동하는 동안 각각의 신체 조직과 뇌의 평형을 다시 찾게 하며, 몸 전체가 쉬게 됨으로써 신체 활동에 필요한 에너지를 보존하고, 긴장되었던 근육을 충분히 이완시키며 내부 장기들도 휴식을 취하게 한다. 잠은 신체뿐만 아니라 마음도 쉬게 한다. 잠자는 동안 힘들었던 기억과 고민들은 잠시 중단되고, 꿈을 통해 발산되기도 한다. 잠이 이처럼 중요한 역할을 하기 때문에 잠자는 것에 문제가 있을 경우 신체적, 정신적으로 이상 징후가 쉽게 나타난다.

사람은 잠을 잘 때 렘수면(REM sleep)과 비렘수면(Non-REM sleep)을 반복한다. REM은 'rapid eye movement'의 약자로 안구가 빠르게 움직임을 뜻한다. 렘수면 시간에는 몸은 잠들어 있지만 뇌는 깨어 있는 상태이다. 꿈을 꾸는 시간이며 정신의 피로를 회복하는 시간이기도 하다. 잠을 자기 시작하면 비렘수면 상태가 먼저 나타난다. 비렘수면은 뇌파의 종류에 따라 4단계로 구분된다. 1단계에서 4단계로 진행될수록 점차 깊은 잠에 빠지게 된다. 비렘수면 시간은 1, 2단계의 얕은 수면 시간을 지나 3, 4단계의 깊은 수면 시간으로 이어진다. 이 시간은 몸이 회복되는 수면 시간이다. 이렇게 수면의 단계가 일정한 간격으로 반복되는 것을 일주기 리듬 또는 생체 시계라고 하는데 뇌에서 조정되는 일주기 리듬에 따라 수면이 자연스럽게 유도될 수 있도록 체온이나 호르몬, 소변의 양이 함께 변한다. 렘수면 시간은 전체 수면의 20~25%를 차지하고 비렘수면은 75~80%를 차지한다. 렘수면과 비렘수면은 약 90~120분의 주기로 반복되며 하루 약 5~6회의 주기를 가진다.

잠잘 때 우리 몸은 평소보다 체온이 낮아지는데 이는 하루 종일 과열된 뇌를 식히고 몸의 회복에 집중하기 위해서이다. 잠이 들면 추위를 느끼고 이불을 덮고 자는 이유가 여기에 있다. 잠이 든 직후 체온을 내리기 위해 땀을 흘리며 잠에서 깨기 전부터 서서히 체온을 올려 잠에서 깨어날 준비를 한다.

대한수면연구학회는 일반적으로 성인은 평균 7~8시간, 어린이는 9~10시간 잠을 충분히 잘 것을 권하고 있다. 영국의 유니버시티 칼리지 런던의 과학자들은 수면 시간과 뇌의 인지 기능의 연관성에 대해 조사한 결과 7시간 수면을 취한 사람들이 인지 기능을 평가하는 여섯 가지 항목에서 최고점을 얻었다고 밝혔다. 그러나 너무 적게 자거나 오래 잔 사람에게서는 뇌 기능 저하 현상이 확인되었다. 이런 현상은 우리 일상에서도 흔한 일이다. 잠을 제대로 못 잔 다음날 멍한 상태가 지속되고 졸리며 집중이 안 되고 일의 능률이 오르지 않는 경험은 누구나 해 봤을 것이다.

단기간의 수면 부족은 일시적으로 일의 효율이 떨어지더라도 이후에 잠을 푹 자게 되면 회복할 수 있지만 장기간 수면 부족이 계속되는 경우 신경세포에 손상이 오고 업무의 저하 내지는 심각한 상황으로까지 이어질 가능성이 높다.

01 ㅣ 꿀잠은 호르몬 균형을 유지시킨다.

잠을 많이 자야 키가 큰다는 말을 들어 봤을 것이다. 실제로 잠을 자는 동안 우리 몸은 많은 양의 성장 호르몬을 분비한다. 성장 호르몬은 성장기에는 조직의 성장과 신진대사를 촉진시키는 역할을 하고 성장기 이후에는 피로를 해소하고 지방을 분해해 에너지로 만드는 역할을 하기 때문에 다이어트에도 중요한 역할을 한다. 성장 호르몬은 잠이 들기 시작하는 비렘수면의 첫 단계에서 분비되며 주로 오후 10시에서 새벽 2시 사이에 가장 많이 분비된다. 잠이 부족하면 인체의 대사 능력이 떨어져 피부의 유분과 수분의 균형이 무너진다. 결국 피부의 탄력을 유지하는 탄력 섬유와 교원 섬유의 배열이 깨지게 되면서 주름이 생기고 피부가 거칠어져 노화 현상이 가속화된다. 피부뿐만 아니라 모발과 손톱도 잠자는 동안 자라난다. 아름다운 피부와 풍성한 모발을 유지하기 위해서도 충분한 수면은 반드시 필요하다.

성장 호르몬은 잠이 들면서 시작되는 비렘수면 시간에 많은 양이 분비되지만 반대로 새벽녘 잠에서 깨기 전부터 분비되는 호르몬이 있다. 이 호르몬이 바로 스트레스 호르몬이라고 하는 코르티솔(cortisol)이다. 코르티솔은 단백질 등 주요 영양소가 대사되는 과정에 필요한 호르몬이며 강력한 항염증 작용을 하는데 잠을 자는 동안 지방을 에너지로 변환시키는 역할을 하기도 한다. 이처럼 수면 중에 분비되는 성장 호르몬과 코르티솔 호르몬은 다이어트에도 도움을 주는 고마운 호르몬이다. 하지만 잠이 부족한 경우 낮 동안 코르티솔 호르몬의 분비가 줄어들지 않아 뇌와 몸이 활발한 기능을 하지 못하고 멍한 상태가 지속된다. 잠이 부족하면 행복 호르몬인 세로토닌(serotonin)의 분비도 줄어든다. 세로토닌의 양이 줄어들게 되면 우울감이나 불안, 공포를 더 느끼게 되고 식욕을 증가시켜 과식증을 부른다. 세로토닌은 날이 밝으면 분비량이 증가하고 어두워지면 감소한다. 이와 반대로 멜라토닌 호르몬은 수면 중에 다량 분비되는데 수면을 유도하는 역할을 하기 때문에 '수면 호르몬'이라고도 한다. 멜라토닌은 빛과 연관이 있으며 어두워지기 시작하는 시간부터 새벽 2시경까지 가장 많은 양이 분비된다. 밤에 잠이 오는 것과 아침에 눈이 떠지는 것도 이 멜라토닌 호르몬과 연관성이 있다. 나이가 들면서 멜라토닌 분비량이 감소하는데 나이가 들면 잠이 적어지고 불면증에 시달리는 사람이 많아지는 것도 이 때문이다. 또 노년기에는 뇌가 자는 시간인 비렘수면 시간이 줄어드는 반면 렘수면 시간은 비슷하여 전반적으로 숙면을 취하기가 어려워진다. 멜라토닌은 노화와 암의 발생률을 낮추는 데에도 도움이 되는데 이는 멜라토닌의 강력한 항산화 작용 때문이다. 우리 몸의 뇌는 잠을 자는 동안 휴식을 취하는 대뇌를 제외하고 다른 부분은 끊임없이 일을 하기 때문에 대량의 활성산소가 발생한다. 이 활성산소가 제거되지 않으면 뇌세포는 손상되어 죽어버리는데 수면 중에 뇌의 활성산소를 제거하여 보호해 주는 역할을 하는 것이 바로 수면을 유도해 주는 또 하나의 물질인 산화형 글루타티온(GSSG)이다. 산화형 글루타티온은 졸음을 유도하지만 짧은 낮잠에는 거의 영향을 받지 않는다. 오히려 늦은 오후에 깊은 잠에 빠질 경우 산화형 글루타티온의 분비가 감소하여 밤에 잠들기가 어려워진다.

포만감과 배고픔을 느끼게 하여 다이어트에 중요한 영향을 미치는 랩틴과 그렐린이라는 호르몬도 있다. 이 호르몬들도 수면 시간과 깊은 관계가 있는데 지방세포에서 분비되는 랩틴 호르몬의 분비가 활발해지면 식욕이 억제되고 기초 대사량이 늘어나면서 살이 빠지게 된다. 반대로 그렐린은 위에서 분비되는 호르몬으로 식욕을 증가시키는 역할을 한다. 미국의 스탠포드 대학에서 조사한 결과에 따르면 하루 평균 5시간 이하로 잠이 부족한 사람은 그렐린의 분비가 늘어나고 랩틴의 분비량은 줄어들어 더 많이 먹게 되는 것으로 나타났다. 미국 클리블랜드 소재 케이스 웨스턴 리저브 대학의 파텔(Sanjay R. Patel) 박사팀은 미국의 'Nurse Health Study'에 참여한 여성 6만 9,183명을 대상으로 16년간 체중과 수면 시간 사이의 관계를 연구하였다. 그 결과 7시간을 기준으로 수면 시간이 짧아질수록 향후 체중 증가율이 높아지는 것으로 나타났다. 수면 시간이 줄어들면 식욕을 증가시키는 호르몬인 그렐린이 증가하고 식욕 억제를 돕는 랩틴 수치가 감소하는데, 이 변화에 의해 체중이 증가한다. 또 깨어 있는 시간이 길어질수록 음식을 많이 먹게 되고 피로도 더 많이 느끼게 되어 신체 활동량도 현저히 떨어지고, 체온도 떨어지면서 에너지 소비량도 감소하게 된다.

02 ┃ 잠이 보약인 이유

장기간 이어진 수면 부족은 뇌졸중, 고혈압 등 만성질환의 발생률을 높인다는 것이 다양한 연구 결과를 통해 의학적으로 증명되었다. 치열한 경쟁 사회에서 하루 4시간만 자고도 버틸 수 있는 '나폴레옹 수면법', 3시간 수면법 등 수면 시간을 조절하는 다양한 방법이 소개되고 있지만 실용적으로 하루를 보내려다 오히려 만성적 건강 문제로 번질 수 있어 개인에게 적합한 수면 시간을 지키는 것이 좋다. 성인에게 적정한 수면 시간은 7시간 정도이며 이는 장수하는 노인들의 평균 수면 시간이기도 하지만 사람마다 생체 시계가 달라서 개인의 차이는 있다. 아침에 기분 좋게 잠자리에서 일어나는 정도가 자신에게 적절한 수면의 양이다.

우리가 감기에 걸렸을 때나 몸이 아플 때 자도 자도 졸렸던 경험이 있을 것이다. 이는 우리 몸이 회복을 위해 의도적으로 졸음을 유도하기 때문이다. 몸속에 세균이 침입하면 백혈구가 싸우면서 사이토카인(cytokine)이라는 면역 물질을 분비시킨다. 사이토카인은 면역 반응을 촉진시키면서 수면 물질을 만들어 내어 잠을 재워서 병원체와 싸우는 것에 집중하고 깨어 있을 때 필요한 에너지를 줄이게 된다. 수면 시간이 적으면 면역력이 떨어지고 각종 질병에 대응하지 못해 병에 걸릴 가능성이 높아진다. 또한 우리 몸에 매일 생겨나는 암세포와 싸우는 능력도 떨어진다는 것을 잊지 말자.

03 ㅣ 꿀잠을 자는 비법

인간을 비롯한 대다수의 생명체는 생체 시계라는 것이 존재해 체온, 혈압, 호르몬의 분비와 세포 분열 등이 하루를 주기로 오르락내리락하면서 시간에 따라 지배하고 있다. 이 체내 시계에 따른 하루 생체 리듬을 24시간 리듬 또는 '서커디안 리듬(Circadian rhythm)'이라고 한다. 체내 시계는 낮에는 자율신경 중 교감신경을 활성화시켜 집중이 잘되게 하고 밤에는 부교감신경을 활성화시켜 졸음이 오도록 한다. 체내 시계가 제대로 역할을 해 주지 않으면 문제가 생기는데 이때는 규칙적인 생활을 해서 생활 리듬이 자연의 리듬과 일치하도록 하면 된다. 체내 시계는 햇볕을 받으면 작동이 잘되는데 반대로 햇볕을 잘 받지 못하면 작동에 문제가 생겨 우울증, 비만, 고혈압 등 질병이 발생할 가능성이 높아진다. 아침에 햇볕을 받으면 수면 호르몬인 멜라토닌의 분비가 멈추고 세로토닌이 분비되기 시작하면서 머리가 맑아지고 기분이 좋아진다. 이때 수면 중 배출되었던 수분을 보충하기 위해 물을 마시고 아침식사는 일어난 후 한두 시간 내로 하자. 이렇게 하면 밤새 영양 섭취가 없었던 우리 몸이 활발해지고 뇌가 활성화된다. 점심시간 이후에는 15분 정도의 짧은 수면이 오후 활동에 도움이 된다. 식사를 마치고 나면 위장의 운동으로 부교감신경이 활성화되며 식곤증이 나타나는데, 이때 적당한 낮잠은 뇌의 피로를 풀어 주고 오후의 나른함도 덜해져 일의 능률을 높일 수 있다. 낮잠 자는 습관은 알츠하이머병의 예방에도 효과가 있다고 알려져 있다. 그러나 낮잠 시간이 1시간 이상으로 길어지면 오히려 알츠하이머병에 걸릴 위험이 높아지므로 주의해야 한다.

나이가 들어서 신체 활동량이 줄면, 그만큼 수면 요구량도 줄기 때문에 오랜 시간 동안 자기가 어렵다. 따라서 낮에 많이 움직여서 교감신경을 활성화시켜야 밤에 부교감신경이 활성화돼 푹 잘 수 있다. 청소나 빨래 등 집안일을 하거나 스트레칭을 하는 것도 좋지만, 야외 활동을 하는 것이 가장 좋다. 햇빛을 받으면 잘 때 멜라토닌이 잘 분비돼 숙면을 돕는다. 하지만 노인의 경우 무더위 속에서 조금만 무리해도 오히려 뇌가 각성돼 불면증이 심해질 수 있다. 햇빛이 강하지 않은 오후 4~5시쯤 야외에서 10~15분 정도 산책을 하고, 실내에서는 평소보다 15분 정도 더 움직이는 정도가 적당하다.

밤늦게 하는 식사가 건강에 해롭다는 것은 누구나 알고 있는 사실이다. 건강한 수면을 위해서도 저녁식사를 가급적 빨리 하는 것이 좋은데 식사를 마친 후 바로 잠자리에 들게 되면 교감신경이 활성화되고 과잉 영양 공급으로 수면 중 모자란 에너지를 보충하기 위해 지방 분해 작용이 일어나지 않으며 성장 호르몬도 잘 분비되지 않는다. 또한 체온이 떨어지면서 졸리기 시작하여 잠에 빠지게 되나 잠자리에 들기 전부터 체온이 낮으면 숙면을 취하기가 어렵다. 잠들기 전에 따뜻한 물에 몸을 담그면 긴장이 풀어지고 부교감 신경을 활성화시킨다. 체온보다 약간 높은 38~40℃ 정도의 물에 20분 정도 담그는 것이 적당하다.

무조건 많이 자는 것보다는 수면의 질을 높이기 위해 매일 같은 시간에 잠을 자고, 침실은 건조하지 않도록 방안 습도를 50~60%로 유지하는 것도 중요하다. 또한 필요한 것 중의 하나가 편안한 침구와 침실의 환경이다. 우리는 잠을 자는 동안 의식적 혹은 무의식적으로 수없이 몸을 뒤척이는데 이럴 때 편안한 침구와 침실 환경이 숙면을 취하는 데 많은 도움이 될 것이다. 멜라토닌은 수면 중에도 빛의 영향을 받기 때문에 조명도 중요한 역할을 한다. 조명은 밝기를 아주 약하게 하거나 아예 끄는 것이 좋다.

부교감신경의 원활한 분비를 위해 몸과 마음을 적당히 이완하는 휴식 시간이 필요한데 자기 전에 눈을 감고 천천히 심호흡을 하거나 고요한 명상, 가벼운 요가 동작을 하면 자연스럽게 부교감신경이 활성화된다.

쉽게 잠들지 못하는 사람은 몸을 충분히 움직여 주면 자연스럽게 잠을 청할 수 있다. 뇌가 지치는 것과 몸이 지치는 것은 다르다. 무리한 운동이 아니어도 좋다. 30분 정도의 가벼운 운동만으로도 숙면에 매우 도움이 된다. 또한 수면량을 채우기 위해 잠이 안 오는데도 지나치게 오래 누워 있으면 뇌는 그 시간을 자는 시간이라고 착각한다. 그러므로 누워 있는 시간과 자는 시간을 가깝게 하는 것이 숙면에 도움이 된다.

잠이 안 오면 술을 마시고 자는 경우가 있다. 술을 마시면 몸에 열이 나면서 체온이 올라간 느낌을 받는다. 그러나 이는 혈액이 피부 쪽으로 몰리면서 일시적으로 체온이 올라가는 것이며 이후에는 오히려 체온이 떨어지면서 졸음이 몰려온다. 즉, 술을 마시게 되면 졸리고 쉽게 곯아떨어지기 쉽지만 알코올이 점차 분해되면서 각성 작용이 나타나 잠에서 자주 깨게 된다. 알코올은 호흡 중추 기능을 떨어뜨리고 호흡 근육의 힘을 떨어뜨려 평소 코골이가 없던 사람들도 코를 골거나 수면 무호흡증이 나타날 가능성이 높아진다. 그렇기 때문에 숙면을 취할 수 없고 각성 상태로 인해 심장을 비롯한 혈관계에 나쁜 영향을 미쳐 심장 질환의 위험도 높아진다. 특히 과음은 수면 리듬을 방해하여 초기 수면 단계를 건너뛰고 수면 리듬을 깨뜨려 새벽에 자주 깨게 된다. 또한 수면 중 갈증을 유발하여 물을 마시러 가거나 화장실에 가기 위해 잠에서 깨는 등 숙면에 방해가 될 수 있으니 자제하는 것이 좋겠다. 흡연도 니코틴의 각성 작용으로 숙면에 방해가 되며 커피나 녹차, 홍차 등의 카페인 성분도 각성 작용이 있어 밤에는 가급적 피하는 것이 좋다.

숙면을 취하기 위한 또 다른 방법으로 '아로마 테라피' 요법이 있다. 오감 중에 뇌에 직접적으로 작용하는 것이 바로 후각이며 향기는 매우 민감하기 때문에 본인이 좋아하는 취향에 따라 향을 고르는 것이 좋다. 불안이나 걱정·근심이 많다면 네롤리, 라벤더, 일랑일랑 등이 좋고 시트러스나 베가못, 레몬그라스는 스트레스 해소에 효과가 있다. 마조람은 몸을 따뜻하게 하고 안락한 느낌이 들게 하며 카모마일은 잠을 유도해 준다. 욕조에 카모마일이나 라벤더와 같은 향이 강하지 않은 아로마를 몇 방울 떨어뜨려 사용하거나 거즈에 한두 방울 떨어뜨려 베개 속에 넣어 두는 것도 숙면에 도움이 된다.

적절한 음악은 심리를 안정시키고 근육을 이완시켜 숙면을 돕는다. 또한 불안한 마음을 진정시키고 편안하게 해 주어 깊은 잠에 빠지게 도와준다. 본인의 취향에 맞는 음악이 좋겠지만 보통 가사가 없는 클래식이나 경음악, 부드러운 멜로디를 가진 음악과 자연의 소리가 마음의 안정을 찾는 데 도움이 된다.

수면 장애 환자가 꾸준히 증가하면서 수면제를 찾는 환자도 늘고 있다. 하지만 일부 수면제의 경우 신체적·심리적으로 금단 증상이 있어 쉽게 중단하기 어렵고,

용량을 늘려야 효과가 지속되는 내성이 생길 수 있으며, 장기간 사용하게 되면 심리적 의존도 생겨 약을 중단하기 어려워진다. 또한 수면제로 인해 잠의 리듬이 깨지면서 오히려 불면증을 유발하기도 한다. 불면증이 오래 지속되거나 이로 인해 일상생활에 심각하게 지장을 느낀다면 약물치료 외에도 다양하고 효과적인 비 약물치료 방법들이 있기 때문에 적극적인 치료를 통해 건강한 삶을 영위해 나갈 수 있다.

트립토판이 풍부한 우유

트립토판은 세로토닌을 만드는 데 중요한 역할을 하는 아미노산의 한 종류이다. 우유에는 이 트립토판이 풍부하게 들어 있어 스트레스를 받을 때나 기분이 좋지 않을 때 우유를 마시면 세로토닌 호르몬이 형성되어 기분이 좋아지는 효과가 있다. 또한 우유에는 잠을 푹 잘 수 있도록 도움을 주는 멜라토닌도 다량 함유되어 있다. 스위스에서는 이른 아침 잠에서 덜 깬 소에게서 우유를 짜면 수면 효과가 있는 멜라토닌이 다섯 배나 많다고 하여 일명 '나이트밀크'라고 하는 우유를 생산하여 인기를 모았다.

이탈리아의 샤르데나 주민과 에콰도르 안데스 산맥에 사는 빌카밤바 인디언, 일본의 오키나와 주민, 코스타리카의 니코야 반도에 사는 사람들은 장수하는 것으로 유명하다. 이 지역의 사람들은 단순히 수명만 긴 것이 아니라 건강을 유지하며 양질의 삶을 누리고 있다.

의학계에서 연구한 100세인들의 공통적인 특징은 다음과 같다.

- 정기적인 일거리를 통해 몸을 자주 움직이고 일상에서도 운동을 생활화한다.
- 섬유질이 풍부한 채소와 과일을 많이 먹으며 소금, 설탕, 지방의 섭취가 적고 단백질은 주로 콩이나 생선 등으로 섭취한다.
- 정크 푸드나 패스트푸드 등 지나치게 가공된 식품은 섭취하지 않는다.
- 무기질 함량이 높은 물을 많이 마신다.
- 부와 성공을 추구하는 것보다 공동체 안에서 가족, 이웃, 친구와 맺는 관계를 중요시하며 외롭지 않게 지낸다.
- 건전한 성생활을 즐긴다.
- 음주와 흡연을 거의 하지 않는다.
- 노년에도 인간관계와 화합을 중요하게 생각하고 즐겁게 지낸다.

교육적 시사점

건강하게 장수하는 비결에는 규칙적인 운동과 균형 잡힌 식생활이 반드시 따른다. 또한 삶에 대한 의욕적인 태도와 긍정적인 사고를 가지고 자기가 건강하다고 믿으며 가족이나 사회와의 관계를 소중히 생각한다.

1. 최근 과도하게 스트레스를 받은 적이 있는가? 주로 어떤 경우에 스트레스를 받는지에 대해 생각해 보자.

_____

_____

_____

_____

_____

2. 평소 자신의 정신 건강 관리를 위해 지키고 있는 나만의 방법이 있다면 말해 보자.

_____

_____

_____

_____

_____

3. 본인의 체질량 지수를 계산해 보고 비만이라면 개선할 수 있는 방법에 대해 말해 보자. 비만이 아니라면 앞으로 비만이 되지 않도록 예방할 수 있는 방법에 대해 생각해 보자.

_____

_____

_____

_____

_____

4. 자신의 숙면을 방해하는 요인이 무엇인지 생각해 보자.

_____

_____

_____

_____

_____

스트레스 평가

최근 1개월 동안에 다음 문항을 얼마나 자주 느꼈는가?

문항	전혀 없었음	거의 없었음	때때로 있었음	자주 있었음	매우 자주 있었음
1. 예상치 못했던 일 때문에 당황했던 적이 얼마나 있었는가?	0	1	2	3	4
2. 인생에서 중요한 일들을 조절할 수 없다는 느낌을 얼마나 경험하였는가?	0	1	2	3	4
3. 신경이 예민해지고 스트레스를 받고 있다는 느낌을 얼마나 경험하였는가?	0	1	2	3	4
4. 당신의 개인적 문제들을 다루는 데 있어서 얼마나 자주 자신감을 느꼈는가?	0	1	2	3	4
5. 일상의 일들이 당신의 생각대로 진행되고 있다는 느낌을 얼마나 경험하였는가?	0	1	2	3	4
6. 당신이 꼭 해야 하는 일을 처리할 수 없다고 생각한 적이 얼마나 있었는가?	0	1	2	3	4
7. 일상생활의 짜증을 얼마나 잘 다스릴 수 있었는가?	0	1	2	3	4
8. 최상의 컨디션이라고 얼마나 자주 느꼈는가?	0	1	2	3	4
9. 당신이 통제할 수 없는 일 때문에 화가 난 경험이 얼마나 있었는가?	0	1	2	3	4
10. 어려운 일들이 너무 많이 쌓여서 극복하지 못할 것 같은 느낌을 얼마나 자주 경험하였는가?	0	1	2	3	4

※ 13점 이하 : 정상적인 스트레스 상태
  14점 이상 17점 미만 : 이미 스트레스의 영향을 받기 시작한 상태
  17점 이상 19점 미만 : 정신 질환으로 발전될 가능성이 높아진 상태
  19점 이상 : 전문가의 도움이 필요한 상태

건강한 수면을 위한 십계명

1. 잠자리에 드는 시간과 아침에 일어나는 시간을 규칙적으로 하라.

2. 잠자리에 소음을 없애고, 온도와 조명을 안락하게 하라.

3. 낮잠은 피하고 자더라도 15분 이내로 제한하라.

4. 낮에 40분 동안 땀이 날 정도의 운동은 수면에 도움이 된다. (그러나, 늦은 밤에 하는 운동은 도리어 수면에 방해가 된다.)

5. 카페인이 함유된 음식, 알코올 그리고 니코틴은 피하라. (술은 일시적으로 졸음을 증가시키지만, 아침에 일찍 깨어나게 한다.)

6. 잠자기 전 과도한 식사를 피하고 적당한 수분을 섭취하라.

7. 수면제의 일상적 사용을 피하라.

8. 과도한 스트레스와 긴장을 피하고 이완하는 것을 배우면 수면에 도움이 된다.

9. 잠자리는 수면과 부부 생활을 위해서만 사용하라. (즉, 잠자리에 누워서 책을 보거나 TV를 보는 것을 피하라.)

10. 잠자리에 들어 20분 이내 잠이 오지 않는다면, 잠자리에서 일어나 이완하고 있다가 피곤한 느낌이 들 때 다시 잠자리에 들어라. (즉, 잠들지 않고 잠자리에 오래 누워 있지 마라. 이는 오히려 과도한 긴장을 유발하여 더욱 잠들기 어렵게 만든다.)

출처: 대한수면연구학회

03^장 남들이 부러워하는 건강한 내 몸 만들기

제1절 자신에게 맞는 운동을 즐겁게 하라
제2절 맛있는 영양소와 식품을 파악하라
제3절 영양 관리를 위한 식생활을 디자인하라
제4절 약(藥), 제대로 알고 복용하라

학 | 습 | 목 | 표

• 운동의 중요성에 대해 이해하고 본인에게 맞는 운동 방법을 선택하여 실천할 수 있다.

• 건강한 식생활을 위해 필요한 영양소를 알고 영양소가 풍부한 식품을 선별할 수 있다.

• 현재 본인의 건강 상태를 고려하여 식단 계획을 짜 보고 평소 식생활에 적용할 수 있다.

• 약에 대한 기본 상식을 이해하고 올바른 약 복용법을 알 수 있다.

학 | 습 | 열 | 기

규칙적인 신체 활동이 각종 생활습관병을 예방하고 개선하는 데 도움이 된다는 것은 이미 누구나 알고 있는 사실이다. 하지만 많은 사람들이 이 사실을 간과하고 넘어가고 있으며, 그 결과 고혈압, 당뇨, 고지혈증, 비만 등이 이제 우리사회에서 흔히 볼 수 있는 질병으로 자리 잡고 있다. 현대인들이 신체 활동을 할 수 있는 시간이 점점 적어지고 있는 요즘, 운동의 중요성을 다시 한번 인식하고 운동 못지않게 중요한 본인의 건강 상태에 맞는 식습관을 통해 건강한 노후를 대비해야 할 것이다.

3장에서는 건강한 내 몸을 만들기 위해 지켜야 할 운동 습관 들이기와 식생활, 그리고 약물의 남용과 요용에 대한 올바른 상식을 알아보고자 한다.

제 ❶ 절 자신에게 맞는 운동을 즐겁게 하라

　문화체육관광부의 발표에 의하면 우리나라 중장년층의 운동 참여율은 2013년 기준 43.3%로 나타났다. 이는 누구나 운동이 몸에 좋은 것을 알면서도 실천에 옮기기가 쉽지 않다는 것을 보여준다. 운동을 하면 맥박 수가 올라가고 혈액 순환이 잘되며 체온이 올라감으로써 신진대사가 활발해진다. 근육이 증가하고 기초 대사량이 늘어나면 같은 양을 먹더라도 살이 덜 찌게 된다. 대사율이 좋다는 것은 그만큼 건강하다는 증거이다. 운동을 하고 나서 땀이 났을 때 시원하고 기분이 좋아지는 개운한 느낌을 경험해 봤을 것이다. 많은 연구에서 운동은 우울함과 불안함을 감소시킨다고 보고되어 있다. Jacobs와 Fornal의 연구에 의하면, 운동을 하면 행복 호르몬인 세로토닌을 만드는 데 필요한 아미노산인 트립토판이 풍부해져서 세로토닌의 합성이 활발해진다. 또한 워싱턴 대학 의학부의 데이비드 카(David Carr) 교수는 《뉴잉글랜드의학저널》에 운동을 하면 뇌에서 엔도르핀이 많이 나와 기분을 상승시키는 효과가 있다는 '엔도르핀 이론'을 발표하였다. 운동으로 체온이 1도 높아지면 면역력이 5배 올라간다. 체온이 내려가면 암세포가 살기 좋은 환경이 만들어지는데 운동을 통해 체온이 올라가면 우리 몸의 자연 살해 세포가 활발하게 움직여 면역력이 상승하는 것이다.

　의학의 아버지 히포크라테스는 "인생에서 가장 귀한 것은 건강이고 웃음이야 말로 몸과 마음을 치유하는 최고의 명약이며, 최고의 운동은 걷기이고 최고의 양약은 웃음이다."라고 하였다. 그는 또 "약으로 고칠 수 없는 병은 수술로 치료하고 수술로 고칠 수 없는 병은 열로 치료하며 열로도 안 되는 병은 영원히 고칠 수 없다."고 하였다. 운동을 하면 심장과 폐의 기능이 좋아지고 혈액 순환이 촉진되며 인슐린 작용을 활발하게 하여 고혈압과 당뇨에도 효과가 있다. 당뇨병의 가장 큰 원인은 비만이지만 비만하지 않아도 당뇨병이 생길 수 있다. 그 이유 중 하나가 근육량의 부족이다. 노화나 운동 부족 등으로 근육이 급격히 감소하는 것을 근감소증이라고 하는데 우리가 섭취하는 포도당을 에너지원으로 많이 쓰는 근육량이 줄어들게 되면 포도당이 몸 안에 쌓이게 되면서 당뇨병의 위험이 높아질 수 있다.

나이를 먹으면서 신체의 노화로 움직이는 것이 자연히 둔해진다. 또한 은퇴를 하면 몸의 활동량이 줄어들고 귀찮아지면서 조금만 몸이 안 좋아도 눕는 일이 잦아진다. 그렇게 되면 몸에서는 근육이 점점 사라지고 노화 현상 중의 하나인 골밀도까지 줄어들게 되는데 이런 상태에서 자칫 넘어지기라도 하면 뼈가 부러질 가능성이 높아진다. 특히 노년기에 고관절 골절은 사망 가능성이 높아 매우 위험하다. 나이가 들면서 찾아오는 변화는 지극히 자연스러운 것이다. 하지만 균형 잡힌 식사, 운동 등으로 꾸준히 관리해 준다면 노년의 삶의 질은 한층 높아질 수 있다.

01 ㅣ 운동과 쉽게 친해지려면

노경화 씨는 직장 은퇴 후 운동을 열심히 해야겠다는 계획을 세우고 무슨 운동을 할까 고민하던 중 후배로부터 재미있고 운동 효과도 좋은 스포츠댄스를 같이 해 보자는 권유를 받았다. 막상 시작하려니 불룩하게 튀어나온 뱃살도 신경이 쓰이고 쑥스럽기도 해서 몇 번을 망설이다가 용기를 내서 도전하였다. 그동안 헬스나 조깅도 해 보았지만 귀찮다는 생각이 들어서 꾸준히 하기가 어려웠고 좀 더 재밌는 운동을 해 보고 싶다는 생각이 들었기 때문이다. 몸치 중의 몸치였던 그녀는 지금 예전보다 건강하고 날씬한 모습으로 새로운 인생을 살고 있다.

건강을 위해 운동을 해야 한다는 것은 누구나 잘 알고 있지만 일부러 시간을 내야 한다는 생각 때문에 꾸준히 실천하기가 어렵다. 우리가 일상에서 밥을 먹고 일을 하고 잠을 자듯이 운동도 생활의 일부 또는 매일 하는 일과 똑같이 생각한다면 운동과 친해지기가 쉬울 것이다. 자신이 좋아하는 운동을 꾸준히 하는 것이 가장 좋은 방법이다. 또한 운동의 목적을 확실히 해두는 것도 좋은 방법이다. 당뇨병을 예방하기 위해서, 젊어 보이기 위해서 등 본인에게 맞는 목표를 정해 보자. 시간을 일부러 내서 하기가 어렵다면 생활 운동을 해 보는 것도 좋은 방법이다. 생활 운동에는 대중교통 이용하기, 식사 후 산책하기, 집에서 스트레칭하기 등이 있는데 이 밖에도 본인에게 맞는 신체 활동량을 늘리기 위한 다양한 방법들을 생각해 보면 될 것이다. 죽을 때까지 꾸준히 운동을 계속하겠다는 마음이 건강하게 장수하는 방법이라는 것을 명심하자. 매일 나가기가 귀찮다면 동호회에 참여하거나 친구와 같이 운동을 하는 등 소속감을 가지는 것도 좋은 방법이다.

다치지 않게 운동을 하는 것도 매우 중요하다. 중소기업에 다니고 있는 C(남·47세) 씨는 등산을 좋아해서 주말이면 늘 산에 간다. 곧 백두대간 종주를 앞두고 있는 그는 오늘도 산에 올랐는데 몇 달 전부터 무리해서 산행을 하다 보니 무릎에 무리가 온다는 느낌이 들었다. 그러나 이를 무시하고 계속해서 산행을 하다가 산에서 내려오던 중 다리가 풀리면서 미끄러져 무릎 연골이 파열되었다. 평소에 운동을 자주 하지 않는 사람이 무리하게 운동을 할 경우 다치게 될 가능성이 높다. 운동에 익숙하더라도 긴장을 늦추지 말아야 한다.

02 ㅣ 운동의 효과

운동을 시작한 지 15분 정도가 되면 체내에서 지방이 태워지기 시작한다. 지방이 태워지려면 산소와 포도당이 필요한데 운동 후 처음 10~15분 사이에는 체지방이 유리지방산으로 분해되면서 혈액 안으로 흘러들어가고 그 이후에 지방이 연소된다. 그러므로 처음부터 강도 높은 운동을 하면 산소가 부족하여 지방이 잘 태워지지 않는다. ACSM(미국 스포츠 의학회)에서 사용하는 심박동 수를 참고했을 때 40~50대라면 1분당 심박동 수는 85~90회 정도가 좋다. 운동 후 15분이 넘어가면 110~150회 정도가 적당한데 이 정도의 심박동 수를 유지하며 운동했을 때 혈액 내 당분은 연소되지 않고 체지방이 집중적으로 혈액으로 운반되어 연소된다.

운동을 심하게 했을 때 운동 부위가 쑤시고 아픈 경험을 누구나 해 봤을 것이다. 운동을 시작하면 처음 15분까지는 체내에 쌓여 있는 글리코겐이 연소되고 15분 후부터 체지방이 연소되기 시작한다. 글리코겐이 없어지면 피로 물질인 젖산이 근육에 쌓이게 되는데 이 젖산이 통증을 유발한다. 운동량이 적으면 효과가 없을 것이라 생각할 수 있지만 운동을 계속하는 데 목적을 두고 지치지 않도록 하는 것이 좋다. 쉽게 접근할 수 있는 운동 중의 하나가 바로 걷기이다. 하루 10,000보 걷기를 실천하는 사람들이 늘어나고 있는데, 10,000보를 시간으로 환산하면 약 1시간 반 정도이고 거리는 약 7~8km이다. 그러나 이보다 짧은 거리라도 매일 계속해서 하는 것이 중요하다. 운동의 효과를 보려면 중등도 정도의 강도로 유산소 운동을 하루 10~30분 정도, 1주일에 적어도 3일 이상이나 가능하면 매일 하는 것이 좋다. 여기서 중등도란 60세 미만일 경우 맥박 수가 1분에 120회, 60세 이상이라면 1분에 100회 정도 되는 운동을 말한다. 이 강도로 운동을 했을 때 에너지원으로 유리지방산과 글루코스를 모두 이용하게 되어 체중 감소에도 효과적이다. 그러나 운동 강도가 높아질수록 혈중 젖산 수치가 높아지고 유리지방산 수치가 낮아지며 체내에 활성산소가 발생한다. 철인 3종 경기 같은 격렬한 운동 후에 감기에 걸리거나 피로가 풀리지 않는 증상들이 생길 수 있는데 이는 무리한 운동으로 몸의 면역력이 약해졌다는 신호이다. 마지막으로 운동을 시작하면 적어도 21일은 해봐야 한다. 인간이 심리적으로 새로운 것에 익숙해지는 데 걸리는 시간은 21일이라고 한다. 21일의 작은 노력이 평생의 습관이 될 수도 있다는 것을 잊지 말자.

● 걷기의 효과

단기적 효과	장기적효과	생리학적 효과
기분이 좋아진다.	혈압이 내려간다.	체지방이 감소된다.
몸이 가벼워진다.	숨이 차지 않는다.	호르몬 분비가 증가된다.
숙면을 취한다.	체력이 좋아진다.	심장, 폐기능이 좋아진다.
어깨, 허리 통증이 개선된다.	성격이 밝아진다.	성인병이 개선된다.
삶의 의욕이 생긴다.	규칙적인 생활을 한다.	최대 산소 섭취량이 증가된다.
변비가 해소된다.	감기에 걸리지 않는다.	모세혈관이 발달된다.

03 ㅣ 근육을 키워야 하는 이유

　중년기 이후에는 성장 호르몬과 여성 호르몬이 감소되면서 기초 대사량이 떨어진다. 더불어 활동량이 적어지면서 에너지 소비량도 적어지고 근육량도 줄어들게 되어 살이 찐다. 건강한 노년을 위해 우리 몸의 근육 중 가장 많은 비율을 차지하고 있는 허벅지 근육과 우리 몸의 중심이 되는 허리 근육을 키우는 것이 중요한데 이 근력을 키우는 운동이 바로 무산소 운동이다. 유산소 운동은 말 그대로 운동을 할 때 필요한 에너지를 만드는 데 산소를 필요로 하는 운동이며 무산소 운동은 산소를 필요로 하지 않는 운동이다. 조깅, 줄넘기, 자전거 타기, 수영, 에어로빅댄스 등이 유산소 운동이고, 역도나 웨이트 트레이닝과 같은 근육 강화 운동은 무산소 운동이다. 짧은 시간에 최대의 노력을 쏟아야 하는 근력 운동은 단시간 안에 다량의 에너지가 공급되어야 하므로 우선 산소가 없는 상태에서 탄수화물을 에너지원으로 사용하기 때문에 무산소 운동에 속한다. 장시간 지속적으로 할 수 있는 가벼운 운동은 에너지 사용 속도가 느리기 때문에 신체가 산소 공급을 기다리면서 충분한 에너지를 생산할 수 있다. 이때는 산소가 존재하는 상태에서 에너지를 생산하는 방법을 사용하며 에너지원으로 탄수화물이나 지방을 이용한다. 에너지원으로 탄수화물만 쓰는 무산소 운동과는 달리 유산소 운동은 지방을 에너지원으로 사용하므로 체중을 줄이기 위해서는 유산소 운동이 적합하다. 하지만 같은 종목이라도 운동의 강도에 따라, 또는 하는 사람의 운동 능력에 따라 유산소 운동이 될 수도 있고 무산소 운동이 될 수도 있다. 예를 들어 조깅은 유산소 운동으로 분류되지만 100m 달리기 같은 전력 질주는 무산소 운동이 된다. 또한 가벼운 덤벨을 20분 이상 쉬지 않고 들 수 있다면 무산소 운동보다는 유산소 운동이 된다.

나이가 들면서 척추관 협착증 등으로 요통을 호소하는 경우가 많은데 이때 허리 근력을 키워 주는 수영이나 자전거 타기, 스트레칭 등으로 근육 및 척추 관절을 이완시켜 통증을 완화시킬 수 있다. 무거운 것을 드는 운동이나 조깅, 골프 등 척추 관절에 하중을 증가시키는 운동은 오히려 증상을 악화시킬 수 있으므로 주의해야 한다. 고령 인구에서 가장 흔한 퇴행성 관절염은 관절 유연성을 증가시키고 관절 주위의 근육을 강화시키는 수영, 실내 자전거, 걷기 운동이 좋다. 만약 무릎 관절, 고관절의 통증이 있다면 등산이나 계단을 오르내리는 것을 피해야 한다.

우리 몸의 많은 비중을 차지하고 있는 허벅지와 허리 근육을 키우는 데 좋은 운동은 앞서 언급한 걷기이다. 걷기는 심장과 폐의 기능을 강화시키고 근육을 단련시킨다. 건강한 사람은 안정된 상태에서 1회에 60~80mL, 1분에 약 5L의 혈액을 전신으로 보낸다. 이것은 심박동 수에 비례하며 숨이 가빠지고 심장이 빨리 뛴다는 것은 그만큼 우리 몸에서 산소를 많이 필요로 한다는 것이다. 그러나 아무리 격렬한 운동을 해도 어느 한계를 넘어서면 심박동 수가 증가하지 않는데 이를 최대 심박동 수라고 한다. 효과적인 운동의 강도는 일반적으로 자신의 최대 심박동 수의 70~80%이며 자신의 최대 심박동 수는 '220 - 연령'으로 계산한다.

한편, 운동은 너무 허기진 상태에서 하지 않는 것이 좋다. 혈당치가 낮은 상태에서 운동을 하면 지방이 잘 연소되지 않으며 혈당치가 계속 떨어지면 위험한 상황에 처할 수 있다. 또 공복 상태에서 무리한 운동을 하거나 갑자기 운동을 하면 부상을 당할 수 있으며 혈압이 상승하고 심장 근육에 무리가 올 수 있으므로 주의한다.

04 ㅣ 몸도 마음도 건강해지는 등산

　등산은 몸을 지속적으로 움직여 주고 관절에 꾸준한 자극을 주어 다리 근육뿐만 아니라 폐와 심장 기능을 강화시키는 데에도 탁월한 효과가 있다. 또한 신선한 공기를 마음껏 마시고 자연과도 교감을 느끼는 그야말로 아주 좋은 운동이다. 지속적인 움직임으로 운동량이 많아 지방을 태워 없애는 데에도 효과적이며 오르막길과 내리막길을 다닐 때 다른 근육을 사용하기 때문에 다리 근육을 골고루 발달시킬 수 있는 장점도 있다. 등산을 할 때는 걷는 방법이 중요한데 오르막길에서는 신발 바닥 전체를 지면에 밀착시키고 내리막길에서는 뒤꿈치부터 디뎌서 체중의 부담을 최대한 줄여 주는 방법으로 산행을 해야 안전하다. 최대한 보폭을 줄여서 천천히 걷고 일정한 리듬을 유지하면서 호흡하고 속도를 조절하는 것도 중요하다. 빠른 속도로 걷고 나서 오랫동안 쉬는 것은 더 피로하게 하고 걷는 리듬을 잃으며 심리적으로도 부담을 준다. 오랫동안 휴식을 취해서 몸이 이완되면 힘들어지므로 휴식 시간을 가능하면 짧게 하면서 속도는 3km를 40~50분에 걷는 것이 좋다. 초보자의 경우에는 너무 무리하지 않는 한도 내에서 점차 강도를 높여 가고 짧은 거리와 낮은 목표를 선택하는 것이 중요하다. 신발 선택도 중요한데 가급적이면 산행에 적당한 등산화가 좋지만 그렇지 않은 경우에는 쿠션감이 좋은 운동화를 발에 잘 맞게 선택하여 발에 무리가 가지 않도록 한다. 등산을 비롯한 모든 운동 전에 스트레칭을 하면 근육의 긴장이 풀어지고 유연성이 높아져 부상을 최대한 예방할 수 있고 운동 효과도 높일 수 있다.

제 ❷ 절 맛있는 영양소와 식품을 파악하라

세계보건기구(WHO)에 의하면 영양(nutrition)이란 '생명체가 생명 유지, 성장, 발육, 조직의 정상 기능 유지, 에너지 생성을 위해 음식물을 이용하는 과정'이라고 하였다. 즉, 영양분 섭취는 대부분 식품을 통해서 하는데 음식을 먹고 소화하고 흡수하여 영양소가 우리 몸 안에서 이용되는 데 연관되는 모든 과정을 의미한다. 영양소(nutrient)란 영양을 유지하기 위해 섭취한 식품의 성분이 우리 몸에서 이용되는 성분으로, 생명 유지에 필수적이며 총 50여 종이 밝혀져 있다. 영양소는 6종류의 물질, 즉 탄수화물, 단백질, 지질, 무기질, 비타민 및 물을 말한다.

01 ㅣ 6대 영양소 제대로 알기

생명 유지에 꼭 필요한 단백질

우리 몸의 모든 세포는 단백질로 이루어져 있으며 성장과 유지에 매우 중요한 역할을 한다. 단백질의 구성 단위로 체내 합성이 안 되는 필수 아미노산은 음식물을 통해 섭취해야 하며 단백질은 피부, 뼈와 결합조직, 근육을 유지하기 때문에 충분한 섭취가 필요하다. 또한 단백질은 호르몬을 분비하고 각종 효소와 항체를 형성하는 데 필요하며 세포 안과 밖의 체액과 산·염기의 균형을 유지시켜 주고 각종 영양소가 운반되도록 도와주는 역할을 한다. 보통 우리 몸의 에너지는 탄수화물이나 지방을 사용하지만 단백질도 에너지가 부족할 때 쓰인다. 단백질은 각종 육류, 생선류, 알류, 콩과 식물에 함유되어 있다.

먼저 쓰는 에너지 연료 탄수화물

탄수화물은 우리가 섭취하는 총 열량의 60% 이상을 차지하는 주된 영양소이며 에너지를 공급하고 단백질을 절약해 주는 기능을 가지고 있다. 또한 단백질과 함께 우리 몸의 히알루론산의 구성 요소가 되고 손톱, 뼈, 피부 등의 중요한 구성 요소가 된다. 탄수화물은 우리 몸에 들어와 여러 가지 대사 과정을 거쳐 포도당으로 분해되어 뇌세포나 적혈구의 에너지원으로 사용되며 남은 경우 간과 근육에 글리코겐의 형태로 저장되어 있다가 필요시에 사용된다. 그러나 글리코겐의 저장량은 정해져 있어 탄수화물이 과하게 들어 오면 지방으로 체내에 저장되어 살이 찌게 된다. 탄수화물은 곡류, 감자류, 당류에 함유되어 있다.

필요하지만 과하면 적이 되는 지방

지방은 동물성과 식물성으로 나뉘며 1g당 9kcal의 열량을 내어 탄수화물이나 단백질보다 2배 이상의 에너지를 낸다. 우리 몸의 에너지로 사용되고 남는 지방은 피하지방의 지방세포에 저장되었다가 에너지의 섭취가 부족할 때 바로 쓰인다. 또한 지방은 특별한 맛과 흥미를 주는 역할을 하는데 아이스크림이나 빵의 부드러운 맛이나 튀김이나 부침 요리의 맛은 지방이 해 주는 역할 중의 하나이다. 지방은 지용성 비타민 A·D·E·K의 흡수를 도와주는 중요한 역할을 하고 필수 지방산인 리놀렌산, 리놀레산, 아라키돈산의 세 가지 필수 지방산은 부족하면 결핍 증상이 나타나기 때문에 총 섭취 열량의 20%가 되어야 한다. 지방은 식물성 기름, 동물성 기름, 가공제품(버터, 마가린, 쇼트닝 등)에 함유되어 있다.

삶의 활력소 비타민

비타민은 지용성 비타민(A·D·E·K)과 수용성 비타민(B-8군, C)으로 나뉘며 에너지를 제공하지는 않지만 탄수화물, 지방, 단백질이 에너지를 내는 과정에서 중요한 작용을 한다. 지용성 비타민은 세포 속으로 들어가서 작용하므로 수용성 비타민들처럼 소변을 통해 배출되지 않아 필요 이상으로 섭취하면 체내에 축적되어 부작용이 생긴다. 수용성 비타민은 필요 이상으로 섭취하면 소변을 통해 배출되는 장점이 있지만, 세포에 들어가는 데 한계가 있어서 그 효과는 위와 장, 그리고 혈액 내에서만 나타난다는 제한이 있다. 최근 알려진 연구 결과에 따르면 비타민 C는 심장 마비와 뇌졸중 등의 위험성을 감소시키는 것으로 나타났다. 혈중 비타민 C 수치가 높을수록 암, 치매, 폐 질환 등의 질병에 걸릴 확률이 낮아진다. 비타민

B군이나 비타민 C 같은 수용성 비타민은 특별한 수용체가 있어야 세포 속에서 작용한다.

매우 적은 필요량이라도 비타민이 부족하면 결핍증이 생겨 신체의 건강과 활력을 유지하기가 어렵다. 비타민 중에서는 비타민 D가 한국인에게 특히 부족한 영양소이다. 비타민 D는 식품과 햇볕을 통해 공급받을 수 있으므로, 실외 활동 등을 통한 햇볕 노출과 비타민 D가 풍부한 식품의 섭취를 권장하고 있다. 비타민 D가 많이 함유되어 있는 식품에는 멸치·고등어·꽁치·갈치·청어 등의 생선, 달걀, 우유, 버섯류 등이 있다.

소량이지만 부족하면 탈이 나는 무기질

무기질은 우리 몸에 존재하는 양에 따라 다량과 미량으로 구분하며, 인체의 구성 성분 중 체중의 약 4%를 차지하는 소량이지만 부족할 경우 결핍증을 나타내는 필수 불가결한 요소이다. 무기질은 신체의 각 부분을 형성하며 신체 내에서 일어나는 여러 가지 반응을 이루어 주는 역할을 한다. 또한 체내의 PH를 조절해 주고 물이 우리 몸에서 자유롭게 이동하도록 도와준다. 무기질 중에서 한국인에게 특히 부족한 영양소는 칼슘이다. 한국인의 칼슘 섭취 기준 대비 평균 섭취량은 6세 이상 남녀 모두에서 낮았으며, 특히 12~18세, 여자 65세 이상, 남자 75세 이상에서 부족하였다. 칼슘이 많이 함유된 식품에는 우유 및 치즈·요구르트 등의 유제품, 채소류 등이 있다.

● 무기질의 기능 및 역할과 함유 식품

종류	기능	결핍 시 나타나는 증상	함유 식품
나트륨 (Na)	혈장의 성분, 삼투압 조절, 활동전류 발생	소화 불량, 부종, 심장병	해산불, 식염, 해조류
염소(Cl)	혈장·위액의 성분, 삼투압 조절	소화 장애, 신장병, 부신 피질성 질환 등	해조류, 샐러리, 토마토
인(P)	뼈·이·신경·근육·단백질·핵산의 성분	구루병, 발육 부진	달걀, 생선, 고기, 유제품
철(Fe)	헤모글로빈과 시토크롬의 성분	저혈색소성 빈혈	달걀노른자, 콩, 간, 대합
칼슘(Ca)	뼈·이·혈장의 성분, 혈액 응고에 관여	골다공증, 발육 부진, 우울증	콩, 우유, 연어, 호두, 해바라기씨

마그네슘 (Ma)	뼈·이의 성분, 효소 활성	신경계 자극, 경련, 부정맥	우유, 녹색 채소, 고기, 땅콩
칼륨(K)	삼투압 조절, 활동전류 발생	근육의 이완, 발육 부진	우유, 채소, 고기
황(S)	단백질의 성분	손·발톱·모발의 발육 부진	양배추, 콩, 쇠고기, 어류
요오드(I)	갑상샘 호르몬(티록신)의 성분	비만, 갑상샘종, 저혈압, 심장병	미역, 다시마, 김

무기질과 비타민의 차이

- **비타민** : 식물과 세균 등의 유기체가 몇 가지 비타민을 합성할 수 있고 공기, 빛, 열 등의 여러 가지 처리에 의해 쉽게 파괴된다.
- **무기질** : 어떠한 생명체도 무기질을 합성할 수가 없으며 화학적인 방법에 의해 쉽게 파괴되지 않고 안정적이다.

※ 우리 몸은 단백질, 지방, 탄수화물을 대사하는 과정에서 아주 적은 양이라도 비타민과 무기질을 반드시 필요로 한다.

02 ㅣ 균형 있는 영양소 섭취가 최고의 보약

균형 있는 영양소의 섭취는 건강 유지를 위해 필수적이며 다양한 식품을 선택하여 에너지를 조절하고 운동을 병행하는 것이 효과적이다.

다음의 식품 구성 자전거는 6개의 식품군별 대표 식품에 1인 1회 분량을 기준으로 구성되어 있다. 연령별과 성별 기준을 참고하여 섭취 패턴을 수정할 수 있다. 우리가 먹는 음식을 6가지 식품군으로 나누어 자전거의 바퀴 면적을 배분하여 각 식품군의 필요량을 나타내었으며 자전거 앞바퀴에 물 잔을 넣어 균형 잡힌 식사와 함께 수분 섭취, 적절한 운동을 통해 건강을 유지하고 비만을 예방하기 위해 만든 것이다.

출처: 보건복지부·한국영양학회, 「2015 한국인 영양소 섭취 기준」

[식품 구성 자전거]

● 2015 한국인 영양소 섭취 기준 대상 영양소

구분	영양소(총 36종)
에너지 및 다량영양소(8종)	에너지, 탄수화물, 총당류, 지질, 단백질, 아미노산, 식이섬유, 수분
비타민(13종)	비타민 A, 비타민 D, 비타민 E, 비타민 K, 비타민 C, 티아민, 리보플라빈, 니아신, 비타민 B6, 엽산, 비타민 B12, 판토텐산, 비오틴
무기질(15종)	칼슘, 인, 나트륨, 염소, 칼륨, 마그네슘, 철, 아연, 구리, 불소, 망간, 요오드, 셀레늄, 몰리브덴, 크롬

출처: 보건복지부(2015년 최초 제정)

　　2015년에 보건복지부가 '한국인 영양소 섭취 기준'을 제정하였다. 탄수화물을 통해 총 에너지 섭취량의 70% 이상을 섭취하면 당뇨병, 대사증후군 등의 건강 위험이 증가한다는 보고에 근거해 2010년 대비 탄수화물 적정 비율을 하향 조정하였으며 이에 따라 지질을 상향 조정하였다.

영양소	에너지 적정 비율			
	1~2세	3~18세	19세 이상	비고
탄수화물	55~65%	55~65%	55~65%	−
단백질	7~20%	7~20%	7~20%	−
지질 총지방	20~35%	15~30%	15~30%	−
n−6계 지방산	4~10%	4~10%	4~10%	−
n−3계 지방산	1% 내외	1% 내외	1% 내외	−
포화지방산	−	8% 미만	7% 미만	
트랜스지방산	−	1% 미만	1% 미만	
콜레스테롤	−	−	300mg/일 미만	목표섭취량

출처: 보건복지부

한국인의 영양 섭취 기준에 따른 50~64세 남자의 평균 필요 에너지양은 2,200kcal이며 여자의 경우는 1,800kcal이다. 다음은 1인 1회 분량의 에너지 함량이다.

식품군	1인 1회 평균 에너지 함량
곡류	300kcal
고기, 생선, 달걀, 콩류	100kcal
채소류	15kcal
과일류	50kcal
우유와 유제품류	125kcal
유지류와 당류	45kcal

03 | 국민 공통 식생활 지침

보건복지부는 2016년 농림축산식품부, 식품의약품안전처와 공동으로 국민의 건강하고 균형 잡힌 식생활 가이드라인을 제시하는 〈국민 공통 식생활 지침〉을 제정·발표하였다. 비만, 당뇨, 고혈압 등 만성질환이 증가함에 따라 이와 밀접한 관련이 있는 식생활을 개선하기 위해, 그간 정부에서는 각 부처별로 식생활 지침을 개발·보급하여 왔다. 이 지침은 정부 부처에 분산되어 있는 지침을 종합하여 바람직한 식생활을 위한 기본적인 수칙을 제시한 것으로 균형 있는 영양소 섭취, 올바른 식습관 및 한국형 식생활, 식생활 안전 등을 종합적으로 고려하였다.

- 쌀·잡곡, 채소, 과일, 우유·유제품, 육류, 생선, 달걀, 콩류 등 다양한 식품을 섭취하자.
- 아침밥을 꼭 먹자.
- 과식을 피하고 활동량을 늘리자.
- 덜 짜게, 덜 달게, 덜 기름지게 먹자.
- 단 음료 대신 물을 충분히 마시자.
- 술자리를 피하자.
- 음식은 위생적으로, 필요한 만큼만 마련하자.
- 우리 식재료를 활용한 식생활을 즐기자.
- 가족과 함께하는 식사 횟수를 늘리자.

04 ㅣ 노년기의 영양

노년기는 신진대사 능력이 감소하여 기초 대사량과 활동량이 줄어들어 총 에너지 요구량이 더욱 감소한다. 결국 이전의 식습관을 계속 유지한다면 섭취 열량이 소비 열량보다 낮아져 체중이 증가하게 된다. 평균적으로 노인의 기초 대사량은 여성이 1,100~1,300kcal, 남성이 1,100~1,400kcal 정도이다. 최근 웰빙 식생활의 열풍으로 식습관에 대한 지식이 예전에 비해 높아졌지만 아직까지도 우리나라 노인들의 탄수화물 의존도는 매우 높다. 그러므로 가능하면 혈당을 빠르게 상승시키지 않는 복합 탄수화물 형태로 섭취하고 혈당지수가 낮은 음식을 섭취하는 것이 좋다. 혈당지수가 낮은 음식을 섭취하면 체중 증가의 위험을 방지하고 고지혈증과 당뇨병 관리와 암의 발병률을 낮추는 데도 효과적이다. 노년기에는 우유 제품과 과일을 매일 먹고 채소, 고기나 생선, 콩 제품 반찬을 골고루 먹으며 짠 음식을 피하고 싱겁게 먹어야 한다. 노년기에는 활동량이 적어져 식욕이 떨어지므로 많이 움직여서 적당한 식욕과 체중을 유지해야 한다. 술은 소주 1.5잔, 맥주 1캔, 양주 1잔 이하로 절제하고 물을 충분히 마셔서 노년기에 더욱 줄어드는 체내 수분량을 보충해 주어야 한다.

● 식품 중의 혈당지수(GI: glycemic index)

70 이상(고 GI)		56~69(중 GI)		55 이하(저 GI)	
백미	70~90	현미	59~60	콩	18
흰 식빵	70	보리빵	65	잡곡 빵	30~45
감자	80~100	요구르트	64	우유	20~29
포도당	100	잡곡 플레이크	66	스파게티	30~39
사탕	60~69	바나나	53	오렌지	40~49

● 어르신을 위한 식생활 지침

- 고기나 생선, 콩 제품 반찬을 골고루 먹자.
- 우유 제품과 과일을 매일 먹자.
- 짠 음식을 피하고 싱겁게 먹자.
- 많이 움직여서 적당한 식욕과 체중을 유지하자.
- 술은 절제하고 물은 충분히 마시자.
- 세 끼 식사와 간식을 꼭 먹자.
- 음식은 먹을 만큼 준비하고 오래된 것은 먹지 말자.

출처: 보건복지부

제 ❸ 절 영양 관리를 위한 식생활을 디자인하라

윤(남·55세) 씨는 1년 전 아내와 사별을 하고 나홀로족이 되었다. 퇴근 후 식사는 대충 편의점에서 파는 도시락이나 인스턴트식품, 패스트푸드로 때우는 경우가 많아졌다. 이런 음식들이 건강에 좋지 않다는 것은 알고 있지만 그동안 요리는 아내가 맡았던 부분이고 혼자 먹자고 선뜻 주방에 들어가기는 싫었다. 또 TV에서 나오는 음식 프로그램을 보며 혼술(혼자 술 마시기)하거나 혼밥(혼자 밥 먹기)하면서 대리 만족을 하는 경우가 많다. 윤 씨는 이대로 가다가는 건강을 잃게 되겠다는 생각이 들어 보건소에서 은퇴를 앞둔 남성들을 대상으로 운영하는 건강한 식생활을 위한 요리 교실에 수강 신청을 하였다.

최근 소비자들의 욕구 변화와 경기 불황으로 인해 일명 '싱글족', '나홀로족'이라고도 불리는 '1인 가구'가 점점 증가하고 있고, 혼자서 식사를 하는 이른바 '혼밥족'도 보편화되고 있다. 이로 인해 TV를 통해 간접적으로라도 식사를 함께 나누고 싶은 열망이 음식 프로그램에 대한 열풍으로 이어졌다. 먹방, 쿡방, 집방 프로그램이 인기를 끌면서 요리하는 프로그램이 늘고 있지만 바쁜 현대인들은 패스트푸드나 인스턴트식품으로 한 끼를 때우는 경우가 많다.

보건복지부에서 실시한 2008년 〈국민 건강·영양 조사〉에 의하면 성인 남성의 경우 아침 결식률이 높으며 백미, 돼지고기, 소주, 라면이 전체 에너지 섭취량의 50%를 공급하고 있어 심각한 불균형이 우려된다고 보고되었다. 중·장년기의 양호한 영양은 노화의 시기와 속도를 늦추고 질병의 발생을 예방할 수 있다. 이 시기에 올 수 있는 질병은 대사증후군(metabolic syndrome)으로 인슐린 저항성의 증가와 함께 고혈압, 고지혈증, 저 HDL혈증 등의 증상이 나타나며 비만이 주 원인이 되어 발생하는 경우가 많다.

정크 푸드(junk food)라고도 하는 패스트푸드나 인스턴트식품은 건강 수명을 방해하는 주범으로 아라키돈산이 많이 함유되어 있다. 우리 몸의 미세한 염증은 아무런 증상이나 통증이 없으면서 각종 퇴행성 질환과 노화와 질병을 일으키는데 이 미세 염증을 일으키는 성분이 지방에 들어 있는 아라키돈산이다. 햄버거 세트에는 햄버거, 감자튀김, 탄산음료가 들어 있다. 그중 햄버거는 열량이 지나치게 높고 포화지방산과 콜레스테롤, 나트륨이 많이 들어 있어 자주 섭취하면 영양 불균형이 초래되고 비만, 고혈압, 동맥경화증의 원인이 될 수 있다. 탄산음료에 들어 있는 당분은 인슐린 저항성을 높이고 제2형 당뇨병과 심혈관 질환, 각종 암 발병 위험을 높이며 열량이 높아 비만이 생기기 쉽다. 감자튀김이나 치킨 등 기름에 바삭하게 튀긴 음식은 보기만 해도 입안에 군침이 돌 정도로 사람들의 입맛을 사로잡기 충분하다. 하지만 튀긴 음식은 콜레스테롤이 많아 심혈관 질환을 일으키는 원인이 된다. 과자나 빵, 튀김, 패스트푸드 같은 가공식품에 많이 들어 있는 트랜스 지방을 많이 섭취하면 총 콜레스테롤과 몸에 나쁜 저밀도(LDL) 콜레스테롤 수치가 증가해 심혈관 질환의 발생 위험을 높일 수 있다. 또한 시중에 나와 있는 인스턴트식품 대부분은 나트륨이 지나치게 많이 들어 있다. 지나친 나트륨은 고혈압의 원인이 되고 신장에 부담을 주며 포화지방산이 많아 심혈관 질환의 위험을 더 높인다.

우리가 먹는 음식에는 바로 식중독이나 알레르기를 일으키지는 않지만 시간이 지나면서 서서히 염증 반응을 일으키는 것이 있다. 대표적인 독소가 식품첨가물이다. 가공된 음식에는 거의 식품첨가물이 들어간다. 그만큼 우리 몸은 쉽게 독소를 만나게 되는 것이다. 이 식품첨가물을 지속적으로 먹게 되면 우리 몸의 해독을 담당하는 간은 힘들어질 수밖에 없다. 또한 장을 제3의 해독기관이라고 하는데 식품첨가물에 들어 있는 독소가 간뿐만 아니라 장에 들어 있는 유산균 같은 좋은 균을 죽이고 나쁜 균을 더 증식시키는 역할을 한다.

한국인이 1년 동안 섭취하는 식품첨가물은 보존료, 감미료, 착색료, 발색제, 표백제 등 연간 25kg 정도라고 한다. 이 식품첨가물이 가공·조리·보관 과정에 사용되고 우리 몸을 해치는 독소로 작용한다. 일본의 식품첨가물 전문회사에서 근무하던 아베스카사 씨는 현재 식품첨가물 반대 운동과 강연을 통해 그 유해함을 알리고 있다. 한 가지 가공식품을 만들려면 수 개에서 수십 가지의 식품첨가물이 들어가는데 만들어 내지 못하는 맛과 향이 없다고 한다.

'내가 먹는 것이 바로 나'라는 말이 있다. 지금 내가 먹고 있는 음식이 앞으로 나의 건강을 결정한다. 내가 먹는 음식이 대사 과정을 통해 내 몸에 에너지를 공급하고 있으며 대사의 결과물이 바로 우리 몸이 된다는 것을 명심하자.

슬로푸드(slow food) 운동

미국의 세계적인 햄버거 체인사의 패스트푸드에 반대해 일어난 운동으로 1986년 이탈리아의 작은 마을에서 시작되었다. 전통 음식의 보존을 내걸고 시작된 이 운동은 바로 삶의 질로 연결되어 삶에 영향을 미친다. 전원생활을 통해 시간과 정성을 다해 만든 음식을 즐기자는 것이 이 운동의 기본 취지이며, 현재의 음식 문화의 전통을 이어가고 전통적인 방식으로 만들어지는 세계 각국의 음식들을 알리는 데 목적을 두고 시작되었다.

01 ∣ 컬러 푸드 즐기기

식물은 자외선과 각종 외부 환경에서 자신을 보호하려고 생성하는 물질이 있는데 이를 파이토케미컬(phytochemical)이라고 한다. 파이토케미컬은 6대 영양소 외의 다른 기능성 영양소로 지금까지 밝혀진 것만 해도 700종이 넘으며 항산화, 해독, 항염, 면역력 강화 작용을 하는 것으로 알려져 있다. 채소와 과일의 색상이 화려하고 짙을수록 많은 양이 함유되어 있다. 빨강, 노랑, 초록, 보라 등의 다양한 식품의 색은 오묘한 특징이 있어서 한 가지 색에도 다양한 성분이 들어 있다.

미국의 국립 암연구소에서는 1991년부터 빨강, 주황, 노랑, 초록, 보라 등 다양한 색깔의 식품을 먹자는 캠페인을 벌이고 있다. 이것이 'Five a day'인데 하루에 채소와 과일을 다섯 가지 이상 색깔을 갖추어 먹었더니 암 발생률과 사망률이 감소되었다고 한다. 미국의 《타임지》는 2002년 신체 노화 억제 영양소가 다량 함유된 식품 10가지를 발표하고 '수퍼 푸드(super food)'라는 이름을 붙였다. 수퍼 푸드는 인체 노화 분야의 권위자 스티븐 프랫 박사가 장수하는 지역에서 먹는 음식을 연구하여 발표한 것으로 그 종류는 귀리, 블루베리, 녹차, 마늘, 연어, 브로콜리, 아몬드, 적포도주, 시금치, 토마토이다.

색깔	주요 식품	효능	색소
검정	검은콩, 검은깨, 검은 쌀, 메밀	면역력 향상, 노화 예방	안토시아닌
주황	당근, 고구마, 감, 호박	면역력 향상, 항암	카로티노이드
초록	브로콜리, 녹차, 부추, 시금치	항산화, 노화 방지, 성인병 예방	폴리페놀 화합물
흰색	마늘, 양파, 콩, 무, 흰 채소	심장병 예방, 갱년기 증상 완화, 호흡기 질환 완화	황화아릴 화합물
보라	가지, 포도, 자두, 블루베리	혈관 질환·심장병 예방, 독소 제거	안토시아닌, 플라보노이드
노랑	오렌지, 자몽, 망고, 파인애플	항암, 노화 방지	카로티노이드, 플라보노이드, 비타민 C, 헤스페레틴
빨강	사과, 토마토, 석류, 딸기	항산화, 면역력 향상, 항암	라이코펜, 안토시아닌

채소나 과일 등 효소가 풍부한 식품을 그대로 먹는 것도 좋지만 발효 과정을 거치는 효소로 만들게 되면 영양가가 높아지고 보관 기간이 길어지며 각종 요리에 사용하여 부드러운 맛을 낼 수 있다. 과일의 효소에 들어 있는 여러 가지 성분은 과일이 성숙, 변색되고 부패하는 것을 방지한다. 또한 풍부하게 들어 있는 발효균이 몸속의 노폐물이나 독소를 배출해 주고 장을 깨끗하게 해 주어 면역력을 높여 주고 피부 신진대사가 활발해져 노화와 색소 침착에도 효과가 있으며 쉽게 피로해지지 않는다.

02 ㅣ 활성산소를 제거해 주는 항산화 식품

활성산소는 음주, 흡연, 스트레스와 과도한 운동 그리고 각종 환경오염과 화학 물질에 의해 우리 몸에서 필요 이상으로 생겨 정상 세포의 기능을 떨어뜨리고 각종 노화와 질병의 원인이 된다. 현대인이 앓고 있는 질병 중 약 90%가 활성산소와 관계가 있으며 암, 동맥경화증, 당뇨병, 뇌졸중, 심근경색증, 간염, 신장염, 아토피, 파킨슨병, 자외선과 방사선에 의한 질병 등을 일으킨다. 그러므로 이러한 질병에 걸리지 않으려면 몸속의 활성산소를 없애 주면 된다. 활성산소를 제거해 주는 항산화 물질에는 비타민 E, 비타민 C, 셀레늄, 망간, 카테킨, 안토시아닌 등이 있으며 각종 과일과 채소, 곡류, 콩류, 허브 등에 함유되어 있다.

세계적 장수 마을인 일본 오키나와 사람들은 소식(小食)으로 유명하다. 하루에 남성 노인은 1,400kcal, 여성 노인은 1,100kcal를 섭취하며 열량이 낮은 채소와 과일, 두부, 현미, 해조류 등을 즐겨 먹는다. 적게 먹으면 체내 대사율이 줄고 활성산소가 적게 생겨 노화가 억제되고 건강하게 장수할 수 있다. 그러나 식사량을 줄이는 대신 비타민과 미네랄 등의 필수영양소를 충분히 섭취하여 영양소 결핍이 되지 않도록 해야 한다.

항산화 성분	함유 식품
비타민 E	식물성 기름(콩, 옥수수, 해바라기 씨), 녹색 채소
비타민 C	과일(딸기, 오렌지, 레몬), 채소(양배추, 시금치, 브로콜리)
셀레늄	육류, 해산물, 곡류, 견과류
망간	어패류, 땅콩, 녹차
카테킨	녹차
안토시아닌	블루베리, 체리, 가지, 검은깨
이소플라본	콩류(된장, 두부, 간장, 청국장)
엘라그산	딸기, 복분자, 석류
베타카로틴	녹황색 채소(당근, 시금치), 해조류

제 ❹ 절 약(藥), 제대로 알고 복용하라

올해 75세인 박이순 할머니는 일찍 남편을 여의고 시골에서 농사를 지으며 자식 5명을 홀로 키웠다. 박 할머니는 현재 만성질환인 고혈압, 당뇨가 있고 퇴행성 관절염과 요통으로 종합 병원에 다니고 있다. 오늘도 할머니는 예약 진료를 받고 아픈 다리를 이끌며 병원을 나선다. 자식들이 수시로 보내 주는 홍삼, 오메가3, 글루코사민, 종합 비타민 등 건강기능 식품도 열심히 챙겨 먹고 있다. 하루에 박 할머니가 먹는 약의 양이 짐작이 갈 것이다. 그러나 박 할머니는 이 많은 약들을 함께 복용했을 경우 생길 수 있는 크고 작은 부작용에 대해서는 알지 못한다.

인류는 오래전부터 질병에 시달려 왔으며 질병으로부터의 해방과 수명 연장을 위해 끊임없이 노력하고 있다. 약물을 발견하고 사용한 정확한 시대는 알 수 없으나 약 BC 3000년, 즉 지금으로부터 약 5000년 전 주위에 있는 각종 식물을 통해 통증을 경감시키는 경험을 하면서 구전되어 내려 왔다. 그러다가 약 4000년 전 수메르인들의 점토판이나 기원전 1550년경 이집트의 파피루스에 약물과 처방 기록이 나타나고, 동양에서는 기원전 250년경 《신농본초경》이라는 중국의 생약을 집대성한 책이 탄생하였다. 근대 약학은 18세기 후반에 들어 영국의 산업혁명과 함께 과학의 발전이 이루어지면서 시작되었다. 1805년에는 양귀비에서 진통 작용이 있는 모르핀(morphine)만을 뽑아내는 것에 성공했고 1885년에는 광견병 백신을, 1889년에는 디프테리아 항독소를 개발하였다. 1897년에는 진통제의 대명사인 아스피린이 개발되었으며 1928년에는 최초의 항생제인 페니실린이 개발되었고 지난 수십 년 동안 질병 치료에 효과적인 수많은 새로운 약들이 개발되어 인류의 질병을 치료하고 있다. 특히 항생제는 임질이나 매독, 결핵 등 많은 사람의 생명을 구한 인류 최고의 발명품 중 하나이기도 하다.

01 ㅣ 약, 잘 알고 복용하자.

약이란 어떤 질병을 치료하고 예방하기 위해서 사용되는 특정한 물질이며 이에는 화학 물질과 천연 물질이 있다. 약은 양면성을 가지고 있어서 올바르게 사용했을 경우에는 건강을 회복시켜 주지만 제대로 사용하지 않거나 함부로 사용하는 '오남용'의 경우 오히려 독이 될 수도 있는 데 이로 인해 생기는 증상은 집착이나 의존, 중독, 내성 등이다.

약물의 잘못된 복용법 중 한 예로 알약으로 만들어진 약을 잘 삼키지 못하는 경우 부수거나 가루로 만들어서 복용하는 경우가 있다. 알약으로 만들어진 약물은 그대로 복용해야 가장 좋은 효과를 볼 수 있는데 부득이하게 가루로 만들어서 복용해야 하는 경우에는 가루약으로 복용 가능한 의약품인지 확인해야 한다. 예를 들면 서방정 제제는 약의 유효 성분이 속도와 시간, 방출 부위를 조절해서 체내에 천천히 지속되도록 특수하게 만들어진 것이어서 가루로 만들어 복용하면 갑자기 많은 약의 성분이 흡수되어 많은 양을 복용한 것과 같은 위험을 초래할 수 있다. 또한 장용성 제제는 위산으로부터 약물을 보호하여 장에서 흡수되도록 도와주는 기능을 가지고 있어서 부수거나 가루로 사용하면 안 된다.

02 ㅣ 구하기 쉬운 일반 의약품도 주의해서 복용하자.

일반 의약품은 병의원에서 발급하는 처방전 없이 약국에서 구입이 가능하며, 비교적 이상 반응이 적은 약물이다. 일반적으로 식품의약품안전처의 허가 사항대로 복용한다면, 안전한 것으로 알려져 있으나 잘못된 복약 습관을 들이면 몸에 해롭거나 위험한 상황에 처할 수 있다. 따라서 다른 전문 의약품 혹은 일반 의약품과 병용하는 경우에는 상호 작용에 대한 올바른 지식이 필요하다. 일반 의약품을 보다 안전하고 효과적으로 사용하기 위해서는 첨부 문서에 표기된 효능, 효과, 용법, 용량, 사용상의 주의 사항 등을 잘 읽고 그대로 따라야 한다.

- 약 사용 설명서를 정확하게 숙지하고 사용한다.
- 약은 꼭 필요한 경우에 사용하고 오남용하지 않는다.
- 약 사용 설명서를 정확하게 숙지하고 사용한다.
- 의사 또는 약사에게 궁금한 내용을 최대한 많이 질문한다.
- 유통기한을 항상 확인하고, 유통기한이 지난 약은 즉시 버리도록 한다.
- 증세가 좋아졌더라도 임의로 약 사용을 중단하지 않는다.
- 약 사용 후, 이상이 있을 시에는 신속하게 의사 또는 약사와 상의해야 한다.
- 처방받은 약 이외의 다른 약을 복용할 때에는 의사 또는 약사와 상의해야 한다.
- 약을 사고 나면 사용 설명서와 약 포장 박스를 무심코 버리는 경우가 많다. 그러나 사용 설명서에는 약의 효능과 효과, 복용 방법과 용량, 부작용과 주의 사항, 보관 방법, 유통기한 등 필요한 정보가 담겨 있으므로 반드시 보관한다.

03 | 항생제의 오남용

폐렴 등의 세균 감염에 항생제를 제때 쓰지 못하면 합병증이 생겨 사망하기도 한다. 이를 막기 위해 지금까지 개발된 항생제는 200여 종에 달한다. 그러나 우리는 질병 치료에 유익한 항생제 사용을 경계하기도 하는데 그 가장 큰 이유는 내성(耐性) 때문이다. 병원성 세균이 항생제에 과도하게 노출되면 일부는 스스로를 보호하기 위해 돌연변이가 나타나는데 이것이 내성이다. 내성이 생긴 세균은 항생제에 잘 반응하지 않는다. 결국 항생제를 또 썼을 때 내성이 있는 세균은 살아남아 증식하게 되고 더 강력한 슈퍼 박테리아를 만든다. 세계보건기구(WHO)는 2014년 항생제 내성에 관한 글로벌 보고서에서 대부분의 국가에서 항생제 내성 사례가 발견됐다고 발표하였다.

내성을 불러오는 대표적인 행동이 가벼운 감기에 항생제를 처방받아 복용하는 것이다. 감기의 원인은 바이러스이기 때문에 세균을 치료하는 항생제를 먹을 이유가 없다. 대부분의 감기는 몸이 힘드니 쉬어야 한다는 신호이며 잘 먹고 잘 쉬면 저절로 낫는다. 문제는 감기가 잘 낫지 않는다고 병원을 옮겨 다니면서 약을 바꾸어 더 많은 양의 항생제를 복용하는 것이다. 일단 항생제를 복용했을 경우에는 중간에 복용을 멈추면 오히려 재감염의 위험성이 높아지고 내성이 생기게 된다. 한 번 복용한 항생제를 3개월 이내에 다시 복용하는 경우에도 내성이 증가하므로 복용한 항생제의 성분을 기억해 두는 것도 도움이 된다.

또한 항생제는 체내에 있는 유산균 등 몸에 좋은 세균도 같이 죽인다. 장(腸) 내에는 유익균과 유해균이 일정한 비율을 이루며 공존하는데 항생제를 자주 복용하면 이 비율이 깨져 면역력이나 비만 등에 관여하는 좋은 세균이 없어지고, 나쁜 균이 많이 증식하여 음식 알레르기나 비만, 당뇨병 등이 생길 위험이 높아진다. 우리 몸은 장내 세균 비율을 일정하게 유지하려는 경향이 있어 항생제를 먹어도 일정 시간이 지나면 괜찮아질 수 있지만 소아나 노약자는 회복력이 떨어질 수 있다. 물론 건강한 성인이라도 항생제를 과도하게 접하면 좋지 않다. 사람뿐만 아니라 가축에게도 많은 양의 항생제가 사용되고 있다. 가축에게 사용되는 항생제는 질병의 치유보다는 가축들의 몸무게를 늘리고 성장을 촉진시키려는 목적으로 사용된다. 그러나 이처럼 꼭 필요하지 않은 곳에 사용되는 항생제 남용은 박테리아의 내성만 길러 항생제의 효능이 떨어지는 원인이 되고 있다.

미국에서는 2013년 200만 명이 내성균에 감염되었고 이 중 2만 3,000명이 사망하였다. 영국 정부의 보고서 〈Jim O'Neill Report〉에 따르면 항생제 내성에 적절히 대응하지 못하면 2050년에는 세계에서 연 1,000만 명이 사망할 것이라고 추측하였다. 이는 암 사망자인 820만 명보다 많은 숫자이다. 현재 우리나라도 국가 정책조정회의에서 국가 항생제 내성 관리 대책을 내놓고 5년 후까지 항생제 처방을 지금의 절반으로 줄이겠다는 목표를 세웠다.

04 ㅣ 약과 음식에도 궁합이 있다.

우리가 복용하는 약이 몸 안에서 최대의 효과가 나도록 하기 위해서는 음식 조절이 반드시 필요하다. 어떤 식품은 약의 효과를 최대한 나타낼 수 있도록 도와주지만 반대로 어떤 식품은 약효를 떨어뜨리거나 부작용을 일으키기도 한다. 후자에 해당하는 대표적인 음식이 카페인 함유 식품, 알코올, 유제품이다. 감기약과 진통제, 천식 치료제에는 카페인이 들어 있어서 커피, 콜라, 차, 초콜릿 같은 카페인이 함유된 식품과 함께 복용할 경우, 카페인 과잉 현상이 생겨 메스꺼움, 불안, 구토 등의 부작용이 나타날 수 있다. 또한 술은 중추신경계를 마비시키는 작용을 하기 때문에 수면제, 진통제 등의 약물을 함께 먹거나 간에 무리를 주는 약 성분을 같이 복용할 경우 심각한 부작용이 생길 수 있다. 진통해열제는 위장 출혈과 간 손상을 일으킬 수 있으며, 특히 매일 3잔 이상의 음주를 할 경우 심각한 간 손상을 초래할 수 있다. 약은 식품이나 알코올뿐만 아니라 함께 복용하는 다른 약물과도

서로 영향을 줄 수 있다. 그러므로 평소에 복용 중인 약이 있다면 병원에서 새로운 약물을 처방받기 전에 반드시 의사에게 알려야 한다.

다음에서는 약물과 함께 복용하면 독이 되는 음식에 대해 자세히 알아보자.[35]

고혈압, 고지혈증, 항진균제, 항우울제 치료제는 자몽 주스를 주의하자.

자몽 안에는 약물을 대사시키는 데 중요한 효소의 활동을 억제해 약독성이 나타날 수 있다. 이 중 일부 약은 신장이나 근육, 호흡기관에 부작용을 일으킬 수 있으므로 주의한다. 자몽 주스와 함께 복용할 경우 약물의 간 대사를 방해해 혈압을 떨어뜨릴 수 있고, 고지혈증 치료제는 약의 혈중 농도가 증가하며, 항불안제는 약효와 독성이 증가할 수 있다.

항히스타민제, 제산제를 복용할 때는 오렌지 주스, 과일 주스, 콜라를 주의하자.

알레르기 질환에 쓰이는 항히스타민제와 위장 장애에 쓰이는 제산제는 자몽 주스, 오렌지 주스 및 사과 주스와 같은 과일 주스와 함께 복용하면 위의 산도를 높여 약효를 효과적으로 발휘할 수 없게 한다. 특히 제산제는 알루미늄이 들어 있어 오렌지 주스와 함께 마실 경우 알루미늄 성분이 체내로 흡수될 수 있다.

항생제나 항진균제, 변비약을 복용할 때는 유제품을 주의하자.

항진균제나 일부 항생제는 우유, 치즈, 요구르트, 아이스크림 같은 유제품과 함께 복용할 경우 유제품에 들어 있는 칼슘 성분이 체내에 흡수되지 않고 배출되어 약효가 떨어진다. 따라서 유제품은 약 복용 후 2시간 후에 먹는 것이 적당하다. 변비약은 위산에 분해되지 않고 장에 도착해 제 기능을 발휘하도록 특수 코팅하거나 보호 성분이 첨가되어 있다. 그런데 약 알칼리성인 우유는 위산을 중화시켜 약의 보호막을 손상시킴으로써 약물이 대장으로 가기 전 위장에서 녹아 버려 약효가 떨어지거나 위를 자극하여 복통, 위경련 등의 부작용을 초래할 수 있다.

결핵 치료제를 복용할 때는 치즈, 등 푸른 생선을 주의하자.

결핵 치료제인 이소나이아지드(isoniazid)를 단독 또는 다른 항결핵제와 같이 복용할 경우 티라민이나 히스타민이 함유된 음식과 음료를 피하는 것이 좋다. 티라민이 많으면 혈압을 급작스럽게 높여서 위험할 수 있으며, 히스타민이 함유된 음식은 두통, 부종, 심계항진(심장박동 수 증가), 홍조와 저혈압을 일으킨다. 티라민이 함유된 식품에는 적포도주, 치즈, 닭 간, 등 푸른 생선 등이 있고 히스타민이 함유된 식품에는 연어, 가다랑어, 참치 등과 카페인이 함유된 식품 등이 있다.

항혈액응고제를 복용할 때는 비타민 K가 함유된 녹색 채소를 주의하자.

혈액에서 혈전(혈액 덩어리)이 생성되는 것을 예방해 주는 약물인 항응고제 '와파린'은 혈액의 응고를 돕는 비타민 K를 많이 함유하고 있는 브로콜리, 양배추, 소간, 녹차, 콩류 및 김 등과 함께 섭취할 경우 약물의 작용이 방해받을 수 있다. 또 당귀, 백지, 감초, 정향, 양파, 마늘, 생강, 은행잎 제제, 동규자 등의 음식과 함께 먹으면 출혈 위험이 증가할 수 있다. 비타민 K를 함유하고 있는 식품을 필요 이상으로 섭취할 경우 와파린 작용이 방해받을 수 있으며 조리를 하더라도 비타민 K의 함유량에는 큰 변화가 생기지 않는다는 사실에 유의해야 한다.

심혈관계 질환 치료제를 복용할 때는 칼륨이 다량 함유된 식품을 피하자.

심혈관계 질환 치료제 중 ACE 저해제와 ARB는 체내에 칼륨의 양을 증가시켜서 고칼륨혈증을 일으킬 수 있다. 많은 양의 칼륨은 부정맥과 심계항진(심장박동 수 증가)을 일으킬 수 있으므로 매실, 바나나, 오렌지, 녹황색 채소 및 저염소금(칼륨 함유 식염 대용물) 등 칼륨이 다량 함유된 식품 섭취를 피해야 한다. 칼륨 보충제 또는 이뇨제를 섭취하고 있을 때에도 이들이 칼륨의 체내 농도를 배가시켜 높일 수 있기 때문에 의사나 약사에게 알려야 한다.

통풍 치료제를 복용할 때는 퓨린이 함유된 식품을 주의하자.

고기, 등 푸른 생선, 조개, 멸치, 새우, 시금치, 아스파라간산 맥주 등 퓨린이 많은 식품을 과다 섭취할 경우 요산의 농도가 증가하게 되어 통풍이 악화될 수 있으므로 퓨린이 많이 함유된 식품은 피하는 것이 좋다. 과당(fructose)을 첨가한 빵류나 청량음료도 요산을 증가시켜 알코올만큼 위험하다. 물을 많이 마시면 요산 결정이 배설되는 데 큰 도움이 되며 술 중에서도 특히 효모가 들어 있는 맥주나 막걸리 같은 곡주에는 퓨린이 많이 함유되어 있어 혈중 요산치를 현저히 증가시킨다.

---

35) 식품의약품안전처

05 ┃ 영양제 선택 요령

일반적으로 영양제라 하면 비타민과 미네랄을 보충해 주는 제품을 말한다. 비타민과 미네랄은 필수 3대 영양소 외에 인체가 정상적인 생리 기능을 유지할 수 있도록 도와주는 역할을 한다. 소량이지만 부족하면 몸의 정상적인 기능을 방해하고 삶의 질을 떨어뜨린다. 영양제만으로 건강 증진 효과를 기대하는 것은 다소 무리일 수 있으며 정확한 복용량을 알고 먹어야 한다. 어떤 질병으로 인해 복용 중인 약이나 건강기능식품이 있다면 반드시 의사나 약사에게 알리고 같이 복용했을 경우 문제점이나 부작용이 없는지 여부를 확인하는 습관을 기르는 것이 중요하겠다.

- 필수영양소 중 여러 가지 비타민과 미네랄은 우리 몸에서 만들어지지 않아 음식으로부터 섭취해야 하지만 이것이 어렵다면 종합비타민제로 보충하자. 특히 운동 부족과 술자리가 많은 남성이 종합비타민을 복용하는 것이 좋으며 간 해독과 산화스트레스 조절을 위해 항산화제를 같이 섭취한다.
- 흡연자의 경우 비타민 C 제품을 챙겨 먹는 것이 좋다.
- 스트레스가 많은 경우 비타민 B·C와 칼슘, 마그네슘을 같이 섭취하자.
- 근육 결림이나 떨림, 불면, 짜증이 심해질 때는 칼슘과 마그네슘을 챙겨 먹자.
- 신경이 예민해지고 피로감이 심해지면 비타민 B·C, 코엔자임Q10이 좋다.
- 비타민 D는 근육과 뼈 건강은 물론, 면역력 증진에도 효과가 있다.
- 노년기에 비타민 B12를 충분히 섭취하면 각종 퇴행성 질환이나 신경계통 이상에 효과적이고 치매 예방에는 오메가3, 종합비타민, 비타민 D가 좋다.
- 식욕이 떨어진 노년기나 편식이 심한 아이는 아연을 섭취하도록 하자.
- 피부 트러블이 있고 장 건강이 좋지 않을 경우 종합비타민, 프로 바이오틱스가 좋다.

06 ┃ 의약품의 보관

흔히 약품은 냉장고에 보관하면 된다고 생각하는 경우가 있는데 약의 종류에 따라 보관 방법이 다르다.

의약품의 종류	보관 방법
정제	• 원래의 의약품 용기에 넣어 건조하고 서늘한 곳에 보관한다. • 알약은 햇빛을 받으면 습기가 차고 곰팡이가 생길 수 있으므로 직사광선을 피해 보관한다.
산제(가루약)	정제에 비해 유효 기간이 짧으며 습기에 약하므로 건조한 곳에 보관한다. 특히 냉장·냉동고, 욕실 선반 등은 피한다.

액제(시럽제)	특별한 지시 사항이 없으면 실온에 보관하고 복용 전 색깔이나 냄새를 확인한다. 항생제 시럽 중에는 냉장 보관이 필요한 것도 있다.
좌약	개봉한 즉시 사용하며 체온에 녹기 쉬우므로 서늘한 곳에 보관한다. 약이 녹은 경우에는 냉장고에 넣었다가 사용한다.
점안, 점이제(안약, 귀약)	혼자 사용하며 병, 튜브 등 끝이 눈 또는 귀에 닿지 않도록 한다.
흡입제, 주사제	• 흡입제는 직사광선, 열, 습기가 있는 곳을 피해 실온에 보관한다. • 인슐린 주사제는 개봉 전까지는 냉장고에 보관하고 개봉 이후에는 냉장고가 아닌 서늘한 곳에 보관한다.

출처: 식품의약품안전처

07 ┃ 건강식품도 건강기능식품 아닌가?

많은 사람들이 '건강기능식품'과 '건강식품'이 같다고 생각하며 심지어는 건강기능식품을 의약품처럼 오해하고 있다. 의약품은 질병을 직접적으로 치료하거나 예방하기 위한 목적으로 식품의약품안전처(식약처)에서 허가를 받아야 한다. 건강기능식품은 인체의 정상적인 기능을 유지하거나 생리작용을 활성화시켜서 건강 유지에 도움이 되는 특정 기능성을 가진 원료와 성분을 사용해서 식품의약품안전처로부터 받은 건강기능식품 인증 마크나 문구가 있는 제품이다. 우리나라 제품일 경우 'GMP' 마크가 있으면 소비자에게 안전하고 우수한 품질의 건강기능식품이라고 신뢰할 수 있다. 반면 건강식품은 건강에 좋다고 알려져 있는 제품이지만 건강기능식품에 들어가는 문구나 마크가 없다. 건강기능식품 중에도 질병을 치료하는 의약품인 것처럼 허위·과대 광고를 할 수 있다. 건강기능식품의 정확한 기능은 식품의약품안전처의 '식품안전정보 포털'에서 확인할 수 있다.

알아두면 좋은 건강기능식품

올바른 식생활과 생활습관 개선이 더 중요하지만 불충분할 경우 건강기능식품을 섭취함으로써 도움을 받을 수 있다. 그러나 현재 복용 중인 약이 있다면 반드시 상담 후에 섭취하며 하루 필요 섭취량을 반드시 확인한다.

● 추천할 만한 건강기능식품

기능	원료
항산화	프로폴리스, 코엔자임Q10, 스피루리나, 복분자, 클로렐라, 녹차 추출물, 스쿠알렌
간 기능 개선	밀크시슬 추출물, 브로콜리, 표고버섯, 복분자, 헛개나무, 유산균 발효 다시마 추출물
면역력 증진	인삼, 홍삼, 알콕시 글리세롤 함유 상어간유, 알로에 겔, 다래 추출물, 당귀 혼합 추출물, 매실 추출물
고혈압	정어리, 가쯔오부시 올리고 펩타이드, 카제인 가수 분해물, 올리브잎 추출물, 코엔자임Q10
피부 노화	클로렐라, 알로에 겔, 곤약감자 추출물, 쌀겨 추출물, 지초 추출물, 홍삼·사상자·산수유 복합 추출물
뼈, 관절	뮤코다당 단백, 글루코사민, 디메틸 설폰, 초록입홍합 추출 오일 복합물, 황금 추출물
혈액 순환 장애	오메가3, 홍삼, 감마 리놀렌산, 영지버섯 추출물, 은행잎 추출물, 정어리
콜레스테롤 개선	스피루리나, 홍국, 보이차 추출물, 레시틴, 귀리, 대두 단백, 아마인, 알로에 복합 추출물
체지방 감소	녹차 추출물, 깻잎 추출물, 레몬밤 추출물, 그린마떼 추출물
기억력 개선	홍삼, 원지 추출물, 피브로인 효소 가수 분해물

08 ㅣ 외용제 사용 상식

상처가 났을 때

흔히 상처가 나면 상처를 깨끗이 소독한다고 빨간약이나 옥도정기로 통하는 포비돈 요오드액이나 과산화수소수를 함부로 남용하는 경우가 있다. 포비돈 요오드액은 세균이 상처에 침투하지 못하게 막는 역할을 하므로 상처 주변에만 발라주는 것이 좋다. 과산화수소수는 상처에 소독 효과를 볼 수 있을 뿐만 아니라 불순물을 제거하는 효과까지 가져올 수 있다. 하지만 과산화수소를 지속적으로 바르면 상처가 아물지 않을 수 있기 때문에 사용을 자제해야 한다. 이는 과산화수소가 상처가 아물면서 만들어지는 세포 역시 파괴할 수 있어 상처가 회복되지 못하기 때문이다. 상처 소독 후에는 항생제 연고를 자주 바르는 경향이 있는데 이는 상처 부위의 감염이 의심될 때 쓰는 방법이다. 감염이 되면 빨갛게 부어오르며 열이 난다. 이때는 우선 상처를 생리식염수나 흐르는 물로 깨끗하게 씻어 준 후 상처 부위가 마르지 않도록 습윤 밴드를 붙여 주는 것이 상처 보호와 흉터 예방을 위해서 좋다. 습윤 드레싱 제품은 상처가 난 부위에서 나오는 진물을 흡수하고 습윤을 유지시켜 주기 때문에 상피세포의 복원을 촉진한다. 우리 몸에 난 상처는 자연치유 과정을 통해 진물을 발생시킨다. 흔히 진물이 나면 상처가 낫지 않는 것이라고 생각하는데 진물 속에는 세균을 죽이고 상처 재생에 필요한 백혈구가 들어 있다. 습윤 밴드는 2~3일에 한 번 갈아 주는 것이 좋고 상처 부위에 생긴 딱지는 억지로 떼지 말고 자연 탈락이 되도록 둔다. 상처가 생긴 부위는 아물었다고 해도 피부가 재생되기까지 적어도 6개월이 걸린다. 이때 햇볕을 받으면 멜라닌 합성이 늘어나고 상처 부위를 검게 착색시키므로 햇빛에 노출이 되지 않도록 주의한다. 상처가 아물고 나면 흉터 전용 연고나 흉터 전용 겔 시트를 붙여 흉터가 덜 남도록 하며 연고의 경우 충분히 바르고 난 후 마사지를 해 주면 새살이 돋으면서 콜라겐이 증식해 볼룩하게 올라오는 현상을 완화시켜 준다. 흉터 전용 연고나 겔 시트는 6개월 이상 꾸준히 사용하는 것이 도움이 된다.

스테로이드 연고 사용법

연고 중에 스테로이드 연고는 피부의 염증과 면역 반응을 억제해 아토피나 습진, 건선이나 수포성 질환에 효과적이다. 스테로이드는 부신피질에서 나오는 호르몬으로 염증 세포를 억제해 주는 작용을 한다. 스테로이드 연고는 너무 많은 양을 바르거나 다른 용도로 사용할 경우에 문제가 된다. 이 경우 피부가 얇아지고 혈관이 확장되며 심지어는 피부가 쪼그라들고 모공이 확장되는 등의 부작용이 일어날 수 있다. 스테로이드 연고로도 개선이 안 될 경우 면역 억제제 연고를 처방받는 경우가 있다. 그러나 이 연고도 남용을 하게 되면 피부암의 원인이 될 수 있다. 그러므로 피부 질환이 있는 부위에 아주 소량만 바르며 자외선을 차단해 주는 것이 좋다. 사용 기간은 의사의 지시에 따르며 너무 오랫동안 바르지 않는 것이 바람직하다.

2006년 서울대학교 대학원 체육교육과 신윤아 씨의 박사 논문 〈운동이 중년여성의 세포 노화 지표인 텔로미어(telomere) 길이에 미치는 영향〉에서 6개월 이내 운동 경험이 없는 폐경기 이전의 30~60대 중년 여성을 대상으로 400kcal를 소비하는 중·고강도의 운동을 실시한 결과 항산화 효소의 활성도가 낮아지고 산화 스트레스가 증가되어 염색체의 손상을 막아주는 백혈구 텔로미어의 길이가 짧아졌다는 연구 결과를 발표하였다. 즉, 무리하게 하는 운동이 노화를 촉진시킨다는 것이다.

텔로미어는 진핵세포의 염색체 끝에 위치하여 염색체 끝의 안전성 유지와 세포의 복제 능력을 조절하고 유전 정보를 보호하는 역할을 한다. 그러나 점점 나이가 들면서 길이가 짧아지고 이는 질병과 노화의 원인이 된다.

신 씨는 이 논문에서 실험자에게 개인별 최대 산소 섭취량의 60%와 80%에 해당하는 강도로 달리기를 각각 실시한 뒤 백혈구의 텔로미어 길이를 측정한 결과 중간 강도로 운동한 후의 텔로미어의 길이보다 고강도로 운동한 후의 텔로미어의 길이가 더 줄었으며 중·고강도 운동 모두 산화 스트레스를 발생시켜 세포를 손상시키는 지질과 산화가 운동 전에 비해 크게 증가하는 것으로 나타났다. 항산화효소(SOD)는 세포 노화를 방지하는데 이 황산화효소의 활성도도 운동 후에 크게 떨어진 것으로 확인되었다.

교육적 시사점

적당한 운동은 혈액 순환이 잘되어 영양 공급과 노폐물 배설이 촉진되고 스트레스가 해소되며 질병의 예방과 치료에 효과적이다. 그러나 운동이 과하면 오히려 세포 노화를 촉진시키고 활성산소를 만들어 염색체의 손상을 막아 주는 텔로미어의 길이를 짧게 하여 질병과 노화의 원인이 된다. 하루에 30분 정도를 활기차게 걷는 정도가 가장 좋은 운동 방법이라고 할 수 있다.

1. 본인에게 적절한 운동으로 무엇이 좋을지 생각해 보자.

_____

_____

_____

_____

_____

2. 필수영양소와 기능에 대해 설명해 보자.

_____

_____

_____

_____

_____

3. 평소 잘못된 식습관이 있는지 점검해 보고 본인의 건강 상태에 따른 식생활을 위해 어떤 점을 개선해야 할지에 대해 생각해 보자.

_____

_____

_____

_____

_____

4. 평소 약 복용에 대해 잘못 알고 있었던 부분이 있다면 설명해 보자.

_____

_____

_____

_____

_____

웰빙 노화 예방 식단 점검표

문항	예	아니오
1. 나에게 맞는 균형 잡힌 체중을 유지하고 있으며, 이를 위해 필요한 열량을 알고 있다.		
2. 식사를 규칙적으로 하며 음식을 골고루 먹는다.		
3. 아침은 웰빙식으로, 점심은 보통 백반으로, 저녁은 다소 적게 먹는다.		
4. 지방 및 설탕 섭취를 줄이려고 한다.		
5. 백미보다는 현미밥과 잡곡밥을 먹는다.		
6. 생선이나 닭고기 같은 흰색 육류를 먹고 붉은 고기는 줄이려고 한다.		
7. 야채와 과일을 작은 접시로 하루 5접시 이상 먹는다.		
8. 인스턴트식품과 튀긴 음식 등 열량이 많은 음식을 가급적 피한다.		
9. 하루 1,500㎖ 이상의 물을 마신다.		
10. 우유와 유제품(요거트, 치즈 등)을 적당히 먹는다.		
11. 커피, 홍차, 콜라 등 카페인이 든 음료를 마시지 않는다.		
12. 과체중이거나 비만한 경우 포화지방산과 과다한 단백질, 설탕을 줄인다.		
13. 하루 3번 이상 적은 양을 자주 먹는다.		
14. 비타민과 미네랄 영양제를 잘 챙겨 먹는다.		
15. 항산화제의 종류와 기능을 알고 먹는 편이다.		

※ 14개 이상 : 아주 좋음
　10개~13개 : 양호
　6개~9개 : 개선 필요
　5개 이하 : 의사 또는 영양사와 상담 권유

약 복용 수첩 만들기

자신이 먹는 약을 꾸준히 기록해 놓는 수첩을 만들어 두면 병원이나 약국을 이용할 때 약물의 부작용이나 남용을 예방할 수 있어 큰 도움이 된다. 복용 수첩에는 복용 시작일과 복용 기간, 약 성분명과 복용량, 복용법 등을 기록해 두면 좋다.

로컬 푸드 운동

로컬 푸드(local food) 운동은 미국, 프랑스, 일본 등에서 이미 벌어지고 있는 운동으로 반경 50km 이내에서 생산된 지역농산물을 소비하는 것을 말한다. 생산자와 소비자와의 이동 거리를 줄여 영양과 신선함을 극대화시키고 생산지와 소비지의 거리, 즉 '푸드 마일리지'를 줄여 신선도와 이산화탄소의 배출량을 줄여 지구온난화에도 기여하자는 취지이다. 푸드 마일리지는 식품의 수송량에 수송거리를 곱한 것인데 즉, 푸드 마일리지가 높으면 운송에 따른 온실가스 배출이 많아져 지구 환경에 부정적인 영향을 미치게 된다. 비슷한 의미로 '탄소발자국'이 있는데 이는 생산부터 소비까지 이산화탄소를 얼마나 만들어 내는지를 양으로 나타낸 것이다.

국내 최초로 2008년 전북 완주군이 로컬 푸드 운동을 정책으로 도입한 이후 점차 확산되고 있는 추세이며 로컬 푸드 운동의 주요 활동으로는 꾸러미 사업, 지역 직거래 장터, 생활협동조합, 농민 장터, 지역 급식 운동 등이 있다. 생산자는 유통 비용 절감의 효과가 있고 소비자는 신선한 제품을 먹을 수 있어 생산자, 소비자 모두에게 유익한 운동이다.

뇌를 건강하게 하는 식단

해외 유명 장수 국가로는 일본과 그리스 등 동유럽 국가가 꼽힌다. 치매의 발생률을 줄여 주는 일본식 식단은 생선과 콩, 해조류, 감자, 계란, 우유를 주식으로 한다. 장수 국가의 노인들은 한국 노인보다 우유를 3배 이상 섭취하며 육류와 나트륨, 당류의 섭취를 줄이는 저당 식단으로 건강한 뇌를 유지한다. 지중해 주변에 위치한 동유럽 국가의 지중해 식단도 치매 예방에 도움이 된다. 과일과 채소는 물론 통곡물, 감자, 닭고기, 견과류와 올리브유, 생선, 저지방 우유, 적당량의 레드와인을 즐겨 먹고 붉은색의 육류는 월 2~3회 이내로 먹는 것이 지중해 식단이다.

04 장
건강하게 장수하는 비법 공유하기

제1절 노후 건강을 방해하는 질환에 주목하라
제2절 새로운 질병에 자신 있게 맞서라
제3절 노인 의료·복지 정책, 노후 생활에 활용하라
제4절 쉽게 따라하는 안티에이징 마사지

학|습|목|표

• 노후 건강을 방해하는 대표적인 질환에 대해 알아보고 이를 예방할 수 있다.
• 더욱 강력해지는 새로운 질병에 대처할 수 있는 방법에 대해 설명할 수 있다.
• 노후 생활에 활용할 수 있는 노인복지와 의료 정책에 대해 설명할 수 있다.
• 노화를 지연시켜 주는 마사지 방법을 손쉽게 활용할 수 있다.

학|습|열|기

노후에 찾아오는 질병들은 대부분이 만성적이기 때문에 예방의 중요성이 더욱 강조된다. 성공적인 노화란 전혀 늙지 않는 것을 의미하는 게 아니라 건강한 상태를 가능한 한 오래 유지하면서 잘 늙어가는 것을 의미한다. 앞 장에서 살펴보았듯이 노후의 건강은 수명과 직결되는 문제이나 단순히 신체적인 건강뿐 아니라 삶의 보람을 느끼며 행복을 추구하는 심리적·사회적 건강까지도 포함된다. 4장에서는 노후 건강을 방해하는 대표적인 질환, 감염성 질환과 면역, 노후에 활용할 수 있는 우리나라 의료 정책에 대해 알아보고자 한다. 마지막으로 누구나 손쉽게 따라 할 수 있으며 노화 예방에 효과가 있는 마사지 방법을 익혀보도록 하겠다.

제 ❶ 절 노후 건강을 방해하는 질환에 주목하라

1장에서는 생활습관으로 생긴 대표적인 생활습관병에 대해 알아보았다. 비전염성 질환은 암, 당뇨병, 심혈관계 질환처럼 세균이나 바이러스에 의해 전염되지 않는 질환을 말한다. 죽음의 사중주라 불리는 고혈압, 고혈당, 고지혈증, 비만 같은 대사증후군도 비전염성 질환에 포함되어 있다.

다음에서는 노후 건강을 방해하는 질환에 대해 알아보자.

01 ㅣ 골다공증

골다공증은 뼈의 화학적인 조성에는 변화가 없으나 뼈의 파괴 또는 재흡수 과정이 진행되어 골량, 즉 뼈의 양이 적어져 칼슘이 혈액 안으로 방출되고 무기질과 단백질의 양이 줄어들어 엉성해진 상태를 말한다. 골다공증 자체만으로는 거의 증상을 일으키지 않다가 조그만 충격에도 쉽게 뼈가 부러지고 이로 인해 골절된 뼈는 잘 낫지 않는다. 세계보건기구(WHO)는 건강한 젊은 여성의 평균 골밀도 수치를 기준으로 표준편차가 −2.5 이하인 경우를 골다공증으로 정의하고 있다.

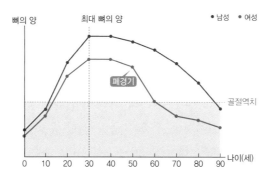

출처: 보건복지부, 대한의학회

[최대 골량의 형성과 나이에 따른 뼈의 양 감소]

골다공증은 일차성 골다공증과 이차성 골다공증으로 나뉜다. 일차성 골다공증에는 자연적인 노화와 연관되는 노인성 골다공증과 폐경 여성에게서 발생하는 폐경 후 골다공증이 있다. 이차성 골다공증은 최대 골량의 형성과 뼈의 감소에 영향을 미치는 질병 또는 약물에 의해 발생한다.

일차성 골다공증은 유전에 의한 최대 골량(청소년기를 거쳐 초기 성년기까지 일생 중에서 가장 튼튼한 뼈를 형성하게 되는데 이를 최대 골량이라 함)과 청소년기 동안의 신체 활동과 칼슘 섭취 상태를 비롯해 갑상선 호르몬, 성 호르몬과 같은 호르몬의 영향도 받는다. 최대 골량에 이른 후에는 연령이 증가됨에 따라 뼈의 양은 점차 줄어들게 된다. 여성의 경우는 폐경에 의한 여성 호르몬의 결핍이 주된 원인이 된다. 따라서 폐경이 되면 5~10년 내에 급격하게 뼈가 약해진다. 반면 남성은 여성과 달리 명백한 폐경이 없기 때문에 골다공증의 발생이 훨씬 적다. 남성의 경우는 나이가 증가함에 따라 장에서 칼슘의 섭취가 적어지고 뼈 생성도 감소하기 때문에 골다공증이 발생한다.

이차성 골다공증은 부신피질호르몬, 항경련제, 항암제 등의 약물과 호르몬의 과다 분비나 부족 등에 의해서 발생하며 위절제술 같은 소화기 질환이나 류마티스 관절염, 만성 폐쇄성 폐 질환, 악성 종양, 장기 이식이나 유전 질환에 의해서도 발생한다. 특히 장기간 활동을 하지 않고 누워 있거나 과도하게 술과 담배를 많이 하는 경우에도 발생할 수 있다.

골다공증에서 흔히 발생되는 골절은 손목 부위의 콜레스 골절, 척추 골절, 근위 대퇴부의 고관절 골절이 대표적이다. 칼슘과 비타민 D는 뼈의 건강에 가장 중요한 영양소로 골다공증 예방에 필수적이다. 일생 동안 적절한 양의 칼슘 섭취는 최대 골량을 취득하고 건강한 뼈를 유지하는 데 필요하다. 골다공증은 발생되기 이전에 예방하는 것이 매우 중요하며 그 예방법에는 식이, 운동, 약물 등이 있다. 칼슘은 뼈에 필요한 영양소일 뿐만 아니라 뼈의 파괴를 억제하는 효과를 갖고 있기 때문에 골다공증의 예방에 꼭 필요하다. 비타민 D는 식이를 통한 섭취와 자외선에 의한 피부 합성을 통해 체내로 흡수되며 비타민 D가 결핍되면 뼈가 약해지는 골연화증이 발생한다. 비타민 D가 풍부한 음식이 많지 않기 때문에 햇볕을 잘 쬐지 않는 사람이나 노인은 비타민 D 부족의 위험이 높다.

골다공증을 예방하기 위해서는 수중 운동과 저항 운동 등이 도움이 된다. 운동 습관은 지속적이어야 하며 하루에 30~60분 이상, 1주일에 3~5일 실시하는 것이 좋다. 저항 운동은 처음에는 체중을 이용하여 실시하는 윗몸 일으키기나 팔굽혀펴기 등을 하다가 익숙해지면 웨이트 트레이닝을 하는 것이 효과적이다. 낙상은 골절 발생의 중요한 요인이기 때문에 낙상을 예방하기 위해 비타민 D를 적절하게 유지하고 신체 활동을 증가시켜 근력과 평형감을 유지하며, 낙상의 위험 요소를 발견하여 교정하는 것이 아주 중요하다.

02 ｜ 퇴행성 관절염

임성희 씨(여·54세)는 3년 전 폐경이 되고 난 후부터 급격히 살이 찌면서 당뇨와 고혈압은 물론 체중 때문에 무릎에 무리가 오고 통증이 심해 병원을 찾았는데 퇴행성 관절염 진단을 받았다. 흔히 퇴행성 관절염은 연골이 닳아 생기는 노인성 질환으로 여겨져 왔다. 그러나 최근에는 40~50대 퇴행성 관절염 환자가 늘고 있다. 대표적인 노화 질환 중의 하나인 퇴행성 관절염이 잘못된 생활습관이 몸에 배거나 무릎 관절을 많이 사용하면서 발병하는 연령대가 낮아진 것이다.

퇴행성 관절염은 일차성과 이차성으로 나뉘는데 일차성은 나이, 성별, 유전적 요소, 비만 등이 영향을 주고 이차성은 관절 연골에 손상을 줄 수 있는 외상이나 질병, 기형 등이 원인이다.

흔히 퇴행성 관절염이라고 하면 무릎에 증상이 나타난다고 생각하는데 척추, 엉덩이 관절, 발목, 팔꿈치에도 나타난다. 관절염이 생긴 부위에 따라 특징적인 증상이 있다. 무릎 관절에 발생한 경우 걸음걸이가 이상해지고 관절 모양이 변한다. 이 경우 치료 시기를 놓치면 연골이 완전히 손상되고 다리가 'O'자로 휘어 정상적으로 걷기가 힘들 수 있다. 무릎 관절은 온몸의 무게를 지탱하기 때문에 몸무게가 증가할수록 연골의 마모 속도가 빨라져 퇴행성 관절염을 유발한다. 대한슬관절학회가 2009년과 2013년의 '무릎절골술' 환자 수를 비교한 결과에 따르면 이 기간 동안 수술을 받은 45~54세 환자의 수가 약 3배 늘었다. 특히 여성이 남성에 비해 무릎 퇴행성 관절염이 많이 오는데 쪼그리고 앉거나 무릎을 꿇고 가사 노동을 하는 것 등이 무릎 관절 주변 근육을 약하게 만드는 요인이 된다. 엉덩이 관절에 발생한 경우에는 자세 이상이 오고 손의 관절염은 손가락 끝마디에 가시 같은 모양으로 덧 자라난 뼈가 생기기도 한다.

임신과 출산으로 인한 체중 변화와 폐경에 따른 여성 호르몬 변화도 퇴행성 관절염을 유발하는 원인이 된다. 여성의 경우 남성에 비해 근육량이 적고 연골의 크기도 작아 같은 강도의 충격을 받더라도 관절에 더 큰 무리가 된다. 퇴행성 관절염은 관절 연골의 퇴행성 변화에 의해 발생되기 때문에 통증을 줄이고 관절의 기능을 유지하며 변형을 방지하는 데 치료 목적을 두어야 한다. 평소 나쁜 자세나 직업적인 특성에 의해서도 발생할 수 있으니 주의하며 비만하지 않도록 체중 조절을 하는 것이 좋다.

퇴행성 관절염을 예방하기 위한 식이 요법

먼저 소금의 양을 줄여야 한다. 나트륨과 칼슘은 우리 몸에서 균형을 이루고 있다. 소금을 많이 먹으면 물을 많이 마시게 되는데, 이것이 배설될 때 칼슘도 같이 배설된다. 카페인을 많이 섭취하는 것도 칼슘의 배설을 촉진시키므로 커피는 하루 2잔 이내로 섭취하는 것이 좋다. 또한 단백질을 많이 먹을 경우에도 칼슘이 손실된다. 비타민 K가 많이 들어간 녹황색 채소나 간, 곡류, 과일을 충분히 섭취하면 골 손실과 칼슘이 배설되는 것을 막아 주어 골밀도가 높아진다. 또 골다공증과 마찬가지로 칼슘과 비타민 D가 부족하지 않도록 주의하고 규칙적인 운동과 금연을 한다. 글루코사민과 콘드로이친 같은 건강기능식품은 인슐린 작용에 영향을 미칠 수 있고 조개류에 알레르기가 있거나 혈행 개선제를 복용하고 있는 경우에도 주의해야 하므로 약 복용과 건강기능식품을 같이 복용할 경우에는 반드시 충분한 상담 후에 섭취한다. 운동은 무릎에 무리가 가지 않는 자전거 타기나 수영 등이 좋고 무릎에 무리를 주는 좌식 생활보다는 입식 생활을 생활화하는 것이 필요하다.

03 ㅣ 치아 관리

신체의 노화가 진행되면 자연스럽게 치아도 기능을 점차 잃어간다. 병에 걸리기 전에 건강 관리를 해야 하듯이 구강 건강도 예외는 아니다. 먹는 즐거움을 누리는 것은 건강한 치아가 없다면 불가능한 일이다. 치주 질환과 잇몸 질환은 소리 없이 찾아오는 침묵의 질환 중 하나이다. 치주 질환은 보통 40대 이상 중년에 발생하는 질환으로 알려져 있지만 최근 들어 치주염으로 내원하는 20~30대 젊은 환자들이 늘고 있다. 스트레스와 피로, 음주, 흡연 등이 젊은 층의 치주 질환을 증가시키는 요인으로 꼽힌다. 치주 질환은 완전한 회복이 어려워 무엇보다 예방이 중요하다.

치주 질환은 치아를 받치고 있는, 우리가 잇몸이라고 알고 있는 치은과 뼈와 치아 사이에 가는 섬유로 이루어진 치주인대 그리고 골 조직에 염증이 발생한 상태로, 치은염과 치주염으로 나뉜다. 치은염은 염증이 잇몸에만 국한된 형태로 치주염보다 회복이 빠르다. 반면 치주염은 염증이 잇몸을 비롯해 잇몸 뼈 주변까지 진행된 상태이므로 증상이 치은염보다 심하고 회복 속도도 느리다. 대개 치은염에서 시작해 치주염으로 진행이 되는데 방치할 경우 이를 뽑아야 하는 상황에 이르게 된다. 치주 질환이 심해지면 치아가 심하게 흔들리는데 이를 우리가 잘 알고 있는 '풍치'라고 한다.

잇몸에 염증이 생기기 시작하면 잇몸이 붓고 피가 난다. 특히 몸이 피곤하거나 컨디션이 좋지 않을 때 이러한 증상이 나타나는데, 며칠 지나면 좋아지기 때문에 가볍게 여기는 경우가 많다. 그러나 제때 치료하지 않을 경우 이가 시리고 입 냄새가 난다. 이러한 치주 질환의 직접적인 원인 중 하나는 치아에 생성되는 플라그이다. 입속에는 300여 종의 세균들이 살고 있다. 우리가 음식을 먹으면 세균들이 타액과 음식에 섞여서 치아에 들러붙는데 이때 무색의 얇은 막을 만들게 된다. 이것을 이끼와 비슷하다고 하여 치태(플라그)라고 하는데 잘 닦아 내지 않으면 딱딱하게 굳어져 치석이 된다. 치석에는 세균들이 더 잘 달라붙고 번식해서 잇몸에 염증을 일으키게 된다. 미국 콜럼비아 의대 연구팀에 따르면 치주 질환이 있는 경우 잇몸 질환을 일으키는 진지발리스균이 혈관을 따라 돌아다니면서 혈관에 염증을 일으키고, 혈관 기능이 떨어지면서 포도당 대사 이상이 유발되어 당뇨병이 유발된다. 또 침은 플라그를 어느 정도 씻어 내는 역할도 하는데 나이가 들수록 침의 양이 적어져 이런 기능도 떨어진다. 평소 복용하는 약이 침의 분비를 억제하는 경우에도 입안에 플라그가 많아져 치주 질환의 원인이 된다. 이 외에도 흡연을 하면 치주 질환이 많이 진행되었어도 피가 나고 붓는 증상을 억제해 치료 시기를 늦추게 되는 경우가 있다. 당뇨병이 있을 경우에는 여러 치아에서 치주농양이 함께 생기기도 하는데 이런 경우 상처가 잘 아물지 않아 주의가 필요하다.

'침묵의 질환' 치주염은 예방이 무엇보다 중요하며, 이를 예방하기 위해서는 치아를 깨끗하게 관리하는 것이 우선이다. 올바른 칫솔질과 함께 치간 칫솔, 치실을 사용한 꼼꼼한 양치질은 물론이고, 치아가 스트레스, 영양, 면역력 등의 영향을 많이 받는 만큼 컨디션 관리를 소홀히 해서는 안 된다.

알칼리성 식품은 치아가 산에 의해 부식되는 것을 막아줘 치아 건강에 도움이 된다. 알칼리성 식품에는 칼슘이나 나트륨, 칼륨, 마그네슘 등 알칼리성 무기질이 많이 함유되어 있으며 칼슘 함량도 높은 편이라 치아를 단단하게 하는 효과도 있다. 채소나 과일 같은 식물성 식품과 다시마, 미역, 김 같은 해조류 등이 알칼리성 식품에 해당한다. 임플란트나 치아 교정을 진행 중이라면 잇몸 뼈의 골밀도를 높이는 데 도움이 되는 비타민 D·K와 칼슘이 든 종합영양제를 챙겨 먹으면 좋다.

한편, 최근에는 염증으로 손상된 치주조직을 성장인자를 이용하여 치료하는 치주 재생 수술이 주목을 받고 있다. 또한 인공 치아로 알려진 임플란트는 자연 치아와 비슷한 기능을 회복할 수 있어 많이 시행되고 있다. 이전까지는 임플란트가 틀니에 비해 가격이 상대적으로 비쌌다. 그러나 2016년 7월부터 임플란트 건강보험 적용 대상이 만 70세 이상에서 만 65세 이상으로 확대되면서, 전체 인구의 13.5%에 해당하는 약 680만 명이 임플란트 건강보험 혜택을 받을 수 있게 되었다.

04 ㅣ 암의 이해

현대 의학이 정복하지 못하는 무서운 질병 중의 하나가 '암'이다. 암 극복은 인류의 영원한 숙제이며 염원이다. 2013년 우리나라 암 등록 통계를 보면 남자가 기대 수명인 78세까지 살 경우 5명 중 2명꼴인 38.3%, 여자가 기대 수명 85세까지 살 경우 3명 중 1명꼴인 35.0%가 암에 걸리며 2013년 암 발생자 수는 225,343명으로 보고되었다. 의학 기술의 발달로 암 환자의 5년 생존율은 늘어가고 있지만 삶의 질을 크게 떨어뜨리는 암으로 인한 사망률은 여전히 증가 추세에 있다. MD앤더슨 종신 교수이자 암 전문의인 김의신 박사는 '암은 발생하고 성장하는 과정이 너무 복잡하며 특히 사람은 동물보다 훨씬 복잡해 동물 실험에서 성공한 신약이 사람에게는 전혀 먹히지 않는 것도 있어서 연구개발이 매우 힘든 과정'이라고 말하였다. 또 암을 예방하는 데 힘쓰고 조기 발견해 치료하면 암과 함께 자기 수명대로 살 수 있으며, 밝고 긍정적으로 생활하고 스트레스를 잘 관리하고 정기적으로 운동하고 적절한 체중을 유지하면 암 발생을 줄일 수 있다는 점을 강조하였다.

우리 몸은 약 60조 개의 세포로 이루어져 있다. 형태와 기능이 비슷한 세포들이 모여 근육이나 신경 같은 조직을 이루고, 여러 개의 조직들이 모여 형태를 이루고, 맡겨진 고유한 임무를 수행하는 심장이나 간, 폐와 같은 기관을 이루며 각 기관이 모여 소화계, 순환계, 배설계, 생식기계, 호흡기계 같은 기관체를 이루어 생명을 이루는 하나의 개체가 된다.

정상적인 세포는 세포 안의 조절 기능에 의해 분열, 성장하고 죽기도 하며 세포 수의 균형을 유지한다. 그러나 어떤 이유로 인해 세포의 유전자에 이상이 생기면 자동으로 사멸하지 않고 세포가 변하여 불완전하게 성숙하고, 과다하게 증식하게 되는데 이를 암(cancer)이라고 한다.

종양이란 우리 몸속에서 새롭게 비정상적으로 자라난 덩어리라고 볼 수 있는데 이는 양성 종양과 악성 종양으로 구분할 수 있다. 양성 종양은 비교적 서서히 커지며 신체 여러 부위에 전이나 확산되지 않고 제거하여 치유할 수 있는 종양을 말하며 특이한 경우를 제외하고는 생명에 위협을 주지 않는다. 이와 달리 악성 종양(지방종, 섬유종, 근육종 등)은 빠르게 성장하고 파고들거나 퍼져나가는 성격이 있어서 생명에 위험을 초래한다. 우리가 흔히 말하는 암은 바로 악성 종양이다. 암세포의 전이는 보통 혈관이나 림프관을 따라 이루어지는데 혈관을 통한 전이의 경우 암세포가 증식해서 원래 생겨난 부위를 뚫고 나와 혈관으로 들어가 돌아다니다가 전이될 조직에 도착하면 다시 혈관을 뚫고 나와 주위 조직 및 장기에 침입하여 자리를 잡고 또 다시 증식한다.

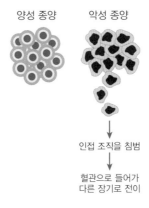

양성 종양   악성 종양

인접 조직을 침범

혈관으로 들어가
다른 장기로 전이

출처: 국립암센터

05 ㅣ 암의 발생 기전

암의 발생은 정상 세포가 변해서 생기는 경우와 면역 체계의 이상으로 인해 발생되는 경우로 나눌 수 있다. 정상 세포가 위험 요인에 노출이 되어서 유전자 변이를 일으키는 암세포로 변하면서 암이 발생하게 되는데 암 발생의 위험 요인으로 알려져 있는 흡연, 발암성 식품 및 화학 물질, 발암성 병원체 등에 정상 세포가 노출되면 유전자의 변이를 일으키게 된다. 10~20% 정도는 유전적 영향으로 세포핵의 구성 요소 중 DNA의 구조가 변화하여 암세포가 생성된다. 이렇게 변형된 세포는 분열하여도 계속 변형된 DNA를 갖게 되어 암이 발생한다고 보는 것이다. 이러한 변화는 일시적으로 이루어지는 것은 아니며 대개 20~30년에 걸쳐 여러 종류의 유전자 변이가 축적되어 암이 발생한다.

인체는 자기 몸에서 생겨나는 종양 세포를 1,000만 개까지는 파괴할 능력을 가지고 있다. 그러나 암세포의 분열과 증식이 커져 암이 발생하는 이유는 최소한 10억 개의 종양 세포가 생겨 면역 기능에 의하여 파괴될 수 있는 수준을 훨씬 넘어버린 경우이다.

06 ┃ 암의 일반적인 증상

암으로 인해 나타나는 징후와 증상은 암의 종류, 크기와 부위에 따라 다양하다.

암의 초기 단계 증상

암의 초기 단계에는 특별한 증상이 없는 경우가 많고 증상이 나타나더라도 다른 질환과 구분하기 어려운 경우가 많다. 그러나 암이 자라면서 주위의 조직들과 혈관이나 신경을 압박하게 되어 여러 가지 증상이 나타난다. 예를 들어 좁은 공간에 있으며 주위에 복잡한 기관이 많은 뇌하수체에 생긴 암 같은 경우는 크기가 작은 경우라도 그 증세와 징후가 빨리 나타나지만, 췌장처럼 넓은 복강에 있으며 주위에 복잡한 장기나 기관이 없는 곳에서 생긴 암은 상당히 큰 크기로 자랄 때까지 특별한 증세와 징후가 나타나지 않는 경우도 있다. 암이 피부 가까이에서 커진다면 덩어리로 만져질 수도 있다.

암이 커지면서 나타나는 증상

암이 커지게 되면 변비처럼 장기 내강을 막아서 생기는 증세가 나타날 수 있고, 췌장암과 담도암은 담관을 막아 황달 등의 징후를 보이기도 한다. 폐암 등은 기관지를 자극하여 기침을 유발한다. 또 암이 신경과 혈관을 누르거나 뼈 등으로 전이가 생긴 경우는 통증을 일으킬 수도 있다. 위암과 대장암처럼 암의 성장으로 조직에서 출혈이 있는 경우에는 혈변과 빈혈의 증상이 있고 폐암은 객혈, 방광암은 혈뇨 등이 생기게 된다. 암은 또한 체중 감소, 발열, 피로, 전신 쇠약, 식욕 저하 등의 전신적인 증세를 만든다. 이는 암세포에서 만들어진 물질들이 혈관을 통해 전신으로 퍼지며 신체대사에 영향을 주기 때문에 생기는 것이며 여러 면역 기능에도 영향을 준다.

07 ㅣ 암의 특징

유방암과 식도암은 자리를 잡자마자 혈관을 타고 다른 부위로 암세포를 보내기 때문에 초기부터 다른 부위로 전이가 흔하다. 반면 뇌종양은 다른 장기로 잘 이동하지 않는 것이 특징이다. 혈액 항암 약물 요법에 반응이 좋은 암은 혈액암이고 간암과 담도암 등은 항암 약물 요법에 어지간해서는 반응을 보이지 않는다. 폐암과 간암은 진행 속도가 매우 빨라 조금만 늦어도 치료가 어려우나 갑상선암, 신장암, 전립선암은 느린 진행 속도로 치료 시간을 벌어 준다.

갑상선암처럼 진행 속도가 느리고 전이가 잘되지 않는 암은 예후가 좋지만 간암과 폐암, 췌장암처럼 전이 속도가 빠르고 전이가 잘되는 암은 예후가 그다지 좋지 않다. 또 같은 암일지라도 환자의 조건에 따라 예후가 다른데 예를 들어 어린 환자가 앓는 뇌종양은 수술, 방사선 치료, 항암 약물치료에 좋은 반응을 보이는 경향이 있고, 암세포의 악성도가 높아 재발률이 높은 유방암은 나이 든 환자보다 20~30대의 젊은 환자의 예후가 더 좋지 않다. 치료법이 조금 독특한 암도 있는데 성 호르몬이 원인이 되어 생기는 유방암과 전립선암이 그것이다. 유방암은 여성 호르몬인 에스트로겐의 영향을 받고, 전립선암은 남성 호르몬인 안드로겐의 영향을 받는다. 따라서 이 두 암의 치료에는 호르몬을 차단하거나 감소시키는 항호르몬 요법이 좋은 결과를 나타내고 있다.

08 ㅣ 암 예방을 위한 10가지 지침

세계보건기구(WHO) 산하 국제암연구소의 보고에 따르면, 암 사망의 30%는 흡연에 의해, 30%는 식이 요인에 의해, 18%는 만성 감염에 기인한다고 하였다. 그 밖에 직업, 유전, 음주, 생식 요인 및 호르몬, 방사선, 환경오염 등의 요인도 각각 1~5% 정도 영향을 주는 것으로 알려져 있다. 따라서 일상생활에서 적용할 수 있는 암 예방을 위한 생활습관 실천과 조기 검진만으로도 많은 부분 예방이 가능하다고 할 수 있다.

● **국민 암 예방 수칙**

- 담배를 피우지 말고, 남이 피우는 담배 연기도 피하기
- 채소와 과일을 충분하게 먹고, 다채로운 식단으로 균형 잡힌 식사하기
- 음식은 짜지 않게 먹고, 탄 음식은 먹지 않기
- 암 예방을 위하여 하루 한두 잔의 소량 음주도 피하기
- 주 5회 이상, 하루 30분 이상, 땀이 날 정도로 걷거나 운동하기
- 자신의 체격에 맞는 건강 체중 유지하기
- 예방접종 지침에 따라 B형 간염과 자궁경부암 예방접종 받기
- 성 매개 감염병에 걸리지 않도록 안전한 성생활 하기
- 발암성 물질에 노출되지 않도록 작업장에서 안전 보건 수칙 지키기
- 암 조기 검진 지침에 따라 빠짐없이 검진받기

출처: 국가암정보센터(www.cancer.go.kr)

제 **②** 절 새로운 질병에 자신 있게 맞서라

인류의 역사는 감염병의 역사와 함께 흘러왔다. 백신과 공중 보건이 발달하기 전인 20세기 이전에는 감염병이 돌면 수많은 인구가 집단 사망하였다. 특히 옛날 사람들에게 감염병은 원인을 알 수 없으며 해결책 또한 없는 병이었기 때문에 엄청난 공포의 대상이었다. 우리나라 역사 속에도 무서운 감염병이 많이 등장한다.

2015년 메르스의 발병에 이어 2016년에는 19세기 지구상에서 가장 치명적인 감염병이었던 콜레라가 우리나라에 발병하였다. 콜레라가 처음 발병했을 때 정체를 알 수 없는 낯선 질병이라 하여 괴질(怪疾)이라 부르기도 하였다. 그러다 차차 '쥣통'이라 불렸는데 이는 쥐가 잠자는 사람의 몸을 타고 올라와 뱃속에 귀신을 불어넣고 뱃속 근육에 경련을 일으켜 뼈만 남아 죽게 한다고 해서 붙여진 이름이다. 사람들은 경련이 난 곳을 쥐의 천적인 고양이 가죽으로 문지르기도 하고 집안 곳곳에 고양이 그림을 붙여 두기도 하였다. 또 콜레라를 호랑이가 살점을 찢어 내는 것과 같은 고통을 준다는 뜻으로 호열자(虎列刺)라고도 불렀다. 서양에서는 콜레라를 심한 고통을 주어 참을 수 없는 구토증과 설사를 동반하고 장이 텅 비게 하여 온몸을 탈수 상태로 만들어 버리는 신이 내린 징벌이라고 표현하였다. 콜레라에 걸려 죽어 가는 환자들이 얼마나 고통스러웠으며 살아남은 사람들의 공포감이 어느 정도였을지 상상이 가고도 남는다.

감염병과 환경은 깊은 연관이 있다. 산업화가 이루어지면서 생태계가 파괴되고 지구 온난화가 지속되면서 각종 신종 감염병이 확산되고 있다. 어떤 감염병은 한번 나타나서는 크게 기승을 부리다가 수그러들거나 어떤 경우 완전히 사라지기도 하지만 이런 감염병이 다시 나타나지 않을 것이라고 단정 지을 수 없다. 앞에서 언급한 콜레라나 결핵 같은 오래된 감염병이 더욱 독해진 모습으로 부활하고 있기 때문이다. 이것이 바로 감염병의 역습이다. 각 나라와의 교류가 활발한 지구촌 시대에서 감염병의 속도와 범위가 더욱 빨라지고 있는 것이 현실이다.

인간에게 질병이란 병원체가 인간 숙주에게 작용하여 발생하는 상호 작용의 결과로 일상적인 감기나 독감에서부터 불구를 일으키는 소아마비나 에이즈에 이르기까지 다양하다. 이 감염성 질환이 전염성을 가지고 새로운 숙주에게 전염시키는 것을 감염병이라고 한다. 감염병은 의학의 발달과 위생의 향상에 의해 예방과 치료가 가능해졌지만 더욱더 강력해진 신종 감염병은 인간을 공포에서 헤어나지 못하게 하고 있다. 일부 강력한 바이러스는 변화하는 환경에서 생존하기 위해 끊임없이 돌연변이를 만들어 내고 인간의 면역 반응을 피해 가는 경우가 있어서 백신 개발에도 어려움을 겪고 있다.

01 | 여름에 위험한 감염병

기온이 올라가면 집단 식중독 발생의 가능성이 높아진다. 식중독은 섭취한 음식 속에 있는 인체에 유해한 미생물이나 유독 물질이 원인이 되어 발생하는데 그 원인에 따라 크게 세 가지로 나뉜다. 첫째, 세균이나 바이러스, 원충생물에 의한 미생물 식중독과 둘째, 복어나 조개류, 감자, 버섯, 곰팡이 같은 자연독 식중독과 셋째, 식품첨가물이나 농약, 중금속 같은 유해한 화학적 식중독이다. 미생물에 의한 식중독 중에는 ① 살모넬라, 장염비브리오, 콜레라 같은 감염형 ② 황색포도상구균, 보툴리누스 같은 독소형 식중독인 세균에 의한 것 ③ 노로바이러스, A형 간염 같은 바이러스성 식중독 ④ 이질 아메바와 같은 원충성 식중독이 있다. 미생물에 의한 식중독 중에 콜레라, 장티푸스, 파라티푸스, 세균성 이질, 장출혈성 대장균, A형 간염은 법정 제1군 감염병으로 지정되어 있으며 전염 속도가 빠르고 국민 건강에 미치는 위해 정도가 너무 커서 발생 또는 유행 즉시 방역 대책을 수립해야 한다. 식중독은 일반적으로 구토, 설사, 복통, 발열 등의 증상을 나타내며 원인 물질에 따라 잠복기와 증상의 정도가 다르고 복어나 보툴리누스, 일부 버섯, 조개류 식중독은 마비 증상이 나타나기도 한다.

세균이나 바이러스에 의해 장에 염증이 생기는 장염은 식중독과 비슷한 증상을 일으키며 항생제나 스트레스에 의해서도 발생하지만 대부분 음식 섭취와 관련이 있다. 장염은 장티푸스나 이질과 같은 세균과 바이러스에 의해 걸리며 우리나라에서 발생률이 높은 장티푸스는 살모넬라 타이피균(Salmonella Typhi)에 의해 발생하는 대표적인 수인성 감염병이다. 장티푸스는 위생과 관련이 있어 우리나라에서는 점차 감소하고 있지만 동남아 같은 위험 지역에서의 전파로 인해 발생 가능성이 높아지므로 해외여행이나 유학을 계획하고 있다면 예방접종을 해야 한다. 또 적절한 손 씻기와 음식물 익혀 먹기, 물 끓여 마시기를 통해 예방하도록 한다.

02 ┃ 가을에 위험한 감염병

산에 가기 좋은 가을철에 유행하는 감염병으로는 신증후군 출혈열과 렙토스피라증, 그리고 쯔쯔가무시병이 있다. 신증후군 출혈열은 한탄바이러스(Hantan virus)에 의해, 렙토스피라증은 렙토스피라균에 오염된 물, 음식, 토양 등과 접촉하거나 오염된 물이나 음식을 먹고 난 후에 감염된다. 쯔쯔가무시병은 오리엔티아 쯔쯔가무시균(Orientia tsutsugamushi)에 의해 발생하는 감염성 질환이다. 진드기의 유충이 피부에 붙어 피를 빨아먹은 부위에 가피(딱지)가 동반된 궤양이 나타나는 것이 특징이다. 농부와 같이 주로 야외에서 활동하는 사람에게서 발병하기 쉽고 60세 이상 고령층에서도 높은 발병률을 보인다. 국내에서는 성묘를 가는 추석을 전후하여 전국 각지에서 많이 발생한다. 잠복기는 1~2주로 고열, 오한, 두통 등이 나타나 초기 증세가 감기와 비슷하다. 진드기가 문 곳에 피부 궤양이나 특징적인 가피 형성을 볼 수 있으나 가피가 없거나 열이 나는 기간이 짧고 피부 발진이 더욱 많이 나타나기도 한다.

일부 환자는 기관지염, 간질성 폐렴, 심근염이 생길 수도 있으며, 수막염 증세를 나타내기도 한다. 신증후군 출혈열은 예방접종이 있으나 렙토스피라증과 쯔쯔가무시병은 예방접종이 없다. 쯔쯔가무시병을 예방하기 위해서는 유행 지역에 가는 것을 피하고 야외 활동을 할 때는 긴소매의 옷과 바지를 입고 곤충기피제 등을 뿌려야 한다.

03 ┃ 감염병이란

감염병은 특정 병원체나 병원체의 독성 물질로 인하여 발생하는 질병으로 감염된 사람으로부터 감수성이 있는 숙주(사람)에게 감염되는 질환을 의미한다. 간단히 요약하면 전염이 가능한 질병을 말한다. 감염병은 제1군·제2군·제3군·제4군·제5군 감염병과 지정 감염병, 세계보건기구(WHO) 감시 대상 감염병, 생물 테러 감염병, 성 매개 감염병, 인수(人獸)공통 감염병 및 의료 관련 감염병으로 나뉜다. 감염병 병원체의 종류로는 세균, 바이러스, 기생충, 곰팡이, 원생동물 등이 있으며, 임성 특성으로는 호흡기계 질환, 위장관 질환, 간 질환, 급성 열성 질환 등이 있다. 전파 방법으로는 사람 간 접촉, 식품이나 식수, 곤충 매개, 동물에서 사람으로 전파, 성적 접촉 등이 있다. 감염병이 생성되는 과정에는 다음과 같은 6대 요인(병원체, 숙주(병원소), 병원체 탈출, 전파, 침입, 감수성 숙주)이 반드시 연쇄적인 단계를 거쳐야 하며 이 중 한 가지라도 성립되지 못하면 감염병이 발생되지 않는다.

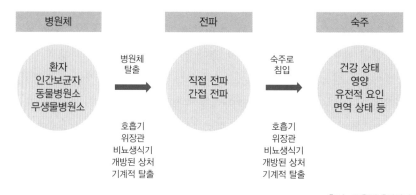

출처: 오웅영. 『건강과 복지』

[감염병의 생성 과정]

● 법정 감염병의 구분

종류	질병명	특징
제1군 감염병	콜레라, 장티푸스, 파라티푸스, 세균성이질, 장출혈성대장균, A형간염	전염 속도가 빠르고 국민 건강에 미치는 위해 정도가 너무 커서 발생 또는 유행 즉시 방역 대책을 수립해야 한다.
제2군 감염병	디프테리아, 백일해, 파상풍, 홍역, 유행성이하선염, 풍진, 폴리오, B형간염, 일본뇌염, 수두, B형 헤모필루스 인플루엔자, 폐렴구균	예방접종을 통해 예방 또는 관리가 가능하여 국가예방접종 사업의 대상이 되는 질환이다.
제3군 감염병	말라리아, 결핵, 한센병, 성병, 성홍열, 수막구균성수막염, 레지오넬라증, 비브리오패혈증, 발진티푸스, 발진열, 쯔쯔가무시증, 렙토스피라증, 브루셀라증, 탄저, 공수병, 유행성출혈열, 인플루엔자, 후천성면역결핍증(AIDS), 매독, 야콥병	간헐적으로 유행할 가능성이 있어 지속적으로 그 발생을 감시하고 방역 대책의 수립이 필요하다.

제4군 감염병	페스트, 황열, 뎅기열, 바이러스성 출혈열, 에볼라열, 신종감염병증후군, 두창, 보툴리눔독소증, SARS, 동물인플루엔자 인체감염증, 야토병 큐열, 웨스트나일열, 진드기매개뇌증, 치쿤구니야열, 중증열성혈소판감소증후군, 중동호흡기증후군(MERS) 등	국내 유입이 우려되는 해외 유행 감염병으로 감염병 예방법에 의한 방역 대책의 긴급한 수립이 필요하다.
제5군 감염병	회충증, 편충증, 요충증, 간흡충증, 폐흡충증, 장흡충증	기생충에 의해 감염된다.
지정 감염병	C형간염, 수족구병, 임질, 클라미디아감염증, 연성하감, 성기단순포진, 첨규콘딜롬, 반코마이신내성황색포도알균(VRSA) 감염증, 반코마이신내성장알균(VRE) 감염증, 메티실린내성황색포도알균(MRSA) 감염증, 다제내성녹농균(MRPA) 감염증, 다제내성아시네토박터바우마니균(MRAB) 감염증, 카바페넴내성장내세균속균종(CRE) 감염증, 장관감염증 등	—

04 ㅣ 면역의 이해

바이러스가 인간에게 침입했다고 해서 반드시 감염 또는 발병되는 것은 아니다. 면역이란 인체에 침입한 세균이나 미생물, 조직이나 체내에 생긴 불필요한 산물들과 반응하여 항체를 만들고 이것을 제거하여 항상성을 유지하는 현상이다. 미국의 내추럴 프로덕트사의 브라이언 퀵은 '면역이란 우리 몸이 자신과 자신이 아닌 것을 구분하고 자신이 아닌 것에 대항하여 방어하는 능력'이라고 말하였다. 사람은 매일 암세포로 변하는 세포를 가지고 있고 면역 체계가 이를 감지하여 파괴하는 임무를 맡고 있다. 따라서 면역력이 떨어지면 감염, 만성피로, 염증 등 모든 질병의 발병 가능성을 높이고 암과 노화 같은 과정을 촉진하며 치유 과정을 지연시킨다.

우리 몸에 이물질이 들어오면 면역을 담당하는 백혈구는 이를 감지하고 공격을 시작한다. 백혈구는 크게 과립구, 단핵 백혈구, 림프구로 나뉜다. 면역력이 높은 상태를 유지하려면 과립구가 54~62%, 림프구가 35~41%를 유지해야 한다. 즉, 과립구와 림프구 비율을 적절하게 유지하는 것이 면역력을 유지하는 관건이다.

과립구는 노화되어 죽은 세포나 진균, 대장균 등 비교적 큰 물질을 처리한다. 백혈구 가운데 가장 큰 단핵 백혈구는 대식세포로서 소화 작용을 통해 몸에 들어

온 외부 물질을 제거한다. 림프구는 B세포와 T세포, NK세포로 나뉜다. B세포는 림프구의 10~20%를 차지하며 항체를 만들어 몸을 보호한다. T세포는 림프구의 60~70%를 차지하며 직접 외부 병원균과 싸우거나 항체를 만드는 역할을 한다. 정상적인 면역 체계는 우리 몸을 이롭게 하는 것과 해가 되는 것을 구분해서 외부의 침입이 있으면 공격을 시작한다. 그러나 면역 체계에 이상이 생겨 과민 반응을 보이거나 면역 세포들이 스스로를 파괴하고 우리 몸속 정상 장기들이나 조직을 공격하면서 생기는 자가 면역 질환이 늘어나고 있다. T세포 중 Th1세포가 활성화되면서 인체를 적군으로 오해해 공격하는 자가 면역 질환이 생기고, Th2세포가 활성화되면 면역 과민 반응인 알레르기 질환을 일으킨다. 림프구의 10~15%를 차지하는 NK세포는 주로 암세포를 공격해 몸을 보호한다. 자가 면역 질환의 종류는 너무나 많다. 우리가 흔히 알고 있는 아토피, 건선, 비염, 천식, 전신성 홍반성 루프스, 류마티스 관절염 등이 이에 속한다. 그러나 아직 현대 의학에서는 그 원인을 명확하게 밝혀내지 못하고 있다. 또 다양한 치료제를 개발하기 위해 노력하고 있음에도 아직 치료에 어려움이 많다.

우리가 잘 알고 있는 AIDS(acquired immune deficiency syndrome, 후천성 면역 결핍 증후군)는 인간면역결핍 바이러스인 HIV(human immunodeficiency virus)라는 바이러스에 감염이 되어 발병한다. HIV는 인간의 면역 체계를 파괴하여 면역력을 떨어뜨리고 감염이 쉬운 상태로 만들어 감염될 경우 결핵이나 암 등의 합병증으로 사망하는 경우가 많다.

면역력이 떨어져 생기는 질환 중 하나가 대상포진이다. 50대 초반의 김성연 주부는 요즘 직장에 일이 많아서 야근이 잦았던 데다가 명절에 음식 준비와 시댁과의 갈등으로 체력이 바닥났다. 집에 돌아오니 감기 몸살이 있는지 근육통에 피로감이 몰려들기 시작하더니 며칠이 지나자 머리가 칼로 쑤시는 것처럼 아프고 얼굴 주위에 물집이 생겼다. 그제야 병원을 찾은 그녀는 자신이 대상포진에 걸렸다는 것을 알게 되었다. 대상포진의 원인은 어릴 때 몸에 들어온 수두 바이러스인 '바리셀라-조스터 바이러스'가 신경절에 숨어 있다가 몸의 면역력이 떨어지면 활동을 하면서 생긴다. 대상포진의 가장 큰 특징은 수포(물집)와 극심한 통증이다. 조기에 치료를 받지 않으면 침범 부위에 따라 다양한 후유증을 남기는데 안면 신경마비나 뇌수막염은 물론 바이러스가 눈을 침범한 경우에는 실명까지 유발할 수 있다. 특히 발병 후 신경통이 남는 경우에는 통증의 정도가 심해 수면 장애나 우울증, 피로 등과 같은 만성적인 문제로 이어질 수 있다.

전문가들은 72시간 내에 정확한 진단과 치료를 받으면, 대상포진으로 인한 후유증을 어느 정도 예방할 수 있다고 말한다. 따라서 대상포진의 초기 증상이 의심될 때는 즉시 병원을 찾는 것이 좋다. 초기 증상은 감기 증상과 비슷하며 발진과 물집이 나타나고, 농양이나 궤양으로 진행된 후 딱지가 남는다. 이때 발적과 물집이 발병한 신경 부위를 따라 띠 모양으로 나타난다고 해서 다상포진이라고도 부른다. 대상포진의 최대 합병증은 신경통으로 대상포진이 나은 뒤에도 수일이나 수개월, 심지어 수년 동안 계속된다. 신경통의 특징은 바늘로 콕콕 찌르거나 찌릿찌릿한 느낌, 칼로 베이는 듯한 느낌이라고 한다. 대상포진은 보통 면역력이 약한 노년층에 나타나지만 최근엔 운동 부족, 스트레스, 대기오염과 공해로 인해 면역력이 떨어진 젊은 연령층에게도 많이 나타나고 있다. 그 외에도 림프종이나 기타 악성 질환에 걸린 사람, 화학 요법이나 방사선 치료 등으로 면역이 감소된 사람과 면역억제제를 사용하거나 후천성 면역 결핍증(AIDS)에 걸린 사람도 대상포진에 걸리기 쉽다.

대상포진이 얼굴이나 눈, 귀에 발생하면 시력 또는 청력이 상실될 수 있고 뇌로 침입하면 생명을 위협하는 합병증이 발생할 수 있어서 매우 위험하다. 통증이 심하기 때문에 치료는 초기부터 신경 치료를 한다. 신경 치료는 감염된 신경 부위에 직접 주사를 놓아 빨리 회복시키고 통증을 없애 주는 효과가 있다. 대상포진은 대부분 한 번 앓고 나면 재발하지 않기 때문에 완치가 가능하지만 AIDS 등 면역이 현저히 떨어져 있는 경우에는 재발하기노 한다.

우리나라 질병예방관리본부에서는 이미 수두에 걸린 적이 있거나 아직 대상포진에 걸린 적이 없는 60세 이상의 노인이 평생 1회 접종을 받는 것을 권장하고 있다. 최근 중장년층에서도 발병률이 증가하고 있으므로 평소 면역력이 약하거나 운동을 하지 않을 경우 의료진과 상담 후에 미리 예방접종을 해 두는 것도 좋을 듯하다. 예방접종 백신의 설명서에 따르면 60~69세의 경우 대상포진에 대한 예방접종의 효과가 64% 정도이고 고령자의 경우 효과가 줄어들어 70~79세의 경우 41%, 80세 이상의 경우는 18%에 불과하다고 한다.

평소 면역력을 높이려면 먼저 충분한 휴식과 수면, 균형 잡힌 식사와 적절한 운동이 중요하다. 또한 스트레스를 적절히 풀어 주어 마음의 안정을 유지하는 것도 도움이 된다.

제 ❸ 절 노인 의료·복지 정책, 노후 생활에 활용하라

2000년 이후 급속한 노인 인구 증가율은 우리 사회의 전반에 걸쳐 변화와 적응을 요구하고 있다. 우리나라 평균 수명의 증가는 1960년 55.3세에서 2015년 82세로 55년간 무려 27년이나 늘어났으며 여성이 남성보다 7년 정도 더 오래 사는 것으로 나타났다. 우리나라는 2015년 기준 노인 인구가 전체의 12.3%로 UN 기준 7%인 고령사회의 기준을 이미 넘었으며 노인 인구 비율이 20%인 초고령 사회를 바로 앞에 두고 있다. 그러나 2015년 건강보험 주요 통계 자료에 따르면 건강보험료 진료비가 전년도에 비해 6.7% 증가하였으며 65세 이상 노인의 진료비 비중은 37%이고 전년도에 비해 10%가 증가한 것으로 확인되었다. 노인 인구가 증가하면 노년 부양비가 증가하고 정부와 개인의 의료비의 부담이 늘어난다.

노인은 일반적으로 65세 이상을 말하지만 지원 사업에 따라 60세 이상이 대상이 되는 경우도 있으며 노인의 복지를 위해 국가 또는 지방자치 단체에서 다양한 사업을 시행·지원하고 있다. 예를 들면 기초연금이나 기초생활 보장급여를 받을 수 있고 노인 장기요양 급여를 통해 요양 서비스를 받을 수 있다. 또한 일자리 정책을 통해 사회 활동을 할 수 있으며 노인복지 시설을 통해 주거지를 마련하거나 전문적인 간호 서비스를 받을 수 있다. 이 외에도 노인 건강검진이나 치매 조기검진 등의 건강 서비스와 홀로 사는 노인을 위해 노년 생활을 안전하게 지켜주는 노인 돌봄 서비스 등이 있다.

다음에서는 노인의 의료·복지 정책에 대해 알아보자.

01 ┃ 노인장기요양보험 제도

2008년부터 그간 가족의 영역에 맡겨져 왔던 노인의 간병, 장기요양 문제를 국가와 사회가 부담하게 되었다. 치매나 중풍 환자가 있는 가정은 본인은 물론 온 가족이 고통을 겪는다. 환자를 가족이 돌보지 못할 경우 요양병원 같은 시설에 모시게 되는데 비용 부담이 너무나 크고, 집에서 모시는 경우에는 수발을 해야 하는 가족에게 여러 가지 고통이 따른다. 노인장기요양보험 제도는 노인뿐 아니라 장기요양을 담당하던 중장년층에게도 많은 도움이 되고 있으며 요양시설이나 재가기관을 통해 신체 활동 또는 가사 지원 등의 서비스를 제공한다.

우리나라 장기요양 보장 제도는 사회보험 방식을 근간으로 일부는 공적부조 방식(스스로 생활 유지 능력이 없는 사람들에게 국가나 지방자치단체가 인간다운 생활을 영위할 수 있도록 지원하는 사회 복지 제도의 하나)을 가미한 형태로 설계, 운영되고 있다. 즉, 「국민건강보험법」의 적용을 받는 국민건강보험 가입자가 납부하는 장기요양 보험료와 국가 및 지방자치단체에서 부담금을 합산하여 재원을 마련한다.

노인장기요양보험 제도는 급속한 고령화로 인해 치매, 중풍 등 장기요양 서비스가 필요한 노인이 급증하고 있고, 여성의 사회 활동 확대와 핵가족화, 보호 기간의 장기화 등으로 개인 또는 가정에 의한 요양 보호의 한계를 느끼고 있으며, 만성질환 등의 증가로 노인 의료비가 증가하고 있기 때문에 운영되고 있다. 노인장기요양보험은 가족의 부양 부담을 경감시키고, 수발해야 하는 가족의 경제 활동을 증가시켜 일자리를 확대시키고, 노인 의료비를 효율적으로 사용할 수 있는 효과를 기대할 수 있다.

노인장기요양보험 이용 절차

보험 적용 대상은 65세 이상 노인 또는 치매, 뇌혈관성 질환 등 노인성 질병을 앓고 있는 65세 미만인 자 중 6개월 이상의 기간 동안 혼자서 일상생활을 수행하기 어려워 장기요양 서비스가 필요하다고 인정받은 사람이다. 공단 및 각 지사별 장기요양센터를 통해 신청하면 공단 직원이 방문 조사하여 등급판정위원회에서 장기요양 인정 및 등급 판정을 받고 장기요양센터에서 인정서 및 표준 장기 이용계획서를 통보받아 장기요양 서비스를 이용할 수 있다.

장기요양 인정 점수는 신청인의 심신 상태를 나타내는 52개 항목의 조사 결과를 토대로 등급을 산정한다. 다른 사람의 도움을 받아야만 일상생활이 가능한 1~2등급은 요양시설에 들어갈 수 있고 세수나 옷 갈아입기 등 기본적인 생활이 가능한 3등급은 원칙적으로는 재가 서비스를 이용해야 하나, 부양가족이 없을 경우 요양시설 입소가 가능하다.

등급 구분	판정 기준
장기요양 1등급	• 일상생활에서 전적으로 다른 사람의 도움이 필요한 상태 • 장기요양 인정 점수가 95점 이상
장기요양 2등급	• 일상생활에서 상당 부분 다른 사람의 도움이 필요한 상태 • 장기요양 인정 점수가 75점 이상 95점 미만
장기요양 3등급	• 일상생활에서 부분적으로 다른 사람의 도움이 필요한 상태 • 장기요양 인정 점수가 60점 이상 75점 미만
장기요양 4등급	• 일상생활에서 일정 부분 다른 사람의 도움이 필요한 상태 • 장기요양 인정 점수가 51점 이상 60점 미만
장기요양 5등급	• 치매 관리 환자 • 장기요양 인정 점수가 45점 이상 51점 미만

출처: 노인장기요양보험

장기요양 보험이 제공하는 내용으로는 크게 세 가지가 있다. 첫째는 경증 환자에게는 가정을 방문하여 목욕, 식사, 취사, 청소, 간호 등을 제공받는 재가 서비스이다. 둘째는 가정에서 수발이 어려운 중증 환자를 요양시설로 옮겨 제공받는 돌봄 서비스이다. 셋째는 복지용구센터에서 복지용구를 구입하거나 대여할 때 지원받을 수 있는 서비스이다.

● 재가급여의 종류

종류	내용
방문 요양	장기요양 요원이 수급자의 가정 등을 방문하여 신체 활동 및 가사활동 등을 지원하는 장기요양 급여
인지활동형 방문 요양	장기요양 5등급 수급자에게 인지자극 활동 및 잔존 기능 유지·향상을 위한 사회훈련을 제공하는 급여
주·야간 보호	수급자를 하루 중 일정한 시간 동안 장기요양기관에 보호하여 신체 활동 지원과 심신 기능의 유지·향상을 위한 교육, 훈련 등을 제공하는 급여
방문 목욕	장기요양 요원이 목욕 설비를 갖춘 차량을 이용하여, 수급자의 가정을 방문하여 목욕을 제공하는 급여
방문 간호	의사, 한의사 또는 치과의사의 지시에 따라 간호사, 간호조무사 또는 치위생사가 수급자의 가정 등을 방문하여 간호, 진료의 보조, 요양에 관한 상담 또는 구강 위생 등을 제공하는 급여

단기 보호	수급자를 월 15일 이내 기간 동안 장기요양 기관에 보호하여 신체 활동 지원 및 심신 기능의 유지·향상을 위한 교육, 훈련 등을 제공하는 장기요양 급여
기타 재가급여	수급자의 일상생활 또는 신체 활동 지원에 필요한 용구로써 보건복지부장관이 정하여 고시하는 것을 제공하거나 대여하여 노인 장기요양 보험 대상자의 편의를 도모하고자 지원하는 장기요양 급여

02 ㅣ 노인 건강 지원 서비스

치매의 위험이 높은 만 60세 이상의 고령자를 대상으로 조기 검진을 실시하여 치매를 조기에 발견하고 관리하여 환자 및 가족의 삶을 질을 높이는 데 목적이 있다. 보건소에서 1차 검사를 실시하며 치매 가능성이 있는 경우 보건소와 연계된 거점 병원에서 진단, 감별 검사를 실시한다. 60세 이상이며 치매 진단을 받고 치매 치료약을 복용하는 경우 치매 치료 관리비로 보험급여분에 대한 본인 부담금을 월 3만 원, 연간 36만 원 상한으로 지원하고 있다. 또 노인 안검진 및 개안 수술, 저시력 노인을 위한 재활 사업 등도 진행하고 있다. 안검진 대상자는 60세 이상 모든 노인이며 개안 수술은 60세 이상 백내장, 망막 질환, 녹내장 등 기타 안질환자 중 수술이 필요한 노인으로 전국 가구 평균 소득 50% 이하인 경우 해당된다.

03 ㅣ 노인 돌봄 서비스

혼자 힘으로 일상생활을 영위하기 어려운 노인과 독거노인을 대상으로 욕구에 따라 안전 확인, 생활 교육, 서비스 연계, 가사활동 지원 및 주간 보호 등 맞춤형 복지 서비스를 제공한다. 서비스 종류에는 돌봄 기본 서비스, 응급 안전 돌보미 서비스와 사랑 잇기 서비스, 노인 돌봄 종합 서비스, 재가 노인 지원 서비스가 있다.

서비스 종류	서비스 내용
노인 돌봄 (기본)	만 65세 이상의 요양 서비스 불필요 독거노인으로 본인 부담금이 없고 안전 확인, 생활 교육, 보건복지 서비스 연계 및 조정 등을 통해 사회 안전망을 구축하는 데 목적이 있다.
응급 안전 돌보미	독거노인의 가정에 응급 상황 발생 시 구조 및 구급 활동을 전개하며 모니터링하는 예방 서비스이다. 화재, 가스사고에 대비하여 활동 감지센서를 설치해 안전을 확인한다.

사랑 잇기	자원봉사자의 말벗 서비스와 안부를 확인하고 후원 물품을 전달하는 서비스이다.
노인 돌봄 (종합)	전국 가구 월 평균 소득 150% 이하 가구의 거동이 불편한 65세 이상 노인이 대상이다. 신변 활동·가사·일상 지원 서비스와 주간 보호 서비스를 받을 수 있으나 의료 서비스 제공은 이루어지지 않는다. 가사 활동 지원 서비스(월 24시간/ 36시간/ 27시간) 또는 주간 보호 서비스(월 9일/ 12일)로 구성된다. 이용자 부담금은 본인 부담 면제~64,000원이고 바우처 지원액은 월 16만 3,200원 ~34만 4,520원이다.
재가 노인 지원	장기요양보험 제도의 재가급여와 구별하여 지방자치단체의 재정 지원으로 운영되는 재가 서비스이다. 장기요양병원 수급자가 적절한 부양을 받지 못해 일상생활에 제약이 있는 노인을 대상으로 하며 예방적 사업, 사회안전망 사업, 긴급 지원 사업으로 구성된다.

04 ㅣ 요양원과 요양병원의 차이점

장기요양 서비스를 제공하는 요양시설에는 요양원과 요양병원이 있다. 요양원은 65세 이상의 치매, 중풍 등 노인성 질환이 있는 노인들을 장기요양병원에서 장기요양 인정을 받아 돌보는 시설이다. 장기요양 1~5등급 중 1, 2등급은 요양원을 이용할 수 있다. 3등급은 원칙적으로 이용이 안 되지만 긴급하거나 등급판정위원회에서 인정하는 경우에는 이용이 가능하다. 장기요양병원의 지원을 받을 수 있지만 의료진이 상주하지 않기 때문에 치료의 목적보다는 요양의 목적이 크다. 요양등급이 없는 노인들도 입소할 수는 있으나 본인이 비용을 부담해야 한다.

요양병원은 노인을 치료하는 의료시설이긴 하지만 요양원처럼 나이 제한이 없고 3개월 이상 입원이 필요하거나 노인성 질환이 있어서 치료와 요양이 필요한 환자들이 주로 이용하는 곳이다. 요양원과는 달리 건강보험이 적용되며 요양원보다 이용 비용이 비싸지만 의사나 한의사, 간호사 등이 상주한다. 입원 환자 40명당 의사 1명, 간호사는 6명당 1명 이상이 있어야 한다.

요양원의 입원 비용은 요양병원보다 싼데 본인 부담금 20%와 장기요양 보험금 80%로 운영되어서 대체적으로 한 달 평균 본인 부담금은 40~50만 원 선이다. 요양병원은 치료비 등 개인 부담금이 많고 시설 등급에 따라 비용이 다르며, 한 달 평균 150~200만 원 정도가 든다.

05 ㅣ 요양시설 선택 시 고려할 사항

　일본의 한 노인시설에서 두 달 동안 잇따라 노인 3명이 건물에서 떨어져 숨진 일이 발생하였다. 이는 자살이 아닌 직원에 의한 살인 사건이었으며 범행의 동기는 수발할 때 손이 많이 간다는 이유에서였다. 요양시설에 대한 수요가 늘어나면서 이들 시설도 급증하고 있는 추세이며 이에 따라 노인 학대 사례와 신고도 늘어나고 있다. 그야말로 인간다운 노후를 보내기는커녕 인권을 박탈당한 채 살아가는 사례가 급증하고 있는 것이다. 성이 다른 요양사가 목욕을 시켜주거나 기저귀를 갈아 주고 치매 노인을 몇 주 이상 침대에 묶어 두거나 대소변을 많이 보지 못하도록 식사량을 제한하는 경우도 있다. 이 때문에 「영·유아보육법」 개정으로 어린이집에 CCTV 설치를 의무화한 것처럼 노인 요양시설에도 CCTV 설치를 의무화해야 한다는 주장이 늘고 있다. 따라서 요양시설을 선택할 때는 좋은 시설과 환경이 조성되어 있는지, 다양한 치료 프로그램을 가지고 있는지 등을 꼼꼼히 살펴봐야 한다. 건강보험공단은 노인장기요양보험 홈페이지에 장기요양기관을 A~E의 5개 등급으로 나누어 게시하고 있다. 또한 치매 전담형 장기요양기관과 인지 활동형 프로그램 제공기관도 같이 게시하고 있으므로 요양병원을 선택할 때 참고하면 도움이 되겠다.

　요양시설에서 제공되는 프로그램으로는 심리 상담, 웃음 치료, 미술 치료, 음악 치료, 원예 치료, 무용 치료, 노래 교실, 건강 체조, 재활 치료, 영화 감상, 인지 및 정신 기능을 훈련시키는 치매 예방 프로그램 등이 있다.

제 ❹ 절 쉽게 따라하는 안티에이징 마사지

누구나 나이가 들어가는 것을 피할 수는 없지만 평소 꾸준히 관리를 하면 나이보다 어려 보이는 얼굴을 가질 수 있다. 얼굴이 붓는 것은 혈액 순환과 수분대사가 원활하지 않아 세포 내에 노폐물이 축적되어 일어나는 현상이다. 평소 균형 있는 영양을 섭취하고 충분한 수면을 취하면 얼굴이 붓는 것을 어느 정도 방지할 수 있다. 우리 신체에는 중요한 혈자리가 있어 이곳을 지압해 주면 시원한 느낌을 받을 뿐 아니라 혈액 순환을 촉진시켜 부기가 빠지고 얼굴이 작아지는 효과가 있다. 또한 피로를 풀어 주고 근육을 이완시키는 효과가 있어 주름 예방에도 효과적이다. 혈액 순환을 도와 부기를 제거하고 굵은 주름을 예방하여 동안을 만드는데 효과적인 마사지 방법에 대해 알아보자. 각 혈자리는 손가락으로 3~5초 정도 지그시 눌러주고 문지르기를 5~10회 반복해 준다.

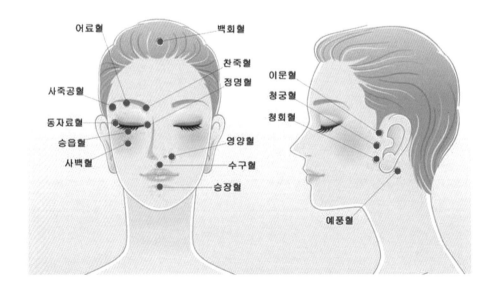

1. 얼굴의 색이 밝아지기 위해서는 목과 어깨에서부터 마사지를 하는 것이 효과적이다. 먼저 왼손으로 오른쪽 어깨를 주물러 주고, 오른손으로는 왼쪽 어깨를 주물러서 승모근을 풀어 준다. 주무를 때에는 견갑골(날개뼈)의 가장 위의 가장자리 중심으로 풀어 준다.

2. 목은 여섯 개의 경락이 지나가는 곳이며 얼굴로 들어가는 통로이다. 이곳을 풀어 주면 스트레스나 근육이 긴장되어 어깨와 목의 통증이 있는 경우에도 효과적이다. 목을 옆으로 돌렸을 때 불룩 튀어나온 부분을 흉쇄유돌근이라고 하는데 이 부분을 위에서 아래로 내려오면서 꼬집듯이 마사지하면 림프 순환이 촉진되어 독소 배출이 잘 되고 뻣뻣한 목을 부드럽게 만들어줄 뿐 아니라 면역력도 높여준다.

3. 정수리에 위치하는 백회혈을 자극하면 혈액 순환이 촉진되고 두통, 집중력 저하, 건망증과 치매, 탈모와 흰머리 예방에 효과가 있다.

4. 찬죽혈은 눈썹 앞머리 내측 약간 들어간 부분에 위치하며 이곳을 마사지하면 두통이나 어지럼증에 좋고 눈을 맑게 해 주는 효과가 있다. 눈가 주름에 효과적이며 눈이 부어서 푸석푸석할 경우에는 이 경혈을 엄지손가락으로 세게 누르면 붓기가 빠진다.

5. 어료혈은 물고기 모양이며 허리 눈썹 중간에 위치하고 있다. 이곳을 자주 눌러 주면 노안 예방에도 효과가 있고 이마에 탄력을 준다.

6. 사죽공혈은 눈썹꼬리 끝부분에 위치하고 있다. 이곳을 자주 눌러 주면 눈의 충혈과 눈의 피로, 얼굴 부종을 완화시키는 데에 효과가 있다.

7. 동자료혈은 눈의 바깥쪽 눈꼬리 양쪽에 위치한다. 이곳을 마사지하면 얼굴 윤곽을 잡아 주고 부기와 독소를 제거하며 얼굴을 작게 만들어 주는 효과가 있다.

8. 정명혈은 눈의 가장 안쪽과 콧대 사이에 위치하고 있다. 이곳을 마사지하면 안구가 건조하거나 눈이 피로할 경우, 그리고 주름 예방에 효과적이다.

9. 승읍혈은 눈 중앙 바로 아래에 위치한다. 자극해 주면 눈을 맑게 해 주는 효과가 있다.

10. 영양혈은 콧볼 양쪽 바로 옆에 위치하고 있다. 비염이나 코 막힘이 나타나는 경우 여기를 자극하면 효과가 있고, 이곳을 지그시 눌러 주면서 광대뼈 쪽으로 이동하면 팔자 주름 완화에도 효과가 있다.

11. 사백혈은 눈동자 연장선과 코끝의 연장선이 이어지는 부위, 광대 바로 밑 부분에 위치한다. 위와 연관이 있어서 식욕 조절에 도움이 되고 코 막힘을 해소해 줘 비염에도 효과가 있으며 이 부분을 지압해 주면 혈액 순환이 잘되고 볼살 제거에도 효과가 있다.

12. 입을 벌렸을 때 귀 바로 옆 움푹 들어간 곳을 위에서부터 차례로 이문혈, 청궁혈, 청회혈이라 한다. 머리에서 얼굴로 내려가는 신경이 거쳐 가는 이곳을 수시로 지압해 주면 혈액 순환이 잘된다. 또 소장과 연관이 있어서 비만 해소에도 효과적이다.

13. 예풍혈은 귓불 뒤에 있는 경혈로 귓불을 엄지손가락으로 누르면 정확하게 이 경혈에 닿는다. 귀 뒤에 오목하게 들어간 부분을 손끝으로 누르면 통증을 느낄 수 있어 비교적 찾기 쉽다. 이 경혈은 안면 마비, 경련, 뺨의 부종을 완화시키는 데 효과적이다.

14. 수구혈은 인중의 중앙에 위치하며 이 부위를 지압하면 얼굴의 독소가 빠지고 부기를 완화해 주며 얼굴 축소에 효과가 있다. 입 주위의 피로 회복에도 도움이 된다.

15. 승장혈은 턱의 중앙에 위치하며 이 부위를 지압하거나 손가락으로 누르고 원을 그리듯 마사지하면 얼굴의 독소와 부기를 제거해 주고 주름을 예방해 주며 입 주변의 피로 회복에 도움이 되고 얼굴선이 아름다워진다.

[사례 1]

지순자 할머니는 올해로 100세가 되었다. 그녀는 현재 건강상 문제가 되는 질환이 전혀 없다. 할머니의 건강한 장수 비결은 간단하다. 오전 10시가 되면 좋아하는 노래를 들으며 무조건 걷기 운동을 한다. 그리고 식사는 최대한 꼭꼭 씹으며 천천히 하는데 젊어서부터 운동과 소식을 꾸준히 실천해 온 결과가 그녀의 장수 비결이다.

운동과 소식은 세계 전문가들이 가장 먼저 꼽는 장수 비결이다. 운동을 꾸준히 하면 노인이 되어도 젊은 사람과 비슷한 활동력을 유지할 수 있다. 또한 저지방·고단백 위주의 음식을 조금씩 천천히 규칙적으로 먹는 것이 건강한 노후를 위한 최선의 방법일 것이다.

[사례 2]

초등학교 앞에서 토스트 가게를 운영하고 있는 이(여·53세) 씨는 치매를 앓고 있는 시어머니(84)를 현재 대전의 한 노인요양원에 모시고 있다. 이 요양원의 한 달 이용료는 1인당 140만 원인데, 이용료의 20%를 부담하고 나머지는 장기요양보험에서 지원해 주고 있다. 장기요양보험을 이용하기 전에 이 씨는 시어머니를 모시느라 경제적 활동은 물론 자유 시간이 없어 매우 힘들었다. 이제 시어머니는 요양원에서 다른 사람들과의 교류를 통해 치매가 악화되는 것을 지연시킬 수 있고 이 씨도 가게를 운영할 수 있어 여러 가지로 만족스러운 생활을 하고 있다.

교육적 시사점

• 건강을 유지하는 비결은 의외로 간단하지만 꾸준히 실천하기란 생각보다 쉽지 않다. 즐겁게 꾸준히 무리하지 않고 실천하는 습관을 가져 보자.

• 노인장기요양보험은 가족의 부양 부담을 경감시키고 수발해야 하는 가족이 경제활동에 나설 수 있도록 도와주며, 일자리가 확대되고 노인 의료비를 효율적으로 사용할 수 있는 효과를 기대할 수 있다.

1. 노후 건강을 방해하는 질환을 예방하기 위한 방법에 대해 설명해 보자.

2. 강력해져 가는 감염병을 이겨내기 위한 방법에는 어떤 것이 있을지 생각해 보자.

3. 우리나라 노후의 의료 정책에는 어떤 것이 있는가? 해당 정책을 자신의 건강 관리를 위해 어떻게 활용할 수 있을지 생각해 보자.

4. 피부 노화를 예방하기 위한 마사지를 복습해 보자.

자가면역진단 측정표

문항	예(2점)	잘 모름(1점)	아니오(0점)
1. 자주 피곤함을 느낀다.			
2. 푹 자고 일어난 느낌이 들지 않는다.			
3. 숙면을 해도 피로가 풀리지 않는다.			
4. 항상 몸이 상쾌하지 않다.			
5. 감기에 자주 걸리고 회복이 느리다.			
6. 입 안이 자주 헐고 쉽게 낫지 않는다.			
7. 눈에 염증이 잘 낫지 않는다.			
8. 상처가 생기면 낫는 데 시간이 걸린다.			
9. 무좀이 생긴다.			
10. 배탈, 설사 등 장에 문제가 잦다.			
11. 예전에 비해 참을성과 끈기가 부족하다.			
12. 체력에 한계를 느낄 때가 자주 있다.			
13. 흡연을 자주 한다.			
14. 과음을 자주 한다.			
15. 스트레스를 자주 받는다.			
16. 쉽게 기분이 좋아지지 않는다.			
17. 일에 대한 집중력이 떨어진다.			
18. 불규칙한 생활을 한다.			
19. 영양 관리에 소홀한 편이다.			
20. 생활습관병에 대한 가족력이 많은 편이다.			

※ 30점 이상: 면역력이 현저히 떨어진 상태. 정기검진 요망
 20점~29점: 면역력이 약한 상태. 병에 걸리지 않도록 주의
 10점~19점: 보통의 상태. 면역력 저하 주의
 0점~9점: 매우 건강한 상태. 생활습관 유지

면역력을 높이려면

• **하루에 20분 햇볕을 받는다.**

비타민 D는 대부분 햇볕을 받아 합성되고, 나머지는 식품으로 보충된다. 비타민 D는 우리 몸의 면역계가 정상적으로 활동할 수 있도록 도와준다. 또한 최근 연구 결과에 따르면 비타민 D의 혈중 농도가 정상 범위보다 낮을 때 암을 비롯한 여러 가지 질병에 노출될 확률이 40% 이상인 것으로 알려져 있다. 따라서 하루에 적어도 20분 정도의 햇볕을 쬐는 것이 좋다.

• **수면을 충분히 취하자.**

잠을 자는 동안 뇌에서 분비되는 멜라토닌 호르몬은 노화의 원인인 활성산소를 중화하고 암세포에 대항하여 면역력을 높여준다.

• **단백질을 충분히 섭취하자.**

단백질이 부족하면 우리 몸의 면역기관인 흉선이나 림프 기관의 무게가 감소되어 병원균이 침입해 올 경우 감염이 잘 된다. 특히 밭의 쇠고기라 불리는 식물성 단백질인 콩은 면역 기능을 높이는 데 뛰어난 효과가 있다.

• **규칙적으로 운동하자.**

지나친 운동은 오히려 면역계 활동을 억제할 수 있기 때문에 적당한 운동이 중요하다. 하루에 30분 정도, 땀이 송골송골 맺히는 정도로 빠르게 걷기, 등산, 조깅, 스트레칭 등의 운동을 즐겁게 하는 것이 좋다.

• **스트레스를 줄이자.**

스트레스는 면역력을 떨어뜨리는 위해 요인이다. 스트레스를 줄이고 긍정적으로 사고하는 것은 몸속의 엔도르핀을 증가시키고, 신체의 면역력도 자연스럽게 올리는 방법이다. 또 면역력을 높이려면 자신만의 스트레스 해소법을 만드는 것이 중요하다.

• **금연은 필수이다.**

흡연자는 비흡연자보다 폐렴 등 신종플루 합병증에 걸릴 확률이 높다. 담배 연기의 화학 물질은 정상 세포를 공격하여 지치게 만들어 면역력을 떨어뜨린다.

• **면역력에 도움이 되는 식품을 섭취하자.**

현미, 수수, 보리, 율무, 기장, 메밀 등 잡곡은 면역력을 높이고 몸의 저항력을 키워 주는 효과가 있다. 한편, 녹황색 채소에 풍부한 비타민 A와 C는 면역세포를 만들고 그 기능을 촉진시킨다. 또한 채소에 들어 있는 섬유질은 장내 세균을 조절하고 독소를 배출시켜 준다. 칼륨, 인, 철분, 망간 등의 무기질도 채소와 함께 우리 몸의 신진대사를 원활하게 해 주는 효과가 탁월하다. 항산화 작용, 특히 몸에 유해한 활성산소의 발생과 작용을 억제하는 효과가 뛰어나다.

참 | 고 | 문 | 헌

강은희 외, 『40대 내 몸 관리, 건강 100세』, 북마크, 2014

김성수, 『운동과 건강』, 도서출판 홍경, 2008

김양호 외, 『병리학』, 현문사, 2012

김정한, 『약 사용 설명서』, 지식채널, 2012

김형미, 『영양소 Story』, 새창미디어, 2010

대한수면연구회, 『수면혁명』, 대교베텔스만, 2006

데이비드 보차드, 『은퇴의 기술』, 황소걸음, 2012

성균관대학교 의과대학 강북삼성병원 건강의학본부, 『나를 위한 건강』, 알에이치 코리아, 2016

아오키 아키라, 『10년 젊어지는 수면법』, 삼호미디어, 2016

양서경, 『비타민 미네랄 영양보충제 건강 레시피』, 우리 의학서적, 2016

오웅영 외, 『건강과 복지』, 양서원, 2008

우재룡·손양민, 『100세 시대 은퇴 대사전』, 21세기북스, 2014

윤덕인, 『건강과 웰빙 식생활 관리』, 지식인, 2016

이강권, 『컬러푸드 건강혁명』, 팜파스, 2005

이건순, 『웰빙 식생활과 건강』, 라이프 사이언스, 2012

이윤관, 『비만은 없다』, 대경북스, 2010

이지현, 『내 약 사용 설명서』, 세상풍경, 2016

이한기 외, 『기초 병리학』, 수문사, 2012

차은희 외, 『실천적 생활건강론』, 대경북스, 2012

채규만 외, 『채박사의 중독 따라잡기』, 학지사, 2013

최해경, 『노인복지론』, 학지사, 2016

프레더릭 F 외, 『질병의 역사』, 가람기획, 2004

한정순, 『생의 주기 영양학』, 지구문화사, 2016

Blackburn EH, Gall JG. 1978. A tandemly repeated sequence at the termini of the extrachromosomal ribosomal RNA GENES IN Tetrahymena. Mol Biol. 120(1):33-53

Cooper, G. S, Umbach, D. M. 1996. Are Vitamine D Receptor polymorphisms As sociated with Bone Mineral Density? A Meta-analys is. Journal Bone Miner Res, 11, 1841-1849

Im, K.H. 2009. Health and nutrition, knows Dig. Beautiful community

Jang, Y.J. 1999. Inpatients with chronic cardiovascular and dietary and lifestyle changes of the sulfur oxidizing activity. Korean Journal of Clinical Pathology. 19(5):504-506.

Lorrain J, Paiement G, Chevrier N, Lalumiere G, Laflamme GH, Caron P, Fillion A. Population demographics and socioeconomic impact of osteoorotic fractures I n Canad. Menopause 2003:10:228-234

점점 빨라지는 은퇴, 준비하고 계신가요?

PART 3
여가 관리

01장 멋진 인생, 새로운 출발하기
02장 행복한 은퇴 준비하기
03장 행복한 여가 즐기기
04장 휴식을 넘어 행복 나누기

01^장 멋진 인생, 새로운 출발하기

제1절 은퇴 후 여가 생활을 이해하자
제2절 일과 여가의 트렌드를 파악하자
제3절 한국인의 여가 생활 명암을 진단하자
제4절 은퇴는 행복이다

학|습|목|표

- 여가의 개념과 중요성을 설명할 수 있다.
- 일과 여가의 트렌드에 맞춰 여가 활동을 선택할 수 있다.
- 현대 한국인의 여가 생활 현황을 설명할 수 있다.
- 은퇴를 수용하고 여가에 대한 긍정적인 인식을 할 수 있다.

학|습|열|기

"놀 줄 몰라" 한국 중장년, 퇴직 후 하는 일이...

직장을 은퇴하면 경제 형편과 건강이 중요하지만 이것만으로 행복한 노후를 보내기에는 부족하다는 게 전문가들의 지적이다. 여가 생활을 어떻게 보내고, 사회적 관계를 어떻게 유지하느냐가 삶의 질에 영향을 미치게 된다. 즐길 게 있어야 하고 같이 즐길 사람이 필요하다는 것이다.

보건복지부·국민연금공단이 노후준비지표를 개발해 전국 성인 남녀 1,035명(35~64세)에게 적용해 보니 여가 활동 준비 점수가 48.1점(만점은 100점)에 불과했다. 여가 생활 분야는 준비 현황과 의지 등 일곱 가지 세부 항목을 조사해 점수화했다. 응답자의 39.7%는 노후 취미나 여가 생활을 생각해 본 적이 없거나 거의 없었다. 53.1%는 노후를 고려해 취미·여가 생활을 시작한 적이 전혀 없었고, 46.8%는 지금도 별다른 취미·여가 생활이 없다고 답했다. 일곱 가지 세부 항목을 종합하면 응답자의 64.1%가 노후 여가 생활 인식과 준비에 관심이 적고 현재 여가 생활에도 소극적인 유형에 속했다. 노후 여가 준비를 잘하고 지금도 적극적인 사람은 21.2%에 지나지 않았다.

"직장에 다닐 때 일만 하다 보니 노후 여가 활동 준비를 못하는 경우가 많다"며 "그런 상태에서 은퇴하면 어떻게 여가를 보낼지를 모른다. 봉사 활동도 안 해 본 것이라서 쉽게 발을 들여놓기 힘들다"고 지적한다.

– 중앙일보 2012. 7. 16. 기사 中

제 ❶ 절 은퇴 후 여가 생활을 이해하자

여가는 직업에 관한 일이나 가사 등의 일상생활에 소요되는 시간을 뺀 나머지의 자유 시간을 말한다. 은퇴 전환기에 있는 50대에서 60대 중고령자는 20~40년 동안 일 중심의 사회적 분위기에 길들여져 여가 활동이 익숙하지 않고, 은퇴를 겪으면서 사회적 역할 상실과 소득 중단 등의 스트레스와 부적응을 겪게 된다. 또한 은퇴 이후 발생하는 여유 시간에 무엇을 하며 보내야 할지에 대한 준비도 부족한 실정이다.

이에 문화체육관광부는 국민의 자유로운 여가 활동 기반을 조성하고 다양한 여가 활동을 통하여 삶의 질을 향상시키는 데 목적을 두고 「국민여가활성화기본법 (2015. 11. 19. 법률 제13301호)」을 제정하였다. 이는 여가의 중요성을 인식하고 일과 여가의 조화를 추구함으로써 인간다운 생활을 보장받을 수 있도록 하기 위함이다.

기대 수명의 연장, 고령사회로의 진입 및 베이비부머[36]의 은퇴 등 한국의 사회적 현실 속에서 건강하고 행복한 노후 생활을 위한 여가 활동의 중요성이 부각되고 있다. 즉, 우리나라는 2015년 기준 인구의 13.1%가 65세 이상으로 고령사회의 문턱에 있으며 2026년에는 65세 이상이 전체 인구의 20%를 넘는 초고령 사회에 진입한다. 2050년경 우리나라 노령 인구 비중은 전체의 38.2%로 경제협력개발기구(OECD) 회원국 중 가장 높은 수준이 될 것이다. 또한 우리나라의 성장 주역인 베이비붐 세대가 일반적인 정년 연령인 50~60대에 포진해 있으며 2017년부터 정년 60세가 의무화되어 본격적으로 매년 약 70만 명씩 은퇴를 시작한다. 그러나 이들은 은퇴에 대한 준비를 제대로 하고 있지 못하다. '은퇴 후 무엇을 하며 살까?'

---

36) 베이비붐 세대는 1955년부터 1963년까지 9년 간 태어난 인구 집단으로 우리나라 총인구 대비 14.6%(약 721.5명)를 차지하고 있다. 2010년부터 기업 평균 은퇴 연령인 55세에 진입하기 시작하면서 베이비붐 세대의 집단 은퇴로 인한 경제활동인구 감소와 2020년 이들이 노년기에 진입하게 되면서 발생할 고령 인구 증가에 따른 노인 문제 등 사회·경제적 문제점들이 나타나고 있다.

라는 고민은 누구나 가지고 있지만, 대부분 돈과 건강 이외에 여가 생활에 대한 생각은 미흡한 실정이다.

통계청의 2012년도 노후 준비 실태 조사에 따르면 노후 준비에 대한 질문에서 여가 생활에 대한 준비는 '전혀, 혹은 별로 하지 못하고 있다'는 답변이 43.7%로 경제(32.7%), 건강(25.5%) 등을 준비하고 있다는 답변보다 많았다. 또한 은퇴 후 수면 시간과 일하는 시간을 제외하고 하루 여가 생활 시간은 약 7시간 정도이며 대부분 TV 시청으로 보내는 것으로 나타났다.

베이비부머들은 부모 부양, 자녀 양육, 주택 마련 등으로 취미와 여가 생활을 생각할 틈도 없이 열심히 일만 해 왔던 세대적 특징을 고려해 볼 때 은퇴 후 여가 생활에 대한 준비가 쉽지 않다. 하지만 그동안 수고하고 힘들었던 몸과 마음을 재충전하고 즐겁고 보람된 새로운 은퇴 생활을 하려면 돈, 건강 외에 여가 생활도 꼼꼼히 잘 챙겨야 할 것이다.

01 ㅣ 여가의 의미는 무엇인가?

여가사회학의 권위자인 듀마즈디어(Dumazedier)는 여가를 휴식, 기분 전환, 자기 개발 활동의 총칭으로 정의하였다. 또한 여가에 대한 현대적 개념은 시간적, 활동적, 주관적·심리적, 생활 영역으로 대별된다.

시간 개념으로 보면 여가는 생활에 있어 필수적인 활동에 종사한 이후에 남는 자유 시간을 의미한다. 활동적 개념의 여가는 노동, 가족, 사회의 의무로부터 해방되어 휴식이나 오락을 위하여 또는 지식 습득, 자발적 사회 참여와 창조적 능력의 자유로운 실현을 위하여 스스로 참여하는 활동으로 본다. 주관적·심리적 의미의 여가란 인간의 전면적 발달을 위하여 주체성을 가지고 자유롭게 행동하는 심리적 상태라고 할 수 있으며 지각된 자유, 동기, 일과의 관계 등 세 가지 기준에 따라 여가와 비여가로 구분할 수 있다. 마지막으로 생활 영역 개념으로 볼 때, 여가란 어떤 맥락 속에서 발생하거나 일어날 수 있는 생활의 표현적 영역이라고 할 수 있다.

여가(餘暇)는 사전에 의하면 '남을 여(餘)', '겨를 가(暇)'의 한자어로 '틈'이나 '짬' 등으로 풀이되고 있다. 이 때문에 일을 하던 중 혹은 바쁜 일 가운데 잠깐의 시간과 같은 정도로 인식되고 있어 일의 중요함에 비해 여가는 부정적인 의미로 사용되었다. 서구에서 여가는 적극적인 시간 활용이라는 의미가 담겨 있다. 그 어원인 그리스어 스콜레(Scole)는 조용함, 정지, 평화 등의 뜻으로 자유 시간, 남는 시간을 의미한다. 로마어 오티엄(Otiume)도 스콜레와 유사한 '무위'를 뜻하며 이 두 단어의 공통점은 '자기 자신을 위한 여분의 시간'으로, 자기 계발의 시간으로 발전한다.

02 ㅣ 삶에 다양한 영향을 미치는 여가

여가는 일과 가정생활, 사회생활 전반에 걸쳐 영향을 미치고 있으며, 크게 긍정적 기능과 부정적 기능으로 나누어 볼 수 있다. 긍정적인 기능으로는 신체적 기능, 심리적 기능, 자아실현 기능, 사회적 기능, 교육·문화적 기능 등이 있으며, 부정적 기능으로는 획일화 기능, 위장화 기능, 모방화 기능, 무감각화 기능, 향락화 기능이 있다.[37]

긍정적 기능	부정적 기능
• 신체적 기능 • 심리적 기능 • 자아실현 기능 • 사회적 기능 • 교육·문화적 기능	• 획일화 기능 • 위장화 기능 • 모방화 기능 • 무감각화 기능 • 향락화 기능

긍정적 기능 다섯 가지를 살펴보면 다음과 같다.

첫째, 신체적 기능으로 여가 시간은 휴식, 유산소 운동 등을 통해 스트레스를 해소시켜 생체 리듬을 회복하고 건강한 신체를 가질 수 있는 기능을 한다.

둘째, 심리적 기능으로 여가 시간을 잘 활용하면 슬럼프, 권태기, 갱년기, 업무상 스트레스나 갈등으로 인한 짜증이나 화, 부정적인 사고 등 자신의 감정을 관리하고 기분 전환을 할 수 있다.

셋째, 자아실현 기능으로 자신의 꿈과 목표를 설정하고 여가 시간을 활용하여 실현해 나갈 수 있다.

넷째, 사회적 기능으로 은퇴 후 자유와 여가 시간을 활용한 사회적 참여 활동은 소속감과 존재감, 성취감을 느낄 수 있다.

다섯째, 교육적·문화적 기능으로 여가 생활이 단순히 '쉬는 것'이 아니라 새로운 '문화 경험'과 '배움'이 되어 삶을 더욱 풍요롭게 한다.

---

37) 한국표준협회, 「은퇴교육과정-여가관리」, 2013, p. 18

즉, 여가는 자율적인 시간과 공간에서 이루어지며 신체적, 정신적, 정서적인 자기표현으로 삶의 가치를 높이고 자아를 실현하는 데 중요한 역할을 한다. 그 속에서 심신은 편안한 상태가 되며 활동에서 느끼는 순수한 즐거움을 통해 가치를 창조해 낸다.

03 ㅣ 여가 활동에 참여하는 동기

삼성경제연구소는 뉴 시니어 세대[38]의 여가 활동 참여 동기는 신체적, 인지적, 외향적 젊음을 유지하기 위해서이며 과거의 감성과 가치를 향유하기 위한 향수를 느끼고 싶어서, 자기 계발을 통한 성취감과 안정감 회복을 위해 여가 활동에 참여한다고 한다.

여가 활동 참여에 영향을 주는 요인

개인의 여가 활동 참여에 영향을 미치는 요인은 개인 특성, 사회적 경험, 환경의 영향 세 가지로 볼 수 있다. 연령에 따라 신체적·정서적·환경적 조건이 달라지며, 이로 인해 여가 활동에 대한 선호와 참여를 위한 자질 등에서 차이가 발생한다. 여가 활동 참여는 가족 구성원의 요구와 역할의 변화 등 가족 생활에도 영향을 받는다. 또한 한 개인의 교육 수준과 그 개인이 취득하는 소득 사이에 높은 상관관계가 있다.

개인의 여가 행동에 영향을 미치는 변수로써 가장 주목을 받아 온 변수 중 하나는 직업의 종류 및 지위이다. 생산직과 관리직을 중심으로 직업 유형에 따라 일과 여가의 개념을 비교한 연구에 따르면 생산직과 관리직은 각 개념의 다수 영역에서 차이를 보이고 있다.

04 ㅣ 여가 활동의 유형[39]

여가 활동에 대한 참여 빈도를 근거로 여가 활동의 유형을 분류한 선행 연구를 요약해 보면 조사 대상, 제시되는 활동의 종류 및 수에 따라 다양한 유형으로 분류되는 것을 알 수 있다.

앨런과 부캐넌(Allen& Buchanan, 1982)은 여가 활동 참여에 대한 자료와 함께 여가 활동에 대한 흥미도 조사하여 두 가지 자료로 여가 활동의 유형을 분류하였다. 그 결과 두 자료에서 유사한 활동 요인이 분류되었는데, 이들 요인은 실외·능동적 활동, 운동, 취미·가정적 활동, 사회적 교제, 기계 사용 활동, 자연 관련 활동 등이다.

이 외에 여가 활동에 참여할 때 개인이 경험하는 심리적 특성에 따라 여가 활동을 분류하는 방법도 사용되고 있다. 이 방법은 개인이 왜 여가 활동을 하는지를 이해할 수 있게 해 준다. 틴슬리와 존슨(Tinsley & Johnson)은 여가 활동을 지적 자극, 정화, 표현적 보상, 쾌락적 교제, 지지적 교제, 안전한 고독, 일상적이고 일시적인 탐닉, 절제하는 안전성, 표현적 심미 등 아홉 가지 영역으로 분류하였다.

여가 활동을 휴식형, 기분 전환형, 자기 개발형으로 분류하는 방법, 위안적·전환적·보충적·준비적·추구적 활동으로 분류하는 방법, 자기 발전적·건강 및 오락적·시간 소일적 활동으로 분류하는 방법 등은 모두 여가 활동 참여에서 개인이 경험하는 심리적 특성에 따라 분류한 것이다.

---

38) 삼성경제연구소(2011)는 베이비붐 세대를 뉴 시니어(new senior)라고 칭하고 이들이 '신체적 건강', '경제적 안정', '시간적 여유', '인생의 변화', '문화의 향유'라는 특성을 지닌 집단이라고 논하고 있다.

39) 한국표준협회, 「은퇴교육과정－여가관리」, 2013, p. 72

제 ❷ 절 일과 여가의 트렌드를 파악하자

01 ㅣ 변화하고 있는 여가의 가치

최근 다양한 사회경제적인 변화로 삶의 의미를 '여가'에서 찾으려는 경향이 나타나고 있다. 우리나라는 1인당 국민소득 2만 달러 시대에 접어들면서 여가에 대한 인식 및 가치관이 변화하고 있으며, 다양한 매체의 등장 및 컴퓨터의 대중화로 새로운 형태의 여가 활동이 등장하면서 국민들의 다양한 여가 생활 수요를 증대시키고 있다.[40)]

미래 사회에는 일의 비중이 낮아지고 여가의 가치가 크게 증가할 것이다. 미래학자인 칸과 그의 동료 학자들은 후기 산업 사회에서는 고도의 기술 발달에 따른 생산성의 획기적인 증가로 일의 비중이 크게 낮아질 것이며, 후기 산업 사회의 경제를 위한 노동은 그 중요성이 급격히 감소하고 대신 여가 가치가 크게 증대할 것으로 예견한다.

산업 사회에서 후기 산업 사회로 변화함에 따라 여가 특성도 수단적 가치에서 자기 충족적 가치로, 주지주의적 방향에서 쾌락주의적 방향으로, 노동의 보상적 의미에서 인간 권리의 의미로, 도덕적인 사회 가치의 기준에서 향락적인 인간 가치의 기준으로, 전통적인 계급적 특징에서 개인주의적인 대중적 특징으로, 행정과 종교 교육의 리더에서 여가 산업의 선도자로, 상류 사회의 유한 및 특권 계급의 여가 독점에서 대중화 현상으로, 여가의 부정적 비관주의 견해에서 긍정적 낙관주의 견해로, 행사 중심의 여가에서 상업주의적 여가로 변화되고 있다.

변화하는 사회·경제·정책적 환경은 새로운 여가의 흐름을 가져왔으며 삶의 질 향상과 국가 경쟁력 증진 차원에서 여가의 중요성이 더욱 커지고 있다.

02 ∣ 현대 사회의 특징과 여가 환경

현대 사회의 다양한 특징 중 대표적인 특징으로 고령화, 정보화, 국제화를 꼽는다. 고령화 사회라 함은 전체 인구에 대비한 고령 인구의 비율이 증가하는 상태, 즉 인구의 고령화 또는 고령화가 진행 중에 있는 사회를 말한다. 정보화 사회란 정보가 물질이나 에너지 이상으로 중요한 자원이 되어 정보의 가치 생산을 중심으로 사회나 경제가 발전해 가는 사회이다. 국제화(사회화)란 국가 간에 시공의 장벽이 없어지고 인적·물적 자원이 자유롭게 이동하며 동시에 인류 사회에 대한 인간의 공동체 의식이 강화되는 것을 뜻한다. 이러한 현대 사회의 특징들은 현대인의 여가 생활에 직접적인 영향을 미친다. 현대 사회의 여가 문화는 과거 전통 사회와는 다른 특징을 보인다. 즉, 현대 여가 문화의 '상업화', '사사화 및 개별화'[41] 그리고 '온순화' 및 '국제화'를 특징으로 한다.

여가 환경의 국제 비교[42]

문화체육관광부의 《2013 여가백서》를 중심으로 우리나라의 여가 환경을 노동 시간, 여가 시간, 국내 소비 지출, 한국인의 행복지수를 국제적으로 비교하면 다음과 같다.

첫째, 노동 시간

한국의 노동 시간은 1주 40시간[43]으로 국제경제협력개발기구(OECD) 국가 중에서 긴 노동 환경을 가지고 있는 편이다. OECD가 조사한 2011년 연간 실제 근로시간에 따르면 한국 노동자들의 1인당 연간 노동 시간은 2,090시간이며, 이를 주간으로 계산하면 48.6시간이다. 이와 같은 수치는 OECD 국가들의 연간 평균 노동 시간(1,776시간)보다 약 320시간 높다. 한국 노동자들의 연간 노동 시간 변화 추이를 살펴보면, 2005년 2,351시간에서 2011년 2,090시간으로 매년 감소하고 있는 것으로 나타났다.

---

40) 문화체육관광부, 『2008 여가백서』, p. 1
41) 여가의 사사화란, 여가는 한 개인의 사사로운 일로서 타인과의 교류가 결여된다는 의미이다. 예를 들어 집에서 텔레비전을 홀로 시청하거나 독서하는 등의 형태로 나타난다. 여가의 개별화는 개개인의 여가가 공적으로 타인의 그것과는 분리, 구분되어 어떤 특정한 형태의 경계가 지워진다는 의미를 내포하고 있다.
42) 문화체육관광부, 『2013 여가백서』, pp. 3~12 재구성
43) 「근로기준법」 제50조에 따르면 1주간의 근로 시간은 휴게 시간을 제외하고 40시간을 초과할 수 없고, 1일 근로 시간은 휴게 시간을 제외하고 8시간을 초과할 수 없다.

둘째, 여가 시간

한국의 여가 시간은 하루 평균 21.6%(24시간 중 5.2시간)로 미국, 스페인, 폴란드 등과 비슷한 수준이지만, 노르웨이(6.4시간), 독일·핀란드(6.0시간), 벨기에(5.9시간) 등의 국가와 비교하면 낮은 수준이다.

'글로벌 발전을 위한 레가툼연구소(LIGD: LegatumInstitute for Global Developmentl)'는 가치 있는 삶에 대한 평가 기준인 '2013 Index: LPI'를 발표하였다. 이 기준은 국민들의 물질적 부와 삶의 만족도를 함께 분석함으로써 한 국가의 균형을 갖춘 번영 정도를 판단하는 내용이다. 이에 따르면 노르웨이, 스위스는 서로 다른 사회적 모델에도 불구하고 가장 번영한 국가로 평가되었고, 한국은 괄목할 만한 물질적 부로 점수를 얻었지만 여가 활동, 여가 시간 등 개인적 자유를 저해하는 요인들로 상쇄되어 2013년에는 전체 국가 순위 중 26위를 차지하였다. 가장 높은 평가를 받은 부분은 교육으로 7위를 기록한다. 반면 사회적 자본은 66위로 가장 부진한 부문으로 평가받았다.

● 2013 레가툼 번영 지수 국가별 순위

종합 순위	국가	부분별 순위							
		경제	기업 활동 환경	통치 구조	교육	건강	안전 및 안보	개인적 자유	사회적 자본
1	노르웨이	1	6	12	4	5	6	2	1
2	스위스	2	4	1	27	3	11	15	8
3	캐나다	4	16	8	3	11	7	1	6
4	스웨덴	6	1	4	14	12	3	4	10
5	뉴질랜드	17	15	2	1	20	15	5	2
6	덴마크	23	2	3	18	14	8	9	3
7	호주	10	11	7	2	17	16	3	4
8	핀란드	26	3	5	6	16	4	17	7
9	네덜란드	20	8	10	12	7	17	14	5
10	룩셈부르크	14	5	6	46	1	10	7	17
11	미국	24	13	11	5	2	31	16	9
21	일본	5	25	21	21	6	25	48	23
26	한국	19	20	31	7	21	18	64	66
51	중국	7	66	65	54	68	92	111	25

출처: 2013 레가툼 번영 지수(www.prosperity.com)

셋째, 소비 지출

국내 가계 소비지출은 해마다 조금씩 늘어나고 있다. 2012년 통계청 〈가계의 목적별 최종 소비 지출〉을 보면 국내 최종 소비 지출액 약 545조 원 중 임료 및 수도 광열이 16%로 가장 많은 비중을 차지하고 있는 것으로 나타났다. 이어 기타(14%), 식료품 및 비주류 음료품(12%), 교통(11%) 등의 순으로 나타났다. 그중 오락 문화가 차지하는 비중은 9%로 전체 12개 항목 중 5번째로 나타났다. 이 부문은 2006년 약 39조 원에서 2012년에는 약 50조 원으로 약 11조 원이 증가하였다.

OECD 국가별 2005년 GDP 대비 가계 오락 문화 소비 지출[44] 비율을 살펴보면 한국은 자료가 확보된 전체 28개 국가 중에서 3.7%로 25위를 차지하였다.

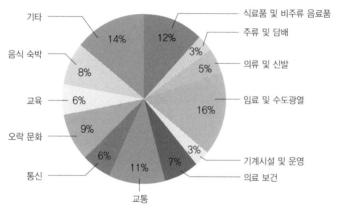

출처: 통계청, 「가계의 목적별 최종 소비 지출(명목, 분기 및 연간)」

[2012 국내 소비 지출액]

넷째, 행복지수

삶의 질 향상을 위한 생활 중심, 여가 중심 사회로의 변화가 확산되면서 전 세계의 국정의 핵심 코드가 '행복'이 되었다. 그러나 우리나라 국민들의 행복, 삶의 질은 다른 국가들과 비교했을 때 비교적 낮은 수준에 머물고 있다. 이에 국민들의 삶의 질 향상 요구를 국민 지향적 정책에 적극 반영하여 물리적인 환경뿐만 아니라 정신적 만족이 충족될 수 있도록 정책적인 대응을 해야 할 필요성이 증대되고 있다.

UN에서 발표한 〈2013 세계 행복 보고서〉에 따르면, 한국은 2012년 56위에서 15단계 상승한 41위를 기록하였다. UN 행복지수 순위는 1인당 국민소득, 사회적 지원, 기대 수명, 삶에 대한 선택권, 나눔 의식, 부패의 6개 중요 지표와 어제, 오늘의 감정을 확인하는 단기 감정 변화에 대한 질문들을 조합하여 조사한 결과이다.

---

44) OECD 국가별 가계 오락 문화 소비 지출 중 가장 최신 자료임

● 2013 각국의 UN 행복지수 순위

행복지수 순위	국가	행복지수 순위	국가
1	덴마크	14	아랍에미리트
2	노르웨이	15	파나마
3	스위스	16	멕시코
4	네덜란드	17	미국
5	스웨덴	21	벨기에
6	캐나다	22	영국
7	핀란드	25	프랑스
8	오스트리아	28	칠레
9	아이슬란드	38	스페인
10	오스트레일리아	41	한국
11	이스라엘	43	일본
12	코스타리카	45	이탈리아
13	뉴질랜드		

자료: UN, 「2013 UN 세계 행복 보고서」, www.unsdsn.org

03 ┃ 국내 여가 환경의 변화

사회·경제·정책적 환경의 변화는 삶의 질 향상과 국가 경쟁력 증진 차원에서 중요성이 커지고 있다. 따라서 여가에 대한 관심과 인식이 높아지고 가치관이 변화되고 있다. 또한 다양한 매체의 등장과 스마트 기기의 대중화 등 새로운 형태의 여가 활동이 등장하고 다양한 여가 생활 수요도 증대되고 있다.

첫째, 사회 환경의 변화로 저출산, 고령화가 빠른 속도로 진행되는 인구의 변화이다. 통계청의 인구 동향 조사에 따르면 2010년 15세 미만의 인구수는 약 778만 명으로 2005년에 비하여 약 120만 명 감소하였다. 65세 이상 고령 인구는 2010년 약 542만 명으로 전체 인구의 11.3%로 나타나, 고령화 사회의 기준치 7%를 훨씬 넘어섰다. 또한 정부가 발표한 〈2040년 한국의 삶의 질 보고서〉에 따르면 2040년 한국인의 평균 수명은 89.38세로 2008년 80.1세보다 9세 정도 평균 예상 수명이 늘어났다.

(단위: %, 2010년 이후는 추정치)

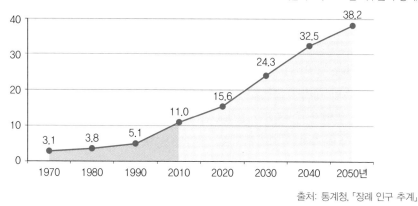

출처: 통계청, 「장례 인구 추계」

[65세 이상 인구 비중 추이]

　사회 환경의 변화로 노동 시간은 점점 감소하고 있다. 고용노동부에 따르면 2004년부터 2012년까지 근로 시간이 점점 감소되는 것으로 나타난다. 이는 주 5일 근무제의 도입으로 인한 현상이다. 늘어난 여가 시간도 단순히 업무를 위한 휴식의 개념에서 벗어나 자신의 경력 개발 및 자기 계발을 위한 시간으로 변화되어 가고 있다. 이는 여유 시간을 좀 더 효율적으로 즐기려는 것으로 단순한 관람보다는 참여형, 체험형 여가가 증가되고 있다.

　사회 환경의 변화에서 스마트 시대의 등장을 빼놓을 수 없다. 국내 대표적인 통신 3사의 60세 이상 스마트폰 고객 현황을 살펴보면, 2009년 2만 명 수준이었던 사용자가 2012년 2월 87만 4,000명으로 급증하였다. 이는 스마트폰이 더 이상 젊은이들의 전유물이 아니라 모든 연령층을 아우르며 생활 문화, 여가 문화에 큰 영향을 미친다는 것을 알려 준다.

　2012년 하반기 스마트폰 이용 실태 조사를 살펴보면, 스마트폰을 통한 SNS(social network service) 경험자의 60.3% 중 41.5%가 취미·여가 활동을 위해 SNS를 이용하는 것으로 나타났다. 즉, 스마트폰은 교육, 정보 습득, SNS, 애플리케이션을 통한 여가 활동 등 다양한 사회적·문화적 편리성을 제공함으로써 '종합 문화 서비스 플랫폼'으로 자리매김을 하고 있다. 이로써 여가 활동의 시공간상 경계는 허물어지고 자신의 생활 속에서 여가를 자유롭게 즐길 수 있게 되었다.

　둘째, 경제 환경의 변화에 따른 저성장 사회로의 진입과 노동 시장의 변화이다. 최근 세계 경제는 소위 저성장 사회에 진입하였다. 2008년 글로벌 경제 위기 이후 각국이 재정 정책에서 긴축 기조를 유지하고 있어 소비와 투자 위축이 장기화되고 있다. 또한 청년 실업과 베이비붐 세대의 은퇴가 진행되면서 국내 노동 시장이 변화하고 있다. OECD 국가들 대부분이 고민할 만큼 청년 실업은 심각한 사회 문제가 되었다. 2015년 우리나라 대졸 실업자가 20만 명을 넘었고, 고졸 실업자도 44만 명이나 된다. 2016년 통계청이 발표한 〈7월 고용 동향〉에 따르면 청년 실업률은 9.2%로 전년 대비 0.2% 떨어졌다. 청년 실업자 수가 1년 전보다 4,000명 증가했지만 청년 취업자 수는 8만 8,000명 늘어나며 실업률이 하락했다는 분석이다. 그러나 사실상 실업자를 고려한 체감 실업률은 11.3%로 나타났다.

셋째, 정책 환경의 변화이다. 2003년 7월 「근로기준법」 개정안이 통과되어 우리나라 법정 근로 시간은 주 40시간으로 감소되어 2007년까지 거의 전 기업에서 시행되었다. 또 2014년에는 근로자들의 삶의 질 개선을 위하여 '대체 휴일제'[45]도 시행하였다. 이에 따라 직장 중심의 회식 등 오락 문화가 가족 중심의 여가 생활로 바뀌어 자기 계발, 문화 및 레저 활동, 사회 참여 등으로 활성화되었다. 즉, 여가가 과거 휴식의 소극적 개념에서 행복한 삶을 위한 적극적인 개념으로 바뀌게 되었다.

제 ❸ 절 한국인의 여가 생활 명암을 진단하자

01 | 늘어난 여가 시간, 소극적인 여가 활동

현재 우리나라 중고령자는 길어진 노년기에 무엇을 하며, 어떻게 보낼지에 대한 준비 없이 노년기에 접어들고 있으며, 상당수의 노인이 혼자서 주로 텔레비전 시청, 인터넷 검색, 산책 등 소극적 휴식 활동을 하면서 보내는 것으로 나타났다.

문화체육관광부와 한국문화관광연구원이 우리나라 국민들의 여가 활동의 수요 및 실태를 파악하기 위해 실시한 《2014 국민여가활동조사》[46] 결과를 보면, 우리나라 일평균 여가 시간은 평일 3.6시간, 휴일 5.8시간, 평균 여가 비용은 13만 원으로 나타났다. 이는 2012년 조사의 3.3시간, 5.1시간, 12만 5,000원보다 각각 0.3시간, 0.7시간, 5,000원이 증가한 것이다.

여가 활동을 유형별(1순위 기준)로 살펴보면, 휴식 활동(62.2%), 취미·오락 활동(21.1%), 스포츠 참여 활동(8.6%)의 순서로 조사되어 유형별 분류에서도 소극적 여가 활동의 비중이 높은 것으로 나타났다. 여가 활동은 혼자서 하는 경우(56.8%)가 가장 많았고, 이어서 가족과 함께하는 경우(32.1%), 친구와 함께하는 경우(8.3%)의 순서대로 조사되었다. 가족과 함께하는 경우는 2012년 21.9%에서 10.2% 증가하였다.

---

45) 대체 휴일제란 공휴일이 토요일이나 일요일과 겹칠 경우 이어지는 주의 월요일 하루를 휴일로 지정해 휴일을 보상해 주는 제도이다.

46) 국민여가활동조사는 2년 주기로 시행되고 있으며, 2014년 조사는 전국 17개 시·도, 만 15세 이상 성인 남녀 1만 명을 대상으로 1:1 방문 면접 조사를 통해 실시되었다.

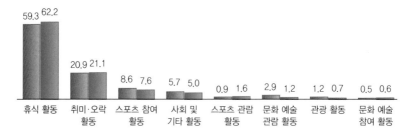

(사례 수: 10,034, 단위: %)

■ 2012년 ■ 2014년

자료: 문화체육관광부, 『2014 국민여가활동조사』

[유형별(1순위 기준) 여가 활동]

2014년 우리나라 국민의 주 여가 활동으로는 'TV 시청(51.4%)'이 가장 많았으며, 그 다음으로 '인터넷 검색(11.5%)', '산책(4.5%)', '게임(4.0%)' 순으로 나타났다. 복수 응답 기준으로는 'TV 시청(76.6%)'이 가장 많았고, '인터넷 검색(30.8%)', '산책(29.7%)', '잡담/통화(22.2%)', '등산(16.4%)' 순으로 집계되어 우리나라 국민들은 늘어난 여가 시간에 비해 매우 소극적 여가 활동에 주력하고 있는 것으로 나타났다.[47]

● **2014년 가장 많이 참여한 여가 활동(개별) 상위 10개**

(단위: %)

구분		사례 수	TV 시청	인터넷 검색/ 채팅/ UCC 제작/ SNS	산책	게임	음악 감상	헬스	잡담/ 통화하기/ 문자 보내기	낮잠	등산	스포츠 간접 관람
전체		10,034	51.4	11.5	4.5	4.0	2.5	2.4	2.4	1.3	1.0	1.0
성별	남성	4,939	46.5	13.2	3.6	6.8	2.0	3.1	1.7	1.1	1.3	2.0
	여성	5,095	56.1	9.7	5.3	1.3	3.0	1.8	3.1	1.4	0.8	0.1
연령	15~19세	861	16.7	28.4	0.1	17.1	9.8	1.0	6.3	1.8	0.5	0.4
	20대	1,640	22.3	30.5	1.7	9.2	4.7	3.6	4.9	1.3	0.1	0.8
	30대	1,945	51.4	11.6	3.4	3.5	2.0	3.2	2.0	1.1	0.8	1.6
	40대	2,048	59.3	6.2	4.4	0.9	1.5	2.8	1.2	1.2	1.5	1.4
	50대	1,640	64.1	2.8	5.9	1.0	0.8	2.3	1.2	0.9	1.8	1.5
	60대	995	72.3	0.4	8.8	0.1	0.3	1.5	1.2	0.9	1.4	0.3
	70세 이상	905	73.3	0.2	8.6	–	0.2	0.5	1.3	2.3	0.8	–

출처: 문화체육관광부, 『2014 국민여가활동조사』

02 | 우리나라의 여가 생활 만족도

한국문화관광연구원에서 수행한 〈문화여가행복지수〉[48]에 따르면 우리나라 국민들의 문화여가행복지수는 70.1점으로 나타났다. 각 분야별 문화여가행복지수를 보면, 남성(70.5점)이 여성(69.7점)보다, 20대(72.6점)가 70세 이상(65.6점)보다, 고소득자가 저소득자보다(가구 소득 600만 원 이상 73.1점, 100만 원 미만 64.2점), 대도시 거주자가 지방 거주자보다(대도시 70.6점, 중소도시 70.3점, 읍·면 68.2점) 높게 나타나, 성별·연령별·가구소득별·지역별로 행복감에 대한 편차가 있는 것으로 조사되었다.

가장 만족스러운 여가 활동은 여전히 'TV 시청'으로 나타났다. 그 외 '영화 보기(6.7%)', '등산(5.9%)', '친구 만남/동호회 모임(5.2%)', '산책(5.1%)', '인터넷 검색(5.1%)' 순으로 만족하는 것으로 나타났다. 여성이 남성에 비해 'TV 시청', '영화 보기', '산책', '쇼핑/외식'을 더 만족스러워 하고 있으며, 남성은 '등산', '인터넷 검색', '게임'을 만족스러운 여가 활동으로 응답하였다. 연령대가 높을수록 가장 만족스러운 여가 활동으로 'TV 시청'을 응답한 경우가 많았으며, 연령대가 낮을수록 '인터넷 검색', '게임'을 만족하는 여가 활동으로 응답한 경우가 많았다.

● 가장 만족스러운 여가 활동 상위 10개

(단위: %)

구분		사례 수	TV 시청	영화 보기	등산	친구 만남	산책	인터넷 검색	헬스	종교 활동	게임	쇼핑/외식
전체		10,034	12.7	6.7	5.9	5.2	5.1	5.1	3.6	3.4	3.2	3.2
성별	남성	4,939	11.4	5.5	7.9	5.0	4.1	5.8	3.9	1.8	5.5	1.5
	여성	5,095	13.9	7.8	4.0	5.4	6.1	4.3	3.3	4.9	1.0	4.7
연령	15–19세	861	6.5	13.3	0.3	6.1	0.2	12.0	1.2	0.4	16.6	2.5
	20대	1,640	6.4	12.3	1.0	5.5	1.8	10.2	3.8	0.9	6.0	5.2
	30대	1,945	10.4	8.9	4.5	3.9	2.9	7.0	5.4	1.2	2.4	3.9
	40대	2,048	12.5	5.5	7.9	4.8	4.9	2.8	4.3	3.6	0.9	3.3
	50대	1,640	14.3	3.7	11.4	4.9	5.7	2.5	3.7	4.9	0.8	2.4
	60대	995	19.2	0.5	9.6	5.5	12.3	0.1	2.1	6.2	0.1	2.0
	70세 이상	905	24.9	0.2	4.3	7.4	12.1	0.2	0.9	8.8	–	1.0

출처: 문화체육관광부, 『2014 국민여가활동조사』

---

47) 문화체육관광부, 『2014 국민여가활동조사』, 2015
48) 문화여가행복지수란(2014년 8월~9월 전국 17개 시·도(세종시 포함), 만 15세 이상 국민 10,034명 조사) 국민들이 문화 여가를 통해 어느 정도의 행복을 누릴 수 있는가를 수치화한 것으로서 ▲개인 여건(여가 시간, 비용 등) ▲자원(여가 시설 등) ▲참여(여가 활동 등) ▲태도(여가에 대한 인식 등) ▲만족도(여가 생활 전반) 등 다섯 가지 지수로 구성되어 있다.

문화여가행복지수에서 자신의 여가 생활에 대한 만족도를 7점 기준으로 평가하도록 한 결과, 4.91점으로 나타났다. 불만족하는 경우도 15.6%로 나타났다. 자신의 여가 생활에 대해 만족하지 않는다고 응답한 경우 그 이유로 '시간이 부족하여(46.1%)', '경제적 부담 때문에(40.4%)' 등의 이유로 불만족한다고 응답한 경우가 많았다.[49]

03 ┃ 여가 문화 소비 활성화 정책

은퇴 후의 삶은 일과 젊음의 측면에서는 '상실의 시대'라고 하지만, 여가 활동 측면에서는 이제껏 여러 제약들로 인하여 하지 못했던 새로운 것을 만들어 내고 경험하게 하는 '창조의 시기'로 볼 수 있다. 여가 소비 문화 활성화를 위하여 은퇴 전환기의 베이비붐 세대의 참여를 유도할 수 있는 인프라 구축과 프로그램 개발이 필요하며 정보 제공과 네트워크 강화, 제도적 여건 조성 및 교육 등 기타 지원 등이 요구된다.

베이비붐 세대의 여가 문화 생활 참여 유도를 위해서 '일과 삶의 균형(WLB: work and life balance)'[50]의 필요성이 대두되고 있으며 고용노동부와 노사발전재단은 기업 내 인사노무 담당자들을 대상으로 '일과 삶의 균형(WLB) 프로그램' 교육을 실시하고 있다. 이는 은퇴 예정자뿐만 아니라 전사적인 사원들의 복지와 업무의 생산성을 높이기 위한 방안으로 핵심 다섯 가지 분야를 강조한다. 구체적인 분야로는 업무 시간 내 생산성 올리기, 불필요한 회식 및 야근 줄이기, 휴가·유연 근무 늘리기, 육아 부담 나누기, 자기 계발 및 알찬 휴가 사용이 있다.

여가 문화 소비를 위하여 각 시·도별로 문화, 쇼핑, 음식, 미용, 건강 등을 활용한 광역형 여가 문화 소비 거점 조성과 생활 밀착형 지역 공공 여가 문화 인프라의 정비와 개선이 필요하다. 최근 송도국제업무단지, 화성시 메타폴리스, 도심형 실버타운인 시니어타워 '더클래식 500'은 각종 여가 문화 공간 및 커뮤니티 활성화를 위해 컴팩트 시티(compact city, 압축 도시)를 건설하였다. 우리 사회가 점차 고령화로 변화함에 따라 효율적인 도시 재생을 위해 더욱 많은 개발이 필요하다는 논의가 계속되고 있는 상황이다.

여가 문화 소비를 위한 공급 차원에서 다양한 프로그램이 개발, 운영되어야 한다. 베이비붐 세대가 가장 많이 거주하는 수도권(서울, 경기, 인천 지역)을 대상으로 조사한 결과 은퇴 후 여가 활동으로 여행(85.5%)을 가장 희망한다고 한다.

실제로 〈해양 관광·레저 활성화 방안(2010)〉에 따르면, 고품격 관광인 크루즈 관광객은 60대 30.5%, 70대 이상 18.8%, 50대 17.2% 등으로 60대 이상이 절반 수준인 것으로 조사되었으며 이에 따라 많은 관광 상품이 마련되고 있다. 또한 베이비붐 세대의 특징 중 하나는 자기 개발 욕구가 강하다는 것이다. 은퇴 후 여건이 허락된다면 문화와 교양(53.3%)을 즐기고 어학 교육(38.5%) 등을 받고자 한다. 그 이유로는 재취업이 목적이 아닌 '자기만족(63.0%)'이 월등히 높게 나타났다. 은퇴 후 가장 하고 싶어 하는 여가 활동인 여행과 교육을 접목한 에듀트래블(edu-travel) 프로그램을 마련한다면 큰 호응이 있을 것이다.

자원봉사(volunteer)와 투어리즘(tourism)이 결합된 자원봉사 관광을 의미하는 발룬투어리즘이 사람들의 주도적 참여로 이루어지고 있다. 일본의 경우, 고베 지진과 미쿠니 사건을 계기로 발룬투어리즘이 한 단계 높아졌고, 우리나라의 경우는 충남 태안 앞바다 원유 유출 사고를 계기로 관심을 가지게 되었다. 베이비붐 세대는 은퇴 후 여행을 하고 싶어 하는데, 발룬투어리즘은 여행에 봉사 활동까지 할 수 있는 여가 활동이다. 발룬투어리즘은 동아리 단위로 스스로 기획하거나 여행사와 함께 추진해도 좋을 듯하다.

여가 문화 소비를 위한 그 외 프로그램들은 향수 관련 문화 예술, 중장년층 온라인 전용 사이트(예: 야후 재팬의 시니어 대상 사이트인 Second life), SNS를 이용한 커뮤니티 활성화를 통한 네트워크, 사회 공헌 활동 등이 있으며 이를 통합하여 추진할 수 있는 체계가 필요하다.[51]

---

49) 한국문화관광연구원, 2014 문화여가행복지수 조사
50) 일과 삶의 균형(WLB: work and life balance)이란 개인이 일과 이 외의 영역(가족, 건강, 여가, 봉사 활동 등)에 시간과 에너지를 균형 있게 배분하여 삶을 스스로 통제하고, 만족스러운 삶을 이끌어 가는 상태를 의미한다. 근무 형태의 다양화, 가족 대상 프로그램, 개인 신상 지원 등 세 가지로 분류한다.
51) 이수진 외, 『베이비붐 세대 은퇴에 따른 여가소비문화 활성화 방안』, 경기개발연구원, 2011, pp. 149~172

제 ❹ 절 은퇴는 행복이다[52)]

은퇴는 20~40년 일만 해 온 수고한 당신에게 감사의 의미로 주는 선물이다. 또한 은퇴는 기쁜 마음으로 행복하고 멋진, 새로운 인생을 준비하는 중요한 시점이다.

은퇴라는 인생의 주요한 사건으로 생애전환기[53)]를 맞게 되는 중고령자들은 어떠한 자세로 은퇴를 맞이하느냐에 따라 여가에 대한 인식과 여가 활동의 양상이 달라지며 삶의 만족도도 큰 차이가 난다.

은퇴를 수용하고 긍정적으로 생각하는 유형은 자신의 행복을 추구하는 차원에서 여가를 생각한다. 반면 은퇴를 상실로 받아들이고 부정적으로 생각하는 유형은 상실의 문제를 극복하기 위한 노력의 일환으로 여가를 생각한다. 이와 같은 심리적 태도는 상위 유형과 하위 유형으로 구분되며 여가에 대한 인식을 결정하는 네 가지 핵심 요인(사회 역할, 경제력, 부부 관계 중심의 가족 관계, 소속감)들에 의해 다음과 같이 여덟 가지 여가 인식 유형으로 구분된다.

[중고령자의 여가 인식 유형]

상위 유형인 행복추구형은 여가의 목적이 행복을 추구하는 것이며 일이나 노동에서 느꼈던 긴장감 대신, 자신이 여유를 가지고 즐겁게 할 수 있는 활동으로 여가 시간을 즐겁게 보내는 것에 초점을 맞춘다. 자신이 원하기만 한다면 전혀 모르는 새로운 활동도 배우려는 적극적인 태도를 가지며 그 활동이 재미가 있다면 상당히 오랫동안 몰입하여 행복을 경험한다. 취미가 같은 사람과 친밀감을 형성하며 일상의 감사와 행복을 느끼기도 한다.

하위 유형인 상실반응형은 그동안 여가 생활을 누릴 만한 심리적·물리적 여유 없이 경제 활동에만 주력하며 은퇴를 맞이하게 되고, 갑자기 남아도는 시간에 대해 스트레스를 느끼며 그 무료한 시간에 무엇인가 활동을 하는 것이 낫다는 생각으로 여가 생활을 시작하게 된다. 이렇게 시작한 여가 활동은 자신의 삶의 행복을 위해서 매우 적극적으로 지속한다. 이들은 명함 없이 무직 상태에서 다른 사람들 앞에 나서는 것을 꺼리며 소외감을 느끼기 때문에 주로 혼자 할 수 있는 활동들을 소일 삼아 규칙적으로 하는 경향이 있다.

01 ㅣ 사회 역할에 따른 여가 인식 유형별 특성

사회 역할 요인에 따른 행복추구형인 사회역할탐색형은 사회적으로 의미 있는 활동을 추구하며 교육 프로그램에 적극적으로 참여한다. 관심 있는 단체 활동에 적극적이며 사교적인 성향을 보이고 자원봉사, 공익형 일자리 등의 생산적인 활동을 선호한다.

반면, 상실반응형인 은둔자형은 선호하는 활동에 대한 기준이 명확하며 자신이 원하는 활동과 할 수 있는 활동 사이의 간극을 좁히지 못하여 여가를 통한 역할 탐색이 어렵다. 기호에 맞는 활동에 대해 선택적으로 집중하나, 그러한 활동을 쉽게 찾기는 힘들며 주로 혼자 할 수 있는 활동을 선호한다.

02 ㅣ 경제력에 따른 여가 인식 유형별 특성

경제력 요인에 따른 행복추구형인 일중심형은 경제 활동 중심으로 살아온 삶의 방식을 포기하지 않으며, 소일이라도 하면서 돈을 벌기를 원한다. 그런 일이 있다면 여가는 불필요하다고 생각하고 여가 활동을 위한 지출에 부담을 느낀다. 그

---

52) 강은나 외, 「은퇴전환기 중고령자의 일·여가 현황과 여가증진방안 연구」, 한국보건사회연구원, 2015, pp. 143~181 재구성
53) 생애전환기는 살아 있는 한평생의 기간 중 다른 방향이나 상태로 바뀌는 시기를 말한다.

래서 돈을 들이지 않고 할 수 있는 활동으로 여가 활동을 제한하며 업무상 혹은 친구와의 술자리나 친교 모임에 참여하는 경향이 있다.

상실반응형인 여가적응형은 여가 활동을 통해 자신의 가치와 존재감을 확인하고 다양한 분야에 대한 높은 관심을 보이며, 신상품을 쇼핑하듯이 자신의 가치를 높일 수 있는 여가 활동에 대한 관심이 변화한다. 각종 토론 모임, 운동 등 다채로운 단체 활동에서 즐거움을 느끼며 모임에서 존재감을 상실했을 경우 소외감을 느껴 이탈할 가능성이 있다.

03 ㅣ 가족 관계에 따른 여가 인식 유형별 특성

가족 관계 요인에 따른 행복추구형인 부부활동형은 못 이룬 꿈에 대한 막연한 동경이 있으나 실제로 꿈을 실현하기 위한 실천은 어려우며 어떤 여가 활동을 하는가보다 퇴직 후 배우자와의 질 좋은 관계 형성을 중요한 과업으로 여긴다. 이 때문에 배우자와 함께할 수 있는 여가 활동에 주력하는 경향이 있다.

상실반응형인 개인여가형은 가족 중심의 삶에서 탈피하여 자신만을 위한 자유로운 여가 활동을 추구하며 탐험가적인 자세로 지금까지 경험해 보지 못한 새로운 여가 활동을 찾고, 배우고, 즐긴다. 이들은 여러 활동에 대한 풍부한 경험을 소유하고 있거나 그럴 가능성이 높다. 단체 활동에서 관계에 몰두하지는 않고 관심이 가고 새로운 활동이라면 무엇이든지 여가로 즐기며, 다채로운 여가 경험을 가지고 있다.

04 ㅣ 소속감에 따른 여가 인식 유형별 특성

소속감 요인에 따른 행복추구형인 단체활동형은 자신의 기호에 맞는 여가 활동을 하되, 집단에 소속되어 참여하는 것을 선호한다. 또 일상생활 중 여가 활동을 반복적이고 규칙적인 활동으로 고정시켜 소속된 단체를 중심으로 새로운 활동으로 확장해 나간다.

상실반응형인 단체부적응형은 남아도는 시간과 일상의 무료함을 견디기 어려워하며 내가 무엇을 좋아하는가보다 시간을 보낼 수 있는 활동이라면 가리지 않고 참여한다. 새로 시작한 활동에 익숙해지면 싫증을 잘 느끼고 즐거움을 줄 수 있는 새로운 활동으로 전향한다.

은퇴하면 뭐 하지?

은퇴 후 갑자기 많은 시간이 주어졌을 때 진정한 행복을 얻기 위해서는 미리 나에게 맞는 여가 활동을 준비해야 한다. 다음 상반된 두 사람의 사례를 보자.

67세인 김 부장은 퇴직이 2년 유예되어 올해 퇴직을 하게 된다. 2년 전부터 퇴직 이후 그 많은 시간들을 어떻게, 무엇을 하며 살까 고민하며 스트레스를 받았다. 스트레스로 인해 2년 전에는 직장에서 가벼운 뇌출혈로 쓰러지기까지 하였다. 그러나 지금까지도 아무 것도 준비하지 못하고 있다. 김 부장은 평상시 여가 생활을 해 본 적이 없으며 흔한 휴가 한 번 다녀오지 못하고 오로지 회사와 집밖에 모르고 살았다. 그래서 여가 시간을 어떻게 보내야 할지, 무엇을 해야 할지 암담할 따름이다. 은퇴를 생각하면 마음이 우울해지고 한숨만 나온다고 한다.

최 차장은 2년 후 퇴직이다. 퇴직 이후 한국어 교사로 제2의 직업을 계획하고 있다. 그는 평상시 운동, 어학, 악기 등을 하나씩 기초부터 프로 수준이 될 때까지 배워 왔다. 스키, 볼링, 테니스, 골프, 수영, 수상스키, 스킨스쿠버 다이빙, 승마와 같은 운동에서부터 영어, 독일어, 일본어, 러시아어, 중국어, 베트남어 등 다양한 어학에도 능통하고 기타, 플루트 등의 악기는 연주회를 열 수 있는 수준이다. 최 차장은 새로운 삶에 대한 도전으로 열심히 한국어 교사 자격증 공부를 하며 은퇴를 기대하고 있다.

은퇴는 내 인생의 새로운 시작이다. 대부분 은퇴 후 삶에 대하여 무료하고, 권태롭고, 고통스러울 것이라고 부정적으로 이야기를 한다. 경제 활동을 열심히 한 후 찾아온 제2의 인생을 위해 자신이 진정으로 좋아하는 것, 하고 싶었던 것에 대한 목표를 세우고 삶의 의미를 찾을 수 있는 활동을 찾아보자.

교육적 시사점

- 일은 인생의 한 부분일 뿐이며, 일이 인생의 전부가 될 수 없다. 따라서 은퇴를 자신의 인생을 멋지게 시작할 기회로 여기자.
- 휴식도 연습이 필요하다. 나에게 진정한 만족감을 줄 수 있는 여가 활동이 무엇인지 찾아보고 조금씩 실천해 보자.

은퇴 후 '자신의 행복한 삶'을 위한 여가 생활의 중요성에 대해 생각해 보자.

1. 당신에게 '여가'란 어떤 의미인가?

_____

_____

_____

_____

_____

_____

_____

_____

_____

_____

_____

2. 취미 활동은 여가 활동을 대표하는 활동 중 하나이다. 당신은 어떤 취미를 가지고 있는가?

_____

_____

_____

_____

_____

_____

_____

_____

_____

_____

_____

3. 은퇴 이후 하고 싶은 취미·여가 활동이 있다면 무엇인가?

_____

_____

_____

_____

_____

_____

_____

_____

_____

_____

4. 은퇴 후 여가 활동이 당신에게 주는 유익은 무엇인가?

_____

_____

_____

_____

_____

_____

_____

_____

_____

_____

☑ **자가진단 / 체크리스트**

은퇴 후 행복한 삶을 위한 자기 점검

항목	지표(배점)	☑
은퇴 후 취미·여가 생활에 대해 생각해 본 적이 있는가?	전혀 생각해 보지 못했다. (5점)	☐
	거의 생각해 보지 못했다. (10점)	☐
	어느 정도 생각해 본 적은 있다. (15점)	☐
	비교적 구체적으로 생각해 봤다. (20점)	☐
	매우 구체적으로 생각해 봤다. (25점)	☐
은퇴를 고려해 취미·여가 생활을 시작해 본 적이 있는가?	전혀 없다. (6.3점)	☐
	시작한 적은 있지만 현재는 하고 있지 않다. (12.5점)	☐
	한 가지 정도 하고 있다. (18.8점)	☐
	한 가지 정도 하고 있고 새로운 활동을 시작했다. (25점)	☐
현재 어떻게 취미·여가 생활을 보내고 있는가?	별다른 활동이 없다. (5점)	☐
	비정기적으로 활동한다. (10점)	☐
	1년에 정기적으로 하는 활동이 있다. (15점)	☐
	한 달에 정기적으로 하는 활동이 있다. (20점)	☐
	한 주에 정기적으로 하는 활동이 있다. (25점)	☐
꾸준히 하고 있는 활동이 있다면 얼마나 하였는가?	꾸준히 하는 활동이 없다. (5점)	☐
	1년 이내 (10점)	☐
	1년~3년 이내 (15점)	☐
	3년~5년 이내 (20점)	☐
	5년 이상 (25점)	☐
합계(100점 만점)	**본인 점수**	(점)

※ 상: 65점 이상
　중: 27점~65점 미만
　하: 27점 미만

출처: 황은희, 『중장년 퇴직 이후 재취업 길라잡이』

은퇴자의 행복 5계명

첫째, 일의 노예가 되지 마라.

행복은 일과 밀접한 관계가 있다. 대부분 일이 있는 사람은 행복할 기본 요소를 갖게 된다. 그러나 은퇴 이후에도 일을 해야 한다는 강박 관념은 버려야 한다. 이것이 스트레스가 되고 많은 정신적·육체적 문제를 가져올 수 있기 때문이다. 일의 노예가 되지 말고 느긋한 자세로 사는 것, 그것이 행복의 지름길이다.

둘째, 이웃과 비교하지 마라.

영국의 철학자 버트란트 러셀은 "거지는 백만장자를 부러워하지 않는다. 자신보다 조금 돈이 많은 거지를 부러워할 뿐"이라고 말하였다. 이는 이웃과 비교하는 시각이 자신을 불행하게 할 수 있다는 의미이다. 행복하려면 무엇보다도 남과 비교하지 말고 자신의 인생을 살면 그뿐이다.

셋째, 3등에 만족하라.

올림픽 경기에서 1등은 승리의 자리를 지키기 위해 스트레스에 시달리고, 2등은 금메달을 획득하지 못해 아쉬워한다. 반면에 동메달을 거머쥔 선수는 자칫 잘못했으면 메달을 못 땄을지 모른다는 생각에 행복을 느낀다는 이야기가 있다.
3등에 만족하라는 것은, 꼭 3등을 하라는 것이 아니며 아등바등 살지 말고 자신의 삶에 만족할 줄 알아야 된다는 의미이다. 그래야 행복할 수 있다.

넷째, 사소한 것에 감사하라.

전 세계 1억 4,000여만 명의 시청자를 웃기고 울리는 토크쇼의 여왕 오프라 윈프리. 그녀는 매일매일 감사 일기를 적는 것으로 유명하다. 불행은 욕심과 불만을 갖고 있기 때문이다. 행복하려면 사소한 것에 감사해야 한다.

다섯째, 오늘을 즐겨라.

명화 〈죽은 시인의 사회〉의 명대사로 카르페 디엠(carpe diem), 즉 '현재를 즐기라'라는 말이 있다. 은퇴·퇴직 후의 삶이 행복하려면 무엇보다도 '오늘', '지금'을 선물받은 것처럼 기뻐하며 즐겨야 한다.

출처: 은퇴·퇴직자의 행복 5계명, 작성자 조관일, 2015. 8. 17. (http://blog.naver.com/intecjo/220452903250)

02 ^장 행복한 은퇴 준비하기

제1절 여가는 누구와 즐길 것인가?
제2절 여가 스타일을 점검하자
제3절 효율적으로 여가 시간을 관리하자
제4절 삶을 즐겁게, 여가를 설계하자

학|습|목|표

- 은퇴 이후 즐거운 삶을 위해 여가 생활의 동반자를 찾을 수 있다.
- 다양한 여가 활동 중에서 자신의 취미와 가치관에 맞는 스타일을 찾을 수 있다.
- 넘쳐나는 자유 시간이 무료하지 않도록 효과적으로 시간을 관리할 수 있다.
- 은퇴 후 즐겁고 보람 있는 삶을 만들기 위해 여가 생활 목표와 세부적인 계획을 세울 수 있다.

학|습|열|기

울산 시민, TV 시청으로 여가 보내도 관광·자기 계발 욕구 높아

많은 울산 시민들이 관광이나 취미, 자기 계발 등에 대한 욕구는 높지만 현실적으로 텔레비전 시청이나 단순 휴식 등으로 여가 시간을 보내는 것으로 나타났다. 울산발전연구원은 지난해 울산 시민 7,638명을 상대로 한 설문조사 결과(울산 시민의 여가 활동과 관광)를 최근 《울산인포그래픽스》(16호)에 발표했다.

이 자료를 보면 울산 시민들이 여가 시간에 주로 하는 활동으로 가장 많이 응답한 것(복수 응답 허용)은 TV 시청(65.1%)이었다. 이어 단순 휴식 활동(47.1%), 취미·자기 계발 활동(16.0%), 문화 예술 관람(14.5%), 관광 활동(10.7%) 등의 순으로 나타났다.

앞으로 하고 싶은 여가 활동을 묻는 질문에 선 관광 활동(57.4%)을 가장 많이 꼽았다. 이어 문화 예술 관람(32.5%), 취미 및 자기 계발(31.9%) 등으로 나타나, 현재 하고 있는 여가 활동 순위에서 하위권에 머물렀던 활동들이 희망 여가 활동의 상위권에 올랐다. 앞으로 하고 싶은 여가 활동에서 텔레비전 시청이 차지한 비율은 15.8%에 그쳤다.

울산발전연구원은 "조사 결과 시민들은 텔레비전 시청이나 단순 휴식보다는 관광 활동, 문화 예술 관람, 취미·자기 계발 등 다양한 여가 활동을 즐기고 싶어 하는 것으로 나타났다. 여가 시간 활용 수요에 맞는 시설 및 프로그램과 환경 조성이 필요하다"고 지적했다.

– 한겨레 2016. 8. 1. 기사 中

제 ❶ 절 여가는 누구와 즐길 것인가?

01 ǀ 은퇴 후 남자는 배우자, 여자는 친구가 좋다?

은퇴 후 가장 힘든 것은 매일 갈 곳이 없고 만날 사람도 없다는 것이다. 이는 자신의 존재감 상실에서 오는 외로움과 무기력일 것이다. 재미있는 유머로 "은퇴 후 1년은 '화백', 2~3년 이후는 '장로'가 된다."라는 말이 있다. 이는 은퇴 이후 첫해는 만나서 식사나 술 한잔 하자는 사람이 많아서 '화려한 백수'이고 2년에서 3년 정도 지나면서 찾는 사람들도 줄어들고 '장기적으로 노는 사람'에 진입한다고 해서 이 말을 줄여 '화백', '장로'라고 부르는 것이다.

여가 생활은 혼자서 하는 취미 생활보다는 마음이 맞는 사람과 함께하는 것이 만족도와 행복지수가 높다. 남자들은 은퇴 후 아내와 여가를 보내려 하지만 아내들은 은퇴 후 남편보다는 주로 친구들과 여가를 보내려는 것으로 조사되었다. 이 때문에 남자가 늙어서 필요한 다섯 가지는 부인, 아내, 집 사람, 와이프, 애들 엄마이고 여자가 늙어서 필요한 것 다섯 가지는 돈, 딸, 건강, 친구, 찜질방이라는 우스갯소리도 있다.

한국보건사회연구원에서 2015년에 발표한 〈은퇴전환기 중고령자의 일·여가 현황과 여가증진방안연구〉를 보면, 여가 활동의 희망 동반자로는 친구(44.4%), 가족(32.7%), 혼자(16.8%) 순으로 나타났으며, 남성의 경우는 가족(38.9%), 여성의 경우는 친구(53.1%)와 함께하기를 더 선호하는 것으로 나타났다.

남자들은 일생의 대부분을 직장 생활로 보내고 이후의 시간도 직장 동료들과 함께한 시간이 많기 때문에 은퇴 이후 급격히 함께할 사람이 없어진다. 이 때문에 남자들이 여자들에 비해 은퇴 후 여가를 함께 보낼 인적 네트워크가 매우 취약할 수 있다. 따라서 남자들은 은퇴 후 아내가 전적으로 여가 생활을 함께할 것이라는 기대를 낮추고, 아내 이외에 다양한 여가 생활 동반자들을 은퇴 전부터 만들어 꾸준히 친밀한 관계를 유지할 필요가 있다.

삼성생명이 2014년 서울 및 광역시에 거주하는 25~74세 남녀 2,290명을 대상으로 한 설문 조사 〈한국인의 은퇴 준비〉에 따르면 은퇴자들은 가족 관계에 대한 만족도가 클수록 여가 및 취미 생활 만족도도 높게 나왔으며, 특히 배우자와의 관계가 여가 생활 만족도와 상관관계가 높았다. 즉, 화목한 가정의 은퇴자가 여가 생활도 잘 하는 것으로 나타났다.

은퇴를 앞두고 있는 50대라면 지금부터 가족이 함께할 수 있는 시간을 자주 마련하고 취미 생활도 시작해야 한다. 평상시 직장 생활과 퇴근 후 술자리로 가족과 함께할 시간이 없다가 은퇴를 한다면, 오랜 세월 서로 다른 사고방식과 행동 생활 패턴이 굳어져서 함께 취미를 갖기 어렵다. 취미를 떠나서 함께 있는 공간이 불편하고 서로 힘들어진다. 은퇴는 혼자하는 것이 아니며 가족이, 특히 배우자가 함께 고민하고 준비해야 한다. 은퇴 이후 배우자와의 관계는 삶의 질을 좌우할 수 있으므로 50대 이후 부부는 취미를 같이하여 최고의 친구가 될 필요가 있다.

02 ┃ 여가 활동의 동반자

문화체육관광부가 만 15세 이상 1만 명을 대상으로 2014년 8월~9월까지 실시한 《2014 국민여가활동조사》의 결과를 보면 여가 활동을 혼자서 즐기는 사람이 절반 이상(56.8%)으로 나타났으며 가족과 함께(32.1%), 친구와 함께(8.3%)가 뒤를 이었다. 연령대별로는 15~19세 및 20대의 70% 이상이 혼자서 여가를 즐기고 있으며, 30대 이상에서는 가족과 함께하는 비중이 높아짐을 알 수 있다.

● 여가 활동 동반자 1순위
(사례 수: 10,034, 단위: %)

구분		혼자서	가족과 함께	친구와 함께	직장 동료와 함께	동호회 회원과 함께	기타
전체		56.8	32.1	8.3	1.1	1.6	0.1
성별	남성	56.1	31.5	8.2	1.7	2.5	0.0
	여성	57.5	32.6	8.4	0.5	0.9	0.1
연령	15~19세	73.3	11.7	14.7	0.2	0.1	—
	20대	71.1	12.4	14.8	0.4	1.2	0.0
	30대	53.3	36.5	6.4	1.6	2.0	0.1

40대	47.5	42.7	5.9	1.6	2.2	0.0
50대	50.4	39.7	6.0	1.7	2.2	–
60대	52.6	39.4	6.3	0.3	1.3	0.1
70세 이상	59.5	31.9	6.7	0.2	1.3	0.3

출처: 문화체육관광부, 『2014 국민여가활동조사』

여가 시간이 늘어남에 따라 친구들을 만나거나 동호회에서 여행을 가거나 혼자서 운동을 즐기는 경우도 많지만, 가족들과 함께하는 시간이 점점 더 많아지고 있는 것 또한 사실이다. 더욱이 나이를 들어감에 따라 가족의 소중함을 느끼며 가족이 함께하는 여가 활동을 선호하고 있다. 가족이 함께하는 여가 활동은 가족끼리의 상호 이해와 친밀감을 높이고 가족 결속의 근원이 된다.

03 ǀ 직장 중심에서 가족 중심의 여가

대부분 혼자서, 또는 마음에 맞는 친구 및 지인끼리 지내던 시간을 가족과 함께 보내려는 변화는 주 5일 근무제 도입 이후부터 시작되었다고 볼 수 있다. 직장에서 일하는 시간이 5일로 단축되면서 가정에 머무르는 시간이 많아져 휴식을 취하고 피로를 푸는 것 이외에, 하루 정도는 온전하게 가족들과 함께하는 시간이 주어진 것이다.

가족은 여가 생활의 단위로, 가정은 여가 활동의 장으로 핵심적인 역할을 한다. 가족 여가는 가족 구성원 전체 또는 가족 구성원 중 2인 이상이 함께하는 여가를 말한다. 이러한 가족 여가의 개념에서는 목적을 갖는 여가라는 개념이 중요하다. 기존의 여가에서는 여가 생활을 영유하는 본인의 자율성 측면이 강조되었지만, 가족 여가에서는 부부, 자녀들과 함께 이루어진다. 그 가운데 교육적인 기능도 포함이 되어 있으므로 목적을 가지고 있는 여가라는 의미가 중요하다. 즉, 사회적 맥락을 중시할 때 가족 여가에서는 자유를 대신하는 의도나 목적의 개념을 중요시한다는 특징을 가지고 있다.

노동 시간이 줄어들고 여가 시간이 증가하는 사회 구조의 변화로 인하여 현대 사회의 가족은 늘어난 여가를 어떻게 보낼 것인지에 대한 지혜를 가지고 있지 못하다. 그렇다면 현대 사회의 가족은 가족 여가를 어떻게 보내고 있을까? 그들이 경험하고 있는 가족 여가와 가족 여가에 대한 만족 요인을 통해서 현대 사회의 가족 여가의 의미를 유추해 볼 수 있다. 현대 가족 여가의 특징을 살펴보면 다음과 같다.

첫째, 가족 여가의 공유 정도가 높을수록 여가에 대한 만족도가 높다. 현대 사회를 지배하는 가족관계관은 개인 중심주의의 영향이 강하게 나타나고 있다. 그렇다면 가족 여가라는 공동체를 통한 여가의 경험보다는 개별적인 여가 즐기기가 선호될 것으로 예측된다. 하지만 여가에 대한 만족도를 평가하는 데 있어서 여가를 공유하는 가족일수록 여가에 대한 만족도가 높은 것으로 나타났다.

둘째, 오늘날 가족이 경험하는 가족 여가는 대부분 소비적인 활동에 초점을 맞추고 있다. 가족 여가에 대한 연구 결과에 의하면 대표적인 가족 여가 활동은 '가족과 외식하기', '가족과 야외 나들이, 여행하기', '가족과 대화하기', '가족과 함께 지내기', '시장이나 백화점 나들이' 등으로 나타났다. 물론 세대에 따라 가족 여가 활동의 유형은 다른 비중을 보이지만, 대부분이 소비적인 활동에 초점을 맞추고 있다는 사실을 알 수 있다.

셋째, 오늘날 가족은 가족 여가에 있어서 경제적·시간적 부담을 느끼고 있다. 조사 결과에 의하면 응답자들은 개인 여가뿐 아니라 가족 여가의 가장 큰 장애로 '시간 부족'과 '경제적 부담'을 지적하고 있다. 시간적·경제적 장애의 극복과 함께 가족 구성원들의 의도적이고 적극적인 노력도 가족 여가를 공유하기 위한 중요한 요소이다. 개인주의가 팽배한 사회 구조 속에서 가족을 통한 가족 여가의 공유를 시도하고자 할 때에는 구성원들의 가족 여가를 통한 가족의 통합력 재고에 대한 가치 부여와 노력이 전제되어야 할 것이다.

넷째, 가족 여가는 여가에 참여하는 구성원에 따라 여가와 반여가가 동시에 나타난다. 이런 현상은 가족 구성원의 성이나 세대에 따라 역할 차이가 있기 때문이다. 어머니 혹은 아내의 역할을 담당하는 여성의 경우 가족 여가의 과정에서 여가를 향유하는 주체이기보다는 다른 가족 구성원들의 여가를 위한 보조적 역할을 수행하게 된다. 따라서 그들에게 가족 여가는 여가라기보다는 또 다른 일로 인식되는 경향이 있다.

04 | 부부가 함께하는 여가 생활

고령화의 진전 및 가족 가치관의 변화 등으로 중장년 이후 생활이 부부 중심으로 재편되고 있으나, 2013년 통계 자료에 의하면 혼인 기간이 20년 이상 된 부부의 이혼이 증가하는 추세이고, 노년기 부부 간 만족도가 다른 연령대에 비해 낮은 것으로 나타나고 있다. 중·장년기 및 노년기 부부의 낮은 관계 만족도는 가족 갈등의 원인으로 꼽히고 있으며 이는 전반적인 삶의 질에 영향을 미친다.

은퇴 이후 가장 시간을 많이 보내는 사람이 배우자라는 점에서 은퇴 생활의 행복은 부부 생활의 만족도에 따라 결정된다고 할 수 있다. 보건사회연구원의 연구에 의하면 베이비부머 부부 관계에 대한 만족도 조사 결과, '대충 만족하고 산다'고 응답한 비중이 62%에 달한다. 이는 가족 구성원을 안전하게 지키려는 책임 의식 때문에 내면의 감정을 누르고 서로 참아 온 결과일 것이다. 서로의 이해가 부족한 상태에서 너무 오랜 시간 가정과 사회에서 각자의 역할을 수행하느라 바쁘다는 핑계로 소통하지 못하고 지내 온 결과이기도 하다.

부부 관계가 좋지 않은 사람들은 은퇴 시기가 다가오면서 고민이 많아진다. 자녀들의 결혼으로 인한 분가로 부부만 남게 되는 상황에서 어떻게 하루 종일 함께 지낼 수 있을까에 대한 걱정이 많다. 은퇴 준비로 연금과 건강 관리도 중요하지만 30여 년을 매일 함께 지낼 부부의 관계 개선에 대한 노력이 더욱 중요하다. 생활 속에서 서로에게 관심을 갖고 대화를 시도해 보자. 상대방을 존중하는 마음과 그동안의 노고를 인정해 주는 마음을 바탕으로 그동안의 서운했던 감정이나 솔직한 심정을 말해 보자. 오해를 풀고 앞으로의 바람을 이야기해 보자. 또 부부가 함께 할 수 있는 여가 생활을 시작해 보자. 상대방이 좋아하는 방송 프로그램 함께 시청하기, 집안일 도와주기, 쇼핑에 적극적으로 함께하기, 애경사에 함께 다니기, 개인 친목 모임에 함께 가기, 종교 활동 함께하기, 주말을 이용해 스포츠 경기 보러 가기, 콘서트·영화·문화 행사 관람하기, 등산하기, 여행하기 등 상대방이 즐겨 하는 것을 함께 공감해 보는 것이다. 역지사지(易地思之)로 그동안 서로의 역할에 대해 진심으로 감사하게 생각하고 격려하며 앞으로의 삶을 행복하게 만들어 가기 위한 노력을 해야 한다. 이러한 노력은 '머리'로만이 아니라 표현하고 '행동'의 변화를 통해 실천해 나가야 한다.

Tip

가족이 함께하는 행복한 여가 활용법

• 가족이 함께 즐길 수 있는 것을 찾자.

• 서로 다름을 인정하고 구속하려 하지 말자.

• 서로 배려하고 존중하자.

• 부족한 부분은 도와주고 격려하자.

• 칭찬을 아끼지 말자.

• 가족 여가 활동을 위한 통장을 만들자.

• 가족이 함께 여가 계획을 세우자.

• 여가 활동 후 사진첩을 만들어 추억을 관리하자.

• 가족(부부, 자녀들, 형제들) 동아리를 만들어 규칙적으로 실행하자.

• 집에서 '쉬는 여가'에서 '사회 활동 여가'까지 다양한 활동을 계획하자.

제 ❷ 절 여가 스타일을 점검하자

앞서 우리는 우리나라 국민이 가장 많이 하는 여가 활동이 TV 시청이고, 인터넷 검색 등 일상적이고 소극적인 휴식 활동을 하고 있다는 것을 살펴보았다. 하지만 희망하는 여가 활동은 문화 예술, 스포츠, 관광 활동으로 나타나 이상과 현실이 대조를 이루고 있다. 이러한 현상은 본인에게 맞는 여가 스타일을 정확히 인지하지 못했기 때문이며 그동안 여가 생활을 단순히 휴식 개념으로 생각해 왔다는 증거이다. 우리의 삶과 사회 문화가 그렇다. 삶의 대부분이 일에 집중되어 있었고 여가의 의미나 여가 활동, 즉 취미 활동에 관심이 없었다. 취미와 특기를 묻는 질문은 이력서에 기재할 때만 있었던 것으로 기억된다. 가장 흔한 취미는 독서, 요리, 등산 등 몇 가지로 국한되어 있었다.

주 5일 근무제 실시 이후, 여가 시간과 경제 소득 증가로 여가에 대한 인식과 중요성도 부각되고 있다. 특히 베이비붐 세대의 은퇴를 앞두고 갑자기 늘어난 여가 시간을 어떻게 활용할지에 대해 많은 중장년층이 심각한 고민을 하고 있다. 평상시 일에만 집중하고 여가 활용에 서툴렀던 중장년층을 위해 다음에서 여가 활용 방법을 제시하고자 한다. 재미와 즐거움을 느낄 수 있고 자기 계발 등을 통해 성취감을 만끽할 수 있는 여가를 찾아보자.

01 ㅣ 여가의 만족도를 높이는 요인

한국보건사회연구원은 "귀하는 전반적인 여가 생활에 대해 얼마나 만족하십니까?"라는 단일 문항으로 여가 만족도를 조사하였다. 그 결과 여가 만족도는 5점 척도에서 3.52점으로 보통보다는 높게 나왔다.

중고령자의 여가 만족도에 영향을 미치는 요인에 따라서는 첫째, 연령, 교육 수준, 주관적 건강, 근로 여부 그리고 가구 소득이 높을수록 여가 만족도가 높았다. 둘째, 여가 활동 종류, 동반자, 일상성, 1회 평균 여가 비용 등이 여가 만족도에 높은 영향을 미쳤다.

여가 활동 종류에서 스포츠 관람과 오락 참여자는 비참여자보다 여가 만족도가 낮은 것으로 나타났다. 반면, 문화 예술 활동과 운동, 그리고 자원봉사 활동은 여가 만족도에 긍정적인 영향을 미치는 것으로 나타났다. 문화 공연 관람, 관광, 취미, 학습 활동은 여가 만족도에 영향을 미치지 않았다. 남성 중고령자 중심의 스포츠 관람 활동과 외식, 쇼핑, 유흥 중심의 오락 활동은 여가 만족에 부정적인 영향을 미쳐 오히려 여가 만족도를 낮추는 것으로 분석되었다. 그러나 음악 활동(악기 연주, 노래 등)이나 건강 증진을 위한 산책과 등산, 그리고 자원봉사 참여는 중고령자의 여가 만족도를 높이는 것으로 나타났다.

여가 활동을 누구와 하는지에 따라서도 만족의 차이를 가져오는 것으로 나타났다. 혼자보다는 가족과 단체나 모임에서 여가 활동을 하는 집단이 여가 만족도 변화율이 더 크게 나타났다. 또한 여가 활동을 얼마나 자주 또는 규칙적으로 하는지도 여가 만족도와 관련이 있다. 1년에 2~3회 수행한 집단과 월 1~3회 한 집단 간의 여가 만족도 차이는 발견되지 않았으나, 1년에 2~3회 여가 활동을 한 집단에 비해 주 1회 이상 여가 활동을 한 집단이 여가 만족도가 높은 것으로 나타났다. 또한 여가 활동 비용이 높은 집단일수록 여가 만족 수준이 높아지는 것으로 분석되었다.[54]

02 ㅣ 나는 어떤 스타일의 여가 활동이 어울릴까?

자신의 직업을 선택할 때 적성과 흥미를 알아야 하는 것처럼 여가 활동도 자신의 성향을 알면 평생을 즐길 수 있는 취미와 여가 활동을 찾을 수 있다. 다음 체크리스트를 통해 자신의 스타일을 점검해 보고 결과를 통해 자신에게 맞는 여가 스타일[55]을 찾아보자.

항목	지표(배점)	☑
만약 지금 공원에 있다면, 무엇을 하며 시간을 보내겠는가?	a. 다른 사람들과 어울려 피크닉을 하겠다.	☐
	b. 운동 삼아 공원을 달리겠다.	☐
	c. 조용히 책을 읽겠다.	☐
	d. 돗자리를 깔고 누워 눈을 감고 음악을 듣겠다.	☐
길을 걸을 때 주로 무엇을 하는가?	a. 친구 또는 가족과 핸드폰으로 통화하며 걷는다.	☐
	b. 다음 목적지에 더 빨리 도착하기 위해 빠른 걸음으로 걷는다.	☐
	c. 방금 나눴던 대화를 곱씹으며 걷는다.	☐
	d. 늘 주위를 두리번거리며 한눈을 팔면서 걷는다.	☐
비 오는 날 방 안에 있을 때 무엇을 하며 시간을 보내는가?	a. 가족들과 TV를 보거나 밀린 담소를 나눈다.	☐
	b. 세탁기를 돌리는 등 손에 잡히는 밀린 일거리들을 한다.	☐
	c. 방에 혼자 들어가 책이나 잡지를 본다.	☐
	d. 창문 밖으로 떨어지는 비를 보며 여유롭게 휴식을 즐긴다.	☐
점심 식사 후 30분 정도 여유 시간이 생겼다면 무엇을 하겠는가?	a. 직장 동료들과 커피 한잔 하며 즐겁게 담소를 나누겠다.	☐
	b. 개인 이메일이나 페이스북, 블로그 등을 체크하겠다.	☐
	c. 책상에 앉아 뭔가 끄적거리며 낙서를 하거나 책을 읽겠다.	☐
	d. 회사 밖으로 나가 맑은 공기를 쐬고 들어오겠다.	☐
회사에 안 나가는 날, 주로 무엇을 하며 하루를 보내는가?	a. 가족들과 함께 시간을 보내거나 친구를 만나러 나간다.	☐
	b. 집에서 이런저런 소일거리를 하다 헬스장에 들른다.	☐
	c. 편안한 의자에 앉아 차를 마시며 푹 쉰다.	☐
	d. 쉬는 날 무엇을 할지 미리 계획을 세우지 않는 편이다.	☐
합계	**본인 점수**	(점)

※ a = 1, b = 2, c = 3, d = 4

---

54) 강은나 외, 『은퇴전환기 중고령자의 일·여가 현황과 여가증진방안 연구』, 한국보건사회연구원, 2015
55) 여가 스타일은 자신의 일상적인 생활양식과 흥미, 적성 등 주관적인 개인의 행동 스타일을 뜻한다.

체크리스트의 각 항목별 점수를 합산하여 총 점수로 자신의 여가 유형을 알아볼 수 있다.[56]

관계지향형(4~7점)

인간관계를 가장 중요하게 생각하는 유형으로, 사람들과 어울릴 때 가장 즐거워하며 관계를 쌓아 나가는 과정 속에서 삶의 에너지를 얻는다. 어떤 사람과도 금방 친해지며 남을 도울 줄 아는 따뜻한 마음도 가지고 있다. 이 유형은 자원봉사, 각종 스포츠 및 동호회 활동과 같이 다양한 사람들과 함께 시간을 보낼 수 있는 여가 활동이 어울린다.

목표지향형(8~12점)

이 유형은 늘 목표를 가지고 살며, 원하는 것을 이룰 때까지 꾸준히 노력하는 모습을 보인다. 다음 단계로 넘어가기 전까지 결과물을 얻어 내려고 하며, 그 과정에서 다소 개인적인 성향을 보이기도 한다. 이 유형에게는 자격증 공부, 이색 스포츠와 같이 무언가 계속 성취해 나갈 수 있는 건설적인 여가 활동이 어울린다.

자아실현형(13~16점)

이 유형은 자기 성찰적이며 늘 내면의 감성에 귀를 기울인다. 그리고 이런 내면의 감성들이 자신을 둘러싼 바깥 세상과 조화를 이룰 때 큰 만족감을 느낀다. 무엇보다 나와 세상을 깊이 있게 통찰하는 눈을 가졌으며 새로운 것을 배우는 것을 좋아한다. 이 유형에게는 미술 작품 관람, 글쓰기, 블로그 운영과 같이 꾸준히 자기 계발을 할 수 있는 여가 활동이 어울린다.

몽상가형(17~20점)

몽상가적 기질을 갖고 있는 유형으로 늘 열린 태도로 세상의 흐름을 따라간다. 어떤 상황에도 적응해 나가는 것이 큰 장점이지만, 다소 즉흥적인 성향은 여가 생활을 즐기는 데 방해가 될 수 있다. 따라서 이 유형은 그때그때 호기심과 흥미에 이끌려 여가 활동을 선택하기보다 한 가지라도 꾸준히 즐기는 자세가 필요하다.

한국 노인을 대상으로 한 라이프스타일 연구[57]자료에서는 50~59세 예비 노년
층과 60세 이상 노년층 560명을 대상으로 분석하여 안전지향형, 물질추구형, 소
극적 생활형, 성취도전형, 유행 및 건강추구형 등 5개 집단의 라이프스타일로 구
분하였다. 유형별 특성은 다음과 같다.

안전지향형

- 50대 소비자가 많음. 중간 계층이며 40% 정도가 전업주부임
- 물품 구매보다 손수 만들어 사용하는 것을 선호함. 건강 및 현재 생활 유지에 관심이 높음
- 가격이 비싸도 A/S가 확실하고 단순한 기능의 제품을 선호함

물질추구형

- 여성이 60%. 전업주부의 30%를 차지함
- 중학교 졸업의 저학력자가 많고 저소득층이 상대적으로 많음
- 전통적이고 보수적인 성향이 높음
- 돈의 가치를 높게 평가하며, 소유한 물질로 타인과 자신을 평가함
- 건강 악화를 우려하는 성향이 높음

소극적 생활형

- 65세 이상 소비자의 43%이고 성별 비율이 비슷함
- 일상생활에서 특별한 관심거리가 없으며, 소극적이고 부정적인 성향임
- 경제적 생활 유지와 재산 관리 등에 관심이 높음
- 매체 이용 활동이 상대적으로 낮음

성취도전형

- 남성이 여성보다 50% 정도 많음
- 고학력자가 많고 30% 정도가 월 300만 원 이상 고소득자임
- 다방면에 새로운 것을 배우고 싶어 하며 다양한 삶을 즐기고, 새로운 것에 도전하고 모험
  하고자 하는 성향이 높음
- 나이보다 젊게 살고 여행이나 오락 등 여가 활동에 관심이 높음

---

56) 한국노인재활연구소, 2015. 9. 5. (자료: Awakening Potentials INC.)
57) 이의훈·신주영, 「라이프스타일을 통한 실버시장 세분화 연구」, 한국노년학회, 2004. p. 15

유행 및 건강추구형

- 대학 졸업 이상의 고학력자가 많고, 전문직의 고소득자가 많음
- 최신 경향이나 패션, 유행에 민감하고 자극적인 일을 좋아함
- 웰빙에 관심이 높고, 건강 관리를 적극적으로 함
- 전통 보수적 성향이 비교적 높음
- 친구나 주변 사람들과의 네트워킹에 관심이 높음

일반적으로 자신의 성향에 맞는 여가 스타일은 안정적이면서 재미와 만족도가 높을 것이다. 또한 자신의 라이프스타일은 여가 활동 참여, 노후 준비도, 생활 만족도에 영향을 미치기도 하는데, 라이프스타일 요인 중, 건강 추구, 외향적 도전 추구, 종교 및 봉사 추구의 요인이 높을수록 여가 활동 참여를 오랜 기간 지속하고 노후 준비도에도 영향을 미치며 노후 생활 만족도도 높게 나타난다.

03 ㅣ 여가 선택의 기준

일상에서 즐거움을 찾아라.

- 여가는 생활의 특별한 이벤트가 아닌, 일상 속에서 즐거움을 찾아야 한다.
- 독서하기, 신문이나 잡지 보기, 사람들과 대화하기 등 생활 속에서 자발적으로 즐기는 모든 활동이 여가이다.

자신의 생활 여건과 여가 동기가 무엇인지 파악하자.

- 자신의 생활 여건, 즉 경제력, 건강, 시간 등을 고려하라.
- 자신의 성향, 취미에 맞는 여가 활동을 찾아보자.

지방자치단체에서 지원하는 정보를 파악하라.

- 각 지역 평생학습센터, 국공립 도서관, 노인종합복지관, 문예회관, 주민문화센터 등 노인들이 이용할 수 있는 모든 여가 자원을 파악할 수 있어야 한다.

실천할 수 있는 여가 설계를 하라.

- 자신의 관심 분야의 여가를 꾸준하게 행동으로 옮기기 위해서는 실천할 수 있는 범위에서 여가 설계를 해야 한다.
- 본인의 건강 및 경제력, 여가 형태와 여가 동기에 맞는 여가 활동을 결정하고, 실천 시기, 요일, 시간, 장소, 여가 파트너 등을 꼼꼼히 구체화한다.

적극적으로 실현하라.

- 직접 찾아보고, 참가하고, 나만의 것으로 만들려는 적극적인 노력이 필요하다.
- 여가 활동이 익숙해지기 위해서는 일정한 숙련 기간과 노력이 필요하다.

다양한 여가 활동을 하라.

- 혼자 할 수 있는 것, 부부 또는 가족이나 친구와 할 수 있는 것으로 실내에서 실외로 점점 확장시켜 보자.
- 쉬운 여가 활동에서 꾸준한 노력이 필요한 자기개발형 활동으로 폭을 넓혀 보자.

제 ❸ 절 효율적으로 여가 시간을 관리하자

01 ㅣ 늘어난 여가 시간 관리

　근로 시간 단축과 소득 증가, IT 산업의 발달로 일 이외의 여가 시간이 늘어나고 있지만 여가 시간의 중요성에 대한 인식이 부족하고 늘어난 여가 시간을 만족스럽게 활용하고 있지 못하다. 특히 은퇴를 앞둔 중장년층의 경우 효율적인 여가 소비는 더욱 중요하다. 대개 은퇴 후 여가 시간이 급증하게 되고 일상적인 삶 자체가 여가 시간인 경우도 적지 않다. 평균 수명의 연장으로 고령화가 되면서 노후의 여가 시간을 잘 관리하지 않으면 불행해질 수 있다.

　은퇴 이후 상당 시간을 여가로 소비해야 하는 중장년층은 건강 관리나 경제적 준비 정도에 비해 여가 생활에 대한 인식이 매우 부족하고 준비도 잘 이뤄지지 않는 실정이다. 통계청의 〈2012년 노후준비실태조사〉에 따르면 노후 준비에 대한 질문에서 여가 생활에 대한 준비는 '전혀, 혹은 별로 하지 못하고 있다'는 답변이 43.7%로 경제(32.7%), 건강(25.5%) 등의 준비에 비해 부족한 것으로 나타났다.

　올해 퇴직을 앞둔 P 씨는 67세이지만 몸은 매우 건강하며 은퇴 이후 시간은 넘쳐나지만 아침에 눈을 뜨면 갈 곳이 없고 할 일이 없는 무료한 시간을 보내게 될까봐 고민이다. P 씨는 하루 24시간, 1주일 168시간을 무엇을 하며 보낼지 생각하면 갑갑하고, 집에만 있어야 하는 삶에 대해 벌써부터 걱정이 많다. 시간 활용 계획을 어떻게 세워야 할지도 암담하다고 한다.

　은퇴 후에는 일상생활 대부분의 시간이 여가 시간이 되기 때문에 현업에서 물러난 은퇴자에게 여가란 심리적으로 매우 부담이 될 것이다. 최근 발표된 〈은퇴 후 후회하는 것 TOP 10〉에서 '평생 즐길 취미가 없는 것'이 일과 인간관계 영역에서 1위를 차지할 만큼 말이다. 평생 회사일에만 집중했던 은퇴자들에게 엄청나게 늘어난 여가 시간은 낯선 것이며 무엇을 해야 할지 고민하는 숙제와도 같다.

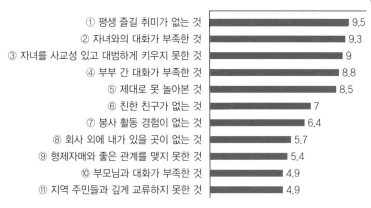

출처: 황은희, 「중장년 퇴직 이후 재취업 길라잡이」

[은퇴 후 후회하는 것 TOP10]

반면 여가 시간을 활용하여 은퇴 생활을 보람 있게 보내는 사람도 많이 있다. 일본 '동경노인종합연구소'가 15년에 걸쳐 정년 전후의 샐러리맨을 대상으로 추적 조사한 결과에 따르면 50대에 여가 생활 1순위였던 취침, TV 시청은 줄어들고, 은퇴 후에 취미, 스포츠, 학습, 독서로 시간을 보내는 사람이 늘어났다. 즉, 여가 시간이 늘어난 은퇴 생활에서 다양한 여가 생활을 통해 삶의 의미를 추구하고 있음을 알 수 있다.

은퇴 후 재취업이나 창업을 하지 않는다면, 하루 대부분이 여가 시간이 된다. 무료하지 않고 보람 있게 여가 시간을 보내려면 철저한 시간 관리가 필요하다.

02 ⏐ 여가와 시간의 의미

여가를 일이나 일상생활의 준비 시간 외에 단순한 자유 시간으로, 가치 있는 여가 활동을 추구하려고 노력하는 적극적인 시간으로, 사회적 치료 수단으로, 인간 내면적 욕구의 반응이나 표현 활동으로, 일과 중에 개인이 느낄 수 있는 가치 있는 활동으로 보는 견해가 있다. 시간은 하루의 기간을 일과 자유로운 시간으로 분류하는 역할을 하며 여가 활동을 구체화시켜 자기 계발과 자아실현의 수단으로 구현하기도 한다.

시간 개념으로 보면 여가는 24시간 중에서 노동, 수면, 식사 또는 다른 기타 신체적 욕구에 필요한 활동으로부터 벗어난 자유 시간이라 할 수 있다. 활동 개념으로 보면, 개인이 자기 선택에 의한 활동에 시간을 이용하여 자기 완성을 위한 여러 가지 가치나 성과를 실현하는 것, 즉 휴식과 기분 전환을 위해서 또는 이득과는 무관한 지식이나 능력의 양성, 자발적인 사회 참여, 자유로운 창조력의 발휘를 위해서 오직 자발적으로 행하는 활동의 총체이다.

한편, 그리스어에서는 시간의 개념을 아이온, 크로니쿠스, 카이로스로 구분한다.

① 아이온(Aion): 누구에게나 똑같이 주어지는 동시적이고 수평적인 개념의 시간이며 모든 사람이 24시간씩 활용할 수 있는 시간이다.

② 크로니쿠스(Chronicus): 수직적 개념의 시간으로 과거에서 현재, 미래로 이어지는 역사적 시간이다.

③ 카이로스(Kairos): '상황적 시간', '혼돈의 시간'을 뜻하는 철학적 개념의 시간으로, 알맞은 시간, 옳은 시간, 바른 때를 지향하도록 요구하는 개념이다.

시간은 무형의 자원이며 누구에게나 공평하게 주어지고, 저장이 불가능하여 사용하지 않으면 소멸된다. 또한 시간은 양도 또는 매매가 불가하며, 물리적 시간은 불변하지만 심리적 시간은 심리 상태에 따라 시간을 지각하는 양상이 달라질 수 있다.

지나간 시간은 되돌릴 수 없기 때문에 시간을 잘 활용하지 못한 사람에게는 그 시간이 다시 돌아오는 대신 후회라는 상처만 돌아오게 된다.

03 Ｉ 효율적인 시간 관리

주어진 한정된 시간을 어떻게 활용하느냐에 따라 인생의 결과가 다르게 나타날 수 있다. 즉, 시간 관리는 자기 관리의 의미와 같다고 볼 수 있다. 시간을 계획적으로 사용하지 않으면 자신의 부정적인 감정과 나태한 감정대로 시간을 소비하게 되며 후회만 남게 된다. 직장 생활에서의 시간 관리는 그 무엇보다 중요하다. 자신의 역량을 키우고 능력을 인정받아 성공적인 직장 생활을 하는 것은 자신의 여유 시간을 어떻게 관리하느냐에 달려 있다. 따라서 자신의 하루 일과를 분석하여 시간 낭비 실태를 파악하고 원인을 제거하여 해결책을 찾는 과정이 필요하다. 자신이 원하는 삶의 목표에 맞게 계획적으로 시간을 활용해 보자.

● **시간 활용 방법**

- 수첩을 활용하자.
- 책상 앞에 달력과 시간표를 붙여 놓자.
- 취침 시간을 일정하게 정하자.
- 우선 순위를 만들자.
- 해야 할 공부나 일을 중심으로 시간을 계산하자.

나의 하루 활동 내용을 평가하자.

자신의 하루 일과를 분석하기 위해서 24시간 동안 일어나는 활동을 시간 순서대로 다음 '나의 활동 평가서'에 모두 기재해 본다.

활동 평가서는 일주일 정도 꾸준히 작성한다.

● **나의 활동 평가서**

시간	활동 내용	활동 시간	A	B	C	D
(예시) 09:00~12:00	TV 시청	3시간				V

※ A: 긴급하고 중요한 활동
  B: 긴급하지 않지만 중요한 활동
  C: 긴급하지만 중요하지 않은 활동
  D: 긴급하지도 않고 중요하지도 않은 활동

'나의 활동 평가서'를 작성하였다면 A~D까지 체크된 활동 내용을 다음 '시간관리 체크리스트'에 옮겨서 작성한다.

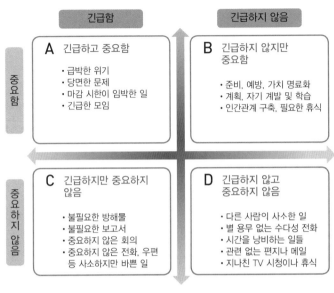

[시간 관리 체크리스트]

A 사분면은 긴급하고 중요한 일이므로 하루 일과 중 가장 우선 순위로 먼저 해야 한다. B 사분면은 긴급하지 않지만 중요한 일로, 시간 계획을 세우고 매일 일정 시간을 B 사분면의 활동에 할애해야 한다. C 사분면은 바쁘기만 하고 실제 중요하지 않은 일로(하는 것 없이 바쁨), 차츰 일을 줄여 나가고 A, B 사분면의 활동을 먼저한 후 남는 시간에 C 사분면의 일을 하도록 한다. D 사분면은 긴급하지도 중요하지도 않은 활동으로 과감히 없애 버려도 좋다.

시간에 대한 목표와 계획이 없으면 자연스레 아무 생각 없이 중요하지 않은 일들로 하루를 채울 수 있다. A 사분면의 활동을 가장 우선순위로 하며, C, D 사분면의 활동들은 최소한으로 줄여 나가고 B 사분면의 시간을 늘려 미래에 대한 준비로 하루의 여가 시간을 알차게 관리하자.

04 ㅣ 효과적인 여가 시간 활용 방안

시간 개념에 따라 여가는 평일 여가, 휴일 여가, 계절적인 여가, 은퇴 생활의 여가로 분류할 수 있다. 여가 시간의 길이나 시간을 활용하는 사람에 따라 여가 활용 방법은 다를 것이다. 보통 평일과 휴일 여가는 피로 회복, 일에 대한 의욕 증진이나 기분 전환을 위해 활용한다. 계절적인 여가와 은퇴 생활의 여가는 비교적 기간이 길기 때문에 계획적인 시간 관리가 필요하다. 은퇴 생활에서 필수 생활 시간 (수면 8시간, 식사 3시간, 개인 유지 활동 2시간)을 제외하면 11시간의 자유 시간이 생긴다. 60세에 은퇴하여 기대 수명을 80세까지로 가정하면 총 8만 시간의 자유 시간이 있다. 100세 시대를 고려하면 자유 시간은 16만 시간으로 대폭 늘어난다. 늘어난 여가 시간을 즐겁게 보내려면 소극적인 여가 시간을 줄이고 일과 적극적인 여가 시간을 늘려야 한다. 우선 잘 할 수 있는 것부터 시작하고 목표를 세우는 것이 좋다. 명확한 목표가 없으면 금세 지루해지고 어떤 여가 활동도 지속할 수 없게 된다. 또한 꾸준히 할 수 있도록 여가 활동 모임이나 단체에서 일정한 역할을 맡아서 적극적인 활동을 해 보자. 이웃과 지역 사회의 각종 행사와 모임에 적극 참석하고 문화센터의 강좌, 동호회 모임 등에 편하게 참석하자. 마음이 맞는 사람들끼리 동아리나 협동조합을 만들어 지역 사회를 위한 재능 기부나 봉사 활동도 시도해 보자. 인터넷을 통한 다양한 커뮤니티 활동도 전개해 보자. 과거의 지위와 격식에 얽매이지 않고 이웃과 교류하며 지역 사회로 삶의 터전을 넓혀 나가보자. 복지, 교육, 과학, 스포츠, 환경 등 여러 분야에서 지적 자산을 활용하면서 효과적으로 자신의 시간을 관리하면서 활기찬 인생을 보내자.

제 ❹ 절 삶을 즐겁게, 여가를 설계하자

01 ㅣ 나 자신을 즐겁게 하는 일은 무엇일까

태어나서 성장 과정을 거치고 40여 년을 현업에서 열심히 일해 온 자신을 돌아보자. 무엇을 위해서 그렇게 열심히 살아 왔을까? 일이 재밌고 즐거워서? 자신의 진정한 행복을 위해서였을까? 아마도 대부분은 사랑하는 가족을 위해서, 조직에서의 책임과 의무로 철저히 조직 위주의 삶을 살아 왔을 것이다. 특히나 베이비붐 세대들은 힘들었던 우리나라 경제 상황 속에서 자신을 버리고 나라 경제와 조직의 성장을 위해서 희생해 온 세대가 아닌가? 덕분에 현재 우리나라는 1인당 국민소득 3만 달러 시대를 앞두고 있다.

은퇴라는 인생의 대전환기 앞에서 생활 경제에 대한 부담과 함께 엄청난 여가 시간을 어떻게 활용해야 할지 고민이 많을 것이다. 우리나라도 고령화 사회에 진입해 앞으로 살아가야 할 날들이 직장 생활을 한 세월 정도와 비슷해질 수도 있다. 그러나 너무 부정적으로 생각할 필요는 없다. 새롭게 시작되는 자유로운 시간들을 긍정적으로 받아들이고 나 자신을 위해 새로운 인생을 설계해 보자.

학창 시절 자신의 꿈은 무엇이었는지, 어떤 것들을 할 때 신나고 재미있었는지 생각해 보자. 직장 생활 중에도 본인의 업무가 힘들고 지칠 때 무엇을 하고 싶었는지, 평상시 방송이나 영화 등을 보면서 하고 싶었던 일은 무엇인지, 주변 지인들을 통해 들었던 정보들을 통해서 '다음에 나도 해 봐야지'라고 생각했던 것은 무엇이었는지, 하고 싶었지만 시간이 없어서 못 했던 것은 무엇인지 자신의 내면을 진지하게 꼼꼼히 들여다보자. 그것이 취미이거나 재취업, 창업, 귀농, 귀촌 등 그 무엇이든지 자신이 하고 싶었거나 부러웠다면 현실상 맞지 않는다고 생각해도 무조건 리스트에 넣어 보자.

은퇴 이후 삶의 만족도를 높여 줄 수 있는 일의 조건은 '해야 할 일'이 아니라,

'하고 싶은 일'이다. 미국의 유명한 작가인 어니 젤린스키는 "은퇴자가 추구해야 할 재미있는 일이란 지위, 권력, 수입, 승진과 같은 요소들을 걱정할 필요가 없는 일"이라고 말하였다. 가장 좋은 직업은 보수가 없어도 행복하게 할 수 있는 일이라고 한다. 은퇴 이후에 단순히 돈을 버는 활동보다는 평소 하고 싶었던 일, 인생의 보람을 찾을 수 있는 것을 선택하자. 또 '끊임없이 자신을 발전시키는 일'을 찾자. 성장은 나이와 상관없이 계속되어만 한다. 끊임없이 성장하려는 욕구는 실제 노화와도 깊은 관련이 있다. 노화는 오르막길과 같아서, 학습이나 새로운 업무를 통해 심신이 건강하게 유지되지만, 그렇지 않은 사람은 급속도로 노화한다. 따라서 인생의 발전을 위해 노력하는 사람은 그만큼 젊음도 오래 지속할 수 있다.

양원주부학교에 다니는 81세 할머니는 한의대학 입학을 꿈꾸며 열심히 공부하고 있다. 그 외에도 많은 사람들이 나이가 들어도 하고 싶었던 공부를 새로 시작하면서 행복을 찾고 있다.

평생 가족을 위해서 일만 하다 은퇴 후 한글과 수학, 영어, 미술, 글짓기, 악기 등을 배우면서 자신의 숨겨진 재능을 발견하기도 하고 대학에 입학하거나 그 재능을 키워서 시인으로, 화가로 새로운 삶을 살아가는 사람들이 많이 있다.

이를 돕기 위해 사단법인 한국문해교육협회는 전국 지방자치단체, 국가평생교육진흥원과 제때에 교육을 받지 못한 사람들에게 초등학교, 중학교 졸업증을 받을 수 있는 교육을 지원하고 문해교육사도 양성하고 있다. 은퇴 후 문해교육사라는 새로운 자격을 취득하면 만학의 꿈을 가진 분들에게 공부를 가르치는 일을 할 수 있다. 문해교육사는 각기 다른 분야에 종사했던 분들이지만, 실제 현직 교사나 교장 선생님 출신자들도 많이 있다. 문해교육사들은 봉사 활동을 하고 있지만 그 무엇과도 바꿀 수 없는 보람과 행복이 있다고 한다. 만학도들도 나이를 잊은 채 하루하루 열심히 공부하고 있다. 영화 〈할머니는 1학년〉이나, 2013년 설 특집 〈도전 골든벨〉에서도 그분들의 학구열을 볼 수 있다.

02 ㅣ 삶의 가치를 높일 수 있는 여가 목표

자신의 내면과의 대화를 통해 진정한 삶의 욕구가 어디에 있는지 찾아보았다면, 자신의 강점과 장점 등을 참고하여 새로운 여가 생활의 목표를 세워 보자. 앞서 말했듯이 너무 짧은 시간에 목표를 달성하려 하지 말고 삶 속에서 그 과정을 즐길 수 있도록 목표를 정해 보자. 또한 은퇴 후의 성공적인 여가 생활은 은퇴 전에 체계적으로 준비하고 학습하면 노년기까지 성공적으로 지속될 수 있으므로 여가 목표를 세부적으로 계획하는 것이 좋다. 자신의 목표에 맞게 자발적으로 여가 활동에 참여할 때 여가 활동이 더욱 즐거워지고 행복한 삶을 살 수 있다.

자신만의 여가 활동 구축

은퇴 전, 여가 욕구는 있으나 시간이 없어서 못 했던 취미 활동, 신체적 운동, 여가를 즐기는 방법 등 자신에게 가장 잘 맞는 여가 활동을 구축한다.

부부가 함께하는 여가 활동

자녀의 독립과 결혼으로 가족 중심에서 부부 중심의 삶으로 변화하게 된다. 부부간 잠재된 갈등이 있었다면 해결하도록 노력하여 긍정적인 관계를 정립하고 인생의 동반자로서 더욱 풍요롭게 살아갈 수 있도록 노후를 함께 준비한다.

자신의 경력을 사회에 환원

자신의 직장 생활이나 여가 경험을 통해 구축된 경력을 다른 사람들과 공유하고 전수함으로써 삶을 보다 만족스럽게 보낼 수 있다.

건강 유지를 위한 신체적 활동

은퇴 후 가장 관심 있는 것은 건강일 것이다. 건강을 목적으로 하는 자신에 맞는 다양한 신체적 활동을 찾아 참여해 본다.

즐거움을 위한 활동적 여가 참여

은퇴 후 가장 많이 하는 여가 활동과 하고 싶은 활동에는 차이가 있는데, 하고 싶은 활동은 여행, 관광이라고 한다. 그 외 새로운 분야에 대한 도전 등을 위해서는 비용이 발생되므로 활동적 여가 활동을 위해 미리 여가 비용을 준비해야 한다.

봉사 활동을 통한 사회적 기여

은퇴 후 각종 사회단체에 참여하여 봉사 활동을 하게 되면 사회적 관계망의 유지와 사회적 소외감의 예방에 도움이 된다. 또 자신의 존재감이 향상되고 심리적 안정과 삶의 보람을 느낀다.

03 ㅣ 여가 설계 시 유의 사항

자신의 여가를 설계하기 위해서 우선 자신의 여가 생활을 점검하자. 일과 가정 생활 등 전반에 대한 점검이 필요하며 생활 전체를 되돌아 보고 그 특징과 문제점을 찾아보자.

여가 생활을 설계할 때 다음 다섯 가지를 유의하자.

첫째, 하루 일과를 바쁘게 보내야 한다는 강박 관념을 버리자.
둘째, 여가 활동의 목표는 연간, 월간, 주간 단위로 여유 있게 준비하자.
셋째, 가족 또는 배우자와 함께할 수 있는 취미나 사회 활동을 설계하자.
넷째, TV 시청을 줄이고 오감을 활용한 신체 활동을 적극적으로 개발하자.
다섯째, 인적 네트워크를 위한 사회 참여와 보람을 느낄 수 있는 봉사 활동에 더 많은 시간을 투자하자.

---

04 ㅣ 의미 있는 삶을 위한 여가 설계

은퇴 이후 행복한 삶을 위해서 하프타임을 갖고 자신의 삶을 되돌아보자. 지금까지는 사회와 가정을 책임지기 위해서 열심히 살았다면 은퇴 이후의 삶은 책임감에서 벗어난 나만의 자유 시간인 것이다. 이제부터는 나를 위한 시간이다. 그동안 하고 싶었던 것들을 하나씩 실천할 수 있도록 여가를 설계하고 실천해 보자.

일을 계획한다는 것은 그 일에 대해 충분히 숙지하고 파악한 후 실행 준비 과정을 자신의 스타일에 맞춰 정리해 보는 것이다. 여가를 설계하는 과정도 마찬가지이다. 여가 시간을 어떻게 활용할지 계획에 앞서 왜 하려는지, 무엇을, 어떻게 할 것인지 충분히 생각해 봐야 한다.

여가 설계 과정은 여가 동기–여가 목표–여가 스타일–여가 유형–시간 계획으로 진행되며 여가에 대한 만족도는 얼마나 자신의 욕구를 반영하였는지, 어떤 여가를 선택하였는지에 따라 달라질 것이다.

여가 설계 과정에서 가장 우선시되는 것은 여가에 대한 동기이다. 즉, 휴식을 위한 것인지, 그냥 시간을 보내기 위해서인지, 신체 건강을 위한 운동을 하기 위해서인지, 자연을 즐기기 위해서인지 먼저 생각해 봐야 한다. 사회적 교류, 가족 친목, 자아실현, 성취, 도전, 창작 활동, 봉사 등으로 여가 동기가 서로 중복될 수 있으니 자신의 동기들을 고려해서 계획을 추진한다.

여가에 대한 동기가 정립되었으면 여가에 대한 목표를 설정해야 한다. 목표는 방향이 되는 것이므로 목표가 없으면 계획이 쉽게 무너져 버리고 설계조차 할 수 없다. 목표가 명확해야 원하는 결과를 만들 수 있는 것이다. 여가에 대한 목표가 설정되면 그 다음은 어떻게 실행할 것인지에 대한 방법적인 것으로, 자신의 여가 스타일에 따라 여가 활동에 어떤 유형의 방법이 있는지 찾아봐야 한다. 자신이 끝까지 실천할 수 있는 방법이 습관화될 수 있도록 자신에게 맞는 스타일에 따라 여가 유형을 찾아 계획을 세워 본다.

여가 설계는 여가 시간을 관리하는 것이다. 여가 설계에 맞는 계획을 하루 일과 중에 매일 고정적인 시간에 한다는 원칙을 세워야 한다. 시간에 대한 일관성이 무너지면 하고자 하는 의지가 무너지게 된다. 예를 들어, 매일 아침 9시에 요가를 하기로 정하고 매일 그 시간에 요가를 하러 가면 그것이 습관이 되고 생활이 될 수 있지만, 9시에도 가고 10시에도 가고 저녁 7시에도 간다면, 원칙이 흔들리고 의지가 약해져서 쉽게 포기하게 된다.

문화체육관광부의 《여가백서》에 따르면 우리 국민들은 여가 활동으로 TV 시청, 산책, 낮잠, 찜질방 가기, 음악 감상과 같은 휴식(59.3%)을 가장 많이 하고 있다. 그 다음으로는 쇼핑, 외식, 인터넷 검색, 등산, 음주, 게임, 독서, 낚시와 같은 취미 오락(20.9%)을 선호하고 있다. 그 밖에 스포츠나 문화 예술과 관련된 여가 활동은 그다지 높은 비중을 차지하고 있지 않다. 이러한 한국인의 여가 활동을 은퇴 설계 시각에서 평가해 보면 여러 가지 문제점들을 발견할 수 있다. 휴식 위주의 여가 활동으로는 은퇴 후 삶을 충족시키기 부족하다. 그리고 대부분의 취미 오락 역시 쇼핑, 등산, 낚시 등과 같이 가벼운 활동 위주로 이루어지고 있다. 여가를 적극적으로 추구해야 자아실현이나 사회 활동으로 연결될 수 있지만, 현재는 지나치게 가벼운 차원에서 이루어지고 있는 것이다. 좀 더 진지하게 여가 생활을 할 필요가 있다.

이미 고령화가 상당히 진행된 유럽과 북미에서는 은퇴자들이 진지한 여가 활동을 하기 위해 많은 노력을 하고 있다. 이들은 오랜 시간 동안 학습하여 관련 자격증을 따거나 여러 사람들에게 봉사하고 코칭하는 등 자기 계발과 사회 참여를 가미하는 활동을 지향하고 있다. 우리나라도 이제 본격적인 고령사회에 진입하면서 좀 더 진지한 취미와 여가 위주로 은퇴 생활의 질을 높여야 하는 상황을 맞이하고 있다. 자신의 여가 생활을 위한 시간 관리와 여가 목표를 토대로 생활 속에서 가벼운 여가와 자아실현을 위한 시간과 노력을 투자해야 하는 진지한 여가 설계로 은퇴 후 삶을 행복하게 만들자.

은퇴 이후 웃음 치료 활동으로 새로운 삶을 찾다.

필자가 2007년 '웃음 치료 봉사 활동'을 할 때 함께 했던 두 분이 생각난다. 한 분은 노 선생님으로 군 중령으로 제대하셨고 또 한 분은 태 선생님으로 공직에 계시다가 은퇴를 하셨다. 공교롭게도 두 분 다 은퇴를 몇 년 앞두고 '암'에 걸려서 빨리 은퇴한 경우였다. 두 분 모두 건강이 좋지 않았고 하루하루 무료하게 지내면서 울적함을 느끼다가 웃음 치료 교실을 찾았고 필자가 운영했던 봉사단에 합류하게 되었다.

당시 우리 봉사단은 일주일에 두 번(수요일, 토요일) 지정 장소에서 웃음 및 레크리에이션, 마술, 음악 밴드 등 다양한 분야의 재능가들이 모여 1시간씩 봉사를 하였다. 두 분 모두 한 번도 빠지지 않고 참석하였고 건강해졌음은 물론, 아파서 일찍 은퇴하고 웃음 치료를 할 수 있어서 감사하며 현재 너무 행복하다고 하였다.

노 선생님은 군 생활 당시 자신도 몰랐던 유머와 레크리에이션 진행 등 놀라운 끼와 열정을 찾았고 봉사단과 함께 활동하면서 새로운 네트워크를 형성하고 그분들과 웃음 치료 자격과정 교육 사업을 하였다. 노 선생님은 취미와 여가 생활에서 시작하여 평생 즐기며 돈을 벌 수 있는 일을 찾은 것이다. 또한 전국 군대를 다니며 후배들에게 웃음 치료와 안보 강의를 하는 명강사가 되었다.

태 선생님은 처음에는 누가 봐도 공직자의 얼굴이었지만 점차 이웃집 편안한 아저씨처럼 얼굴 표정이 밝아졌다. 태 선생님은 누구보다 제일 열심히 웃음 치료 활동에 참석하였으며 집에서도 어떻게 하면 더 잘할 수 있을지 연구하고 연습하였다. 집에서 손주를 돌보고 있었는데, 손주에게 실험해 보고 사모님에게도 피드백을 요청하며 새로운 것을 계발하기도 하였다. 지금은 등산 및 여행을 다니면서 매달 고정적으로 복지관이나 노인병원 등에서 웃음 강사로 활동하고 있다.

두 분은 본인이 원하지 않은 어쩔 수 없는 상황에서 준비도 없이 은퇴를 하게 되었지만 스스로 웃음 치료라는 여가 활동을 선택하고 그 속에서 새로운 삶을 찾아 즐겁고 행복하게 남은 삶을 보내고 있다.

교육적 시사점

- 자신이 꼭 하고 싶은 여가 활동은 무엇인지에 대한 내면의 성찰이 중요하며 생각만 하는 것이 아니라 시도해 보는 것이 중요하다.
- 스스로 선택한 여가 활동을 통해 즐거움을 찾고 그 속에서 자신도 모르는 역량을 발견하여 여가 생활을 넘어 새로운 직업을 갖게 되었다.

나를 가슴 뛰게 만드는 일은 무엇인가?

그동안 자신의 삶에서 연령대별로 가장 기억에 남는 '이슈(issue)'를 적어 보고, 앞으로의 여가 계획을 세워 보자.

▷ 20대 : _____

_____

_____

▷ 30대 : _____

_____

_____

▷ 40대 : _____

_____

_____

▷ 50대 : _____

_____

_____

▷ 60대 : _____

_____

_____

▷ 70대 : _____

_____

_____

▷ 80대 : _____

_____

_____

▷ 90대 : _____

_____

_____

▷ 100대 : _____

_____

_____

시간 관리 점검

아래의 문항을 잘 읽은 후, 지난 1달 동안 자신의 행동에 해당되는 문항에 체크해 보자.

번호	문항 내용	Check
1	나는 주요 인기 방송 프로그램의 채널과 시간대를 알고 있다.	
2	나는 주로 애청하는 프로그램이 4개 이상 된다.	
3	나는 매일 친구나 지인과 전화 통화를 1시간 이상 한다.	
4	나는 다른 사람들의 사소한 일에도 관심이 가고 궁금하다.	
5	나는 일주일에 4번 이상 식사나 술 약속이 있다.	
6	나는 일주일에 3번 이상 회의에 참석한다.	
7	나는 하루 종일 쉴 틈 없이 바쁘게 일을 해도 늘 일이 밀려 있다.	
8	나는 최근 정시에 퇴근해 본 적이 없다.	
9	나는 피곤이 쌓여서 아침이면 일어나기 힘들다.	
10	나는 미래에 대한 목표와 계획이 없다.	
11	나는 자기 계발을 위해 특별히 배우는 것이 없다.	
12	나는 회사 사람들 외에 만나는 사람이 별로 없다.	
13	나는 가끔 거래처와의 약속된 일정이나 프로젝트를 마감일에 못 맞출 때가 있다.	
14	나는 가끔 회사일이 바빠서 중요한 세미나 참석을 놓칠 때가 있다.	
15	나는 늘 바쁘게 움직여야 인정받는(능력 있는) 사람으로 생각된다.	

※ 체크된 문항의 개수가 많을수록 시간 관리가 안 되는 것이다. 체크 문항이 10개 이상이면 시간 관리가 전혀 안 되고 있으므로 자신의 하루 일과를 체크해 보고 중요하고 긴급한 일부터 처리할 수 있도록 효율적으로 시간 관리를 해야 한다.

은퇴 후 여가 준비를 위한 네 가지 포인트

1. 여가 포트폴리오를 만들어라.

노후 삶의 행복은 여러 방면으로 조화롭게 균형을 이룰 때 비로소 찾을 수 있다. 지나치게 한 분야에만 매달리기보다는 시간과 노력을 골고루 배분할 필요가 있다.

2. 단시간의 즐거움이 아닌 일정한 경력을 가질 수 있는 여가를 추구하라.

여가 이론에 따르면 이러한 여가를 '진지한 여가(serious leisure)'라고 하는데, TV 시청이나 잡담, 산책 등과 같은 '캐주얼 여가(casual leisure)'와 반대되는 개념이다. 진지한 여가는 많은 노력을 기울여 난관을 극복해 가면서 여가와 관련한 장기적인 경력을 쌓아 가는 것이 특징이다. 이를 통해 성취감을 느낄 수 있고, 사회적으로 교류를 늘릴 수 있으며 자신을 재발견할 수도 있다.

3. 취미나 여가 활동을 위한 자금을 확보하라.

대부분의 사람들이 생활비에서 여가 비용을 조달하는데, 이러다 보면 취미 활동에 제약이 따를 수밖에 없다. 외국에서는 은퇴 이후 취미나 여가 활동을 위한 '은퇴 축하금'을 만든다고 한다. 따라서 은퇴 직후 활동기에 취미나 여가 활동으로 충분한 만족감을 느낄 수 있도록 금융 상품을 활용해 미리 은퇴 축하금을 확보하는 것이 좋다.

4. 은퇴 전부터 여가 활동을 개발하라.

적지 않은 사람들이 여가 활동은 은퇴한 다음 여유가 될 때 시작하면 된다고 생각하지만, 이는 실제와 다르다. 지금부터 계획하고 준비하지 않으면 은퇴 이후에는 여가 생활을 하기가 더욱 어려워진다. 현역 시절부터 취미나 여가 활동을 계획하고 개발해야 노후 여가를 생산적이고 행복하게 활용할 수 있다.

은퇴 이후의 여가는 현역 시절의 여가와 의미가 다르다. 현역 시절에는 일상생활 대부분이 직장 생활로 바쁘기 때문에 여가는 일로부터 해방되는 즐거움이었지만, 은퇴 이후에는 일상생활 자체가 곧 여가 생활이라고 볼 수 있다. 따라서 여가를 어떻게 보내느냐 하는 문제는 은퇴 생활의 행복과 직결된다고 할 수 있다.

출처: 삼성생명 공식 블로그, 은퇴저널 6월호, 2012. 6. 25.

03장 행복한 여가 즐기기

제1절 여가 실천을 위한 기본기
제2절 유형별 여가 활동 즐기기
제3절 삶의 만족도를 높이는 여가
제4절 여가를 위한 정책 활용하기

학|습|목|표

- 여가 활동을 실행하기 위한 신체적·정신적 기본기를 다질 수 있다.
- 다양한 여가 활동의 종류를 파악하고 나에게 맞는 활동을 즐길 수 있다.
- 자신의 삶의 만족도를 높일 수 있는 여가를 찾을 수 있다.
- 여가를 즐길 수 있는 다양한 프로그램 참여를 위해 정책을 활용할 수 있다.

학|습|열|기

한국교육삼락회, 투어컴 크루즈(주)와 협약 체결

한국교육삼락회 총연합회가 투어컴 크루즈㈜와 협약을 통해 퇴직 교원들의 복지 증진을 위해 노력하기로 했다.

삼락회 관계자는 "노년층이 늘어나고 기대 수명이 증가하는 요즘, 은퇴자들 삶의 질이 중요 관심사로 떠올랐다"며 "이런 상황에 은퇴자들을 위한 새로운 여가 문화의 장을 만들기 위해 투어컴 크루즈사와 협약을 맺었다"고 밝혔다.

두 단체가 준비한 프로그램은 크루즈 여행. 새로운 형태의 관광으로 노년층의 육체적 부담을 줄이고 정신적 여유를 늘리는 계기로 삼겠다는 생각이다. 이 관계자는 "모든 삼락회 회원들이 행복한 노후를 누리를 수 있도록 최선을 다해 돕겠다"고 덧붙였다.

투어컴 크루즈㈜는 노년층 경제적 상황을 고려해 17만 톤의 최대, 최고급 크루즈 여행을 100만 원대로 출시할 예정이다. 향후 노년층뿐만 아니라 크루즈 여행을 꿈꾸던 소비자들에게 좋은 반응을 불러일으킬 것으로 보인다. 투어컴 크루즈㈜는 내년 2월 첫 출항을 기점으로 매년 24회 운항할 계획이라고 말했다.

– 동아닷컴 2016. 6. 9. 기사 中

제 ❶ 절 여가 실천을 위한 기본기

01 ㅣ 신체적·정신적 변화에 적응하자.

한 개인이 태어나서 성장하고 발달하여 죽음에 이르기까지의 일련의 변화 과정을 생애주기라고 한다. 일반적으로 나이가 들어가는 순서에 따라 아동, 청년에서 성인기를 거쳐 노년기로 향하는 변화 단계를 거치게 된다.

성인기에는 신체적 건강이 최고조에 달했다가 서서히 감퇴하기 시작한다. 이 시기에는 직업을 가지며 결혼으로 새로운 가정을 꾸려 자녀를 양육하고 사회화시키는 등 부모로서의 새롭고 중요한 역할을 담당하게 된다.

일반적으로 중년기인 50대가 되면서 자녀의 독립 등으로 가족 관계에 변화가 생기면서 부부관계 등 전체적인 관계의 재평가가 이루어진다. 특히 직업 주기에 있어서도 그동안 자신이 세웠던 목표를 재평가하게 되고, 업무와 주변 환경을 재조정하게 되는 변화의 시기이다. 사회적·경제적 압박이 심하고 가족에 대한 책임으로 여가 활동의 폭이 매우 좁다. 따라서 중요한 역할 변화, 정서적 변화 속에서 소외, 허무감, 권태감, 자기 혐오감 등의 위기가 오기도 한다. 특히 여성의 경우 폐경기로 인한 생식 능력의 상실로 우울증 경향이 나타나기도 한다.

약 1,000만 명에 달하는 50대 베이비붐 세대는 2020년경부터 65세 이상 노년기로 진입하게 된다. 노년기의 신체적·생리적 특성으로는 감각 기관의 기능 저하, 운동 능력 및 근력 저하, 뼈의 퇴행적 변화, 뇌혈관 탄력성의 감소, 내장 기관의 전반적 기능 감퇴 등을 들 수 있다.

노년기는 유행을 추구하기보다는 본질에 관심을 보이는 시기이다. 사회나 가정에서 역할이 감소하고 수동적 경향이 증가하며, 주변인의 사망으로 인한 고독감이 증가한다. 특히 호르몬의 변화로 남성의 여성화와 여성의 남성화로 인해 남녀 간의 성격적 성차가 감소하는 시기이다.

나이가 들면서 심리적 변화가 발생하는데, 노화 과정에서 나타나는 사고와 감정, 그리고 태도의 변화는 어떠한지, 그리고 이 같은 변화에 어떻게 대처해야 할 것인지는 매우 중요하다. 노화 단계에서 인간의 뇌는 줄어들게 되는데 이로 인해 퇴화 과정이 지배적으로 일어난다. 즉 지각력, 인지력, 공간력 등 주요 능력들이 약화되는 것이다.

작업 기억의 퇴화 현상도 일어난다. 작업 기억이란 감각기관을 통해 입력된 정보들을 단기적으로 기억하며 능동적으로 이해하고 조작하는 과정을 말한다. 작업 기억을 통해 다양한 정보를 동시에 평가하고 처리하며, 거기에 기초해서 그 다음 행동을 결정하게 된다. 그러나 이러한 기능의 퇴화로 목표들이 서로 다른 여러 과제를 동시에 처리해야 하거나 다른 일에 주의력이 분산되는 경우에 어려움을 겪게 된다.

개인사를 저장하는 자전적 기억도 해체되기 시작한다. 자전적 기억은 경험했던 역순으로 사라지는데, 특히 최근에 겪었던 일의 날짜와 장소를 정확하게 재구성하는 것이 제일 먼저 어려워진다. 즉, 건망증 증세가 심해지는 것이다. 반면, 결정적 지능의 역할은 꽤 오랫동안 유지할 수 있다. 즉, 일의 숙련도나 지식의 양인 어휘량, 암산 능력, 기능 등의 능력은 80~90세까지 안정적으로 유지될 수 있다.

노년기는 사고(思考)의 속도는 줄어들지만, 대신 풍부한 경험을 바탕으로 얼마든지 자신의 여가 생활을 보람 있게 사용할 수 있다. 따라서 적극적인 여가 활동을 통해서 생기와 기력을 얻을 수 있다면 또 다른 신체적·정신적 삶의 질에서의 만족도 가져올 수 있을 것이다.

02 ｜ 정신력을 유지하기 위한 활동

정신적 능력의 약화 요인으로는 당뇨, 갑상선 항진증 및 저하증, 고혈압, 저혈압 등을 들 수 있다. 이런 질병을 해결하기 위해서는 달리기, 걷기, 수영, 자전거 타기 등 지구력을 키우는 운동이 매우 중요하다. 즉, 지구력 운동을 통해서 체력을 키워 질병을 예방할 수 있다. 운동을 하면 뇌혈관 순환이 개선되어 신경 세포들에 영양이 충분히 공급되기 때문이다. 육체 활동은 또한 스트레스 해소에도 도움이 된다.

운동을 하면 나이가 들었을 때의 정신적 능력에 대한 간접적인 효과가 향상된다. 젊었을 때 운동을 별로 하지 않던 노인들이라도 규칙적으로 운동하면 인지 능력에 효과를 볼 수 있다. 이는 운동할 때 조율 능력을 훈련하기 때문이다. 조율 능력이 향상되면 몸의 조율을 위한 에너지가 덜 필요하고 따라서 주의력을 작업 기억에 더 많이 배분할 수 있게 된다. 이는 운동 이외에 음악이나 사회 활동에도 도움이 된다. 예를 들면, 나이를 들어감에 따라 자신의 감정을 잘 통제하는 법을 습득하게 되는 경우이다. 기분이 나쁘더라도 젊은 사람보다 그 느낌에서 더 빨리 벗어나는 경향을 보인다. 편안한 느낌을 주는 정보들을 젊은 시절보다 더욱 선호하며, 그런 정보들에 주의를 기울이고 더 뚜렷이 기억하기 때문이다.

노년기에 접어들면 개인적인 성공이나 목표가 무의미하게 생각되며, 정서적인 문제들이 중요해지고 새로운 것에 대한 호기심이 저하된다. 이로 인해 자신에게 맞는 안정적인 환경에서만 머물려는 경향이 나타나 자칫 삶이 무기력해진다. 인생 100세 기준으로 자신이 앞으로 몇십 년을 더 살아야 할지 계산해 보자. "나는 내일 지구의 종말이 오더라도, 오늘 한 그루의 사과 나무를 심겠다." 스피노자가 한 말이다. 세상에 대해 호기심을 가져 보자. 세상은 넓고 볼 것도, 갈 곳도, 할 것도 많다. 좀더 다양한 사람을 만나서 사는 얘기도 듣고, 조언도 하고 자신의 경험도 나눠 주자. 젊은이들이 자주 가는 거리도 가 보고 젊은이들의 패션도 따라해 보자.

넓은 대인 관계로부터 받을 수 있는 도움도 생각해 보자. 타인과의 관계는 고독감 해소뿐만이 아니라 정보적·정서적 측면에서도 도움이 된다. 인간은 타인과의 관계를 통해서 동기 부여도 받고 목표를 추구하며 실현할 수 있다. 대인 관계는 위기 시 '완충 작용'을 할 수 있으며 인지 능력 감퇴와 치매의 진행을 지연시킬 수 있다는 연구도 있다.

03 ㅣ 기본기를 위한 다섯 가지 실천 방안[58]

활발한 여가 활동을 하기 위해서는 자신의 신체적·정신적 건강이 밑받침이 되어야 한다. 그러기 위해서 다음 다섯 가지 실천 방안을 활용해 보자.

첫째, 30분 운동하기

우리 몸은 끊임없이 움직여야 생존할 수 있는데, 우리 몸이 무언가 부족함을 느낄 때, 운동으로 단련하지 않는다면 그에 대한 대가를 치를 수밖에 없다. 운동은 신체적인 건강뿐만 아니라 정서적·사회적 건강까지 모두 향상시키는 중요한 활동이다.

---

58) 한국생애설계협회, 『자원봉사 여가 및 취미생활』, 2016, pp. 569~572

- 첫 달은 일주일에 세 번, 10분 정도 걷는 습관을 들인다.
- 두 번째 달은 운동 시간을 조금 더 늘린다. 일주일에 네 번, 한 번에 30분씩 운동하는 것을 목표로 삼는다.
- 이후에는 6개월 동안의 계획을 세워 본다.
- 혼자보다는 친구나 가족과 함께하는 것이 좋다. 운동하는 습관이 들 수 있도록 도와줄 것이다.

둘째, 충분히 휴식하기

대부분의 정상적인 사회생활을 영위하는 사람이라면 즐거움과 여가를 추구하려는 성향과 함께 무언가를 성취하기 위해 본능을 억제하고 고통을 참으려는 성향도 함께 가지고 있다. 따라서 수면 시간, 휴식 시간, 여가 시간 등을 줄이고 자신을 연마하는 일에 투자하려고 한다. 그러나 인간은 한계를 지니고 있다. 그러므로 본능의 욕구를 억제하고 무리하게 생활한다면 결국에는 건강 악화로 이어져 개인적·사회적으로 피해를 보게 될 것이다. 그렇기 때문에 여가 활동에서는 충분히 휴식을 취했는가, 여가 계획은 있는가, 자기 발견의 시간은 충분했는가와 같은 질문을 많이 해야 한다.

- 지금까지 가장 행복했던 순간을 떠올려 보자. 구체적으로 당시 기분, 동료, 교훈, 상황 등을 노트에 기록한다.
- 이를 토대로 앞으로의 의무나 책임감이 아닌 자신이 하고 싶은 일에 대해서 생각해 본다.
- 휴식이라는 것에 대해 생각하고 삶에 있어서 휴식의 양과 질의 중요성을 생각해 본다.

셋째, 달성 가능한 목표 세우기

여가 활동을 위해서는 지속적인 실천이 필요하다. 이를 위해서는 여가 목표가 현실적이어야 한다.

- 여가 활동 측면에서 당신이 계획하고 있는 목표 다섯 가지를 생각한다.
- 목표는 세부적이고 구체적일수록 좋다.
- 각각에 대하여 달성 가능성을 숫자로 표현하여 기록한다.
- 주기적으로 달성 가능성 수치를 생각하면서 목표를 이루어 나간다.

넷째, 사소한 즐거움 찾기

여가를 즐기지 못하는 이유의 대부분은 시간이 없거나, 너무 바빠서라고 한다. 여가 활동이 반드시 많은 시간을 내서 해야 한다고 생각하면 지속적으로 유지하기 어려울 것이다. 바쁠 때일수록 자신의 하루 일과를 정리해 보고 불필요한 행동들을 줄이는 등 시간을 관리해 보는 것이 필요하다. 또한 일상생활에서 사소한 즐거움을 찾고 이를 여가 활동의 연장선으로 생각한다면 충분히 지속적인 실천이 가능할 것이다.

다섯째, 행복 실천하기

여가 활동은 행복을 실천하기 위한 전제 조건이면서 결과일 것이다. 자기 자신이 실천할 수 있는 가능한 행동에서 출발하여 실천력을 기르는 것이 필요하다.

- 자신의 삶에서 행복한 삶을 생활의 중심으로 둔다.
- 여가 활동의 실천이 행복으로 가는 최고의 방법이라고 생각하고 실천한다.
- 자기 자신을 돌아보고 주변에서부터 행복을 실천한다.

04 ㅣ 정보 수집 및 분석

여가 활동을 선택하기 전에 어떤 유형과 종류가 있는지 먼저 확인해 봐야 한다. 최근 가장 선호하는 활동은 무엇이고 나의 연령대와 스타일에 맞는 활동들은 어떤 것이 있는지, 혼자서 하는 활동, 부부가 즐길 수 있는 활동, 가족 또는 동아리 활동 등 다양하게 정보를 수집해야 한다.

정보 수집 방법은 지인을 통하거나 매스컴, 인터넷 등 다양할 것이다. 요즘은 필요한 정보를 인터넷을 통해 거의 얻을 수 있다. 인터넷을 통해 가장 효율적으로 정보를 얻기 위해서는 필요한 정보의 해당 주제나 단어 중심으로 검색을 한다. 신문 기사, 블로그, 카페, 홈페이지 등 많은 정보들 가운데 관심이 가는 웹사이트를 검색해서 유용한 정보를 얻을 수 있다. 이때 포털사이트별로 정보 차이가 있을 수 있으니 여러 포털사이트를 검색하는 것이 좋다.

그 외에도 관련 도서, 잡지, 지인들을 통한 간접 경험, 지역 사회에서 진행하는 프로그램 등 온·오프라인에서 정보를 수집하여 자신에게 맞는 정보는 어떤 것인지 분석해 본다. 다양한 채널을 통해 더 많은 정보를 얻을 수 있다. 관심 있는 여가 활동에 대한 구제적인 방법, 즉 장소, 교통, 편의시설, 프로그램 내용, 기간, 비용 등을 여러 채널을 통해 비교·분석할 수도 있다.

제 ❷ 절 유형별 여가 활동 즐기기

01 | 유형별 여가 활동[59]

우리나라 국민들이 가장 많이 하는 여가 활동은 TV 시청을 포함한 '휴식 활동' 이다. 순위 10위권 내에는 휴식 활동, 취미 오락 활동, 스포츠 참여 활동, 사회 및 기타 활동, 스포츠 관람 활동, 문화 예술 관람 활동, 관광 활동, 문화 예술 참여 활동 순으로 나타났다.

다음에서 순위 유형별 어떤 여가 활동들이 있는지 살펴보자.

휴식 활동

일상생활에 피로해진 심신을 정상적으로 회복하기 위하여 하는 기분 전환 활동

- 운동이 아닌 단순 휴식 목적의 일상적인 산책 활동
- 목욕, 사우나, 찜질방
- 낮잠
- TV 시청
- 뉴스, 음악 프로그램 등 라디오 청취
- 음악 감상
- 신문, 잡지 보기

취미 오락 활동

전문성보다는 자신의 흥미에 중점을 두고 자유 시간에 즐기는 다양한 활동

- **수집 활동**: 취미를 위하여 여러 가지 물건이나 재료를 찾아 모으는 활동으로 그 대상을 모으는 자체가 즐거움이 되는 행위

---

59) 문화체육관광부, 『2014 국민여가활동조사』, 2015

- **생활 공예**: 공예란 실용적인 물건에 장식적인 가치를 부가함으로써 그 가치를 높이려고 하는 미술 활동. 생활 공예는 생활 속의 실용성을 띤 물건들에 공예적 요소를 가미하는 활동
- **다도**: 찻잎 따기에서 달여 마시기까지 다사(茶事)로써 마음을 수련하여 덕을 쌓는 행위
- **애완동물 돌보기**: 좋아하여 가까이 두고 귀여워하며 기르는 동물을 돌보는 행위
- **노래방 가기**: 노래 반주가 나오는 기계가 비치되어 있어 반주에 따라 노래를 부를 수 있는 업소를 방문하는 활동
- **인테리어**: 집이나 자동차 등 실내 장식을 바꾸고 디자인하는 활동
- **등산**: 산에 오르는 것 자체를 목적으로 하고 이 일을 통하여 심신을 단련하고 즐거움을 찾는 활동
- **낚시**: 물고기를 잡는 낚시질을 통칭
- SNS **관리**: 인터넷 정보 검색 이외에 개인 홈페이지나 블로그를 관리하는 활동
- **인터넷 검색/채팅/UCC 제작**: 인터넷으로 신문·잡지·TV 보기, 라디오 듣기 등 정보 검색, 컴퓨터 게임, 인터넷 화상 채팅, 이메일 쓰기 또는 읽기 등
- **게임**: 집이나 오락실, PC방 등에서 컴퓨터나 스마트폰, 휴대용 게임기 등을 이용한 오락, 게임
- **보드게임**: 일정한 게임판(보드)을 두고 그 위에 몇 개의 말을 올려 정해진 규칙에 따라 진행하거나, 포커나 화투처럼 정해진 숫자의 카드를 통해 일정한 규칙에 따라 게임을 진행하는 종류의 게임
- **퍼즐**: 어려운 문제나 깊이 생각하게 만드는 게임을 의미하며 숫자 퍼즐 등 그 종류가 매우 다양
- 바둑, 장기, 체스 등의 게임을 즐기는 활동
- **겜블, 복권 구입**: 도박성 게임을 하거나 복권을 구입하는 활동
- 쇼핑, 외식
- 음주
- **미용**: 피부 관리, 헤어 관리, 네일아트, 마사지, 성형 등 이·미용과 관련된 모든 행위

스포츠 참여 활동

심신의 단련이나 교제를 목적으로 스포츠 활동에 실제 참여하는 경우

- 농구, 배구, 야구, 축구, 족구 등 구기 운동 참여 활동
- 테니스, 스쿼시 등 라켓 운동 참여 활동
- 당구, 포켓볼 등의 참여 활동
- 볼링, 탁구 등의 참여 활동
- 골프 참여 활동
- 수영 참여 활동

- 윈드서핑, 수상스키, 스킨스쿠버 다이빙, 래프팅, 요트 등의 수상 운동 참여 활동
- 스노보드, 스키 등의 설상 운동 참여 활동
- 아이스스케이트, 아이스하키 등의 빙산 운동 참여 활동
- 헬스(보디빌딩), 에어로빅 등 체력 단련을 위한 개인 운동
- **요가**: 명상과 스트레칭이 결합된 운동
- **필라테스**: 각종 기구나 매트를 이용해 전신 근육을 강화시키는 운동
- **태보**: 태권도 등 무예를 원용한 에어로빅의 일종
- 배드민턴, 줄넘기, 맨손 스트레칭 체조, 훌라후프 등 개인 또는 단체가 일상에서 체력 단련을 위해 하는 운동
- 육상, 조깅, 속보 등 별도의 기구 없이 하는 걷기류의 운동 참여 활동
- **격투기 운동**: 태권도, 유도, 합기도, 검도, 권투 등 참여 활동
- **댄스 스포츠**: 탱고, 왈츠, 자이브, 맘보, 폴카, 차차차 등 참여 활동
- **사이클링**: 자전거를 이용하여 자연을 즐기는 야외 활동
- **산악자전거**: 산악 능선을 질주하며 등반하고 하산하는 여가 활동으로 익스트림 스포츠의 일종
- **인라인스케이트**: 바퀴가 일렬로 장착된 스케이트로 지면을 활주하는 레저 스포츠
- 승마, 암벽 등반, 철인 3종 경기, 서바이벌 등의 참여 활동

사회 및 기타 활동

봉사 활동, 친구 만남 등 사회 공헌이나 사교를 목적으로 하는 활동

- **사회봉사 활동**: 도움을 필요로 하는 집단을 단체를 통해서 또는 개인적으로 돕는 활동
  각종 행사 지원 및 환경, 범죄 예방, 교통 관련 봉사 활동, 학교 내에서 자녀 교육과 관련된 봉사 활동, 개인적으로 또는 복지 시설·종교 단체 등을 통해서 아동·노인·장애인 등을 돕는 행동, 문화 체육 행사, 관광지 또는 문화 시설에서 문화 향유를 돕는 행위, 재해 지역의 주민 돕기 등
- **종교 활동**: 혼자 또는 가족과 함께 집안이나 집 밖에서도 기도, 경전 읽기, 종교 관련 CD 듣기, 교회, 성당, 절 등에서 예배, 집회 참가와 같은 종교 활동
- 클럽, 나이트 가기
- **가족 및 친지 방문**: 가족·친척 등과 대화, 모임, 방문하는 교제 활동, 부모님 찾아 뵙기, 가족 생일·결혼식·회갑·제사 등 집안 행사 방문하기
- **잡담/통화하기/문자 보내기**: 개인적인 잡담, 전화 통화, 문자 보내기 활동
- **계 모임/동창회**: 사람들이 모여 서로 친목을 도모하고 연락을 하기 위하여 조직한 모임에 참석
- 이성 교제(데이트)/미팅/소개팅

- **친구 만남/동호회 모임**: 친구, 동료, 이웃 사람, 동호회원 등과 개인적으로 만나서 대화하거나 모임 등을 갖는 활동
- **기타 여가 활동**: 앞서 열거된 유형에 포함되지 않는 여가 활동

스포츠 관람 활동

농구, 야구, 축구, 복싱, 격투기 등 각종 경기를 관람(구경만)하는 활동

- **직접 관람**: 축구, 야구, 농구, 배구, 자동차 경기 등 스포츠 경기장을 방문하여 관람(자녀가 참가한 경기 관람 포함)
- **간접 관람**: 축구, 야구, 농구, 배구, 자동차 경기 등 스포츠 경기 등을 TV, DMB 등의 매체를 통해 관람
- **격투기 경기 관람**: 권투, 킥복싱 등 격투기 경기 관람
- **온라인 게임 경기 현장 관람**: e-스포츠 경기를 현장에 직접 방문해서 관람

문화 예술 관람 활동

교양 함양을 위해 문화 예술 공연 등을 관람하는 활동

- **전시회 관람**: 각종 전시회(미술, 사진, 건축, 디자인전시회 등) 관람 활동
- **박물관 관람**: 각종 박물관(종합박물관, 어린이, 민속박물관 등) 관람 활동
- **음악 연주회 관람**: 클래식 공연, 오페라 등 음악 연주회 관람 활동
- **연극 공연 관람**: 연극, 뮤지컬 등 공연 관람 활동
- **무용 공연 관람**: 발레, 댄스, 한국무용, 현대무용 등 무용 공연 관람 활동
- **영화 보기**: 극장에서 영화 감상하기(상영 시간 기다리기 포함)
- **연예 공연 관람**: 연예 쇼, 라이브 콘서트, 마술 쇼, 거리 공연 등 기타 공연 관람 활동

관광 활동

즐거움을 위해 일상 생활권을 일시적으로 떠나는 활동(상주 목적이나 영리 추구 목적은 제외)으로 낯선 지역의 풍경, 풍습, 문물 등을 보거나 체험하는 일

- **문화 유적 방문**: 역사적으로 의미가 있는 문화 유적지를 방문하는 활동
- **자연 명승 및 풍경 관람**: 「문화재보호법」에 따라 예술적인 면이나 관상적인 면에서 기념물이 될 만한 국가 지정문화재 및 풍경을 관람하는 활동
- **삼림욕**: 병 치료나 건강을 위하여 신선하고 상쾌한 공기를 들이마시며 숲에서 산책하거나 온몸을 드러내고 숲속을 걷거나 머물러 있는 활동
- **국내 캠핑**: 텐트 또는 임시로 지은 초막 등에서 일시적인 야외 생활을 하는 활동, 야영

- **해외 여행**: 업무 출장, 어학 연수를 위한 해외 여행은 제외
- **야유회**: 직장이나 특정 단체에서 친목 도모를 목적으로 야외로 나가 간단한 식사와 레크리에이션을 즐기는 활동
- **온천/해수욕**: 온천은 땅속의 지열에 의해 평균 기온 이상으로 데워져 솟아나는 지하수(온천수)를 이용할 수 있는 시설을 말하며, 치료 목적은 제외
- **유람선 타기**: 관광, 유람을 목적으로 사용되는 여객선을 타고 강, 호수, 연안 등을 관광하는 행위
- 테마파크 가기, 놀이공원, 동물원, 식물원 가기
- **지역 축제 참가**: 특정 지역을 대표하는 볼거리 먹을거리 등을 테마로 개최하는 축제 (예: 보령 머드축제, 이천 도자기축제, 함평 나비축제, 태백산 눈꽃축제 등)
- 자동차 드라이브

문화 예술 참여 활동

문화 예술 공연, 창작 활동, 미술, 연주 등에 직접 참여하는 활동

- **문학 행사 참여**: 시 낭송회 등 문학 행사 참여 활동
- **문예 창작/독서 토론**: 시, 산문 등의 글짓기 활동, 독서 토론 등
- **미술 활동**: 그림(만화) 그리기, 조각, 디자인, 도예, 서예 등 미술 활동
- **악기 연주/노래 교실**: 개인 취미로 하는 각종 악기 연주 활동과 여성문화회관, 평생교육원 등에서 운영하는 노래 교실 등에 참여하는 활동
- **전통 예술 배우기**: 판소리, 사물놀이, 줄타기 등 전통 예술 학습 활동
- **사진 촬영**: 디지털카메라, 필름카메라, DSLR 등을 이용하여 취미로 사진을 촬영하는 활동
- **춤/무용**: 발레, 한국무용, 현대무용 등

02 ｜ 새로운 여가 활동 등장

디지털형 여가 활동

　IT, 스마트폰 등의 발달로 일상 속에서의 디지털형 여가가 더욱 본격화되고 있다. 아날로그형 여가는 직접적인 체험과 경험을 통해 만족을 얻는 반면, 디지털형 여가는 조작과 가상의 기술을 이용한 가상 체험을 통해 쾌감을 얻는 것이 특징이다. 디지털형 여가는 현실 세계에서 벗어나 또 다른 자신을 나타내는 경험으로 인하여 스트레스 해소가 쉽게 이루어진다. 특히 디지털 공간에서 제3의 공간을 만들어 여가를 즐기려는 경향이 강하게 나타난다. 이는 현실 세계에서 미래를 준비하며, 연습하는 장으로도 활용 가능할 것이다.

에코형 여가 활동

여가 트렌드가 가족 중심의 소규모 관광과 자연 친화적인 에코형 여가 문화로 변화하고 있는 추세이다. 이는 지나친 도시화와 산업화로 밀집된 도시 생활에 염증을 느낀 사람들이 자연으로 돌아가고자 하는 욕구가 반영된 것으로 캠핑, 삼림욕, 낚시, 등산 등이 해당된다. 자연 친화적 여가를 통해 쾌적한 삶을 즐기면서 심신의 안정과 건강을 챙기고자 하는 사람들이 많아졌다.

호모 루덴스의 탄생

현재의 여가 트렌드에서 볼 수 있는 특징 중 하나는 일과 여가의 경계가 모호해지고 있다는 점이다. 요한 하위징아(J. Huizinga, 1872~1945)는 그의 저서 《호모 루덴스(Homo Ludens)》에서 놀이는 문화의 한 요소가 아니라 문화 그 자체이며 인간은 창조적이고 상상력이 풍부한 유희적 인간으로 일과 문화, 정치, 예술 등 모든 영역에서 놀이 형태로 현실 속에서 즐거움을 찾아야 한다고 하였다.

호모 루덴스(놀이 하는 인간)의 시대가 왔다. 이는 자기만의 취미를 갖고 잘 노는 사람이 트렌드를 만든다는 의미이다. 누구나 블로그·유튜브 등을 통해 직접 대중과 만나고 자신의 콘텐츠를 홍보할 수도 있게 되었다. 자신의 창의적인 아이디어와 '체험', '소통'이 만들어낸 새로운 여가 트렌드인 것이다.

이와 같이 일과 여가가 결합된 새로운 삶의 방식을 추구하는 현대인들이 늘어나고 있다. 다른 용어로 일과 여가의 경계가 붕괴되어 결합되는 현상을 '레저 재핑(leisure zaping)'이라고도 하며 반대의 개념인 '레저 홀릭(leisure holic)' 방식은 일상생활 속 '일에 대한 대응 방식'으로 일과 여가를 구분하고 일보다 여가를 더 중시하는 방식이다. 삶의 목적이 '일'이 아닌 '즐기는 여가'에 있다는 것이다.

자아실현형 여가

평생 교육이 활성화되고 여가 시간이 늘어나면서 그동안 개인이 부족했던 분야나 관심사를 탐구하려는 자기 계발형 여가 활동이 점차 증가하고 있다. 새로운 영역을 배워 자신의 개성과 창조성을 키우는 일이며 많은 시간과 노력이 필요한 만큼 성취와 보람, 자아실현을 가능하게 하는 여가이다.

고급형 여가

인생 100세 시대에서 여가 생활은 삶의 질을 좌우하는 중요한 요소임을 인식하면서 은퇴 후 여유 시간을 여러 가지 다양한 활동으로 채워 나가는 중장년층이 늘고 있다. 이들은 호모 헌드레드(homo hundred) 시대라고 하며 적극적으로 활발한 사회 활동을 하면서 삶에 재미를 찾는다. 이들은 자존감이 높고, 시간적 여유와 안정적인 경제력으로 고급 문화를 추구하고 있다. 중장년층의 지속적인 여가 문화 활동은 개인의 삶의 질을 높이고, 건전한 사회를 만드는 데 기여할 수 있다.

03 | 주요 여가 시설[60]

문예회관

공립 문화 시설인 문예회관은 공연장을 중심으로 하는 복합적인 성격의 지역 문화 예술 시설로, 각 지역에서 공연 예술을 중심으로 전시·교육·정보 등 다양한 분야의 문화 향수와 창조 활동을 활성화하는 거점 공간을 의미

- 문화회관을 비롯한 시민회관, 시민문화회관, 문화체육센터, 문화센터, 예술의 전당, 아트홀 등 유사 명칭이 다양하게 사용

지방문화원

시·군·구 단위로 설립되는 지방문화원은 지역 축제, 민속 행사 등 전통 문화의 발굴·보존과 각종 문화 행사를 주최하는 등 지역 문화 진흥을 위한 지역 문화 사업을 수행하기 위한 단체

- **주요 기능**: 향토 문화 연구소 운용, 향토사료전시관 설치 운영, 문화 유적지 탐방, 지역 문화 행사 등
- **운영 프로그램**: 전통 문화, 문화 예술, 생활 문화, 어학, 컴퓨터

문화의 집

지역 주민이 생활권 안에서 문화 예술을 이해하고 직접 체험할 수 있도록 한 복합 문화 공간

---

60) 문화체육관광부, 『2014 국민여가활동조사』, 2015

- **주요 기능**: 지역 고유 문화의 개발·보급·전승 및 선양, 향토사의 조사·연구 및 수집·보존, 지역 문화 행사의 개최 및 문화에 관한 자료의 수집·보존 및 보급, 지역 전통 문화의 국내외 교류 및 지역 문화에 관한 사회 교육 활동
- **운영 프로그램**: 문화 예술, 생활 문화, 어학(영어, 한문), 컴퓨터, 생활 체육 및 건강, 문화 감상, 전통 문화

국공립미술관

- **주요 기능**: 문화·예술의 발전과 일반 공중의 문화 향수 증진에 이바지하기 위하여 박물관 중에서 특히 서화·조각·공예·건축·사진 등 미술에 관한 자료를 수집·관리·보존·조사·연구·전시하는 시설
- **운영 프로그램**: 교양 이론 강좌, 직무 연수

국공립박물관

- **주요 기능**: 문화·예술·학문의 발전과 일반 공중의 문화 향수 증진에 이바지하기 위하여 역사·고고·인류·민속·예술·동물·식물·광물·과학·기술·산업 등에 관한 자료를 수집·관리·보존·조사·연구·전시하는 시설
- **운영 프로그램**: 문화 학교, 문화 유적 답사, 박물관 연수

국공립도서관

도서관 자료를 수집·정리·분석·보존·축적하여 공중 또는 특정인에게 제공함으로써 문화 발전 및 평생 교육에 이바지하는 시설

- **주요 기능**: 정보 및 문화 교육 센터로서의 기능(평생학습관, 문화 학교 등의 운영)
- **운영 프로그램**: 문학 강좌, 문화 예술, 어학, 컴퓨터, 생활 문화

주민자치센터

읍·면·동 사무소의 기능 전환으로 인한 여유 공간을 활용해 주민을 위한 문화, 복지, 편익 시설 및 프로그램을 운영하고 주민 참여를 통해서 주민 자치 의식과 지역공동체 형성의 구심체 역할을 담당

- **주요 기능**: 주민 자치 기능, 문화 여가 기능, 지역 복지 기능, 주민 편익 기능, 주민 교육 기능, 지역 사회 진흥 기능
- **운영 프로그램**: 문화 예술, 생활 체육, 건강, 생활 문화

여성회관/여성발전센터

여성을 대상으로 기술·기능 교육을 실시하여 여성의 자질 향상 및 능력 개발 등 여성의 복지 증진

- **주요 기능**: 여성의 사회 참여 활성화를 위한 교육 및 활동의 장 제공, 여성의 교양 교육 및 여가 활동 지도, 여성의 경제력 향상 지원, 지역 여성 복지 사업, 상담 사업, 자원봉사 활동 지원 등
- **운영 프로그램**: 여성 복지 상담 사업, 여성 자원봉사센터 운영, 보육 사업, 시설 대여, 기능 교육 등

종합사회복지관

지역 사회 내에서 일정한 시설과 전문 인력을 갖추고 지역 사회의 인적·물적 자원을 동원하여 '지역 사회 복지'를 중심으로 한 종합적인 사회 복지 사업을 수행하는 사회 복지 시설

- **운영 프로그램**: 가정 복지 사업, 지역 복지 사업, 아동 복지 사업, 청소년 복지 사업, 노인 복지 사업

평생학습관

지역 주민을 대상으로 평생 교육 프로그램 운영 등 지역 학습센터로서의 역할과 더불어 평생 교육에 관한 연구·연수 및 정보 제공의 기능 수행

- **주요 기능**: 지역 주민을 대상으로 평생 교육 프로그램 운영, 지역 학습센터로서의 역할, 평생 교육에 관한 정보 제공 기능 수행 및 연구·연수
- **운영 프로그램**: 문학, 교양, 건강, 사진, 각종 자격 과정 등 다양한 프로그램

오락장(아케이드 게임방, 카지노 등)

- **아케이트 게임방**: 대개 동전을 넣고 게임을 즐기는 형태를 취하는 오락장을 지칭
- **카지노**: 해변가·온천지·휴양지 등에 있는 일반 옥내 도박장. 우리나라에서는 관광업 발전을 위해서 국내 외국인이나 관광객용으로 서울, 부산, 제주 등의 관광호텔에 개설

국민체육센터

국가에서 국민들의 체력 증진과 생활 체육 확대를 위해 건립한 다목적 복합 체육 시설로 수영장, 체육관, 헬스장 등을 갖춘 시설

청소년수련관

실내 활동 위주의 시설을 다양하게 갖추고 수련 거리를 상설 운영하는 시설

근린공원

근린 거주자 또는 근린 생활권으로 구성된 지역 생활권 거주자의 보건과 휴양 및 정서 생활의 향상에 기여함을 목적으로 설치된 공원

체육공원

녹지 공간 속에 각종 생활 체육 시설을 집중 설치, 선진국형 쾌적한 체육 활동 환경을 조성함으로써 국민 생활 체육을 활성화하고, 휴식과 체육, 레저 활동을 겸할 수 있는 다목적 공간

- **주요 시설**: 다목적 구장, 테니스장, 농구장, 실외수영장, 롤러스케이트장, 게이트볼장, 체력단련장, 산책로, 휴게실, 녹지 공간 등

테마파크

특정 주제를 정하여 그 주제에 맞는 오락 시설과 건축, 조경 등의 연출이 이루어지는 공원. 테마공원이라고도 불리며, 놀이동산이나 놀이공원과 비슷한 의미로 사용

- **주요 시설**: 롯데월드, 에버랜드, 서울랜드, 오션월드, 스파캐슬 등 놀이공원과 워터파크 등

04 ㅣ 여가 활동의 지속성[61]

참여하고 있는 여가 활동의 지속 기간에 대한 2015년 《은퇴전환기 중고령자의 일·여가 현황과 여가증진방안 연구》 결과를 보면, 연 1~3회만 여가 활동에 참여하는 사람의 비중은 전체의 5.5%였으며, 월 1~3회만 여가 활동에 참여하는 응답자는 17.7%, 그리고 주 1회 이상 여가 활동에 참여하는 비중은 76.8%로 나타났다. 주 1회 이상 참여하는 집단은 남성보다 여성이 다소 높았으며 50대에 비해 60대의 비중이 상대적으로 높았다.

여가 활동 참여 빈도에 따른 세부 여가 활동을 보면 연 1~3회만 참여하는 여가 활동은 영화, 외식, 관광 등이었으며, 월 1~3회만 참여하는 활동은 등산, 외식, 영화 순으로 나타났다. 주 1회 이상 꾸준히 참여하고 있는 활동은 걷기나 산책, 등산, 외식 등이었다.

여가 활동의 지속 기간을 3년 이상 10년 미만이라고 응답한 사람은 43.4%, 10년 이상 여가 활동을 지속해 왔다는 응답자는 35.8%를 차지하였다. 3년 미만이라고 응답한 집단의 경우 남성보다는 여성의 비율이 높았으며, 50대와 중고령자의 비중이 상대적으로 높게 나타났다. 반면, 10년 이상 여가 활동을 지속하고 있다고 응답한 집단은 남성, 55세 이상, 중졸 이하 집단, 그리고 취업자의 비중이 상대적으로 높았다. 여가 활동의 지속 기간에 따른 여가 활동의 내용은 걷기나 산책, 영화 보기, 등산, 외식 등으로 여가 활동 지속 기간에 따른 여가 내용의 차이는 크지 않는 것으로 볼 수 있다.

---

61) 강은나 외, 『은퇴전환기 중고령자의 일·여가 현황과 여가증진방안 연구』, 한국보건사회연구원, 2015

제 ❸ 절 삶의 만족도를 높이는 여가

01 | 소극적인 한국인의 여가 활동

여가는 은퇴 후 삶의 만족도를 높이고 행복감을 줄 수 있는 훌륭한 도구이다. 그러나 우리나라는 그냥 집에서 쉬는 정도의 여가일 뿐 여가 활동에 대한 인지도와 수준이 매우 낮다.

문화체육관광부의 《2014 국민여가활동조사》에 따르면 가장 많은 여가활동 유형은 '휴식 활동(62.2%)'으로 조사됐다. 또 주 여가 활동으로는 'TV 시청'이 76.6%로 가장 높게 나타났다. 생활 속에 일반적인 대화 소재도 TV속 드라마 내용이 제일 많다고 한다. 이처럼 우리나라 여가 생활 현실은 지극히 소극적이고 단조롭다. 은퇴 이후 30~40여 년을 TV만 보고 살 것인가? 분명 이러한 현실은 개선해야 할 필요가 있다.

전 세계적으로 보면, 여가의 양과 질은 그 나라의 국민소득과 정비례한다. 1인당 국민소득이 3만 달러 수준을 넘어서면 문화 예술, 스포츠 같은 여가 활동이 본격적으로 활성화되면서 삶의 중요한 부분을 차지하게 된다. 그리하여 양적·질적으로 성숙된 여가 활동을 통해 일과 생활의 균형을 추구하게 된다.

이미 고령사회가 진행된 선진국에서는 은퇴자들이 매우 다양한 여가 활동을 즐긴다. 자기 나름의 계획을 세워 여행과 스포츠 활동을 즐기는 것은 기본이고, 평생 학습을 하거나 기술을 배워 자격증을 딴다든지, 사회봉사 활동을 펼치는 등 자기 계발과 사회 참여를 가미하는 적극적인 활동을 하고 있다.

우리나라도 베이비부머의 본격적인 은퇴가 시작되면서 이러한 양상으로 변화될 수 있다. 이들은 현재의 고령자들보다 상대적으로 성취감이 높고 교육, 건강, 경제력이 높아 여가 시간을 보다 적극적으로 활용할 여지가 크기 때문이다.

은퇴 후의 삶의 질을 높이고 활기차게 보내려면 자신이 좋아하고 하고 싶었던 일 중심의 발전성 있는 진지한 여가 중심으로 좀 더 적극적으로 여가를 설계해야 한다.

02 ㅣ 적극적인 여가 활동이 주는 행복

은퇴 후 여가 활동으로 단순히 집에서 TV 시청을 하거나, 산책 정도의 가벼운 활동만 한다면 삶이 얼마나 무료할까? 은퇴자들이 공통적으로 하는 말은 '은퇴 후 딱 한 달만 좋더라.'이다. 충분히 잠도 자고, 직장 스트레스도 없고 먹고 싶을 때 먹고, 가고 싶은 데 가고, 만나고 싶은 사람을 만나고, 산책도 하고 등산도 하고 자유롭고 행복했지만, 한 달이 지나니까 그 생활도 지루하고 답답하더라는 것이다. 그날이 그날, 매일 똑같은 일상의 반복이다.

여가 활동도 습관이다. 은퇴 후 여가 생활을 보람 있게 보내기 위해서는 은퇴 전부터 미리 경험해 보고 준비해야 한다.

필자도 과거를 회상해 보면 가장 행복했던 순간은 직장 생활과 가정 생활로 바쁜 삶 속에서 새벽에 1시간 짬을 내어 수영을 배울 때이다. 한겨울 아침 6시 타임에 수영을 배우러 다니는데, 처음 1주일은 힘들었지만 매일 조금씩 실력이 발전하고 새로운 영법을 배우는 즐거움에 피곤하고 추운 외부 환경은 제약이 되지 않았다. 수영을 마치고 돌아갈 때의 그 기분을 잊을 수 없다. 한겨울 차가운 공기가 너무 시원하고 마음이 날아갈 듯이 상쾌하고 행복한 순간이었다. 그 경험으로 필자는 골프를 배웠고, 관심 있는 분야의 자격증과 수료증을 취득하였으며 학업도 더 이어나갔다. 그러다 보니 자격증과 수료증이 30개가 넘었다. 그렇게 세월이 흘러 필자에게는 그 활동들이 경력이 되었고 서로 도움을 주고받는 새로운 인맥 관계망이 형성되었다. 아마도 필자는 세상 끝날 때까지 건강이 허락하는 한 늘 새로운 것에 도전하고 나의 경험을 나눌 것이다.

무엇인가에 몰입할 때, 시간도 점프한다. 주변의 상황이나 환경도 의식되지 않는다. 그렇게 몰입할 수 있는 적극적인 여가 활동을 권유하고 싶다. 적극적인 여가 활동은 성취감과 행복감을 높여 준다. 여행, 스포츠, 악기 연주, 자기 계발과 같이 평생 하고 싶었던 활동에 푹 빠져 보자. 무조건 내 마음이 하고 싶은 쪽으로 여가 활동을 선택해 보자. 적극적으로 여가 활동을 즐기다 보면 취미·여가가 또 다른 직업으로 발전하는 경우도 많다.

취미·여가 활동을 통해 많은 사람들과 교류하며 동호회나 단체 속에서 활발한 활동을 함으로써 새로운 사회 활동의 기반이 형성될 수 있다.

03 ㅣ 가벼운 여가에서 진지한 여가로

캐나다 캘거리대 교수인 스테빈스(R. Stebbins)는 여가를 '가벼운 여가'와 '진지한 여가'로 분류하였다. 가벼운 여가는 TV 시청, 산책, 등산, 관람, 문화 활동 등 일상적인 여가를 뜻하며, 즐기는 데 있어서 훈련이 필요치 않다. 이러한 여가는 일시적인 만족감은 주지만 지속되지는 않는다.

반면, 진지한 여가는 보다 적극적이고 계획적으로 수행하는 여가를 뜻한다. 공예, 목공(DIY 가구)과 같은 만들기, 원예, 특용 작물 재배하기, 각종 예술, 스포츠, 학문 등을 기초부터 시작하여 아마추어에서 전문가 수준까지 도달할 수 있도록 노력해 가는 적극적 활동이라 할 수 있다. 이 과정에서 새로운 지식과 기술, 경험 등을 획득하게 되며 성과에 대한 만족도가 높아짐으로 자기 효능감과 삶의 의욕을 고취시킬 수 있다.

일상적인 가벼운 여가는 심신을 편안하게 하고 '휴식'과 '즐거움'을 주지만, '만족감, 성취감, 도전 의식, 삶의 에너지'와 같은 정신적 보상이 따르지 않는다. 진지한 여가는 무엇인가 '새로운 것'에 도전하여 배우고 익히는 '진정한 즐거움과 행복'을 느끼게 한다. 은퇴 후에는 아침에 일어나도 '갈 곳이 없다'는 소속감 부재로 비참한 마음이 든다고 한다. 매일 새로운 것을 배우러 가는 호기심과 기대감을 가지고 발전하는 자신의 모습을 발견하며, 설레는 아침을 맞이할 수 있는 진지한 여가 활동이 은퇴 후 삶의 질을 높여 줄 것이다.

04 ㅣ 삶의 만족도를 높이는 진지한 여가[62]

진지한 여가란 아마추어, 취미 활동가 또는 자원봉사자가 해당 핵심 활동을 체계적으로 추구하고 그 속에서 본질과 재미 그리고 성취감 등을 느끼는 것을 일컫는다. 진지한 여가의 여섯 가지 독특한 특징을 살펴보면 다음과 같다.

첫째, 위험에 대처하거나 패배팀을 응원하거나 당혹감을 관리하는 것과 같이 때때로 인내심을 확보해야 할 필요가 있다.

둘째, 여가 자체의 특수한 개연성, 전환점, 성취 단계 또는 개입 등으로 여가 경력이 형성된다.

셋째, 특수하게 획득한 지식, 훈련, 경험, 기술 등을 활용하기 위해 상당한 개인적 노력이 필요하다.

넷째, 진지한 여가의 여덟 가지 혜택(자아실현, 자기 풍요, 자아 표현, 자아 재활, 갱신, 성취감, 자아 이미지 고양, 사회적 상호 작용과 소속감)이 주어진다.

다섯째, 여가 활동을 자랑스럽게 생각하고, 자신의 정체성도 그 여가 활동을 중심으로 이루어진다.

여섯째, 참여자들은 그들이 선택한 활동을 하면서 그들만의 독특한 정서를 형성한다.

진지한 여가의 핵심 포인트는 '성취감'이다. 여가 활동을 통해 보상을 받으려는 욕구인 성취감은 참여자에게 있어 여가 활동의 의미이자 그 활동에 참여하는 동기가 된다. 즉, 보상의 동기 부여 개념이다. 진지한 여가를 추구하면서 얻는 보상은 열정적으로 여가 활동을 하고 있는 사람들에게 통상적인 가치를 지닌다. 스테빈스 교수는 진지한 여가의 보상을 개인적 보상과 사회적 보상으로 나누었다.

개인적 보상

진지한 여가 활동을 하는 사람에게 주어지는 개인적 보상으로 풍부한 경험에서 얻는 개인적인 풍요, 기술·능력·지식 개발 등으로 인한 자아실현, 이미 개발된 기술·능력·지식 등을 활용한 자아 표현, 다른 사람들이 자신을 진지한 여가 참여자로 인식하는 자아 이미지, 피부에 와닿는 즐거움과 심층적인 성취감의 결합에서 오는 자아 만족, 진지한 여가를 통한 자아 재창조, 진지한 여가 활동을 통한 재정적 보상을 들었다.

---

62) 로버트 스테빈스, 『진지한 여가』, 여가경영, 2012, pp. 31~45

사회적 보상

진지한 여가 활동의 사회 세계에 참여한 여타 참여자들과 결합되어 있는 또는 자원봉사자로서 고객과 연결되어 있는 사회적 매력, 집단 성취(진지한 여가 프로젝트를 성취하기 위한 집단의 노력: 기여감, 필요감, 이타심 발현), 집단 개발과 유지에 기여 등이 있다.

진지한 여가 참여자들은 개인적으로 가장 중요하게 생각하는 공통적인 보상으로 자아 풍요를, 그 다음으로 자아 만족을 꼽았다. 보상을 얻기 위해서는 충분한 기술, 지식 그리고 경험 수준에 도달해야만 하고, 보상을 활용할 수 있는 수준에 도달해야 한다. 세 번째로 높게 나타난 중요한 보상은 자아실현이었다.

제 ④ 절 여가를 위한 정책 활용하기

01 | 여가 정책의 중요성[63]

여가 정책의 궁극적 목적은 국민 생활의 질적 향상과 국민의 행복에 있다. 국민의 행복지수에 대한 관심이 대두되면서 여가 활동은 국민 행복 실현에 대한 요구를 충족시키는 기본 조건이 되고 있다.

문화체육관광부의《2014 국민여가활동조사》에 의하면 국민의 여가 생활의 활성화를 위한 정책 중 '다양한 여가 시설(93.2%)', '질 좋은 여가 프로그램의 개발 및 보급(93.0%)'에 대해 응답자 중 93% 이상이 중요하다고 평가했다.

그 외에도 '소외 계층을 위한 여가 생활 지원(90.0%)', '여가와 관련한 전문 인력 양성 및 배치(89.9%)', '공휴일과 휴가를 법적으로 보장(89.1%)' 등이 중요하다고 평가했다.

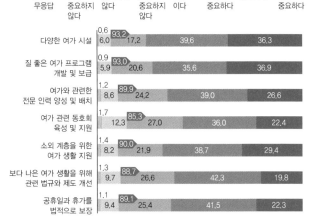

(사례 수: 10,034, 단위: %)

출처: 문화체육관광부, 『2014 국민여가활동조사』

[여가 정책 평가별 중요도]

63) 이수진 외, 「베이비붐 세대 은퇴에 따른 여가소비문화 활성화 방안」, 경기개발연구원, 2011

특히 베이비붐 세대는 기존 시니어 세대와는 달리 가치관·경제력·정보력 측면 등에서 완전히 다른 존재라고 할 수 있다. 이들은 안정적 자산과 풍부한 소비력을 지니고 있으며 다양한 국내외 여행 경험과 문화 콘텐츠를 향유한 세대이다. 또한 이들은 본인 인생에 대해 전반적으로 만족(경제, 건강 등)하고 미래에 대해 낙관적 기대와 자기 계발의 욕구 또한 강한 편이다. 이들은 기존의 실버 세대와는 다른 형태의 새로운 문화를 창출해 나갈 것이다. 그러므로 우리나라 베이비붐 세대를 위한 여가 소비 문화 활성화 정책은 기존보다 더 많은 인프라 구축과 프로그램 개발, 정보 제공, 네트워크 강화가 필요하며 제도적 여건 조성 및 교육 등 기타 지원이 필요하다.

02 | 국내 정책 동향

문화체육관광부 정책

문화체육관광부는 2012년부터 근로자가 일과 여가 생활을 조화롭게 병행할 수 있도록 모범적으로 지원·운영하는 '여가친화기업'을 선정해 지원하는 사업을 추진해 오고 있다. '여가친화기업 선정·지원' 사업의 취지는 직장인들이 여가 활동을 통해 삶의 질을 높임으로써 그들이 몸담고 있는 직장의 이미지와 브랜드 가치를 키우고, 여가 문화에 대한 긍정적인 사회 분위기를 확산하는 것이다. 2016년 11월 30일 '2016 여가친화기업' 17개를 선정하고 앞으로도 사회 전반의 '일과 여가의 균형'에 대한 인식 재고와 여가 활동의 저변 확대를 위해 노력할 예정이다.

문화체육관광부 문화여가정책과는 「문화기본법」, 「국민여가활성화기본법」 개정 등 '문화 국가'를 만드는 데 필요한 법·제도적 기반을 구축하였다. 또 2014년 1월부터 매달 마지막 수요일에 전 국민이 영화관, 공연장, 미술관 등 전국 주요 문화 시설을 무료 또는 할인된 가격으로 이용할 수 있는 '문화가 있는 날' 시행, 생활문화센터 건립, 문화 자원봉사 활성화 등 국민의 문화 기회를 확대하였다. 인생나눔교실, 길 위의 인문학, 이야기 할머니 사업 등을 통한 인문 정신 문화의 사회적 확산을 도모하였으며 이와 함께 문화창조융합벨트, 콘텐츠코리아랩 등을 통한 문화 콘텐츠 분야 창업 지원 시스템을 구축하였다.

이 밖에도 문화체육관광부는 노인을 위한 지원 정책으로 노인 운동 문화 확산과 전문 인력 확충 및 바우처 사업[64]을 지원하고 있다.

보건복지부의 정책

'제2차 저출산·고령사회 기본계획'에서 여가 문화와 관련한 정책은 '고령자 자원봉사 활성화 및 인프라 구축'과 '고령자의 여가 문화 향유 기반 확대'이다. 또한 '베이비붐 세대 보건복지 지원 정책'을 별도로 마련하고 있다.

보건복지부는 2011년 10월 24일부터 11월 21일까지 전 국민 대상으로 '8만 시간 디자인 공모전'을 진행하였다. '8만 시간'이란 만 60세에 은퇴해 만 80세까지 산다고 할 때 여생 동안 갖게 되는 여유 시간을 말한다. 공모전은 국민들이 은퇴 후 삶을 미리 계획해 봄으로써, 행복한 노후를 준비할 수 있는 기회의 장을 마련해 주기 위한 것으로 보건복지부 주최, 한국노인인력개발원과 한국노인종합복지관협회가 공동 주관으로 진행하였다.

또 보건복지부는 직원의 대다수를 만 60세 이상 어르신으로 고용하는 기업을 설립하면, 최대 3억 원의 사업비를 지원하는 '고령자 친화기업 제도'를 2011년에 시작하여 2016년 현재 82개소가 운영 중이다.

03 ㅣ 수도권 여가 문화 소비 장소

수도권의 문화, 쇼핑, 음식, 미용, 건강 등을 아우르는 여가 문화 소비 장소를 소개하면 다음과 같다.

- **서울**: 쇼핑·음식 중심의 생활 문화의 공간으로 청담동, 신사동 가로수길, 명동거리가 있다. 역사 문화 공간으로는 한지 공예·갤러리·전시회·전통 음식점·한옥·창덕궁 등이 있는 삼청동 거리, 인사동, 북촌이 있다. 문화 예술 공간으로 공연장·클럽·쇼핑·음식거리가 있는 홍대, 대학로, 이태원을 들 수 있다.
- **인천**: 거리 갤러리·패션·음식·공원 등 문화 예술 공간인 인천(부평) 문화의 거리
- **경기**: 고양(일산) 라페스타(패션, 음식, 영화관, 이벤트 홀, 야외공연장), 파주 헤이리 예술마을(예술가 작업실, 미술관, 박물관, 갤러리, 카페, 북시티, 프로방스, 영어마을), 의정부 행복로(공원, 거리콘서트, 제일시장, 패션, 카페), 수원(수원화성), 성남(분당) 정자동(카페거리), 용인(죽전) 보정동(카페거리), 여주(프리미엄 아울렛)

---

64) 바우처 사업은 사회 서비스(개인 또는 사회 전체의 복지 증진 및 삶의 질 향상을 위해 사회적으로 제공되는 서비스)의 일종으로 기초생활 수급자 및 차상위 계층 노인을 대상으로 공공 행정, 사회 복지, 보건 의료, 교육·문화를 포괄하는 개념이다.

04 ㅣ 해외 프로그램 사례[65]

- **독일의 '활동적인 노년(Aktiv im Alter)' 프로그램**: 은퇴자 및 노인들의 사회 참여를 위해 지방 정부, 민간 사회 복지 단체, 노인 관련 협회가 2008년부터 연방 가족, 노인, 여성, 청소년부를 중심으로 활동적인 노년 프로그램을 시작하였다. 50개의 지방자치단체로 시작하여 2010년에는 150개 지역으로 확장되었다. 노인의 사회 참여를 위해 노인이 함께 구성하고 결정할 수 있도록 지방자치단체는 필요한 것을 탐색·지원하고 있으며 정기적인 시민 공청회를 통해 토론하고 적극적으로 행동하도록 방향을 제시하고 있다. 또 노인 자신을 위해 '어떻게 내일을 살 것인가'라는 질문에 대한 해법을 찾도록 돕는다.

- **프랑스의 '시니어 플러스 카드(La Carte Senior +)'**: 프랑스 파리시는 55세 이상의 중고령자의 여가 결정권 강화와 여가 기회의 확충이라는 측면에서 2010년 2월부터 시니어 플러스 카드 정책을 시행해 오고 있다. 카드 소지자는 다양한 스포츠(아쿠아짐, 스트레칭, 태권도, 테니스, 노르딕 워킹 등)를 무료로 할 수 있다. 외국인이라도 55세 이상이고 파리에서 거주하고 있다는 증명서를 제출하면 등록이 가능하며 파리의 16개 지역구에서 17가지 이상의 스포츠 프로그램이 제공되고 있다.

- **미국 엘더호스텔의 '로드스칼러(Road scholar)'**: NPO 엘더호스텔은 2004년부터 베이비붐 세대를 위한 보다 활동적인 교육 관광 프로그램으로 '길 위의 학자'라는 뜻의 '로드스칼러(Road scholar)'를 운영하고 있다. 안정적인 것보다 모험적인 개별 여행을 통해 여행지에 대한 다양한 문화, 지리, 정보 등에 대해 배울 수 있는 기회를 제공한다. (www.roadscholar.org)

- **미국 엘더호스텔의 가족 여행 프로그램**: 전 세계 90여 개국에서 8,000여 개 프로그램으로 운영되는 교육 관광 프로그램이다. NPO 엘더호스텔에서는 조부모, 부모, 어린 자녀가 함께 동식물원, 해변과 섬, 산을 탐사하며 생명과 환경의 소중함을 경험하고 세대 간의 교류에도 도움을 주는 가족 내 세대 간 프로그램을 운영하고 있다. 2009년부터 21세 이상 손주와 여행하기를 원하는 시니어들을 위해 '익스플로리타스(Exploritas)' 프로그램을 운영하고 있다. (www.roadscholar.org)

- **야후 재팬의 시니어 대상 사이트 '세컨드 라이프(Second life)'**: 야후 재팬 시니어 전용 사이트인 '세컨드 라이프(Second life)'는 일본 베이비붐 세대인 단카이 세대를 대상으로 취미와 교양, 여행, 맛, 패션, 생활, 건강, 돈, 사회와 경제 등 총 여덟 가지의 카테고리 콘텐츠를 제공하여 그들의 여가와 노후 계획을 할 수 있도록 지원하고 있다. 현재 일본의 50대가 즐겨찾는 사이트로 자리 잡았다. (www.yahoo.co.jp)

- **싱가포르 '제3세대를 위한 협회'**: 베이비붐 세대 및 시니어를 대상으로 실버 산업 진흥, 노인 고용 창출 등을 위해 2007년 5월 '제3세대를 위한 협회'를 건립해 운영하고 있다. 프로그램으로는 'Active Ageing Carnival'과, '50plu 엑스포'를 개최하고 있다. 내용은 '너 자신을 알라' 퀴즈, 암벽 등반, 게임 등이며 골든 오키드 뷰티 선발대회, 50년 이상 함께 한 부부를 대상으로 하는 특별 축하 프로그램 등이 있다.
- **일본 '취미인 클럽'**: 사진, 골프, 댄스, 여행 등 중장년 시니어의 취미를 연결해 주는 SNS 웹서비스를 제공한다. 취미인 클럽에서는 취미가 없거나 혼자서 취미 생활만 하기에 단조로움을 느끼는 사람들에게 취미를 소개해 주고 같은 취미를 좋아하는 사람들끼리 연결해 주고 있다. 취미 카테고리는 23가지이며 총 7,899개의 커뮤니티가 운영되고 있다. (www.smcb.jp)

---

65) 강은나 외, 『은퇴 전환기 중고령자의 일·여가 현황과 여가 증진방안 연구』, 한국보건사회연구원, 2015

'꽃할배' 여용기 씨

'한국의 닉 우스터'로 불리는 부산 광복동의 수제 재단사 여용기 씨.
64세의 나이에도 '꽃할배'로 불리며 젊은이들을 뛰어넘는 패션 감각을 선보여 화제
가 되고 있다. 이미 SNS 팬만 수만 명이다. 나이를 무색하게 하는 멋진 스타일과
감각으로 SNS를 통해 젊은이들과 소통하며 세대 간의 벽을 허물고 있다.

여용기 씨는 맞춤 정장의 마스터 테일러(재단사)이다. 19세에 재단을 시작한 그는
스물 아홉이라는 젊은 나이에 양복점 사장이 되었다. 그러나 기성복 시장이 급성
장하면서 상대적으로 비싼 맞춤 양복의 시대는 저물어 양복점 문을 닫을 수밖에
없었다고 한다.

그러나 여용기 씨는 젊음의 거리로 나가 요즘 사람들이 즐겨 입는 스타일이 무엇
인지 분석하고 직접 입어보기도 하면서 감각을 길렀다.

그는 비록 머리카락과 수염이 하얗게 셌지만, 그 누구보다 젊은 감각을 자랑하며
트렌드를 선도하는 옷을 만든다. 젊은이들만의 소통 수단으로 여겨졌던 SNS 계
정도 활발히 운영하며 트렌드를 놓치지 않으려고 부단한 노력을 멈추지 않는다.

젊은 층의 입맛을 맞추면서도 40여 년의 노하우와 고집을 적절히 '믹스 앤 매치
(mix & match)' 하는 것이 그만의 인기 비결이다.

교육적 시사점

- 자신의 나이를 전혀 의식하지 않고 젊은이들과 소통하며 과감히 변화하려는
  노력은 정신적·신체적 건강에 활력소가 되며 행복한 삶을 유지하는 데 도움
  이 된다.
- 어려운 환경에서도 자신의 일을 포기하지 않고 시대 변화에 적응하고 패션 흐
  름을 파악하기 위해 직접 체험하며 젊은 감각을 익혔다. 그 과정에서 나이를
  잊을 만큼 즐거움과 행복을 느꼈다.

여가를 행복하게 즐기려면 어떻게 여가 활동을 해야 할지 생각해 보자.

1. 당신은 평소 여가 생활(문화 예술 참여 활동, 문화 예술 관람, 여행, 스포츠 활동, 스포츠 관람, 취미 오락, 사회 및 기타 활동 등)을 어느 정도 즐기고 있는가?

   주(회), 월(회), 년(회)

2. 자신이 거주하는 지역의 주요 여가 시설에는 어떤 곳이 있는지 생각나는 대로 작성해 보자.

   _____

   _____

   _____

   _____

   _____

   _____

3. 자신이 현재 즐기는 여가 활동들 중에서 가장 몰입이 잘 되고 성취감을 느끼는 활동은 어떤 것인지 순서대로 두 가지만 적어 보자.

   1순위 (   ), 2순위 (   )

4. 평소 은퇴 후 가장 받고 싶었던 교육 프로그램이 있다면 무엇인가?

   _____

   _____

   _____

   _____

   _____

   _____

행복한 여가 생활을 위한 자기 진단

여가 활동을 위한 기본적인 심신 상태 유지와 여가 활동에 대한 만족도를 묻는 문항으로 행복한 여가 생활을 하고 있는지 자신을 평가해 보자.

문항	1 2점	2 4점	3 6점	4 8점	5 10점
1. 나는 노년기의 신체적 기능과 정신 능력 약화를 예방하기 위한 유산소 운동이나 지구력을 키우는 운동을 하고 있다.					
2. 나는 평소 심신의 안정과 건강을 위해서 충분한 휴식을 하고 있다.					
3. 나는 일상생활에서 사소한 것에도 감사하고 행복하다고 생각한다.					
4. 나는 여가 생활에 필요한 정보들을 손쉽게 찾을 수 있다.					
5. 나는 평소 여가 시간을 재미있게 보내는 방법을 알고 있다.					
6. 나는 재미와 즐거움을 주는 여가 활동을 한 가지 이상 가지고 있다.					
7. 나는 새로운 것에 대한 호기심과 배움에 대한 열정이 있다.					
8. 나는 자기 계발을 위한 프로그램에 한 가지 이상 참여하고 있다.					
9. 나는 미래의 목표(여행, 전문 기술, 지식, 전업, 취업, 창업 등)를 위해 계획을 세우고 실천해 나가고 있다.					
10. 나는 여가 생활을 위해 국가 여가 정책과 지역의 여가 문화 공간을 활용하고 있다.					
합계 (100점 만점)	본인 점수 (점)				

※ 상: 70점 이상
  중: 40점~70점 미만
  하: 40점 미만

행복한 인생 2막, 노후 가이드

- **서울 50플러스**

  호모 헌드레드(Homo Hundred) 시대, 50+세대(50~64세)의 새로운 인생 준비와 성공적인 인생 후반을 위한 사회 참여 활동을 지원하기 위한 정책 사업 기관. 종합적인 일자리 정보와 취업 교육, 전문 자원봉사단, 교육센터 운영, 온라인 인생 학교, 은퇴 설계, 문화 행사, 건강, 취미 등 커뮤니티 사업으로 50+세대를 위한 교육 및 여가 활동 등 필요한 정보를 제공

- **경기도 '건강 100세 프로젝트'**

  2010년 경기도가 전국 최초로 노인 인구 100만 명(2010년 8월 기준)을 넘어서면서 경기도 고령화 사회에 대응하기 위한 마스터 플랜으로 수립. '건강한 노후 생활 유지', '활기찬 노후 생활 실현'을 목표로 2010~2015년까지 4개 분야 20개 중·단기 중점 과제로 총 4,726억 원을 투입(경기도 블로그 http://gyeonggi.egloos.com)

- **서울시 '9988 어르신 프로젝트'**

  서울시는 '9988 어르신 프로젝트'를 통해 '치매 걱정 없는 서울', '일하는 노후', '노인 건강 지원', '신바람 노인 문화', '세대 통합 지원', '친노인 생활 환경 조성', '어르신 행복 타운'의 7개 분야 사업을 추진

- **국민연금공단 행복노후설계센터**

  2011년 전국의 국민연금공단 141개 공단 지사 및 노후 준비 상담센터에 설치되어 재무, 건강, 일, 주거, 대인 관계, 여가 정보 등 노후 생활을 준비할 수 있도록 종합 상담을 제공

- **금융위원회 노후행복설계센터**

  100세 시대, 노후 준비 상담센터로 전국에 50개가 있으며, 노후 준비를 위한 가이드를 제시하고 노후 생활에 대한 상담, 교육을 통해 든든한 노후를 누릴 수 있도록 노후행복사회 실현에 이바지할 목적으로 설립

- **중장년 일자리 희망센터**

  전국경제인연합회 중장년 일자리 희망센터(www.fki-rejob.or.kr), 상공회의소 중장년 일자리 희망센터(4060job.korchamhrd.net)에서는 40대 이상 중장년의 재도약을 위한 프로그램과 생애 설계, 재기 교육을 통해 경력 일자리를 소개하고 성공적인 인생 후반을 지원

04^장 휴식을 넘어 행복 나누기

제1절 자원봉사로 새로운 삶을 열자
제2절 자원봉사 단체를 이용하자
제3절 자원봉사자의 기본기를 갖추자
제4절 사회 공헌 활동으로 행복을 나누자

학|습|목|표

- 이윤 추구를 위한 경쟁 사회의 치열했던 생활을 벗어나 자원봉사를 통해 삶의 의미와 보람을 찾을 수 있다.
- 효율적이고 체계적인 자원봉사를 위하여 검증된 봉사 단체를 이용할 수 있다.
- 자원봉사자로서 기본적인 태도와 자세를 갖출 수 있다.
- 지역 사회 시민으로서 지역의 발전을 위한 활동을 찾아서 할 수 있다.

학|습|열|기

장애인먼저실천운동본부는 '옆자리를 드립니다!' 프로그램을 통해 편견 없는 따뜻한 사회를 만들기 위해 장애인 인식 개선 사업을 진행하고 있다.

전국의 장애인종합복지관과 그 지역의 학생·일반인들이 참여하는 다회성 프로그램으로 비장애인과 장애인이 1:1 매칭으로 서로 소통하는 기회를 한 번에 끝내지 않고, 두 번 이상 기회를 제공하여 장애 인식 개선의 효과를 높이는 것이다. '옆자리를 드립니다!' 프로그램은 다양한 문화·여가 활동을 통해 자원봉사자와 참가자 모두 서로 소통과 공감을 통해 서로에 대해 이해하고 장애인에 대한 인식을 개선할 수 있게 한다. 그 속에서 보람과 즐거움을 동시에 체험할 수 있다.

제 **①** 절 **자원봉사로 새로운 삶을 열자**

01 ㅣ 자원봉사로 행복을 나눈다.

막상 은퇴 시기가 다가오면 고민하게 되는 문제가 바로 은퇴 이후 많아진 여가 시간을 어떻게 보낼 것인가 하는 것이다. 만일 이 시간들을 지역 사회를 위해 봉사 활동으로 보낸다면 기대 이상의 성취감과 보람을 느끼게 될 것이다. 가장 행복한 은퇴자들은 퇴직 후 마음껏 휴식을 취하는 사람들이 아니라 자원봉사를 통해 그들이 속해 있는 사회에 봉사하는 사람들이라고 한다.

보건복지부의 〈노후 준비 진단 지표(2014)〉에 따르면 국내 35세 이상 65세 미만 성인 남녀 3,070명을 설문 조사한 결과, 은퇴 후 가장 걱정되는 것은 '경제적 문제(68%)'이고, 은퇴 후 계획은 '봉사 활동 등 사회 기여 활동(30%)'이 가장 많았다.

문화체육관광부의 《2014 국민여가활동조사》에 따르면 자원봉사 활동에 참여한 동기로 51.9%가 '보람을 느끼고 싶어서'로 나타났다. 실제 자원봉사 활동 참여 시 얻은 것은 참여자 78.3%가 '삶의 보람'인 것으로 나타났으며, '새로운 사람을 만나 인맥이 넓어짐(60.5%)', '관련 분야에 대한 교육을 받고 싶어짐(54.4%)', '전문성(45.3%)' 순으로 나타났다. 향후 자원봉사에 다시 참여하겠다는 비율은 54.9%로 지난 1년간 봉사 활동 참여 경험자 중에서는 95.6%, 참여 경험이 없는 응답자 중에서는 49.7%로 나타났다.

어떤 사람들은 돈이 없어 자원봉사를 못 한다고 한다. 그러나 자원봉사는 물질이 없으면 시간과 노력으로, 자신의 재능으로 함께 나누면 된다. 자원봉사를 할 수 있는 가장 유리한 조건의 사람들이 바로 은퇴자들이다. 현역에 있을 때는 마음은 있어도 시간이 없어서 하지 못했던 것이다. 은퇴 후 여유로운 시간과 그동안의 경력을 이용하여 재능을 나누는 활동을 해 보자.

'무재7시(無財七施)'란 말이 있다. 어떤 사람이 석가모니에게 찾아가 "저는 왜 하는 일마다 안 되는 걸까요?"라고 묻자 석가모니는 "당신이 사람들에게 베풀지 않아서이네."라고 답변하였다. 그러자 다시 "저는 사람들에게 베풀고 싶어도 재물이 없으니 할 수 없습니다."라고 말하자, 석가모니는 그 사람에게 물질이 없어도 베풀 수 있는 다음 일곱 가지 방법을 제시하였다.

① 안시(眼施): 부드러운 눈빛으로 대하기. 우리는 입으로 말하지 않아도 눈빛으로 그 의미를 전달하는 경우가 있다. 눈빛으로 상대방을 상처주기도 하고 위로하기도 한다. 부드러운 눈빛으로 상대방의 마음을 편안하게 하자.

② 화안시(和顔施): 밝게 웃어 주기. 웃음은 상대방의 마음을 저절로 열리게 하는 자동문이다. 좋은 인간관계의 기본 스킬은 밝게 웃는 것이다.

③ 언시(言施): 좋은 말을 하기. 말에는 감정이 들어가 있다. '긍정적인 말', '부정적인 말'이 그 사람의 감정을 좌우하며 행동을 이끌어 낸다. 즉, 말이 감정을, 감정이 행동을 지배한다. 긍정적인 좋은 말로 나와 상대방에게 긍정의 결과를 유도하자.

④ 신시(身施): 예의 있게 행동하기. '친절'은 그 사람의 '인격'이며 예의 있는 '매너'는 그 사람의 가치를 판단하게 한다. 예의 있는 행동은 상대방을 존중한다는 표시이며 더불어 나의 가치를 높인다.

⑤ 심시(心施): 따뜻한 마음 갖기. 모든 표정과 행동은 그 사람의 마음에서 나오는 '마음의 거울'이다. 가식적인 행동은 상대방도 금방 눈치를 챈다. 진정성 있는 진실한 마음으로 상대방에게 따뜻한 배려의 마음을 갖자.

⑥ 좌시(座施): 자리 양보하기. 과거 우리 문화는 '자리 양보하기'가 당연한 미덕이었지만 요즘은 이런 관행이 사라지고 있다. 노약자에게 자리를 양보하는 작은 배려에서부터 나눔, 봉사가 시작된다.

⑦ 찰시(察施): 다른 이의 마음 헤아려 주기. 자기중심적 사고에서 벗어나 상대방의 마음을 이해하고 공감하는 능력이 봉사자의 기본 마음 자세이다.

자원봉사란 물질적 보상이나 대가를 요구하지 않고 개인이 가진 자원을 제공하거나 능력을 활용함으로써 타인의 삶의 질을 향상시키고 사회 발전을 추구하는 자발적인 활동을 말한다. 이러한 자원봉사 활동을 통해 자신의 삶에 대한 보람과 만족감을 느끼며, 새로운 삶의 길을 열게 된다.

02 ┃ 활동 분야별 자원봉사

자원봉사 활동 분야는 생활 편의 지원, 주거 환경, 상담, 교육, 보건·의료, 농어촌 봉사, 문화 행사, 환경 보호, 행정 지원, 안전·방범, 인권·공익, 재난·재해·응급, 국제협력·해외봉사, 멘토링 등이 있으며 자세한 활동의 종류는 다음과 같다.

사회 복지 활동

장애 아동, 저소득 직장 여성의 아기 돌보기, 장애 아동 통학 보조, 노약자·장애인 등의 목욕 보조, 가정 방문(청소·세탁·말벗·식사 준비 등), 급식 지원, 도시락 전달 등의 식사 지원

행정 보조

공공기관·구청·주민자치센터·우체국·경찰서 등 업무 보조, 사회 복지기관 및 시설에서의 업무 보조

문화 행사

음악·무용·연극 등 소규모 공연 봉사, 복지기관 및 공공기관 행사 시 공연 봉사, 시역 문화 행사 시원, 행사 참가

교통·환경 캠페인

교통 정리, 주차 정리, 카풀 참여, 환경·수질·재활용 캠페인

기술 및 기능 지원

이·미용 및 차량 지원, 집수리, 벽화 봉사, 전산 입력

교육 봉사

자원봉사자를 위한 지도, 어린이 공부방 지도, 학습 부진아 지도, 한글·영어·한자 등의 지도, 문맹 노인 학습 지도, 장애 아동 학습 지도, 저소득층 자녀 학습 지도

상담 봉사

법률 및 세무 상담, 청소년·여성·가족 상담, 취업 상담, 영세·중소기업 창업 상담

번역·통역

해외 자매 도시 및 저개발국을 위한 봉사, 외국어 통역·번역 봉사

03 ㅣ 전문적인 능력을 통한 전문 자원봉사

전문 자원봉사는 남녀노소를 불문하고 누구나 특별한 지식이나 기술 없이 가능한 봉사 활동과 달리 특별한 기술이 있다든지 전문가적인 자격을 갖춘 사람들이 스스로 참여하는 봉사 활동을 말한다. 따라서 전문직 종사자들의 봉사 활동과 일정 기간 교육을 통해 습득한 지식이나 기술을 이용한 봉사 활동이 여기에 포함된다.

서울중앙지법 동관 1층 제1종합민원실의 강선희 씨는 '시민 자원봉사'라는 명패가 놓인 자리에 앉아 하루 평균 70~80명을 상대로 소장 작성과 소송 절차 등을 안내한다. 대한변호사협회는 62세의 나이로 2000년에 자원봉사를 시작한 강선희 씨를 2009년 12월 오랜 봉사에 감사드린다며 '명예 변호사'로 위촉하였다. 강 씨는 1961년 이화여대 법학과를 졸업한 후 40여 년이 지나 다시 법률 공부를 시작해 지금까지 봉사하고 있다. 강 씨는 법을 모르는 사람에게 알려 주면 정말 좋아한다며 사람들로부터 사랑·인정·존경을 받아 건강해졌다고 한다. 또한 자신의 인생에서 가장 의미 있는 일을 하는 것 같다고 한다.

전문 자원봉사로 인정되는 개념들은 다음과 같다.

전문가(professionals)

고도의 전문 지식을 이용하여 의료 진료, 법률 구조, 각급 학교 학생 교육 및 지도, 예술 창작 활동, 행정·경영 등에 관련된 의사 결정 업무를 수행하는 자

준전문가(technicians and associate professionals)

전문가의 지휘하에 관련된 기술적인 업무를 수행하는 자

스킬 기반 자원봉사(skills-based volunteerism)

비영리 기관에 기업과 임직원이 가지고 있는 지식과 기술을 제공함으로써 지역 사회 발전과 비영리 단체의 업무 관리 능력을 향상시키는 데 이바지하는 봉사 활동

프로보노(pro bono)

전문적인 지식이나 서비스를 공익 차원에서 무료로 제공하는 것. 법조계에서 무료로 변론이나 자문을 해 주는 등 자격증을 소지한 전문가에 의해 행해지는 전문 자원봉사

재능 기부와 재능 나눔

개인이나 기업, 기관이 갖고 있는 재주와 능력을 활용하는 형태의 자원봉사

제 ❷ 절 자원봉사 단체를 이용하자

은퇴자 자신이 직접 자원봉사 단체를 만들 수도 있지만, 대부분 기존에 만들어진 자원봉사 단체를 이용한다. 자원봉사 활동을 더욱 효율적으로 하려면 이미 사회적으로 공인받은 단체를 이용하는 것이 좋다. 자원봉사 단체들은 설립 주체, 활동 분야, 주된 활동 등이 상이하기 때문에 자신에게 가장 잘 맞는 단체를 골라야 한다.

01 ㅣ 자원봉사 단체

시민 단체

행정자치부의 비영리 민간 단체 현황을 보면 우리나라 정부 각 부처에 등록된 비영리 민간 단체와 시·도별로 등록된 민간 단체 수는 1만여 개에 달한다. 그 밖에 등록되지 않고 활동하고 있는 시민 단체도 많이 있다. 이런 단체들은 지역의 시민 단체, 마을 공동체, 자조 모임 등의 형태로 이루어지고 있다.

사회 복지 단체

사회 복지 증진을 위해 만들어진 다양한 비영리 단체를 말한다. 사랑의 장기기증 운동본부, 건강사회를 위한 약사회, 한국 백혈병 어린이 재단, 사회복지공동모금회, 구세군, 홀트아동재단 등의 많은 단체들이 활동 중에 있다.

자원봉사센터

행정자치부가 전국에 설치한 종합자원봉사센터를 통해 자원봉사를 할 수 있다. 문화체육관광부가 지원하는 청소년 자원봉사센터도 전국에 설치되어 있다. 자원봉사를 지원하기 위해 행정자치부는 'www.1365.go.kr'이라는 자원봉사 포털을 운영하고 있다. 전국의 자원봉사 정보를 한곳에 모아 다양한 자원봉사 검색, 신청, 확인까지 한번에 해결할 수 있도록 하고 있어 자신에게 적합한 봉사 활동을 찾기에 매우 유용하다.

봉사 전문 단체

전국에 수많은 자원봉사에 관련된 단체들이 다양한 활동을 하고 있다. 대기업들이 세운 사회봉사 조직들이 다수 활동하고 있으며, 여성자원활동센터, 적십자, 장애인 단체들, 한국 해비타트, 한국 시민 자원봉사회 등 특수 분야에서 활동하는 자원봉사 단체들도 무수히 많다.

해외 봉사 단체

자원봉사를 하는 국제적 기구로 유니세프, 유네스코, 청년회, UNDP-UNV 등이 국내에서 활동하고 있다. 또한 외교부의 KOICA(국제협력단)가 제3세계 저개발 국가들에 해외 장기 봉사자들을 파견하고 있고, 월드비전, 굿네이버스 등도 해외 자원봉사를 위해 노력하고 있다.

02 ㅣ 자원봉사 단체 활동 사례

한국자원봉사협의회

자원봉사 단체의 협력 및 지원, 정책의 개발, 정보의 연계, 자원봉사 캠페인 및 홍보 활동, 국제 사업의 추진 등을 목적으로 1994년 4월 창립된 국내 자원봉사 최대 협의체이다. 2006년 2월 「자원봉사활동기본법」에 의해 법정 단체로 지정되었다.

2015년 8월 기준으로 140여 개 단체가 가입돼 있으며, 기업, 종교 단체, 사회 복지 단체, 지역 협의회, 시민 사회 단체, 국민 운동 단체, 해외(국제) 단체, 연구·교육 단체 등이 주요 회원이다. 주요 사업으로는 전국 자원봉사자 대회, 전국 자원봉사 대축제, 전국 자원봉사 콘퍼런스 등을 매년 실시하고 있다. 또 자원봉사 기본 계획 수립 등에 주도적으로 참여하고, 재능 나눔·노블레스 오블리주 캠페인 등의 활동을 전개하여, 세계자원봉사협의회 등과 함께 각종 국제 대회를 개최하고 자원봉사 관리자 및 리더 양성 교육 사업을 실시하고 있다.

한국사회복지협의회

국내 최초의 자원봉사 사업을 관리하는 민간 기구이다. 1978년에 설립되어 1997년 8월에 「사회복지법」상 법정 단체로서 사회 복지 자원봉사 활동을 지원하고 육성하는 법적 지위를 확보하였다. 중앙 및 16개 시·도를 관리 본부에서 자원봉사 관리센터 및 인증 요원이 관리하며, 자원봉사 코디네이터를 배치하여 지역 사회봉사단을 조직하고 민간 복지 지원과 봉사 일감을 발굴하여 연계하는 활동을 한다. 주요 자원봉사 사업으로 VMS 시스템 관리, 자원봉사 인정 보상 및 동기 부여, 자원봉사 관리자 교육 지원, 홍보 및 조사 사업이 있다. 2015년부터는 보건복지부의 지원을 받아 '사회 공헌 활동 기부 은행' 사업으로 나눔 문화 확산에도 참여하고 있다.

한국자원봉사포럼

자원봉사 관련 전문 학자 및 각계각층의 중견급 관리자들이 모여 자원봉사 운동에 대한 전략과 사회적 이슈들의 올바른 방향 수립, 대안 제시를 위한 연구·토론·교육을 실행할 목적으로 1995년 10월에 설립된 국내 대표적인 자원봉사 전문 단체이다. 920명의 회원을 가진 '포럼'으로 지난 20여 년간 총 150여 회의 정책 포럼, 특별 포럼, 세미나, 토론회 등을 개최했고, 자원봉사 관리자 및 지도자에 대한 각종 교육 훈련 사업, 한·중·일 국제 포럼을 비롯한 특별 사업, 자원봉사 연구 조사 사업, 홍보 출판 사업을 실시하고 있다.

한국문화원연합회 '어르신 문화나눔봉사단'

문화체육관광부 소관 비영리특별법인 한국문화원연합회는 2011년 5월 전국에서 문화 공연 등 재능 기부 활동을 펼칠 '어르신 문화나눔봉사단'을 발족하였다. 전국 43개 지방 문화원에서 60세 이상 1,300명의 어르신들로 구성되었으며, 경로당이나 마을 회관, 복지 시설 등을 찾아다니며 적극적인 사회 참여 활동을 하고 있다.

보건복지부의 앙코르 프로젝트(노령 지식인[66] 사회 참여 사업)

앙코르 프로젝트는 대량·조기 은퇴하는 베이비붐 세대의 인력을 제3섹터(사회 복지, NPO 등 비영리 단체)에 연계하여 중고령자의 전문성과 경험을 새로운 사회적 가치로 창출하는 사업을 말한다.

제 ❸ 절 자원봉사자의 기본기를 갖추자

01 ⏐ 자원봉사자의 역할

자원봉사는 기본적으로 자발적인 활동이라는 특징이 있으며, 이에 참여하는 개인에게 여러 가지 만족감과 성취감, 자기 개발 등의 다양한 효과를 가져다준다. 이 때문에 개인적 차원을 넘어 사회적, 정부적 차원에서 자원봉사를 활성화하고 있다.

자원봉사자의 역할에 대해서는 다음과 같은 여러 형태로 설명할 수 있다.

- 서비스 제공자의 역할: 자원봉사의 손길을 필요로 하는 개인이나 집단을 직접 만나서 관계를 맺고 상담에서 일상생활의 문제 해결 등의 서비스를 제공하는 역할을 말한다.
- 홍보 활동 또는 모금 활동의 역할: 봉사 단체 기관의 생존과 발전을 위한 다양한 홍보 활동 또는 모금 활동 등 각종 행사 지원을 한다.
- 행정 지원 업무 역할: 봉사자들은 직접 서비스 제공 외에 기관의 서류 정리 및 접수, 전화 응대 및 사무 및 행정 업무를 지원한다.
- 치료자로서의 역할: 사회 문제 및 욕구의 발견과 사회 문제를 예방, 통제, 치료하는 직접적인 활동에 참여한다.
- 협력자로서의 역할: 도움이 필요로 하는 사람들의 대변자로서 개인, 집단, 지역 사회의 문제를 알리고 사회적 지원을 유발할 수 있도록 촉진하는 역할이다.
- 건설적인 비판자로서의 역할: 복지 서비스의 질적 효과를 측정, 평가하는 평가자로, 서비스의 개선을 제안하고 부족한 제도와 시책을 개선할 수 있도록 하는 추진자로서의 역할이다.

---

66) 노령 지식인이란 50대 중반 이상 퇴직자(퇴직 예정자 포함)로 재직 시 자신의 지식과 경력을 사회에 환원할 의향을 가지고 지역 사회 내 사회복지기관, 공립기관, 비영리 단체 등에 본인의 지적 노하우를 제공할 수 있는 자를 말한다.

따라서 자원봉사자들은 투철한 사명감과 역할 의식을 지니고 자신의 역할이 곧 자기 개발과 사회 발전에 기여함을 인식하며 자부심을 가지고 자원봉사 활동에 임해야 한다.

02 ┃ 자원봉사자의 기본 자세와 태도

자원봉사자로서의 역할을 효과적으로 수행하기 위해서는 기본적인 마음 자세와 자원봉사 활동에 대한 기본적인 수칙과 주요 사항들을 파악해야 한다.

자신에 대한 이해와 기본적인 마음 자세

자원봉사자는 자신의 성격이나 행동에 대한 장점과 단점을 파악하고 도움을 필요로 하는 사람의 의견을 경청하며 열린 태도로 받아들여야 한다. 자원봉사자는 기본적으로 사람을 좋아하고 인간에 대한 사랑과 존경심을 갖고 있어야 한다. 자원봉사는 대우를 받기 위함이 아니며 늘 겸손한 태도와 감사한 마음으로 예의 바른 태도를 취해야 한다. 자원봉사는 내가 일방적으로 주기만 하는 것이 아니며 자신의 삶을 더욱 풍성하게 하는 무형의 보람을 얻을 수 있다. 누군가에게 나눔과 도움을 줄 수 있는 기회가 주어진 것에 감사하는 마음을 갖자.

자원봉사 활동 전 준비 사항

자원봉사는 일회성의 행사나 활동이 아니라 삶 속에서 꾸준히 일상화가 되어야 바람직하다. 따라서 지속적인 봉사 활동을 위해서 다음 일곱 가지를 준비해야 한다.

첫째, 자신이 관심이 있고 좋아하는 영역부터 시작하자.
둘째, 멀리서 찾지 말고 자신의 주변에서부터 시작하자.
셋째, 내가 하고 싶은 봉사가 아니라 상대방이 무엇을 원하는지 파악해야 한다.
넷째, 효과적인 봉사 활동을 위해서 하루를 되돌아 보고 기록으로 남긴다.
다섯째, 봉사 활동으로 인해 가족에게 피해가 가지 않도록 미리 양해를 구하고 협조를 요청한다.
여섯째, 활동하면서 알게 되는 사생활이나 비밀은 반드시 지켜야 한다.
일곱째, 새로운 지식과 기술을 습득하고 배우려는 자세가 필요하다.

제 ❹ 절 사회 공헌 활동으로 행복을 나누자

01 ┃ 시민 사회의 역할

　시민 사회는 개인의 자유와 권리를 기초로 하는 사회이다. 현대 사회는 정치면에서 민주주의, 사회면에서 자본주의, 역사적으로 근대 사회, 사회적인 면에서는 시민 사회라 한다. J. 로크는 시민 사회를 자유롭고 평등한 개인이 사회 계약에 의해 구성하는 사회라 정의하고, 이를 정부와 구별하였다. 시민 사회는 생명·자유·재산이라는 개인의 권리를 기초로 하며, 이를 수호하기 위한 시민적 결합이다. 시민 사회는 개인의 행복이라는 큰 목적에 입각하여 사적인 행복과 공적인 행복이 서로 조화를 이루어야 한다. '경제학의 아버지'라 불리는 《국부론》의 저자 애덤 스미스(Adam Smith)는 인간이란 근본적으로 이기적이지만 '서로 존중한다'고 믿었으며, 《국부론》을 통해 '모두 함께 잘 사는 세상을 만들자'고 하였다.

　그러나 한국 사회에서 국가(정부)와 시민 사회는 공공성[67]이 일치하지 않는다는 문제가 있다. 공공성이 이 땅에 살아가는 모든 이들에게 추위를 막아 주는 옷과 같은 것이라면 식민지, 분단 국가, 군사 독재 모두 공공 영역으로써 결손된 형태라 할 수 있다. 따라서 균형 잡힌 시민 사회의 역할이 필요하다.

　현대 사회는 급격한 사회 변화와 제도화된 폭력, 구조적 불평등, 빈곤, 인종 문제, 성차별 문제 등으로 공동체 의식이 약화되고 가치관의 갈등과 의사소통의 단절로 점점 인간의 고립화 현상이 일어난다. 결국 사회는 극한 이기심으로 이해 대립, 불신, 테러, 전쟁 등 다양한 사회 갈등이 유발되어 사회 문제가 되기도 한다. '세월호 사건'처럼 한 개인의 이익을 위해 아무 잘못 없는 시민들이 목숨을 잃은 것처럼 말이다. 이러한 문제는 결국 우리 스스로 지켜 나가야 할 시민 사회의 역할로

---

67) 공공성은 개인적인 것이 아니고 사회 일반의 많은 사람에게 관계되는 것이다.

남는다. 시민 사회는 권력을 갖지 않는 상태이지만 권력을 상대하며 소수 시민 단체가 아닌, 시민들의 집단적인 힘으로 서로를 존중해야 한다. 또 서로의 이익을 위해 '나'가 아닌 '우리'의 개념으로 우리 지역, 우리 사회, 우리 국가로 균형 잡힌 공공성의 역할을 다해야 한다. 시민 사회의 공공성을 가진 역할을 위해서는 구성원인 시민들의 책임 의식과 공동체 의식, 지역 사회에 대한 참여 의식이 필요하다.

02 ㅣ 시민 사회의 책임성 있는 시민

시민 사회에서의 시민이란 '책임과 권리를 지닌 사람'이며, 시민으로 어떻게 살 것인가의 태도를 시민성이라고 한다. 시민성은 시민으로서 요구되는 자질, 특정한 공동체의 구성원으로서 요구되는 자질을 말하며 존재로서의 시민이 아닌 '시민다움'[68]의 요건을 가리킨다.

2005년 시민사회발전위원회는 시민성에 대해 다음 일곱 가지로 제시하였다.

첫째, 민주주의는 시민이 주인이 되는 것으로 주체성을 갖고 능동적으로 참여해야 한다.
둘째, 민주적 시민성은 '확장된 공공 권역'을 범위로 설정한다. 공적인 위치의 사람도 시민으로서 태도와 역할 수행 능력이 필요하다.
셋째, 민주적 시민성은 '개인'과 '공동체' 두 가지 측면을 모두 포함한다.
넷째, 민주적 시민성은 시민이 평생에 걸쳐 수행하는 다양한 사회적 역할에 관한 것이다.
다섯째, 민주적 시민성은 사회화와 함께 '반사회화'의 과정도 포함한다. 즉, 불의하고 공익에 반하는 권력이나 체제에 대해서 거부하고 항거할 수 있다.
여섯째, 민주적 시민성은 현실에의 적용과 실천에 중점을 둔다.
일곱째, 민주적 시민성은 시간과 장소, 주체에 따라 다양하게 해석되며 이에 합당한 시민성을 갖춰야 한다.

시민 사회의 좋은 시민(good citizen)[69]으로서의 역할을 하기 위해서는 인간의 존엄성 인식, 기본 생활습관 및 질서 의식의 내면화, 민주적 절차 및 과정의 숙달, 합리적 의사 결정 능력을 함양하는 것이 필요하다. 더불어 지역 사회와의 원만한 관계를 맺는 방식을 터득하여 '다 함께 잘 사는 우리 지역'을 만들기 위해 실천할 수 있도록 꾸준한 교육이 있어야 한다.

참고로 안산시는 2015년 4월 23일~5월 21일 안산시 시민을 대상으로 한 '좋은 시민 아카데미' 과정에서 '서로 가치(價値)' 교육과 자유 토론을 실시한 바 있다. 총 6회차로 진행되었으며, 교육 내용으로는 '좋은 시민으로서 갖춰야 할 바람직한 시민성(이해주 한국방송통신대 교수)', '나인 우리, 우리인 나! 지역공동체를 이루는 힘! 공동체 속에 길이 있고 답이 있다(유해숙 마중물연구소 이사장)', '우리들의 삶 속에 녹아 있는 인권 이야기(오경석 민주사회정책 연구원)', '민주시민이 되기 위한 합리적 의사결정(변주석 한신대 교수)', '참여와 실천(우기동 경희대 교수)'이 있었고 마지막 시간에는 '모두의 기억을 소환하여 내 삶에 질문을 던지다(416 기억 순례)'로 세월호 피해 학생을 추모하기 위한 단원고등학교 '416 기억 장소' 답사로 이루어졌다. 교육 진행 후 관련 내용으로 시민들과 토론하는 시간은 필자가 진행하였다. 안산시 평생학습관 문영희 관장은 이 과정이 지역 사회의 선주민인 시민들로 하여금 교육과 토론회를 통해 책임 있는 시민 의식을 고취하고 지역 사회의 문제점을 조명하여 해결 방법을 찾아내려는 적극적인 사회 참여를 유도하기 위함이었다고 밝혔다.

03 ┃ 사회 공헌 활동을 통한 행복 나눔

우리는 시민의 한 사람으로서 지역에 대한 소속감과 책임 의식을 가지고 개인의 핵심 역량을 사회에 투자하여 사회적 가치를 창출하고 지역 사회의 지속 가능한 발전을 도모하는 사회 참여 활동을 해야 한다. 더욱이 베이비붐 세대의 은퇴가 본격화되면서 그들이 가진 지식·경험·재능을 나눌 기회를 지속적으로 만드는 것이 우리 사회의 새로운 과제로 떠오르게 되었다. 사회 공헌 활동이 고령화 사회의 해결책으로 부상한 것이다. 개인적 측면에서도 그동안 회사와 가정 생활에 모든 신경을 쓰며 바쁘게 살아왔기 때문에 주변을 돌아볼 여유가 없었을 것이다. 은퇴 이후 주변 이웃을 돌아보고 지역 사회의 운영 실태를 파악하면서 자신이 이웃과 지역 사회에 어떤 도움을 줄 수 있는지 자신의 재능과 역량을 사회에 환원할 수 있는 방법을 찾아보자.

---

68) '~답다'는 본연의 가치를 뜻한다.

69) 좋은 시민(good citizen)이란 고전적 의미로는 순종적이고 충성심이 많은 시민을 말하고, 현대적 의미로는 국가에 대한 비판 의식과 적극적으로 공적인 일에 참여하는 시민을 말한다. 또한 사회 참여에 대한 지식을 갖추고 효과적인 행동 방법과 숙련된 기술을 갖춘 책임감 있는 시민을 말한다.

NGO(non–government organization)[70]

NGO는 정부기관이나 정부와 관련된 단체가 아니라 정부 기구 이외의 순수한 민간 조직 기구를 총칭하는 말로, 비정부 기구나 비정부 단체라고 한다. 넓은 의미에서 반드시 국제적인 활동을 벌이는 단체만을 뜻하는 것은 아니며, 정부 운영 기관이 아닌 시민 단체도 NGO에 해당한다.

'NGO'란 국제연합(UN)에 의해 공식적으로 사용된 개념으로, 국가 주권의 범위를 벗어나 사회적 연대와 공공 목적을 실현하기 위해 1946년에 설립된 각국의 비정부 단체에서부터 출발한다. 국제 기구와 관계를 맺고 협의하는 자발적인 비공식 조직으로서, 공동의 이해를 가진 사람들이 특정한 목적을 위해 조직하여 다양한 서비스와 인도주의적 기능을 수행한다. 이에 따라 정부의 정책을 감시하고, 정보 제공을 통해 시민의 정치 참여를 장려하며, 인권·환경·보건·성평등 등의 특정 부문을 중점적으로 추구하기도 한다. 1863년 스위스에서 시작된 국제적십자사 운동이 효시이며, 1970년대 초부터 UN이 주관하는 국제 회의에 민간 단체들이 참가하여 NGO 포럼을 열면서 'NGO'라는 용어가 널리 사용되었다.

NGO는 입법·사법·행정·언론에 이어 '제5부(제5권력)'로 불리며, 정부와 기업에 대응하는 '제3섹터'라는 용어로도 쓰인다. 자율·참여·연대 등을 주요 이념으로 하며, 활동 영역에 따라 인권·사회·정치·환경·경제 등의 분야로 나눌 수 있다. 대표적인 NGO로 세계자연보호기금(WWF), 그린피스(Greenpeace), 국제사면위원회(AI) 등이 있다. 우리나라의 경우 1903년 YMCA가 설립되었고, 한국인이 설립한 국내 최초의 NGO는 1913년 안창호 선생이 세운 흥사단이다.

KDB시니어브리지

KDB시니어브리지는 시니어의 사회 공헌 활동 및 성공적인 사회 참여를 지원하기 위해 KDB나눔재단의 후원을 받아 민간 최초로 설립한 시니어 지원 기관이다. 시니어의 후반 생활 설계를 돕고, 시니어의 경험과 전문성을 우리 이웃, 지역 사회와 함께 나누는 사회 공헌 활동과 연계하여 건강한 사회를 도모하며, 국가적으로 활력을 불어넣고자 설립되었다.

시니어브리지 아카데미를 통해 후반 인생 설계와 사회 참여를 돕는 교육 과정을 운영하며, 사회 공헌 인턴십을 통해 시니어에게 적합한 사회 공헌 모델 발굴, 개발 및 연계 지원, 정보 제공 서비스를 통해 시니어 관련 정책, 취업·창업 정보 등 각종 정보 제공, 네트워크 모임 지원, 공간 지원 서비스를 하고 있다.

희망제작소의 '해피시니어'

희망제작소는 소기업과 사회적 기업을 지원·육성하여, 시니어에게 교육 프로그램을 제공하고, 시민의 아이디어 수렴 및 활용 등을 통해 지역과 현장 중심의 실사구시(實事求是)를 추구하는 민간 연구소이다. 희망제작소가 운영하고 있는 사회공헌 활동지원센터 '해피시니어'는 공익 활동에 참여를 희망하는 시민과 비영리 민간 단체가 교류할 수 있도록 장을 마련하고 있다. 풍부한 삶의 전문성을 갖춘 중·고령 시니어들의 사회 공헌 활동을 지원하고, 비영리 단체의 역량을 강화하는 데 도움을 주는 것을 목적으로 운영되고 있다. 대표적 관련 사업으로는 'LET'S'와 '해피시니어 어워즈'가 있다.

사회 공헌 활동 지원센터인 해피시니어는 시니어 교육 '행복설계아카데미', NPO 교육을 위한 NPO 경영 학교, 기업 및 직장인 교육 등 교육 부문과 시민 및 사회 공익 활동을 지원하는 비영리 기관 업무 지원 컨설팅, 관련 출판물 제작과 캠페인, 기반 사업과 연구 조사를 통해 사회 공익 활동 사례 연구와 신노년 문화 연구, 해외 사례 벤치마킹 등의 다양한 활동을 담당하고 있다.

밀알복지재단

밀알복지재단은 1993년에 설립되어 국내 및 해외의 사회적 약자들의 인간다운 삶과 권리를 옹호하고, 주체적인 삶을 지원하기 위해 국내 전문 복지 사업과 국제 개발 협력 사업을 수행하고 있는 NGO 단체이다.

국내 사업으로는 장애인 복지 사업, 노인 복지 사업, 지역 사회 복지 사업, 아동 보육 사업, 장애인 활동 지원 등을 하고 있다. 국외 사업으로는 재활 복지 사업, 보건 의료 사업, 분야별 특별 사업, 사회적 기업 개발, 인도적 지원 사업을 하고 있다. 그 외에도 CSR(corporate social responsibility) 상생 프로젝트를 통해 사회와 소통하는 나눔 기업으로 기업의 사회 공헌 활동을 쉽게 진행할 수 있도록 협력하고 있다.

세바위 프로젝트

세바위 프로젝트(www.sebawe.org)는 현대 사회에 인성과 도덕의 중요성을 공감하는 개인과 기업, 단체가 공동으로 펼치는 인성 회복 캠페인이다. 2016년 초 몇몇 기업을 중심으로 출발한 이 프로젝트에는 점점 참여 기업과 단체 수가 늘고

---

70) 네이버 지식백과, 「시사상식사전」, 박문각

있다. 이 프로젝트는 '세상을 바꾸는 우리, 도덕은 우리의 힘'이라는 슬로건을 활용해 인증 샷과 손 글씨 등으로 개인 혹은 단체가 참여하면 1명 또는 한 작품을 선정해 참여자의 이름으로 연필 세트와 도서, 고급 비누 등을 전 세계 불우 아동들에게 기부한다.

서울시 보람 일자리 사업 '교육·사회 공헌 활동'

2016년 서울시 보람 일자리 사업에서 교육·사회 공헌 활동에 대한 소명감과 보람으로 함께할 역량이 있는 '50＋취업 지원관' 참여자를 모집하였다. 이 프로그램은 경험·역량·네트워크를 활용하여 서울시 소재 특성화고·마이스터고 학생을 위한 취업처 발굴과 맞춤형 취업 진로 지원에 초점을 맞춘 교육 분야 사회 공헌 활동이다. 학생들의 실질적인 취업률을 재고하고 서울시 중장년 세대를 위한 학교 안 일자리 모델을 창출함으로써 보람 일자리 사업의 사회적 가치를 확대하는 데 목적이 있다.

한국원자력연료 시니어 직능 클럽

한국원자력연료 시니어 직능 클럽은 퇴직자의 축적된 기술과 전문성을 활용하여 일자리 창출, 퇴직자 경제 활동, 자원봉사를 통해 바람직한 은퇴 생활을 제시한다. 주요 사업으로 숙련된 기술과 노하우를 활용한 핵연료 설계·제조 기술 개발, 공장 건설, 해외 수출 지원 및 자문, 사회봉사 활동과 평생 교육을 통한 사회 공헌 및 자기 계발이다.

용인문화재단 창의 예술 아카데미

베이비붐 세대 및 60세 이상 시니어 활동가들이 '예술 소통 한마당'을 통해 예술 교육과 사회 공헌 활동으로 발표회와 전시회를 실시한다.

우리나라 최초의 장애인 전용 '바라봄 사진관'

바라봄 사진관 나종민 대표는 우리나라 최초의 장애인 전용 사진사로, 후원자들의 지원을 받아 장애인들의 사진을 찍어 준다. 그는 베이비붐 세대의 막내로 젊었을 때 외국계 IT 회사의 한국 지사장을 지내며 화려한 샐러리맨 생활을 하였다. 그러나 그는 좀 더 나은 삶을 지향하기 위해 40대 후반에 조기 은퇴를 한 후 여러 사회단체를 찾아다니면서 사진 찍기와 같은 봉사 활동을 몇 년간 하였다.

그러던 중 장애인 체육대회에 자원봉사를 갔다가 장애인을 둔 가정들이 변변한 가족사진 한 장 없다는 애로사항을 듣게 되었다. 몸이 불편한 장애인들이 가족사진을 찍기 위해 사진관을 가게 되면, 표정이나 자세 잡기가 힘들어 사진관에서 장애인들을 꺼리기 때문이다. 이 말을 듣고 그는 '바로 내가 할 일'이라는 생각이 들었다고 한다. 그가 오랫동안 고민해 오던 것도 취미와 사회 공헌의 접목이었기 때문이다.

2012년 사진관을 연 다음 인터넷과 후원자들에게 모금을 받아 지금까지 소아마비, 다운증후군, 자폐아 등 모두 100여 가족의 모습을 사진에 담았다. 자신이 우리 사회에 진 빚을 갚겠다는 그의 은퇴 후 행보는 베이비부머들에게 귀감이 되고 있다. 나종민 대표처럼 취미·여가와 사회봉사를 결합하는 멋진 사회생활은 가장 값진 은퇴 재산이 될 수 있다.

출처: 우재룡·송양미, 『100세 시대 은퇴 대사전』

교육적 시사점

- 치열한 경쟁 사회 속에서 성공하고 물질적 부를 축적시키는 삶보다 자신이 좋아하고 의미 있는 일을 하는 것이 진정한 행복이라 할 수 있다.
- 은퇴 이후의 삶은 바쁘게 살아왔던 인생을 뒤로 하고, 천천히 느리게 살면서 어려운 내 이웃을 돌아보고 도움이 필요한 곳에 기꺼이 손길을 내밀 수 있는, 사회적 시민으로서의 여유 있고 의미 있는 삶을 살아야 한다.

당신이 은퇴 후 자원봉사 활동을 계획한다면, 어떻게 참여할지 생각해 보자.

1. 자원봉사 활동에 참여한 경험이 있다면, 참여하게 된 동기는 무엇인가?

2. 자원봉사 활동에 참여하여 당신이 얻은 것은 무엇인가?

3. 지속적인 자원봉사 활동을 한다면 당신이 할 수 있고, 하고 싶은 분야는 어떤 것인가?

4. 지속적인 자원봉사 활동 분야를 생각했다면, 좀 더 전문적으로 활동하기 위해 어떤 전문 단체를 생각하고 있는가?

삶의 가치를 높이는 자원봉사 활동 준비

은퇴 준비 과정에서 대부분 자신의 삶을 보다 의미 있게 보내기 위해서 사회에 공헌할 수 있는 활동으로 자원봉사 활동을 생각한다. 자원봉사 활동을 위한 준비가 어느 정도 되어 있는지 스스로 평가해 보자.

문항	1 2점	2 4점	3 6점	4 8점	5 10점
1. 나는 평소 자원봉사 활동에 관심을 많이 갖고 있다.					
2. 나는 평소 불우한 이웃이나 재난 소식에 마음이 아프고 도와주려 한다.					
3. 나는 지난 1년 동안 직·간접적으로 5회 이상 나눔 활동에 참여하였다.					
4. 나는 자원봉사 활동 분야에 대해 다섯 가지 이상 알고 있다.					
5. 내가 할 수 있는 봉사 활동은 물질적인 것 외에도 많이 있다.					
6. 나는 자원봉사 활동이 주는 삶의 보람과 가치를 돈으로 계산할 수 없다고 생각한다.					
7. 나는 평소 우리 지역에서 일어나는 일들에 관심이 많아, 지역 신문이나 관할 시청, 구청 활동지를 챙겨 본다.					
8. 나는 우리 지역에서 활동하는 단체들을 알고 있으며 소속해서 활동해 본 적이 있다.					
9. 나는 좀 더 다양한 봉사 활동을 생각하고 있으며 필요한 정보를 수집하고 있다.					
10. 나는 자원봉사가 사회에 공헌하는 활동이라고 생각하며 실천하기 위해서 계획을 세우고 있다.					
합계 (100점 만점)	본인 점수 (점)				

※ 상: 70점 이상
　중: 40점~70점 미만
　하: 40점 미만

자원봉사의 특징

- **자발성**: 누군가로부터 어떤 행동을 강요받는 것이 아니라 평등한 인간관계를 기반으로 타인의 어려움이나 사회 문제를 자신의 문제로 받아들여 개인의 의사와 주체성에 따라 활동하는 것
- **공익성**: 전체 사회의 복지 향상에 기여하는 동시에 인류 사회의 공동선의 발전을 위하는 것. 즉, 개인이나 가족의 이해를 뛰어넘어 사회 전반의 삶의 질을 향상시키는 것이어야 함
- **무보수**: 자원봉사의 기본 정신은 무보수 또는 무급이 원칙이어야 함. 비록 자신의 활동에 대한 경제적·물질적 이득을 목적으로 하지는 않지만 여러 형태의 심리적·사회적 보상은 권장하고 있음
- **지속성**: 한두 번의 일회적, 충동적 활동으로 끝나는 것이 아니라 책임감을 바탕으로 꾸준히 실천하는 것이 요구됨

참|고|문|헌

강은나·김재호·황남희·김현정·손동기·배혜원, 『은퇴전환기 중고령자의 일·여가 현황과 여가증진방안 연구』, 한국보건사회연구원, 2015

권혜자, 「한국사회에서 중장년 남자가 쉰다는 것은? – 비경제 활동인구 중 남성 중 동아닷컴, 「한국교육삼락회, 투어컴 크루즈(주)와 협약 체결」, 2016. 6. 9. 기사

장년층 '쉬었음' 인구를 중심으로」, 한국고용정보원

로버트 스테빈스 지음/최석호·이미경·이용재 옮김, 『진지한 여가』, 여가경영, 2012

문화체육관광부, 『2008 여가백서』, 2013

문화체육관광부, 『2013 여가백서』, 2015

문화체육관광부, 『2014 국민여가활동조사』, 2015

우재룡·송양민, 『100세시대 은퇴대사전』, 21세기북스, 2014

이나련, 『은퇴부부의 가족관계와 지원방안』, 경기도가족여성연구원, 2015

이수진 외, 「베이비붐 세대 은퇴에 따른 여가소비문화 활성화 방안」, 경기개발연구원, 2011

이의훈·신주영, 「라이프스타일을 통한 실버시장 세분화 연구」, 한국노년학회, 2004

중앙일보, 「"놀 줄 몰라" 한국 중장년, 퇴직 후 하는 일이…」, 2012. 7. 16. 기사

한겨레, 「울산 시민, TV 시청으로 여가 보내도 관광·자기 계발 욕구 높아」, 2016. 8. 1. 기사

한국문화관광연구원, 『생애주기별 여가 활동 모형 개발』, 휴먼컬처아리랑, 2016

한국생애설계협회, 『자원봉사 여가 및 취미생활』, 2016

한국표준협회, 「은퇴교육과정－여가관리」, 2013

황은희, 『중장년 퇴직이후 재취업 길라잡이』, 전경련중소기업협력센터, 2015

저자 소개

한국표준협회 평생교육센터

한국표준협회는 대표적인 지식 서비스 전문 기관으로, 55년간 쌓아온 전문 역량과 노하우를 바탕으로 퇴직(예정)자에게 새로운 삶에 대한 기준과 구체적인 실행 전략을 제시함으로써 행복한 삶을 영위할 수 있도록 지원하고 있습니다. 또한 퇴직 후 사회봉사 및 일자리 등 경제 활동에 참여할 수 있는 역량을 갖춘 인재를 양성함으로써, 사회 안정과 국가 발전에 기여하고 있습니다.

이 밖에 청년층과 중장년층의 취업 및 창업을 위한 진로 설정과 직무 역량 개발을 지원하고 있으며, 이를 위한 교육 프로그램 개발 및 확산, 컨설팅 및 전문 도서 출판 등 전직 및 취업 서비스를 제공하고 있습니다.

<재무 관리> 저자 황은희

황은희 연구위원은 16년 동안 인적자원개발(HRD) 분야에서 다양한 교육 및 커리어 컨설팅을 진행해 오고 있습니다. 고용노동부, 커리어 경력개발연구소를 거쳐 현재 경주대학교에서 취업과 커리어 관련 연구와 프로그램 개발에 열중하고 있는 커리어 전문가입니다. 대한상공회의소, 전국경제인연합회 등의 기관과 함께 장년층의 행복한 노후와 전직을 위하여 일, 재무, 관계 등 생애설계에 대한 여러 교육과 컨설팅에 참여했습니다. 한국 고용 시장의 문제를 극복하고자 추진된 다양한 기업 HR과 정부 일자리 지원 사업을 기획·총괄 운영하며 다년간 고용 시장 분석과 다양한 계층의 취업 지원에도 힘썼습니다. 이 외에도 퇴직관리사, 중견기업인식개선 전문가, 커리어 칼럼리스트, 방송 전문가 패널로도 활발히 활동하고 있으며, 저서로는 『마흔 이후, 재취업에 성공하기』, 『중장년 퇴직이후 재취업 길라잡이』, 『스포츠맨의 두 번째 도전』, 『취업백과사전』, 『진로탐색과 취업코칭』 등이 있습니다.

<건강 관리> 저자 서지윤

서지윤 연구위원은 대전대학교 보건학 박사과정을 수료하였으며 현재 (주)이노스킨에서 비만과 항노화 화장품 개발 책임 연구원으로 재직 중에 있습니다. 또한 10여 년간 병원에서 근무했던 경험과 지식을 바탕으로 한국영상대학교, 대전대학교 등 다수 대학에서 뷰티·건강 관리 부분의 강의를 진행하고 있으며, 국립국제교육원 교원 해외 파견 선발 심사위원과 그 외 교육정보개발원, 기업교육개발원, 서비스교육평가원, 연수교육개발원 등에서 뷰티·건강 관리 분야 전문 교육 강사로 활동하였습니다.

<여가 관리> 저자 최금옥

최금옥 연구위원은 평범한 직장인에서 CS강사, 평생교육기관 3개의 법인 대표까지 인생의 방향을 스스로 개척하는 열정으로 인적자원개발(HRD) 분야에서 교육 컨설팅 및 기업 강의를 하고 있습니다. 백석대학교 교육학 석사를 취득하였으며, 240여 개 기업 교육 컨설팅과 독서 통신 교육, 이러닝 콘텐츠 제작 등의 경험을 바탕으로 『소통하는 리더의 조직관리기술』, 『서비스 리더의 코칭기술』, 『서비스 마케팅의 이행』, 『서비스 1등 기업 만들기』, 『고객관계관리(CRM)를 위한 고객만족서비스』 등을 집필하고 한국사이버평생교육원과 국가직무능력표준(NCS) 직업기초능력(대인관계능력, 자기개발능력) 교재 및 동영상 강의 콘텐츠를 제작하였습니다. 현재 백석대학교 평생교육 HRD연구소와 커리어에듀에서 NCS직업기초능력과 채용 분석에 대해 학생들에게 강의를 하고 있으며 한국표준협회 수석전문위원으로서 기업 교육 분야에서 재직자들의 직무능력 향상을 위해 전념하고 있습니다.